JN314388

ミクロ経済学入門

麻生良文 著
Aso Yoshibumi

ミネルヴァ書房

はしがき

　本書は，ミクロ経済学の入門的教科書である．経済学の入門コースでは，マクロ経済学とミクロ経済学の二つの経済学を学ぶ．マクロ経済学が，経済全体の変数（GDPやインフレ率，失業率など）がどのように決まるかを大づかみにとらえるのに対し，ミクロ経済学は，個々の経済主体（家計や企業）がどのように意思決定するかを問題にする．市場は，家計や企業の意思決定を調整する場である．その市場の機能を詳細に分析することも，ミクロ経済学の課題の一つである．

　経済学を初めて学ぶ人は，ミクロ経済学を学ぶ意義がどこにあるのかとまどうかもしれない．マクロ経済学は財政政策や金融政策の効果などを議論するが，経済学を学んだことの無い人にとってはそれらが経済政策の全てのように思えるからだ．それに対し，ミクロ経済学は消費者や生産者がどう行動するかなどを問題にし，そのため政策とは無関係な抽象論ではないかという印象を与える．しかし，そのような印象は間違いで，あらゆる政策を考える上でミクロ経済学の知識は必須だと言っても言い過ぎではない．

　例えば，政府の役割とは何かという問題は，古くから政治哲学上の大問題であった．ミクロ経済学は，この問題に解答を用意している．「市場の失敗」が存在する場合に政府介入が必要だという議論である．もちろん，特定の問題については，経済学者の間でも意見が分かれるのが普通である．しかし，そこには議論の共通の土台があり，その上で共通の言語を用いた議論を闘わせるのが経済学の世界である．

　ミクロ経済に抽象的な議論が多いのは事実である．しかし，抽象化は，多くの問題を統一的な視点で議論することを可能にさせる．また，抽象的であるからこそ応用範囲が広く，つまり，個々の問題についての思考を節約出来る（意

味のある抽象化なのである）．政府の役割は何かという問題も，市場がどう機能するかという問題を抜きにしては語れない．そして市場の機能を理解するためには，消費者や生産者の意思決定がどう行われるかという分析が欠かせない．

　ミクロ経済学の対象は，狭い意味での経済だけではない．経済理論の消費者や生産者の意思決定モデルは，非市場的な意思決定，例えば，政治的決定にも適用出来る．政治学への経済理論への適用は，ブキャナンらの「公共選択」理論が有名である．また，ベッカーは，結婚や犯罪活動など，従来は経済分析の対象ではないと考えられていた分野にミクロ経済学を適用して，新しい分野を開拓した．

　税制や社会保障政策，雇用問題は言うに及ばず，公害・環境問題，地球温暖化，枯渇資源問題（エネルギーなど），公共事業，産業振興策，農業問題，貿易自由化，発展途上国の開発政策など，ミクロ経済学の知識が必要な分野は数多い．経済学の知識は，社会がどのように動いているのか，望ましい政策は何かについての鳥瞰図を与えてくれる．

　さて，本書の特徴を4点あげておこう．第一に，市場の失敗（第15章）や所得分配（第16章）と再分配政策（第17章）の章を充実させることで，ミクロ経済学と現実の政策との関連を読者に意識してもらえるような構成にしたことである．所得分配の章を独立して設けたのは，例えば，「市場原理主義が格差の拡大をもたらした」というような，近年流行の議論に注意を与えたかったからである．格差が市場の失敗や参入障壁等の事情で生じたものなら，所得移転政策とは異なる解決方法が必要になることが重要である．なお，第14章で取り上げた不確実性の問題も，政策的に重要な問題と関連がある（保険の利益や，不確実性が人的資本投資に与える影響など）．

　第二に，しかし，現実の政策との関連を重視すると言いながら，全体としては，理論体系を重視し，ミクロ経済学のオーソドックスな体系を展開したつもりだということである．初等的な部分均衡分析の枠組みで，実際にはかなりの部分まで政策分析を行えるのは事実である．しかし，本書では，ある程度抽象的な理論を説明した方が，その後の学習の上では効率的ではないかという判断でこのような構成にした．中・上級のミクロ経済学への橋渡しをするということも，もちろん念頭においてのことである．なお，入門的な教科書という性格

上，一般均衡理論やゲーム理論は扱わなかった．

第三に，経済学のロジックを重視し，直観に訴えるような説明を重視した．経済理論は数学を用いて簡潔に表現出来るが，数式の展開を追えるということと，経済理論のロジックを理解するということとは別のことである．効用最大化問題や利潤最大化問題を数式で示し，微分して 0 になることが最大化の必要条件だという「説明」を行っても，それは計算方法を示したに過ぎない．本書では，微分は極力使わないで，離散的な数量の変化で議論を行うようにしている．それは，その方が直観に訴えるからである．また，微分して 0 になるという結果も，離散的な量の変化が（微小な変化だが）目的関数の値をどう変化させるかから導かれる．つまり，離散量を用いた説明の方が根本的な説明なのである．微分に関連するが，ミクロ経済学では，限界 (marginal) という概念が何度も出てくる．これらの概念についても，いきなり微分を使うような機械的な説明は避けている．

第四に，入門書ではあるが，この教科書だけで，ある程度の専門的な論文を読める水準の知識が習得出来るように，トピックスを選択した．市場の失敗，不確実性，再分配政策はいずれも現実の政策を理解したり，政策に関連した論文を読んだりするときに必要な知識である．また，ある程度の論文では，数学的なモデルが展開されていたり，計量経済学的な分析が行われていたりするが，そうした論文を読む際に必要となる最低限の数学については，数学付録を付けることで対応した．ここでは，微分法の簡単な解説，ラグランジュ乗数法の導出や，経済学における指数・対数関数の利用の意味などが説明されている．

本書は，慶應義塾大学法学部での講義をもとに出来上がった．なお，私の経験上，通常の 4 単位の講義では，この教科書に盛り込まれた内容を全てカバーすることは難しい．私の実際の経験では，最初に余剰概念を用いた市場機能の解説を行い，消費者行動の理論，生産者行動の理論，競争均衡の効率性へと進み，独占と市場の失敗をごく簡単に講義すると，それだけでほぼ 4 単位科目の全日程を消化してしまう．寡占，不確実性，所得分配，再分配政策についてはほとんど講義する時間がないのが実情だ．本書の使い方もそれでいい．全てを最初から読もうとする必要は無い．後半部分の市場の失敗についての議論も，前半部分の消費者余剰や生産者余剰を用いた分析で簡単に触れているので，そこを読むだけで概要はつかめるはずである．また，数学付録は，さらに上級の

教科書に進んだり，あるいはある程度の専門的な論文を読む際に参考にしてもらえればよい．

　経済理論は道具であり，言語である．使いこなすためには，トレーニングが必要である．簡単な概念でも，それがきちんとイメージ出来なければならない（限界代替率という概念がきちんとイメージ出来る経済学者は決して多くない）．数学が得意な人でも，最初は数学を用いず，言葉で説明出来るまで何度も反復して，思考の回路を作り上げる必要がある．そういうトレーニングをすると，数式を追わなくても，結論が直観的に理解出来るようになる．最初の段階での集中的なトレーニングには，専門用語を用いれば，「収穫逓増」効果があるのである．読者には，ぜひ，そのような意識で本書を読んでほしい．

　本書は，2009年に出版された私の『マクロ経済学入門』の姉妹書である．当初は，本書も続けてすぐに出版する予定であったが，完成までに予想外に時間がかかってしまった．しかし，完成してみれば，当初の構想通りの内容が盛り込めたと思う．なお，ミネルヴァ書房の水野安奈さんには企画段階からお世話になった．また，大阪大学のチャールズ・ユウジ・ホリオカ先生は，本書が生まれるきっかけを与えてくださった．改めて感謝したい．

2012年1月
麻生良文

目次

はしがき i

第 I 部　ミクロ経済学入門　　1

第 1 章　経済学入門　　3
1.1　経済学とは何か 3
1.2　市場の機能 9

第 2 章　消費者余剰と生産者余剰　　17
2.1　消費者の利益と生産者の利益 17
2.2　需要曲線と消費者余剰 18
2.3　限界便益と総便益 20
2.4　供給曲線と生産者余剰 21
2.5　限界費用と供給曲線 22
2.6　社会的余剰 25
2.7　社会的余剰の最大化 26
2.8　市場の機能とその限界 28

第 3 章　需要曲線と供給曲線　　31
3.1　需要曲線 31
3.2　供給曲線 34
3.3　価格弾力性 36
3.4　需要曲線と供給曲線 41

第 4 章　部分均衡分析の応用　　45
- 4.1　価格規制　　45
- 4.2　数量規制　　49
- 4.3　租税の効果　　51
- 4.4　補助金の効果　　55
- 4.5　国際貿易　　57

第 II 部　消費者行動の理論　　63

第 5 章　効用関数と予算制約　　65
- 5.1　効用関数（1 財のケース）　　65
- 5.2　効用関数（2 財のケース）　　70
- 5.3　予算制約　　80

第 6 章　消費者行動の理論　　85
- 6.1　消費者行動の理論　　85
- 6.2　所得効果と代替効果　　89
- 6.3　コーナー解　　96
- 6.4　2 財モデルの解釈　　97
- 6.5　n 財モデル　　98

第 7 章　需要関数の性質　　103
- 7.1　0 次同次性　　103
- 7.2　需要曲線のシフト　　104
- 7.3　補償需要関数　　106
- 7.4　スルツキー方程式　　110
- 7.5　代替の程度　　111
- 7.6　効用最大化問題の解き方　　115
- 7.7　補償変分・等価変分　　121

第 8 章　貯蓄と労働供給　　125
- 8.1　貯蓄の決定　　125

| 8.2 | 労働供給の決定 | 134 |

第III部　生産者行動の理論　143

第9章　生産関数と費用関数　145
9.1	生産関数	145
9.2	規模に関する収穫	146
9.3	平均生産物・限界生産物	149
9.4	等量曲線	152
9.5	生産要素の代替の程度	155
9.6	費用関数	158
9.7	平均費用と限界費用の関係	162

第10章　生産物の供給　167
10.1	利潤最大化	167
10.2	供給曲線	170
10.3	生産者余剰	175

第11章　費用関数と生産要素の需要　179
11.1	全ての生産要素が可変的な場合	179
11.2	可変的な生産要素が1種類の場合	186
11.3	短期費用曲線と長期費用曲線	188
11.4	生産要素の需要	191

第IV部　市場メカニズムの機能とその限界　197

第12章　市場均衡の効率性　199
12.1	厚生経済学の基本定理	199
12.2	パレート効率性とは何か	200
12.3	パレート効率性の条件	202
12.4	市場における資源配分	211

第 13 章 独占と不完全競争　　215

- 13.1 競争条件の分類 215
- 13.2 独占の原因 217
- 13.3 独占 219
- 13.4 価格差別 226
- 13.5 買手独占 229
- 13.6 費用逓減産業 233
- 13.7 寡占 236
- 13.8 独占的競争 243

第 14 章 不確実性　　247

- 14.1 不確実性下の選択 247
- 14.2 期待効用理論 251
- 14.3 リスクに対する態度 252
- 14.4 危険回避度 256
- 14.5 平均・分散アプローチ 259
- 14.6 保険の利益 265
- 14.7 確率 266

第 15 章 市場の失敗　　273

- 15.1 市場の失敗 273
- 15.2 公共財 274
- 15.3 外部性 280
- 15.4 情報上の失敗 296
- 15.5 政府の役割 306

第 16 章 所得分配　　309

- 16.1 生産要素価格の決定 309
- 16.2 生産要素市場における独占 . . . 317
- 16.3 人的資本投資 320
- 16.4 調整過程 324
- 16.5 補償格差 326

	16.6	限界生産力説と労働価値説	327
	16.7	資産価格	328

第 17 章　再分配政策　　333

	17.1	再分配についての政治哲学	333
	17.2	格差の原因	335
	17.3	再分配政策	337
	17.4	所得格差の指標	349

付録 A　数学付録　　359

	A.1	微分法	359
	A.2	初等関数の微分	371
	A.3	指数関数・対数関数の応用	378
	A.4	微分法の経済理論への応用	383
	A.5	制約条件付き最適化問題	387
	A.6	不等式制約	394
	A.7	テイラー展開	397
	A.8	無限等比級数の和	400
	A.9	ギリシャ文字	401

付録 B　学習ガイド　　403

参考文献　　407

第1部

ミクロ経済学入門

第1章
経済学入門

1.1 経済学とは何か
1.1.1 経済学の対象

どのようにしたら技術的に最高のエンジンが作れるかは純粋にエンジニアリングの問題である．技術的に最高のエンジンを作るためには，最高の技術者と熟練した職工に，高価な材料と高度な工作機械が必要だろう．しかし，技術的な観点からみて最高のエンジンは，「悪い」エンジンである可能性が大いにある．最高の技術者がエンジン製作に専念することは，社会的により重要な製品の製作をあきらめることかもしれない．最高のエンジンに使われる原材料は，別の分野で用いられるべきだったかもしれない．つまり，優秀な技術者であれ，原材料であれ，あらゆる資源は，ある目的のために使用されれば別の目的のためには使用出来ない．社会的観点から「良い」エンジンを作るためには，純粋に技術的な観点からの検討だけでなく，資源の**希少性**も考慮しなければならない．

ある目的を実現するために希少な諸手段を用いるとき，どのようにそれらの手段を組み合わせれば良いかという問題は，経済学で扱う典型的問題である．つまり，経済学の対象は狭い意味での「経済」問題にとどまらず，個人や組織のあらゆる意思決定に関わる．

「良い」エンジンに求められる性能は，もちろんその使用目的によって異なる．耐久性が重視される場合もあれば，馬力が求められる場合もある．性能よ

りもコストが重視される場合もあるだろう．つまり，「良い」エンジンは使用目的に応じて多様であり，「良い」エンジンを作るためには，どのような性能のエンジンがどのくらい作られるべきかを（同時に，誰に使ってもらうのかも）明らかにする必要がある．その際，生産に用いられる資源の希少性を考慮した上で，どのような生産方法をとるべきかも決定されなくてはならない．エンジン製造に直接関わる資源の希少性だけでなく，エンジンを動かすための燃料についても，希少性を考慮する必要がある．例えば，原油の希少性が十分に高まれば，ガソリン・エンジンは製造すべきでないという状況が生まれるかもしれない．

この問題は非常に複雑に見える．しかし，多くの場合，市場がうまく解決してくれる．市場では，各自は私的利益に基づいて行動しているが，その集積の結果は，多くの場合（必ずではない），社会全体の利益につながる．アダム・スミスは，この市場の機能を「神の見えざる手」とよんだ．「神の見えざる手」の機能を明らかにすることは，経済学の目的の中でも最も重要なものの一つである．

もちろん，市場に任せれば全てがうまくいくというわけではない．自動車が出来ても良い道路がなければ，移動は簡単ではない．そして，道路の建設は市場に任せてもうまくいかない．また，自動車の運転は騒音や排気ガスを発生させ，道路の近隣住民に被害を与えるが，この問題も市場に任せれば解決出来るような問題ではない．どのような場合に市場に任せ，どのような場合には政府が介入すべきなのかを明らかにすることも経済学の目的の一つである．

1.1.2 ミクロ経済学とマクロ経済学

経済学で扱うのは狭い意味での経済が対象ではないと述べたが，もちろん，分析対象の中心は経済である．図 1.1 は，経済全体の財・サービスの流れを単純化して表したもので，**経済循環図**とよばれる．**家計**は資本や労働の**生産要素**（資本や労働）を（究極的には）保有する主体であり，同時に最終生産物を消費する主体である．**企業**は，家計から提供された資本や労働を用いて最終生産物を生産し，それを家計に販売して利潤を獲得しようとする．**生産要素市場**では，生産要素の需要と供給が調整され，同時に生産要素の価格が決定される（家計にとっては生産要素提供の対価で，これから家計の所得が決定される）．

1.1 経済学とは何か

家計はこうして得た所得をもとに，**財市場**で財を購入する．財市場では，財の需要と供給の意思決定が調整される．

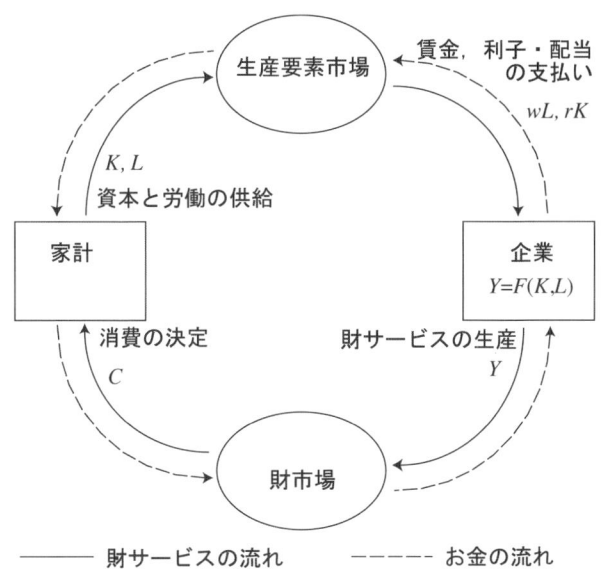

```
                賃金，利子・配当
      生産要素市場      の支払い
                       $wL, rK$
   $K, L$
   資本と労働の供給
                                企業
    家計                        $Y=F(K,L)$
         消費の決定    財サービスの生産
              $C$              $Y$

                財市場

   ──── 財サービスの流れ    ----- お金の流れ
       生産と分配：$Y=wL+rK$
       生産と支出：$Y=C$
```

図 1.1　経済循環図

経済学の入門段階では，ミクロ経済学とマクロ経済学の二つの異なる経済学を学ぶが，マクロ経済学は，GDP やインフレ率などのマクロ変数がどう決定されるかという問題を扱う．マクロ経済学では，図 1.1 に表された経済全体の循環を何本かの連立方程式体系としてとらえ，経済全体の動きを大まかに把握することに主眼がおかれる．そのため，個々の経済主体の行動や，市場の働きについては，必ずしも詳細な分析が行われるわけではない．一方，ミクロ経済学では，家計や企業などの個々の経済主体の意思決定や，市場の機能の解明が主な目的である．マクロ経済学が，経済全体をマクロ的（巨視的）な視点からとらえるのに対し，ミクロ経済学は，ミクロ的（微視的）な視点から明らかにしようとするという違いがある．

1.1.3 ミクロ経済学の特徴

ミクロ経済学では，個々の経済主体の意思決定がどのように行われるかが分析されると述べた．その際，個々の経済主体は「**合理的**」に行動するとしてモデルが構築される．この点に経済学，特にミクロ経済学の重要な特徴がある．ここで，合理的行動とは，家計や企業は，与えられた制約のもとで，それぞれの利益を最大にするように行動することを意味する．もちろん，家計や企業がいかなる場合でも合理的に行動すると仮定するのは，単純化のためのフィクションである．しかし，このようなフィクションを採用することで，理論は首尾一貫したものになり，その含意も明確になる[*1]．

さて，図 1.1 の経済循環図は，実際の経済循環をかなり単純化して表したものである．例えば，実際には多種多様な財が存在し，それらの市場の間には（生産要素市場も含めて）相互依存関係がある．また，この図では中間財市場も省かれている．自動車生産の例で言えば，原材料から部品（エンジン，タイヤ，内装部品，シャーシーなど）が作られ，自動車メーカーはそれらをもとに最終財（自動車）を生産する．もちろん，中間財市場も含めた全ての市場の間に相互依存関係がある．

例えば，原油価格の上昇は，灯油やガソリン，電力料金にとどまらず，石油を原材料として用いる製品の価格を上昇させるだろう．大量の低賃金労働者を抱える新興国が世界経済に登場すると，労働集約的な財（例えば衣料品）の価格が低下するだろう．ある財の需要が急に高まれば，その財の生産に欠かせない中間財や原材料価格の上昇が起こる．その財が労働集約的な財なら賃金の上昇が生じるし，エネルギーを多量に消費する財ならエネルギー価格の上昇が起こる．

様々な市場の間には以上のような相互依存関係がある．その相互依存関係は，原理的には（複雑な）連立方程式体系としてモデル化することが出来る．しかし，実際のモデル化は非常に難しい．また，全ての市場に相互依存関係が

[*1] 個々人の意思決定に際し，流行や心理的要素などの非合理的な要素を強調する学問もある．しかし，非合理的行動がもし多様な結果を意味するなら，その理論はどんな結果も事後的には正当化してしまうかもしれない．そうであれば，その理論は，個々人の行動の予測には何の役にも立たないのである（逆説的であるが）．

1.1 経済学とは何か

あるという主張は論理的には正しくても，実用上は無視しても構わない場合が多くある．例えば，コーヒー価格の上昇が自動車の販売台数や住宅の購入件数に影響を与えるとは考えられない．さらに言えば，コーヒー価格の上昇の最も大きな影響は，コーヒー市場そのものに表れるはずである．

つまり，コーヒー市場に生じたショックを分析する最も単純な分析方法は，コーヒー市場だけを取り出し，他の市場への影響は（実際にはあっても）無いと仮定して分析することである．このように，他の財の価格と数量に与える影響を無視し，当該財の市場のみに注意を払う分析手法を**部分均衡分析** (partial equilibrium analysis) とよぶ．これに対し，全ての財の相互依存関係を連立方程式体系として分析するのが**一般均衡分析** (general equilibrium analysis) である．本書は入門的教科書であるので，基本的には部分均衡分析を用いて議論が進められる．しかし，そのような分析を行う際にも，複数の市場の間の相互依存関係は忘れてはならない．

1.1.4　部分均衡分析

部分均衡分析では，図 1.2 のようなグラフがよく用いられる．グラフの縦軸 p はこの財の価格 (price)，横軸 Q は数量 (quantity) を表す．**需要曲線** (demand curve) は，財の価格と需要量の関係を表す曲線である．買手側の意思決定は，この需要曲線で表される．財の価格が低下すれば，一般的には，需要量は増えるので，需要曲線は通常の場合，右下がりになる．図の右下がりの曲線 D が需要曲線を表す．一方，**供給曲線** (supply curve) は価格が与えられた場合の供給量の大きさを表す．こちらは財の売手側の反応を表し，一般的には右上がりの曲線になる．図の右上がりの曲線 S が供給曲線である．そして，市場では，需要と供給が一致するように価格が変化し，最終的には需要曲線と供給曲線の交点 E で価格と数量が決定される[*2]．

E 点は**市場均衡** (market equilibrium) とよばれる．均衡とは，外部から何

[*2] こうした分析が有効であるためには，市場には多数の消費者と多数の生産者が存在し，個々の経済主体は価格支配力を持たず，その結果，市場で決まった価格を与えられたものとして行動するという仮定が置かれる．市場が競争的でない場合には，別の分析が必要となる．例えば，供給側に独占があると，供給者は需要曲線上の点で，自分自身の利益を最大にするような p と Q の組み合わせを選択すると考えられ，図 1.2 の E 点で価格と数量が決まるわけではない．

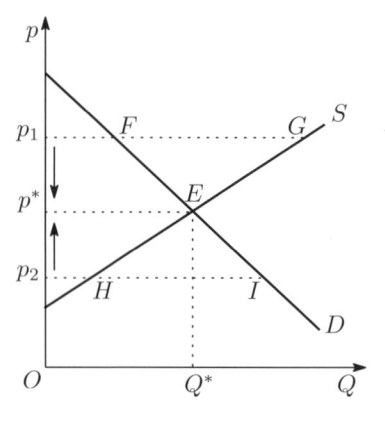

図1.2 部分均衡分析

らかのショックが加わらない限り，その状態が維持され続ける状態のことである[*3].

市場では，p が変化することで需要と供給の調整が行われるが，価格が p^*（市場均衡価格）よりも高い場合や低い場合には何が起こるのだろうか．図1.2を見てみよう．価格が p_1 で p^* よりも高い場合，生産者は点 G に相当する数量を供給しようと思うが，消費者は点 F に相当する量しか需要しない．したがって，FG だけの**超過供給** (excess supply) が発生する．このとき，価格を下げても売りたいという生産者が出てくるはずだから，この財の価格は低下する．最終的に価格が p^* に達して超過供給が解消されるまで，価格の低下は続くはずである．

一方，価格が $p_2 (< p^*)$ の水準であれば，HI の**超過需要** (excess demand) が発生する．この財を買いたくても買えなかった消費者の中には，もう少し価格が高くてもこの財を買いたいという人がいるため，この財の価格は上昇する

[*3] 均衡には，安定均衡と不安定均衡がある．大きなお椀にボールを投げ入れると，最終的にはお椀の底でボールが静止する．そのボールに力を加えても（お椀から飛び出してしまわない限り），ボールは再びお椀の底に戻ってくる．このような点が安定均衡点である．
次にそのお椀を逆さにして，その頂点に静かにボールを置いてみる．うまくいけば，ボールはそこで静止するが，静止したボールに少しでも力を加えれば，ボールはお椀の頂点から転げ落ちてしまう．このような点が不安定均衡点である．

はずである．価格の上昇によって，需要量は減少し，供給量は増加する．p^* まで価格が上昇すると，そこで，超過需要は解消する．

需要曲線や供給曲線はその財の需要量・供給量とその財の価格 p の関係だけをとらえたものである．需要量，供給量に影響を与える変数は p 以外にもある．例えば，消費者の所得，嗜好，他の財の価格などはその財の需要量に影響を与え，需要曲線の位置を変化させる．一方，供給曲線の位置を変化させる変数には，生産技術の水準，生産性ショック（農産物であれば天候など），他の生産物価格（他の財を生産したほうが生産者の利益が増加するのであれば，生産者はこの財の生産から撤退して他の財を生産するだろう），生産要素価格などがある．このような p 以外の要因が変化すれば，需要曲線と供給曲線の位置が変化し（形状が変わることもあるだろう），その結果，市場均衡点が変化する．

部分均衡分析では，p 以外の変数が変化した場合に，市場均衡点がどこに移動するかという分析がよく行われる．変化が起こる前の均衡と変化が生じた後の均衡を比較するのである．このような分析方法を**比較静学** (comparative statics) とよぶ．先に，超過需要や超過供給は価格の変化によって解消されることを説明したが，瞬時に調整が行われるのか，それとも，調整には時間がかかるのかは問題にする市場ごとに違うだろう（例えば，労働市場の調整はゆっくりとしか行われないと考えられる）．比較静学は，新しい均衡がどこであるかを教えてくれるが，新しい均衡までの調整過程がどのようなものであるかは語らない．調整過程を記述するためには，モデルの動学化が必要であるが，そのための困難さに比べ，得られるものが少なければ，比較静学は十分に有用な分析方法である（ここにも「経済学的」問題が存在する）．

1.2　市場の機能

1.2.1　私的利益と社会的利益

市場には全体を調整するような計画者は存在せず，個々の消費者も生産者も，基本的には自己の利益に基づいて行動している．それにも関わらず，市場は全体としてうまく機能し，しかも社会的利益が促進されているようにみえる．アダム・スミスは，このことを「神の見えざる手」と表現した．

なぜ，私的利益の追求が社会的利益を促進させるのだろうか．図 1.3 にその

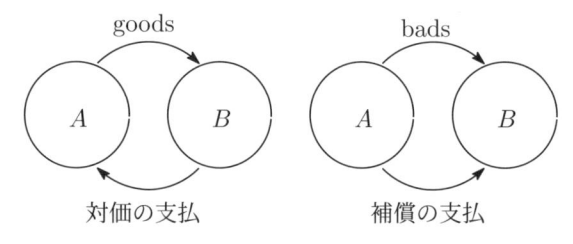

```
       goods              bads
   ╭─╮    ╭─╮         ╭─╮    ╭─╮
   │A│    │B│         │A│    │B│
   ╰─╯    ╰─╯         ╰─╯    ╰─╯
     対価の支払           補償の支払
```

図 1.3　価格メカニズムの役割

メカニズムの一端が示されている．左側の図は財 (goods) の取引，右側の図は bads（負の財）の取引を示している．ここで，goods は消費が満足感をもたらす通常の財・サービスのこと，bads はその消費が満足感を下げてしまう財・サービスのことで，例えば，騒音や悪臭などは bads である．

まず，goods の取引を考えてみよう．通常の市場取引では，A が B に goods を提供する場合，B は A にその対価を支払う．B がこの取引に応じるのは，この goods に対価の支払い以上の価値を見出しているからである．また，A が B に goods を提供しようとするのは，goods を供給するための費用以上の報酬が得られるからである．さらに，この取引において，A の関心が自分自身の利益であるにも関わらず，結果として B の利益に貢献していることに注意しよう．市場取引では，各自の私的利益の追求は，価格（対価の支払い）を媒介にして，他者の利益を促進させるのである．例えば，メーカーが消費者に喜ばれるような製品を開発するのは，それがメーカー自身の利益になるからである．

A が B に bads を提供する場合も同じである．ここでは，bads として A が B を拘束して A 自身のために働かせる場合を考えよう．通常の市場取引では，A から十分な補償支払い（賃金）がある場合にのみ，B はそのような活動に同意する．A が補償を支払おうとするのは，B の労働が A にもたらしてくれる利益が補償支払いを上回るからである．また，A が B に与える負の影響は，補償支払いがあるため，A には費用として認識されている．つまり，A が私的利益だけを追求していても，B に与える不利益は考慮されているのである．

以上の議論は，**取引はそれが自発的なものなら，互いに利益をもたらす**という単純な命題に過ぎない（しかし，重要な命題である）．そして，そこでは価格（対価や補償の支払い）が，自分自身の利益と他者の利益を連動させる媒介

になっている．もちろん，このようなメカニズムが常に働くわけではない．公害や騒音は，bads が一方的に提供されるケースである．工場が大気や川の水質を汚染し，近隣住民に被害を発生させても，近隣住民に対する補償支払いが存在しなければ，工場はそのような活動を抑制しようとはしないだろう．そこでは，私的利益の追求が社会問題を引き起こす．しかし，それは市場のせいではなく，むしろ，市場が存在しない（そこに対価や補償の支払いが存在しない）ことが問題の原因だと考えることが出来る．公害等の問題は**市場の失敗** (market failure) の一つの事例である．市場の失敗が存在する場合には，何らかの政府の介入が必要になる．

1.2.2 価格の機能

価格は単に需要と供給を一致させるだけの役割を果たしているのではない．前節では，価格が媒介になって私的利益の追求が他者の利益の促進に貢献することをみた．しかし，価格の機能はそれだけではない．価格は次のような役割を果たしていると考えられる．

- 情報の伝達 – 財の希少性についての情報
- 資源の利用者の選別
- インセンティヴの提供
- 所得分配（貢献に応じた分配）

まず，価格はその財の希少性を瞬時に伝える効率的な手段である．原油価格の上昇は，産油国の政情の不安定性のためかもしれないし，新興国の経済成長のためエネルギー需給が近い将来に逼迫するという予想のせいかもしれない．あるいは別の事情が原油価格を上昇させたのかもしれない．どのような理由であれ，石油関連製品を一層節約する必要性が高まったことに違いはない．石油関連製品の生産者や消費者は多岐にわたるが，価格には必要にして十分な情報が反映されており，それは世界中に散らばった石油関連製品の生産者と消費者に（その製品の価格を通じて）瞬時に伝わるのである．

第二に，市場では，価格が資源の利用者の選別を自動的に（かつ継続的に）果たしている．その財に対して高い価格を支払ってもよいと考える消費者は，そうでない消費者に比べ，その財を消費することの「緊急度」が高いと考えら

れる．価格は，緊急度の高い消費者に財の使用を割り当てる役割を果たしている[*4]．また，価格は，効率的な生産者を選別する機能も持っている．同じ財を生産するのに高いコストをかける生産者は，市場で駆逐されてしまうからである．

第三に，価格は消費者や生産者の行動を「正しい」方向に誘導する．価格メカニズムの持つインセンティヴの提供という機能は，例えば，次のようなものである．財の供給が不足していたり，消費者にとっての緊急度が高かったりする財の価格は高くなるが，そのことが，生産者にその財を生産させるインセンティヴを提供する．ある職業が不足していれば，その職業の報酬は高くなるが，それがその職業に就こうとする者を多くさせる，などである．

最後に，生産要素（労働や資本）の価格も市場で決まり，それが個々人の所得も決定する．市場では，価格とともに，どの用途にどの生産要素をどれくらい投入すべきかも決定される．ただし，市場において実現する所得分配は何らかの再分配政策によって修正されなければならないと一般には考えられている[*5]．この問題は第17章で詳しく述べる．

1.2.3 計画経済の失敗

現在，ほとんどの国は，**市場経済**体制を選択している．しかし，1980年代末から1990年代初めにソ連や東欧諸国の社会主義政権が倒れるまで，**計画経済**を建前に経済を運営してきた国も少なからずあった．市場経済か計画経済かという体制選択の問題は，第二次世界大戦後の経験で，既に決着してしまった

[*4] ただし，消費者の緊急度といっても消費者の所得分配の状況に依存する．豊かな人が支払っても良いと思う1万円と貧乏な人が支払っても良いと思う1万円では，当然，それぞれの人にとっての「緊急度」は異なるが，市場ではそれらを区別しないことに注意が必要である．

[*5] 第16章で議論するが，市場では，生産要素の（限界的な）貢献に応じて生産要素価格が決まり，そこから各個人の所得が決まる．市場では，（各自の保有する生産要素の）貢献に応じた分配が実現するが，これは，一般の公平感と対立するものではない．ただし，実現する所得は，各自の生産要素の保有量に依存するから，所得格差の発生は避けられない．また，貢献原則で所得が決まるといっても，その原理だけで割り切ることは出来ない．公平性については多様な考え方があるからだ．さらに，貢献原則を仮に認めたとしても，ケガや病気，あるいは生まれつきの能力のため，十分に貢献出来ない人もいる．このような人を救済すべきでない（市場の決定に任せるべきだ）という人はいないだろう．

1.2 市場の機能

が，ある時期までは重要な論点だったのである．

前節までに，中央計画者のいない市場がどのように機能するかの概観を与えた．今度は，逆に，計画経済がなぜうまく機能しないのかを考えてみよう．計画経済を機能させるためには，計画当局は次の問題に答えなければならない．

- 消費者がどのような財・サービスを欲しているか．
- その財をどれだけ作るべきか．
- どのような生産方法を用いるか．

計画当局は，この問題を解くために，消費者の嗜好，生産技術，資源の希少性の情報を収集しなければならない．収集すべき情報は膨大であるが，もしそれが可能であれば，計画当局の問題は，数学的な問題に帰着すると考えられるかもしれない．実際，1930年代に行われた**経済計画論争**では，計画経済を支持する経済学者からそうした見解が表明された．もちろん，当時は高性能なコンピュータが存在しないから，あくまでも理論的可能性としてそのような考え方が示されたのである．

しかし，ハイエク (F.A.Hayek) は，計画当局の情報収集は決して市場を代替出来ないことを指摘した[*6]．ハイエクは，市場で処理される情報は，数値化され，伝達が容易なものに限らないことを指摘した．例えば，ガソリン価格が値上がりした時，各家庭がどのように対処するかを考えてみればよい．ある世帯では自動車なしでも不自由しないが，別の世帯では自動車がなければ日常の買い物も困難だとか，さらにまた別の世帯では，隣人と勤務先が同じなので自動車に同乗してガソリン代を節約出来るとか，世帯に応じて異なる特殊な事情がある．これらの特殊な状況に関する情報は，各自が適切に処理すればいい情報であり，市場では，実際，そのように処理されるのである．

同じことを計画経済で行おうとすれば，そのような特殊な状況に関する情報を計画当局に伝達しなければならない（そうでなければ，各自の特殊な状況は考慮されない）．情報は膨大であり，その多くは標準化・数値化が困難なものである．ハイエクは，簡単に数値化・指標化して集められる情報だけでなく，

[*6] Hayek の議論は，F.A. ハイエク『市場・知識・自由』（ミネルヴァ書房，1986年）所収の「社会における知識の利用」を参照せよ．原論文は次の通り．F.A.Hayek,"The Use of Knowledge in Society", *American Econmic Review*, vol.45 ,no.4, Sep.1945, pp.519-530.

標準化・数値化が困難で，伝達のためのコストが非常に高い個別の特殊状況に関する情報も重要であることを指摘したのである．市場は，必要な情報は価格を通じて市場取引の参加者全員に伝達され，伝える必要の無い情報については各人が保持した上で，分散処理を行っているような分散処理型のコンピュータに例えられるべきなのかもしれない．

計画経済のもとで，情報の伝達が困難なのには別の理由があるかもしれない．全ての情報が仮に数値化出来たとしても，情報の収集・整理に当たる役人も自分の利益が大事である．そうした役人は，情報を隠蔽したり，歪曲した情報を流すことで利益を得るかもしれない．

市場経済は政治的自由の必要条件だという議論もある．計画経済のもとでは，政治権力と富が計画当局に独占される．計画当局が公平無私な存在なら問題は生じないかもしれないが，実際はそうではない．経済的自由は，政治的自由を確保するための必要条件だという議論である[*7]．

1.2.4　市場の失敗

市場が全ての問題を解決するわけではない．次のようなケースでは市場はうまく機能せず，政府の介入が必要になる．

1. 公共財
2. 外部性
3. 自然独占
4. 情報上の失敗（逆選択，モラル・ハザード）
5. 所得分配

これらは**市場の失敗** (market failure) とよばれる．市場の失敗の詳細は第15章で議論するが，ここでは，簡単に概略だけを述べておこう．

公共財 (public goods) は，その財の持つ特質から，社会的には有用だが，市場ではうまく供給出来ない財を指す．国防サービス，外交，警察，一般道路，伝染病の予防などは典型的な公共財である．これらの財・サービスは，集団で消費され，かつ費用負担しない人を排除することが出来ないという性質を持っ

[*7] 例えば，ミルトン・フリードマン『資本主義と自由』（日経BP社，2008年）を参照せよ．

1.2 市場の機能

ている．例えば，国防サービスの恩恵は国民全員に及ぶ（あるいはある地域一帯に及ぶ）が，費用負担をしない人についてはその恩恵を与えないなどということは出来ない．費用負担者に限定してサービス提供が行えないということは，価格メカニズムを通じてサービスの提供が出来ないことを意味するから，国防サービスの提供は政府が責任を持つ必要がある．

外部性 (externality) とは，ある経済主体の行動の影響が市場を経由しない（金銭的支払いを伴わない）で他の経済主体に影響を与えることを言う．外部性の典型例は，公害や騒音である．これらは他者に悪影響を与えるので，「負の外部性」とよばれる．良い影響を与えるが，それに対する報酬をもらえないケースは「正の外部性」とよばれる．

通常の市場取引においては，対価・補償支払いが存在するため，私的利益の追求が社会的利益を促進させる．これが図 1.3 に示した市場の機能である．外部性が存在するとは，この対価・補償支払いが存在しないことである．したがって，この場合，私的利益の追求は，他者の被害を省みないし，また他者の利益も十分に考慮されなくなるのである．

また，独占が存在する場合にも，市場はうまく機能しなくなる．競争的な市場であれば，財の価格は，その財の希少性を反映する．しかし，ある財の生産が 1 社に独占されている場合，独占企業は生産を抑制することで財の価格を吊り上げる行動をし，社会全体の利益は損なわれる（第 13 章を参照）．ただし，通常，参入障壁が存在しなければ，独占は永続しない．しかし，**規模の経済性**が大きく，先に参入した企業が市場をほぼ独占した後，後から参入する企業が費用面で不利な立場に置かれるなら，独占は永続しやすい．これを**自然独占** (natural monopoly) という．電気，ガス，水道事業は自然独占性を持つ事業だと考えられていて，そのため，自由な競争が許されていない．

情報上の失敗 (informational failure) とは，取引される財の品質に関して売手と買手の間に情報上の優位・劣位（**情報の非対称性**）があると，市場がうまく機能しなくなる現象のことである．通常の市場では，価格が需要と供給を一致させる機能を果たすが，情報の非対称性があると，価格がうまく機能しなくなる．例えば，売手は取引される財の品質についてよく知っているが，買手はそうでないとしてみよう．しかし，価格と平均的品質の関係については買手は観察出来るとする．この場合，価格の低下は品質の低下をもたらすことを買手

が知っているので，価格の低下が需要を減らし，それがさらに品質の低下をもたらすという悪循環を招いてしまう可能性がある．これが**逆選択** (adverse selection) とよばれる現象である．最悪の場合，その財が全く取引されなくなることすらある．逆選択は，保険市場にも発生する可能性があり，特に失業保険や医療保険について，なぜ民間の保険がうまく機能しないのかについての説明を与えてくれる．市場の失敗については 15 章で議論される．

最後に，市場で実現する所得分配は必ずしも望ましいとは限らないという問題がある．本書の第 16 章では，市場においてどのように所得分配が決定されるかを論じ，さらに第 17 章で再分配政策のあり方が論じられる．

Keywords

合理的行動，部分均衡分析，一般均衡分析，需要曲線，供給曲線，市場均衡，比較静学，価格メカニズムの機能，市場の失敗

第2章

消費者余剰と生産者余剰

2.1 消費者の利益と生産者の利益

前章で説明したように，自由な市場では，対価や補償の支払いを通じて各自の利己的な行動が調整され，社会全体としての利益が促進される．この章では，**消費者余剰** (consumers' surplus) や**生産者余剰** (producers' surplus) という概念を用いて，このことを説明しよう．

図 2.1 をみてみよう．この図の D はある財の需要曲線を，S が供給曲線を

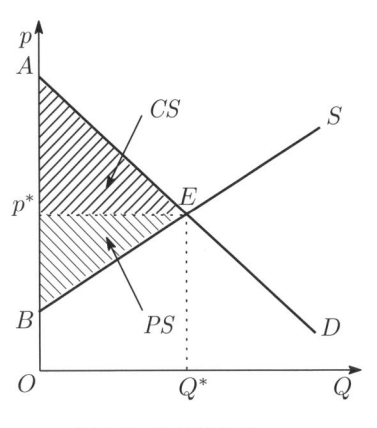

図 2.1　社会的余剰

表す．また，E 点が市場均衡を表す．なお，この図の CS で示された部分の面積は消費者側に発生する利益（消費者余剰）を表し，PS で示される部分の面積が生産者側の利益（生産者余剰）を表す．消費者余剰と生産者余剰の合計が社会全体の利益を表し，これを**社会的余剰**または総余剰とよぶ．

なぜ，消費者余剰や生産者余剰が図の CS や PS の部分で表されるのだろうか．このことを理解するためには，まず，需要曲線と供給曲線の背後にある消費者と生産者の意思決定をを理解しなければならない．

2.2 需要曲線と消費者余剰

図 2.2 にはある財の需要曲線が描かれている．この図では，需要量は離散的な量で測られている．

さて，この需要曲線によると，最初の 1 単位の需要が生じたのは財の価格が p_1 になったときである．価格が p_1 よりも少しでも高いときには，この需要が生じなかったのはなぜだろうか．答えは簡単で，価格が p_1 よりも少しでも高ければ，消費者はその財を購入することが割に合わないと思ったからである．つまり，最初の 1 単位の消費からもたらされる満足感を b で表せば，$b < p_1 + \delta$ が成り立っていたからである．ここで，δ は微小な正の数を表す．

しかし，価格が p_1 になると消費者は財を購入したのだから，$b \geq p_1$ が成り立っているはずである．$b < p_1 + \delta$ かつ $b \geq p_1$ より，b は p_1 にちょうど等しくなければならないことがわかる[*1]．

同様に考えて，2 単位目の需要が生じたのは財の価格が p_2 まで低下したときであるが，これは 2 単位目の財のもたらす便益がちょうど p_2 に等しいからである．このように，需要曲線の高さは，追加的 1 単位の財の消費からもたらされる便益の大きさに等しい．追加的 1 単位の消費からもたらされる便益を**限界便益** (marginal benefit) とよぶ．

限界便益を足し合わせていくと**総便益** (total benefit) が得られる．今，5 単位までの消費が行われた場合を考えよう．最初の 1 単位の消費の便益が p_1 円，次の 1 単位の消費の便益が p_2 円だから，5 単位の消費による総便益は

[*1] ここでは，消費することから得る満足感を価格と比べていることに注意せよ．以下では，「便益」という言葉を用いる場合，満足感を金銭に換算した値を指す．

2.2 需要曲線と消費者余剰

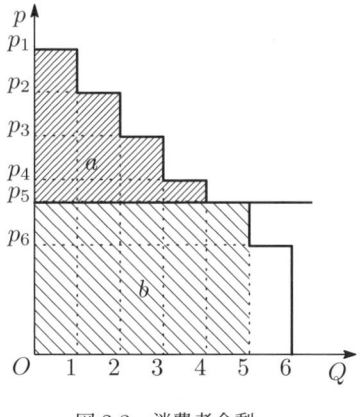

図 2.2 消費者余剰

$p_1 + p_2 + p_3 + p_4 + p_5$ 円に等しい．そして，これは需要曲線の下の斜線部分の面積（a と b の合計）に等しい．

さて，財の価格が p_5 円だとしよう．この場合，消費者は 5 単位の財を購入し，$p_1 + p_2 + p_3 + p_4 + p_5$ 円の総便益を獲得する．このために要した費用は $p_5 \times 5$ 円で，図の斜線部分 b の面積に等しい．したがって，総便益から支出金額を引いた消費者のネットの便益は $(p_1 + p_2 + p_3 + p_4 + p_5 - p_5 \times 5)$ 円で，それは図 2.2 の濃い斜線部分 a の面積に等しい．このネットの便益（純便益）を **消費者余剰** (consumers' surplus) とよび，次の式で定義する．

$$消費者余剰 = 総便益 - 支出$$

消費者余剰の概念は，次のように理解してもよい．まず，限界便益は，財の追加的 1 単位に対して消費者が **支払ってもよいと思う最大限の価格** に等しい．消費者は最初の 1 単位について p_1 円まで，次の 1 単位には p_2 円支払う用意があった．そして 5 単位の消費をするとき，最大で $p_1 + p_2 + \cdots + p_5$ 円まで支払う用意があったのである．ところが，実際には $p_5 \times 5$ 円の支払いで済んでいるので，差し引きで $(p_1 + p_2 + p_3 + p_4 + p_5 - p_5 \times 5)$ 円の便益を得たのである．この差し引きの利益が消費者余剰である．

図 2.3 には需要曲線が滑らかな場合が描かれている．滑らかな需要曲線も，

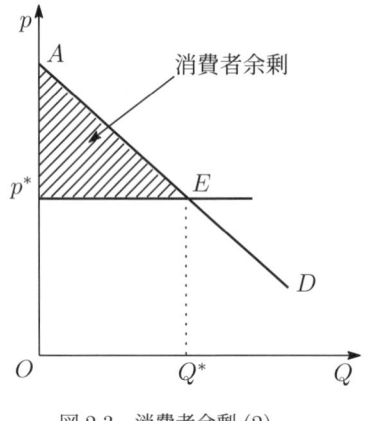

図2.3 消費者余剰 (2)

十分に近寄ってみれば，階段状の需要曲線になっていると考えてもらいたい．つまり，この場合，Q^* に比べて1単位の大きさが非常に小さいため，需要曲線は滑らかにみえるのである．すると，図2.2と全く同様に，需要曲線の高さが限界便益を表し，需要曲線の下の部分の面積が総便益を表すことがわかる．したがって，点 E で消費が行われる場合，消費者余剰は三角形 AEp^* の面積に等しいことがわかる．

2.3 限界便益と総便益

限界便益と総便益の関係を明確にするため，これらを数式で表しておこう．まず，財を Q 単位消費したときの総便益を $B(Q)$ という関数で表そう．また，財の消費量が Q の時の限界便益を $MB(Q)$ で表す．限界便益は，財を1単位追加的に消費したときの総便益 $B(Q)$ の増分である．今，財の消費量を Q から ΔQ だけ増加させ，その時の総便益の増分を ΔB とすれば，限界便益は次の式で定義される[*2]．

[*2] 関数 $B(Q)$ が「滑らか」な連続関数である場合（微分可能な場合），(2.1) 式で ΔQ を限りなく 0 に近づけた場合の極限値，すなわち $\lim_{\Delta Q \to 0} \Delta B/\Delta Q$ は $B'(Q)$ に等しくなる（関数 $B(Q)$ のある Q の水準における微分係数）．そして，曲線 $p = B'(Q)$ が需要曲線を表す．また，需要曲線の下の部分を数量を 0 から Q まで積分すると，その値は，

2.4 供給曲線と生産者余剰

$$MB(Q) = \frac{\Delta B}{\Delta Q} = \frac{B(Q+\Delta Q) - B(Q)}{\Delta Q} \tag{2.1}$$

一般に，財の消費量 Q の増加に伴い総便益 $B(Q)$ も増加する．つまり，$B(Q)$ は Q の増加関数である（限界便益 $MB(Q)$ は正である）．ところが，Q が増加していくとき，限界便益 $MB(Q)$ は減少していく．これが，需要曲線が右下がりになる理由である．ただし，$MB(Q)$ が Q の減少関数になる理由は複数ある．

- 消費を増やしていくと，追加的な満足度は一般的に減少するから
- 異なる選好をもつ消費者の存在があるから
- 異なる所得を持つ消費者の存在があるから

1 人の消費者（同質の消費者）しかいない社会では，需要曲線が右下がりになる理由は最初の理由だけである．財に対する好み（選好）の異なる人が社会に存在する場合には 2 番目の理由が加わる．さらに，仮に選好が全く同一の個人からなる社会でも，個人間で所得の違いが存在する場合には 3 番目の理由が加わる．注意すべきはこの 3 番目の理由である．当然，全ての個人の選好が同じでも，所得の高い人は財の追加的な 1 単位に対して支払っても良いと思う価格が高くなる（例えば，住宅や自動車の購入を考えてみよ）．つまり，消費者余剰は，個人間の所得の違いによる限界便益の違いを調整していないという意味で，純粋に選好だけを反映したものではない．あるいは，個人間の所得の違いを無視した指標だということに注意すべきである．

2.4 供給曲線と生産者余剰

図 2.4 には数量が離散的な量で測られた階段状の供給曲線が示されている．需要曲線の高さは，追加的 1 単位に対して消費者が支払っても良いと思う最大限の価格に等しかった．同様に，供給曲線の高さは生産者がこの価格なら**売っても良いと思う最低限の価格**に等しい．生産者が最初の 1 単位を p_1 未満の価

$B(Q) - B(0) = B(Q)$ に等しくなる（$B(0) = 0$ とした）．これが，「限界便益の合計が総便益に等しくなる」ことに対応する．

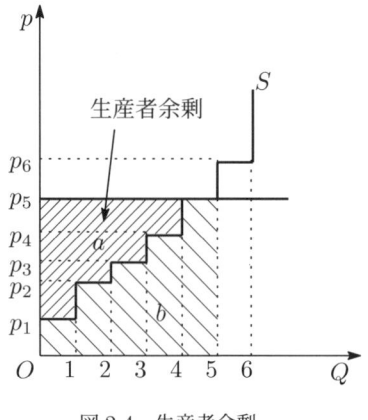

図 2.4　生産者余剰

格で売らないのは，その価格では損失を出してしまうからである．つまり，p_1 円は最初の 1 単位の供給から利益を出すためのぎりぎりの価格なのである．

今，財の価格が p_5 円であるとしよう．生産者は最初の 1 単位について p_1 円で，次の 1 単位については p_2 円で売っても良いと思っていた．したがって，生産者が 5 単位までの供給をする場合，生産者が売っても良いと思っていた金額の合計は $p_1 + p_2 + \cdots + p_5$ 円になる．しかし，実際には $p_5 \times 5$ 円の収入を得たのである．この $p_5 \times 5 - (p_1 + p_2 + \cdots + p_5)$ 円は，生産者にとっての利益を表すと考えられ，これを**生産者余剰** (producers' surplus) とよぶ．生産者余剰は図 2.4 の斜線部分 a の面積に等しい．

2.5　限界費用と供給曲線

供給曲線の高さは生産者にとって，財を 1 単位追加的に生産する際の費用の増分（限界費用）に等しい．このことを次に説明しよう．

まず，生産者が財の価格をみながら，次の 1 単位を生産すべきかどうかという判断をしている状況を考えよう．生産者の目的は利潤の獲得である．生産者が財を 1 単位追加的に生産し市場で販売すれば，生産者は追加的に p 円の

2.5 限界費用と供給曲線

収入を得る[*3].一方で,生産を 1 単位増加するときの追加的費用が MC 円であるとしよう.Q を 1 単位増加したときの収入の増分を**限界収入**: marginal revenue),費用の増分を**限界費用** (marginal cost) とよぶ.

生産者が Q を 1 単位追加的に生産してもよいと考えるのは,

$$p \geq MC$$

が成り立つときである($p < MC$ が成り立つ場合に Q を増加させようとすれば,生産者は損失を被る).つまり,限界収入が限界費用と等しいかそれを上回るときである.この式は,生産者が次の 1 単位を供給しようとするとき,売っても良いと思う最低限の価格が MC 円に等しいことを意味する.そして,このことは,供給曲線の高さ(生産者が売っても良いと思う最低限の価格を表す)が MC に等しいことを意味するのである.

さて,生産量の増加に伴い,一般的には,限界費用 MC は増加する.そこで,限界費用が産出量 Q の関数だとして,$MC(Q)$ という関数で限界費用を表すことにすれば,供給曲線は

$$p = MC(Q)$$

という方程式で表されることがわかる[*4].

後の説明のために,限界費用と総費用の関係を求めておこう.生産者が Q だけの生産を行う際の総費用を $C(Q)$ という関数で表そう.今,生産量を Q の水準から ΔQ 増加させた場合に,総費用が ΔC だけ増加したとしよう.限界費用は,Q の 1 単位の追加あたりの総費用の増加に等しいので,

$$MC(Q) = \frac{\Delta C}{\Delta Q} = \frac{C(Q + \Delta Q) - C(Q)}{\Delta Q}$$

で定義される[*5].

[*3] ここでの暗黙の仮定は,生産物市場には多数の生産者がいて,個々の生産者の市場シェアは非常に小さいというものである.このため,個々の生産者が生産量を変更しても,それは市場の需給関係に影響を与えるものではなく,したがって市場価格に影響を与えない.つまり,個々の生産者は p を定数とみなして生産量を決定するのである.

[*4] 企業の参入・退出条件を考えると,供給曲線と限界費用曲線は正確には一致しない.このことを考慮した正確な議論は第 10 章を参照せよ.

[*5] 限界便益の定義のときと同様に,この式で ΔQ を限りなく 0 に近づけたときの極限値で限

2.5.1 生産者余剰と利潤の関係

消費者余剰の説明の際，限界便益を合計すると総便益になることを説明した．同様に，限界費用を合計すると費用の総額が求められる．ただし，この費用総額には**固定費用**（fixed cost：生産量と無関係に決まる費用）は反映されない．**可変費用**（variable cost：生産量の変化に伴って変化する費用）のみが反映されるのである[*6]．

さて，生産者余剰は次の式で定義され，生産者の利益を表す．

$$生産者余剰 = 収入 - 可変費用$$

図 2.4 において，生産者の収入は $p_5 \times 5$ だから，a と b の合計部分に等しい．そして，供給曲線の下の部分の面積 b が可変費用を表す．したがって，生産者余剰は斜線部分 a の面積に等しくなる．

生産者余剰は**利潤**と似た概念である．利潤は

$$利潤 = 収入 - 総費用$$

で定義され，総費用は固定費用と可変費用の和だから，利潤と生産者余剰は固定費用だけ異なる．しかし，両者を混同しても，通常は大きな問題にはならない．消費者余剰・生産者余剰を用いた分析では，ある政策によってそれらがどう変化したかを問題にすることが多いが，固定費用は（定義によって）一定なので，生産者余剰の変化と利潤の変化は等しいからである．

界費用 $MC(Q)$ を定義する場合もある．その場合，限界費用は

$$MC(Q) = \lim_{\Delta Q \to 0} \frac{C(Q + \Delta Q) - C(Q)}{\Delta Q}$$

で定義されるが，これは費用関数 $C(Q)$ の微分係数 $C'(Q)$ に等しい．

[*6] 可変費用を $VC(Q)$，固定費用を FC で表せば，$C(Q) = FC + VC(Q)$ の関係がある．また，

$$MC(Q) = \frac{\Delta C(Q)}{\Delta Q} = \frac{\Delta VC(Q)}{\Delta Q}$$

であり，$MC(Q)$ 曲線を $Q = 0$ から $Q = Q_0$ まで積分すると，可変費用の総額 $VC(Q_0)$ が得られるという数学的関係が成り立つ（$VC(0) = 0$ とした）．

図 2.5　生産者余剰 (2)

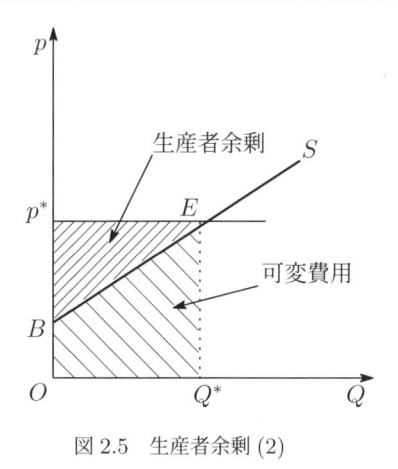

供給曲線が滑らかな場合が図 2.5 に示されている．この場合も図 2.4 の場合と全く同じで，生産者余剰は三角形 p^*EB の面積に等しい．

2.6　社会的余剰

消費者余剰と生産者余剰の和を**社会的余剰**（または総余剰:Total Surplus）という．財の価格と数量が p と Q である場合，消費者余剰 $CS(Q)$ と生産者余剰 $PS(Q)$ はそれぞれ次のように表せた．

$$CS(Q) = B(Q) - pQ$$
$$PS(Q) = pQ - VC(Q)$$

ここでは消費者余剰と生産者余剰が Q の関数であることを強調するために $CS(Q)$，$PS(Q)$ と表した．なお，$B(Q)$ は Q の消費による消費者の総便益，$VC(Q)$ は生産量が Q のときの可変費用 (variable cost) を表す．また，1 番目の式の pQ は消費者にとっての支出額であり，2 番目の式の pQ は生産者にとっての収入である．

市場均衡での社会的余剰は，図 2.6 で表されるように，需要曲線と供給曲線で囲まれた三角形の面積に等しくなる．

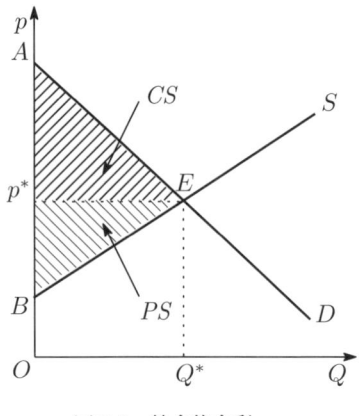

図 2.6 社会的余剰

社会的余剰 $TS(Q)$ を式で表すと，その意味が明確になる．社会的余剰は消費者余剰と生産者余剰の合計であるから，

$$TS(Q) = CS(Q) + PS(Q) = B(Q) - VC(Q) \tag{2.2}$$

が成立する．消費者にとっての支出は生産者にとっての収入に等しいから，社会的余剰を求める際，両者はキャンセルアウトされたのである．結局，社会的余剰は消費者側に発生した便益 $B(Q)$ から生産のために費やされた可変費用 $VC(Q)$ を引いたものに等しいことがわかる．

2.7 社会的余剰の最大化

(2.2) 式を用いれば，どのような Q の水準で社会的余剰が最大になるかを求めることが出来る．まず，Q を 1 単位追加したときの社会的余剰の増分を求めると次の式の通りになる．

$$\frac{\Delta TS(Q)}{\Delta Q} = MB(Q) - MC(Q) \tag{2.3}$$

この式から，社会的余剰が最大になるのは $MB(Q) = MC(Q)$ のときであることを示すことが出来る．

2.7 社会的余剰の最大化

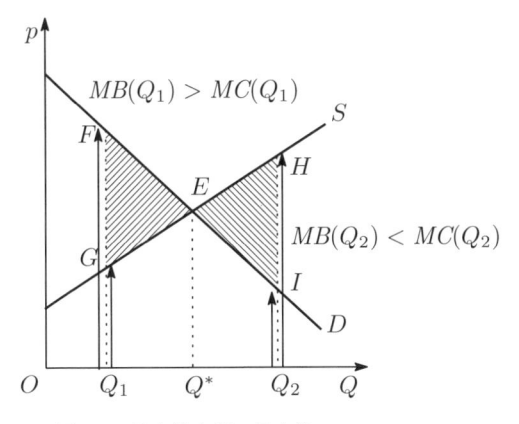

図2.7 社会的余剰の最大化

まず，$MB(Q) > MC(Q)$ が成り立っていたとしよう．この場合，Q を増加させると，費用の増加以上に便益が増加するから（$B(Q)$ が $VC(Q)$ 以上に増加する），社会的余剰が増加する．これは，当初の点では社会的余剰を増やす余地が残っていたことを意味する．つまり，当初の点（$MB(Q) > MC(Q)$ が成り立つ状況）は社会的余剰を最大化する点ではなかったのである．

次に，$MB(Q) < MC(Q)$ が成り立つ状況も社会的余剰を増やす余地があることを示そう．この場合，Q を増やすと，$B(Q)$ の増加以上に $VC(Q)$ が増加し，社会的余剰は減少する．しかし，Q を減らせば，社会的余剰は増加する．これは，Q の減少で MB だけ $B(Q)$ が失われるが，それ以上に費用 $VC(Q)$ が節約されるためである．つまり，$MB(Q) < MC(Q)$ が成り立つ場合も，社会的余剰を増加させる余地が残っていたのである．

したがって，社会的余剰を増加させる余地のないためには，

$$MB(Q) = MC(Q)$$

が成り立っていなければならない．これが**社会的余剰最大化の条件**である．

さて，需要曲線の高さは $MB(Q)$ を，供給曲線の高さは $MC(Q)$ を表していたことを思い出そう．需要曲線と供給曲線の交点は，両者の高さが一致する点であるから $MB(Q) = MC(Q)$ が成り立つ．つまり，**市場均衡において社会的余剰が最大化される**．部分均衡分析の枠組みでは，市場均衡の「望ましさ」は

このように理解出来るのである．

最後に，市場均衡点以外の Q で社会的余剰がどうなっているかをみておこう．図 2.7 の $Q = Q_1$ の水準では，$MB(Q_1) > MC(Q_1)$ が成立している．この場合，市場均衡点 E に比べて社会的余剰は三角形 EFG だけ小さい[*7]．また，$Q = Q_2$ の場合には，$MB(Q_2) < MC(Q_2)$ が成立しており，三角形 EHI だけ E 点に比べ社会的余剰が小さい．三角形 EFG や三角形 EHI は Q が過少だったり，過大であるために生じる資源配分の損失を表したものである．この資源配分上の損失を**死重損失** (dead weight loss) とよぶ．

2.8 市場の機能とその限界

さて，市場で，消費者の限界便益と生産者の限界費用が一致するのはなぜだろうか．消費者も生産者も，それぞれ自分の利益にしたがって行動しているのである．それは，両者が共通の価格に導かれるからである．

消費者側は，財の購入に当たり価格 p をシグナルとして $p = MB(Q)$ を成立させるように消費量の決定を行う．一方，供給者側は，価格をシグナルとして $p = MC(Q)$ を成立させるように供給量の決定を行う．市場では，需給が一致するように p が動く．さらに，消費者と供給者は同じ市場価格に直面することで，$MB(Q) = MC(Q)$ が成立する．こうして，市場では効率的な（社会的余剰が最大になるような）資源配分が実現するのである[*8]．

しかし，どんな場合にも市場がうまく機能するとは限らない．市場がうまく機能しない場合の総称を**市場の失敗**とよぶことは既に説明した．ここでは，そ

[*7] 正確に言えば，何らかの方法で限界便益の高い消費者から消費を割り当てていき，かつ限界費用の低い生産者から生産を許すことが出来た場合でも，E 点が実現する場合に比べ，三角形 EFG だけ社会的余剰が小さくなる．なお，Q_1 の数量を限界便益の高い消費者から割り当てることが出来なかったり，あるいは，限界費用の低い生産者から順にこの財の生産を許すということが出来なかった場合には，社会的余剰はもっと小さいものになる．

[*8] 既に説明したが，価格 p は消費の限界便益と生産の限界費用を一致させるだけの役割を果たしているだけではない．消費者の側においては，$MB \geq p$ を満たす消費者に消費を割り当て，生産者の側でも，$MC \leq p$ を満たす生産者に生産を行わせる役割を果たしている．つまり，価格が消費者と生産者の選別の役割を果たしている．

また，限界費用 MC には，生産に用いられた資源の希少性が反映され，消費者の限界便益 MB は，他の財と比較したこの財についての（相対的な）緊急性が反映されている（このことは消費者行動の理論の説明で徐々に明らかになる）．市場価格 p には，このような大量の情報が反映されていることにも注意が必要である．

2.8 市場の機能とその限界

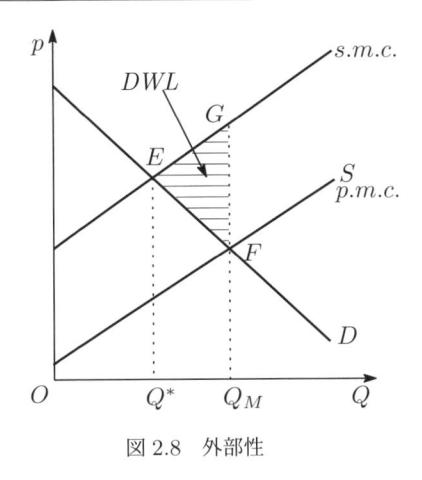

図 2.8　外部性

の中で，**外部性** (externality) を取り上げ，なぜ市場の失敗なのかを簡単に説明しておこう．

大気汚染や水質汚染などの公害は，外部性の典型例である．生産活動の際に大気汚染や水質汚染などの公害を発生させる企業は，生産活動に伴う狭い意味での限界費用（これを**私的限界費用** private marginal cost とよぶ）には直面しているが，公害によって迷惑を受ける近隣住民の被害まで含めた真の限界費用には直面していない．この真の限界費用を**社会的限界費用** (social marginal cost) とよぶ．

図 2.8 には外部性の効果が示されている．公害をもたらす企業は価格と私的限界費用を比較して供給量の決定を行うので，自由な市場での供給曲線は私的限界費用 $p.m.c$ に等しい．その結果，市場では F 点が実現する．しかし，社会的余剰を最大にする点は，限界便益と真の限界費用の一致する点である．真の限界費用は $s.m.c.$ と書かれた社会的限界費用曲線で表されていて，これは私的限界費用に近隣住民に対する被害を上乗せしたものである．したがって，社会的余剰が最大化される点は E 点になる．F 点での社会的余剰は E 点に比べ，三角形 EFG だけ小さくなる．つまり，外部性が存在すると，市場では，死重損失が発生し，社会的余剰は最大にならないのである．

Keywords

消費者余剰,生産者余剰,社会的余剰,限界便益,総便益,限界費用,可変費用,固定費用,死重損失,社会的限界費用,私的限界費用

復習問題
1. 限界便益とは何か.
2. 需要曲線の高さが消費者の限界便益に等しいことを説明せよ.
3. 供給曲線の高さが生産者の限界費用に等しいことを説明せよ.
4. 消費者余剰とは何か.需要曲線を描いて,消費者余剰がどこで表されるか説明せよ.
5. 生産者余剰とは何か.供給曲線を描いて,生産者余剰がどこで表されるか説明せよ.
6. 自由な市場で財の価格と数量が決定されるとき,消費者余剰,生産者余剰,社会的余剰はどうなるか,グラフで表せ.
7. 消費者余剰の概念は,所得分配の問題を考慮していない概念だと言われる.なぜそうなのか説明せよ.
8. 社会的余剰は,消費者の総便益から生産者の(可変)費用を引いたものに等しくなることを説明せよ.
9. 市場の失敗が存在しない場合,市場で決まる価格・数量は社会的余剰(消費者余剰と生産者余剰の和)を最大にすることを説明せよ.
10. 市場の失敗とは何か.

第3章

需要曲線と供給曲線

　需要曲線と供給曲線を用いた分析で重要になるのは，需要曲線や供給曲線が限界便益や限界費用を表すということだけではない．その傾きや位置も重要になる．本章では，需要・供給曲線の傾きや位置を決めるものが何かを説明する．

3.1 需要曲線

3.1.1 需要曲線の傾き

　図 3.1 に傾きの異なる二つの需要曲線が描かれている．需要曲線 D_1 は緩やかな傾きを持つ．これは価格のごくわずかな変化で需要量が大きく変化することを表す．一方，需要曲線 D_2 では価格変化に対する需要量の変化は小さい．

　需要曲線の傾きは，代替財の存在と関係している．例えば，バターにはマーガリンのような密接な代替財が存在する．マーガリン価格が一定なら，バター価格の上昇は，バターからマーガリンへの代替が容易なので，バターの購入量を大きく減少させるだろう．バター価格の低下は，逆にマーガリンからバターへの代替を促すので，バターの購入量の増加は大きいだろう．一方，代替財となるような財が存在しない財は，価格変化に消費量はあまり反応せず，D_2 のような需要曲線になる．喫煙者にとって，タバコの代替となる財は考えられないかもしれない．したがって，タバコの需要曲線の傾きは急になる．

　代替財の存在は，財をどのような範囲で定義するかということとも関わる．財を狭い範囲で定義すれば，その財の代替財は多く存在し，需要曲線の傾きは

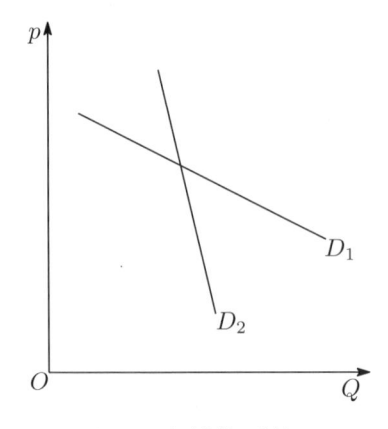

図 3.1　需要曲線の傾き

緩やかになるだろう．しかし，広い範囲で，例えば，食料品全般のように定義すれば，需要曲線の傾きは急になる．

3.1.2　需要曲線の位置

財の需要量はその財の価格の関数であるが，他の変数にも依存する．例えば，次のような変数の変化が需要曲線の位置を変化させる．

- 消費者の所得
- この財に対する嗜好の強さ
- 他の財の価格

まず，消費者の所得が上昇すれば，通常の場合，問題としている財の需要量は増加すると考えられる．豊かになったため，以前よりもより多くの消費をしようとするのが普通だからである．所得の増加は，一定の当該財の価格のもとで需要量を増加させることだから，図 3.2 において，需要曲線を D_0 から D_1 にシフトさせる．逆に消費者の所得が減少した場合には，（一定の当該財の価格のもとで需要量が減少することだから）需要曲線は D_0 から D_2 にシフトす

3.1 需要曲線

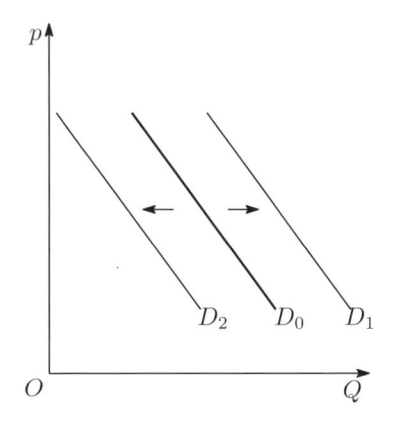

図 3.2 需要曲線のシフト

る[*1]．ただし，所得が増加したとき，全ての財の需要曲線が外側にシフトするわけではない．例えば，ファストフードや品質の劣る日常品は，所得が増加すると需要量が減るかもしれない．消費者は，所得の増加によってより品質の良い財を求めるようになるからである．そのような財の場合，消費者の所得の上昇は需要曲線を内側にシフトさせる[*2]．

次に，当然のことだが，消費者の「好み」が変化することがある．何らかの要因で，その財に対する人々の嗜好が強まれば，需要曲線は D_0 から D_1 にシフトするだろう．それは流行のせいかもしれないし，その財と健康の関係についての新しい発見があったからかもしれない．

需要曲線の位置に影響を与える重要な変数に他の財の価格がある．紅茶はコーヒーの**代替財**である．紅茶の価格が値上がりすると，人々は紅茶をやめてコーヒーに乗り換えようとする．すると，コーヒー価格が一定のもとでコーヒーの需要が増加する．つまり，**代替財価格の上昇は需要曲線を外側にシフト**

[*1] 需要曲線は水平方向にシフトすると書いたのは，所与の価格のもとで，需要量が変化することを念頭に置いているからである．しかし，一定の消費量の水準での限界便益（最大限支払ってもよいと思う価格）が変化すると考えてもよい．それは，所得の変化によるものだけでなく，好みの変化，他の財の価格の変化が原因であっても同じである．そう考えれば，需要曲線は垂直方向にシフトすると考えてもよい．

[*2] 所得が増加した場合，需要量が増えるような財を上級財，または正常財とよぶ．一方，所得の増加によって需要量が減る財を下級財，または劣等財とよぶ．

させ，代替財価格の低下は需要曲線を内側にシフトさせる．

　コーヒーの消費と密接な関係にあるのは紅茶だけではない．ケーキも重要である．コーヒーとケーキは常にセットで消費されるとしよう．ケーキの価格が上昇すれば，（ケーキと一緒に消費される）コーヒーの需要が減るだろう．これは需要曲線を内側にシフトさせる．ケーキの価格が値下がりすれば，需要曲線は外側にシフトする．この場合，ケーキとコーヒーは**補完財**（一緒に消費される財）である．つまり，**補完財価格の上昇は需要曲線を内側にシフトさせ，補完財価格の低下は需要曲線を外側にシフトさせる**．

　需要曲線，供給曲線を用いた部分均衡分析では，**他の事情が同じならば**(ceteris paribus) という仮定のもとで，ある財の価格と数量の決定が分析される．他の事情が変化した場合，需要曲線や供給曲線の位置（場合によっては傾きも）変化する．なお，理論的には，全ての市場の間に相互依存関係があるが，実際の分析では，大きな影響を与える市場はどこで，影響を無視しても構わないのはどの市場かを見分けることも重要である．例えば，ケーキや紅茶の価格はコーヒーの需要曲線の位置に影響を与えるが，鉛筆価格の変化が影響を与えるとは思えない．

3.2　供給曲線

3.2.1　供給曲線の傾き

　図 3.3 には，傾きの緩やかな供給曲線 S_1 と傾きの急な供給曲線 S_2 が描かれている．供給曲線の傾きを決める要因として次のものがある．一つはこの財に用いる生産要素が特殊なものかそうでないかに関係する．もう一つは，短期的に投入量を変更出来ない生産要素がどの程度存在するかに関係する．

　まず，ある財の生産には特別な技能を有した労働力（あるいは特殊な機械設備）が必要な場合がある．このような場合には，容易に増産に対応出来ないため，供給曲線の傾きは急になる．一方，特殊な技能や特殊な機械設備も必要ない財であれば，このようなことは起こらず，供給曲線は S_1 のような緩やかな傾きを持つものになる．

　また，一般に，財の生産には，労働や資本など複数の生産要素の投入が必要だが，このうち短期的には投入量を変化させられない生産要素（固定的生産要

3.2 供給曲線

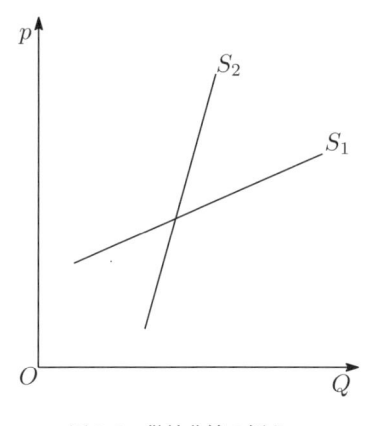

図 3.3 供給曲線の傾き

素）が多数あると，限界費用の増加は急激になり，供給曲線の傾きは急になる．これに対して，投入量を変化させられるような生産要素が多ければ，供給曲線の傾きは緩やかになる（限界費用は急激に増加しない）．

このことは，どのくらいの期間で供給量を測るかという問題とも関係する．短期においては固定的生産要素が多数あっても，長期になればなるほど，投入量を変更出来る生産要素は多くなる．したがって，**短期供給曲線の傾きはきつくても，長期供給曲線の傾きは緩やかになる**．

3.2.2 供給曲線の位置

供給曲線の高さが生産の際の限界費用を表すことを思い出せば，供給曲線の位置を変化させる要因は自然とわかる．重要な要因は二つある．一つは生産要素価格の変化である．もう一つが生産性（正確には限界生産物）の変化である．

生産要素価格（賃金や資本の賃貸価格等）が上昇すれば，限界費用が増加するから，供給曲線は上方にシフトする．生産要素価格が下落すれば，供給曲線は下方にシフトする[*3]．例えば，エネルギー価格の上昇，賃金の上昇などの生

[*3] 供給曲線のシフトの方向性は水平方向だと考えても良い．以下では，所与の生産量水準での限界費用の変化から供給曲線の位置の変化を説明するため，供給曲線が上方または下方にシフトすると説明している．しかし，例えば，限界費用が上昇すれば，与えられた価格の

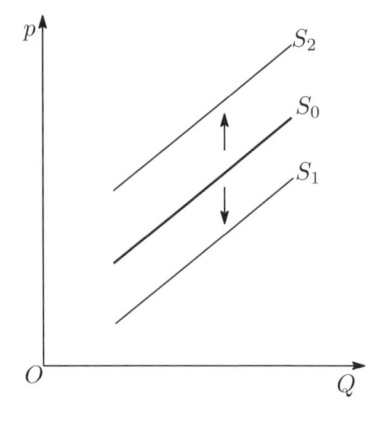

図 3.4　供給曲線のシフト

産要素価格の上昇は，限界費用を増加させるので，供給曲線を上方にシフトさせる．

　生産性が上昇したり下落したりすることでも，供給曲線の位置は変化する．詳しい説明は，第 10 章で行うが，この場合，重要なのは平均生産性ではなく，限界生産性（限界生産物という用語の方が一般的）である．限界生産物は，生産要素を 1 単位追加的に投入した場合に何単位の生産増加につながるかという概念である．

　例えば，技術革新は供給曲線を下方にシフトさせる．農産物の場合であれば，天候も生産性に影響を与える重要な変数である．好天はプラスの生産性ショックであり，供給曲線を下方にシフトさせるが，天候不順は供給曲線を上方にシフトさせる．

3.3　価格弾力性

　これまで，需要曲線や供給曲線の「傾き」を問題にしてきた．しかし，「傾き」は価格や数量の単位に依存する．例えば，縦軸の価格を円で表すかドルで

もとで，$p = MC(Q)$ を満たす Q は減少する．こう考えれば，供給曲線は水平方向左側にシフトする．

3.3 価格弾力性

表すかによって，需要曲線の傾きは変わってしまう．また，仮に円で表すことにしても，時代によって貨幣価値は変化するから，例えば 10 年前の 1 円の変化と現在の 1 円の変化の効果を単純に比較することは出来ない．同様に，数量の単位をどうとるかでも需要曲線の傾きは異なる．例えば，数量をキログラムで測るか，ポンドで測るかによって傾きは異なる．さらに，傾きは，数量を測る期間の選択によっても影響を受ける．つまり，1 週間当たりの消費量を問題にするのか，それとも 1 か月当たりなのか，あるいは 1 年間を問題にするのかで傾きは大きく異なる．

こうした問題を避けるためには，価格や数量の単位と独立になるような「傾き」を考えれば良い．それが**弾力性** (elasticity) という概念である．

今，当初の価格が p，需要量が Q であったとしよう．そして，価格が Δp 上昇した場合，需要量が ΔQ 減少したとする．需要曲線の傾きは $\Delta p/\Delta Q$ であり，これは単位に依存する．単位に依存させないためには，価格や数量の絶対水準の変動ではなく，価格がもとの価格に比べて何 % 変化したか ($\Delta p/p$)，数量がもとの数量に比べて何 % 変化したか ($\Delta Q/Q$) で測ればよい．

需要の価格弾力性 (price elasticity of demand) とは，価格が 1% 上昇（下落）したとき，需要量が何 % 減少（増加）するかを表す．需要の価格弾力性を ϵ^D で表すと

$$\epsilon^D = \frac{\Delta Q/Q}{\Delta p/p} = \frac{p}{Q}\frac{\Delta Q}{\Delta p}$$

で定義される[*4]．

価格のわずかな変化が需要量の大きな変化をもたらす場合，需要の価格弾力性は高い（大きい），あるいは需要は価格に関し**弾力的**であると言われる．価格が変化しても需要量があまり変化しない場合，需要の価格弾力性は低い（小さい），あるいは価格に関し**非弾力的**であると言われる．図 3.1 の D_1 のよう

[*4] 本文では，Δp や ΔQ はすべて絶対値の大きさで考えている（$\Delta p > 0$, $\Delta Q > 0$ である）．したがって，この需要の価格弾力性も絶対値で定義したものである．

Δp や ΔQ の符号に意味を持たせ，価格弾力性を定義する場合もある．つまり，$\Delta p > 0$ なら価格の上昇，$\Delta p < 0$ なら価格の下落とするのである（ΔQ も同様）．そして，$(\Delta Q/Q)/(\Delta p/p)$ で価格弾力性を定義すると，需要の価格弾力性はマイナス（$\Delta p > 0$ なら $\Delta Q < 0$ である），供給の価格弾力性はプラスの値をとる（$\Delta p > 0$ なら $\Delta Q > 0$ である）．

な需要曲線は価格弾力的なケースであり，D_2 のような需要曲線は非弾力的なケースである．

供給の価格弾力性 (price elasticity of supply) も同様な概念である．価格が 1% 上昇（下落）したとき，供給量が何 % 増加（減少）するかを表す．

供給の価格弾力性が高い（大きい），あるいは価格弾力的であるとは，図 3.3 において供給曲線が S_1 のような形状を持つ場合である．供給の価格弾力性が低い（小さい），あるいは価格に関して非弾力的であるとは，供給曲線が S_2 のような形状の場合を言う．

3.3.1 需要の価格弾力性と支出の関係

需要曲線上の 1 点における需要の価格弾力性の値がわかっていると，価格のわずかな変化が需要量だけでなく，支出金額 pQ をどう変化させるか計算することが出来る．図 3.5 をみてみよう．今，当初の価格と需要量は p_0 と Q_0 であったとしよう（図の点 A）．ここで，価格が p_1 に低下すると，需要量は需要曲線に沿って増加し Q_1 になる（図の点 B）．点 A における需要の価格弾力性は ϵ^D で，この値は既知であるとしよう．

最初に，この価格の変化から需要量の増加の大きさを求めてみよう．価格の変化を Δp で表せば $\Delta p = p_0 - p_1$ である．需要の価格弾力性の定義から，需要量の変化 $\Delta Q = Q_1 - Q_0$ は

$$\frac{\Delta Q}{Q_0} = \epsilon^D \frac{\Delta p}{p_0}$$

で与えられる．ϵ^D の定義から，需要量の変化率は，ϵ^D に価格の変化率 $\Delta p/p_0$ を乗じて求められるからである．

支出金額 pQ の変化を $\Delta(pQ)$ で表すと，

$$\Delta(pQ) = (p_0 - \Delta p)(Q_0 + \Delta Q) - p_0 Q_0 = p_0 \Delta Q - \Delta p Q_0 - \Delta p \Delta Q$$

となる．さらに上の式を $p_0 Q_0$ で割ると，

$$\frac{\Delta(pQ)}{p_0 Q_0} = \frac{\Delta Q}{Q_0} - \frac{\Delta p}{p_0} - \frac{\Delta p}{p_0}\frac{\Delta Q}{Q_0}$$

となり，支出金額の変化率を求めることが出来る．Δp があまり大きくない場

合，右辺の第 3 項は無視出来る大きさになる[*5]．したがって，第 3 項を無視して，$\Delta Q/Q_0 = \epsilon^D \Delta p/p_0$ を用いれば，

$$\frac{\Delta(pQ)}{p_0 Q_0} = \left(-1 + \epsilon^D\right) \frac{\Delta p}{p_0}$$

に等しくなる[*6]．したがって，もし，$\epsilon^D = 1$ なら，価格が変化しても総支出金額は一定になることがわかる．また，$\epsilon^D > 1$ なら，価格の低下よりも需要量の増加の効果が上回り，価格の低下が支出金額を増加させる．$\epsilon^D < 1$ なら，価格の低下は支出金額を減少させることもわかる．

価格の低下が支出金額に与える影響をグラフで表したのが図 3.5 である．価格低下による支出金額の減少効果を表したのが斜線部 a の部分で，需要量増加による支出金額の増加効果を表したのが斜線部 c の部分である[*7]．需要の価格弾力性 ϵ^D が 1 であれば，a の部分と c の部分がちょうど相殺し，支出金額 pQ は一定にとどまる．需要の価格弾力性 ϵ^D が 1 より大きい場合，需要曲線は弾力的で，一定の価格低下で大きな需要量の変化がある．この場合には，a より c の面積が大きく，価格の低下が支出金額 pQ の増加をもたらす．需要の価格弾力性 ϵ^D が 1 より小さい場合には，a のほうが c の面積より大きいので，価

[*5] 例えば，$\Delta p/p_0$ が 1%$(= 0.01)$ であれば，$\Delta Q/Q_0$ は $\epsilon^D \times 0.01$ に等しく，$(\Delta p/p_0)(\Delta Q/Q_0)$ はさらにそれの 0.01 倍になり，オーダーが 2 桁も違う．

[*6] 関数 $f(x)$ と $g(x)$ の積 $f(x) \cdot g(x)$ を $h(x)$ とおくと

$$\frac{h'(x)}{h(x)} = \frac{f'(x)}{f(x)} + \frac{g'(x)}{g(x)}$$

という関係が成り立つ．これは $h(x) = f(x)g(x)$ の両辺の対数をとって微分することから導かれる．詳細は数学付録の対数微分法を参照せよ．この公式を用いれば，支出金額の変化率は

$$\frac{\Delta(pQ)}{pQ} = \frac{\Delta p}{p} + \frac{\Delta Q}{Q}$$

で計算される．この式に，$\Delta Q/Q = -\epsilon^D \Delta p/p$ を代入すると本文と同じ式が導かれる（ただし，ここでは，Δp と ΔQ の符号で変化の方向性を表している）．

[*7] 正確には，p が一定のもとで Q が増加したことによる支出金額への影響は，グラフの c と d の部分の合計で表される．c と d の合計面積は $p_0 \Delta Q$ で与えられる（変化率は $\Delta Q/Q_0$ に相当）．d の部分の面積は $\Delta p \Delta Q$ で，変化率では $(\Delta p/p_0)(\Delta Q/Q_0)$ に対応する部分である．p の変化率が小さい場合には，本文でも述べたようにこの部分は無視してよい大きさなので，$c + d$ の面積の大きさと c の面積の大きさは（ほぼ）等しい．

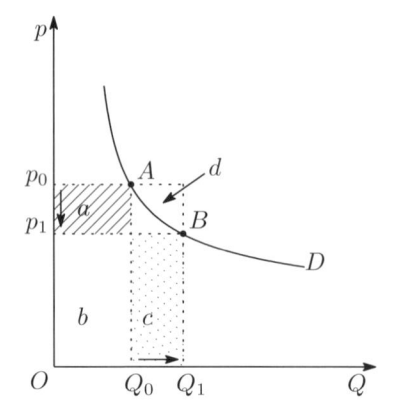

図 3.5 価格変化と支出変化の関係

格低下は支出金額 pQ の減少をもたらす．需要曲線が価格非弾力的なので，価格の低下の効果が需要量増加の効果を上回るからである．

なお，需要曲線に沿って需要の価格弾力性が一定であるような需要曲線は，図 3.5 のような曲がった形状をしている．詳細は数学付録を参照してもらいたいが，$A(>0)$ と $\epsilon(>0)$ を定数として

$$Q = Ap^{-\epsilon}$$

で表されるような需要曲線は，需要の価格弾力性が ϵ で一定になる．

3.3.2 需要曲線が直線の場合

応用分析では，直線の需要曲線もよく使われるが，この需要曲線は，需要曲線上の点によって需要の価格弾力性が変化するという性質を持っている．

このことを示すために，a と b を正の定数として，需要量が $Q = a - bp$ と表せる場合を考えてみよう．この場合，$\Delta Q/\Delta p = b$ なので，

$$\epsilon^D = \frac{bp}{a - bp} = -1 + \frac{a}{a - bp}$$

となり，需要曲線上で p が高い点では，ϵ^D は大きくなる．しかし，p が低いと ϵ^D は小さくなる．

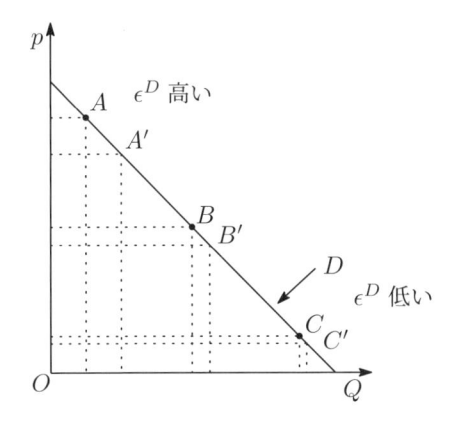

図 3.6　直線の需要曲線

　図 3.6 をみてみよう．需要曲線上の点 A, B, C で価格弾力性が異なることが直観的に理解出来るだろうか．それぞれの点で（ほぼ）一定の比率で価格が低下した場合の効果が図に表されている．価格の同じ比率の低下であっても，点 A の価格は高いので，他の点よりも価格の低下幅（Δp）は大きい．また，需要量の増加率も元の需要量の水準と比較してみる必要がある（点 C の $\Delta Q/Q$ は他の点に比べかなり小さい）．

　ϵ^D が需要曲線（直線）上の点で異なることに対応し，各点での支出金額の変化も異なる．点 A では価格の低下は支出金額の増加をもたらすが，点 C では価格の低下は支出金額の減少をもたらす．

3.4　需要曲線と供給曲線

　コーヒーに対する需要が高まると，コーヒー価格は上昇する．これは需要曲線は右下がりである（価格の低下が需要の増加をもたらす）という命題と矛盾しないのだろうか．

　この疑問に答えるためには，（需要曲線に沿った）需要の増加と需要曲線のシフトを区別する必要がある．コーヒーの需要が高まるというのは，図 3.7 のように需要曲線の右方へのシフトという意味である（コーヒー価格が一定のも

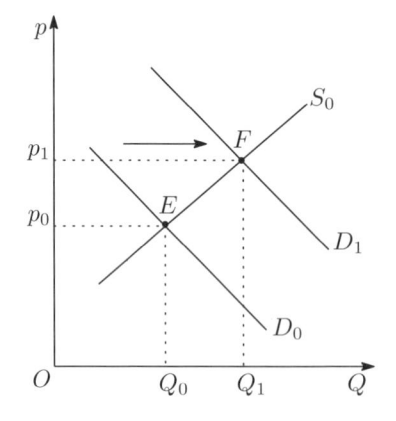

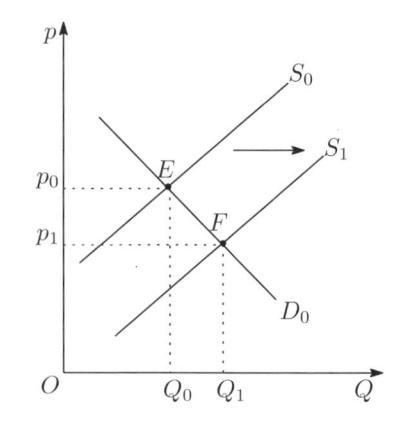

図 3.7 需要曲線曲線のシフトの効果　　図 3.8 供給曲線のシフトの効果

とでコーヒー需要量が増加する).需要曲線が右方にシフトすれば,市場均衡点は E 点から F 点へ移動し,価格も p_0 から p_1 に上昇する.一方,価格の低下が需要の増加をもたらす(あるいは,価格の上昇は需要の減少をもたらす)というのは,需要曲線に沿った変化を表す.需要の増加という言葉を用いるとき,需要曲線の(右方への)シフトという意味なのか,需要曲線に沿った動きなのかを区別しないと混乱する.

同様のことは供給曲線にも言える.ある財の供給が増えたと言う場合,それが供給曲線の右方へのシフトであれば,価格の低下をもたらす.この様子が図 3.8 に示されている.しかし,それが供給曲線に沿った動きなら,価格の上昇が供給量の増加をもたらす.

Keywords

需要(供給)曲線の傾き,需要(供給)曲線のシフト,代替財,補完財,需要(供給)の価格弾力性

復習問題

1. マーガリンの価格が上昇すると,バターの需要曲線はどちらの方向にシフトするだろうか.

3.4 需要曲線と供給曲線

2. プリンターの詰め替えインクの価格が上昇した．このことはインクジェット・プリンターの需要曲線にどのような影響を与えるだろうか．
3. ある財の価格が 10% 低下した．この財の需要の価格弾力性が 0.5 であれば，この財の需要量は何 % 増加するだろうか．需要の価格弾力性が 1.0, 2.0 の場合にはどうなるだろうか．
4. 需要の価格弾力性が高い財はどのような財か．需要の価格弾力性の低い財はどのような財か．
5. 供給曲線の傾き（供給の価格弾力性）は，短期と長期では異なると考えられる．どちらが弾力的だろうか．そして，それはなぜか．

第4章

部分均衡分析の応用

4.1 価格規制

自由な市場に対する政府の介入はどのような効果を持つのだろうか．以下で，価格や数量に対する規制の効果を考える．ここでは，価格に対する上限または下限の規制がある場合を考える．

4.1.1 価格の上限規制

図 4.1 は価格の上限規制の効果を表している．自由な市場では p^* の価格が実現するはずだが，$p_0(<p^*)$ を上限とする価格規制があると，Q_0 の生産しか行われず，FG の超過需要が発生する．この場合，Q_0 の数量が限界便益の高い消費者から順に割り当てられたなら，消費者余剰は四角形 $IHFp_0$ の面積に等しくなる．一方，生産者余剰は三角形 p_0FK の面積に等しいから，社会的余剰は四角形 $IHFK$ の面積に等しく，自由な市場で実現する社会的余剰より三角形 HEF だけ小さくなる．なお，三角形 HEF は資源配分上の損失の最小値に過ぎない．限界便益の高い消費者から順に消費を割り当てられる保証はどこにもないからである[1].

---

[1] 財の価格は p_0 だから，限界便益が p_0 よりも大きい人がこの財を購入しようとするだろう．この財を購入出来た者が，かりに限界便益の低い順であれば，その場合の消費者余剰は点 G から左に Q_0 離れた点を L，L から垂直線を引いて需要曲線にぶつかった点を M とすれば，三角形 GLM がその場合の消費者余剰で，それが価格の上限規制のもとでの消費者

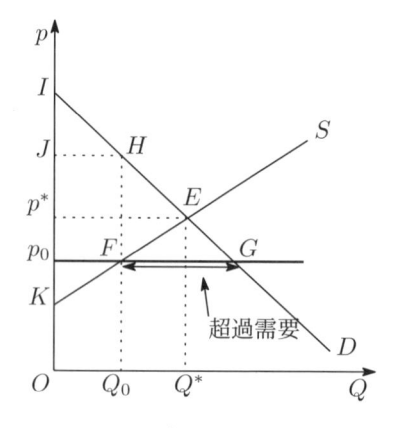

図 4.1　価格の上限規制

4.1.2　家賃の規制

成長の著しい都市では，家賃の高騰が社会問題になることがある．図 4.2 は，ある都市の賃貸住宅市場の需要曲線と供給曲線を表したものである．この都市への住民の流入のため，賃貸住宅の需要曲線 D が D' にシフトしたとしよう．当初の市場均衡は，需要曲線 D と供給曲線 SS の交点である E 点であり，家賃は p_0 の水準であった．なお，供給曲線 SS は垂直に近い傾きを持っているが，これは，短期間のうちに供給量を増やせないからである．SS は短期供給曲線 (shortrun supply curve) を表す[*2]．

需要曲線が D' にシフトした場合，政府の介入が無ければ，市場均衡点は F 点になり，家賃は p_1 まで上昇する．新住民の流入以前に p_1 の家賃を支払ってもよいと考えていた旧住民はごく一部である（図から確かめよ）．そこで，その都市の政府は住宅の借り手を守るという名目で家賃の上限規制を課したとしよう．

　　余剰の最小値になる．なお，生産者余剰は三角形 p_0FK で変わらない．

[*2]　非常に短い期間を取れば，賃貸住宅の数は固定されている．そして，新規の住宅建設には時間がかかる．しかし，家賃が十分高くなれば，自宅の一部を賃貸住宅として供給しようという人が表れるかもしれない．短期の供給曲線が完全に垂直ではないのはこのためである．

4.1 価格規制

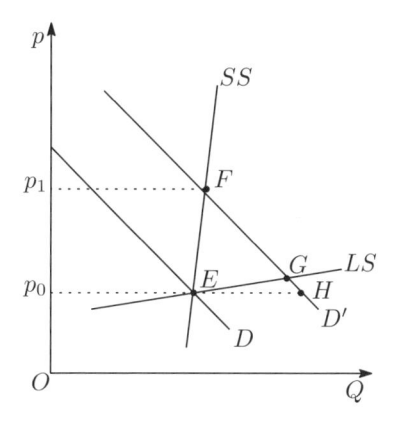

図 4.2 家賃の上限規制

話を簡単にするために，家賃の上限は以前の家賃と同じ水準 p_0 に決められたとする．家賃は p_0 に抑えられる．しかし，線分 EH の超過需要が発生し，住宅を借りたくても借りられない状況が発生する．

家賃に対する規制が無い場合，賃貸住宅の長期供給曲線はかなり弾力的になる．図の LS は賃貸住宅の長期における供給曲線 (longrun supply curve) を表す[*3]．自由な市場では，需要曲線のシフトで家賃が短期的に高騰しても，賃貸住宅の収益の高まりに反応して住宅建設が進み，家賃は再び下落していく．図では，G 点が長期における市場均衡を表す．

図では，賃貸住宅市場の長期供給曲線はわずかな正の傾きを持って描かれている．しかし，長期供給曲線の傾きは 0（水平）ということもある．これは他の事業や他の資産の収益率との**裁定** (arbitrage) が働くからである．例えば，1 単位の資金を保有している人がいて，それを金融資産に投資すれば ρ の収益が (毎年) 上げられるとしよう．資金の保有者は金融資産に投資することも出来るし，他の資産や他の事業に投資することも出来る．資金が手元になければ，資金を借り入れて投資することも出来る．さて，賃貸住宅の家賃が高騰すれば，一時的に賃貸住宅事業の収益率は ρ を超える．その場合には，多くの人が

[*3] 長期供給曲線 LS は当初の市場均衡点 E で短期供給曲線 SS と交わっていることに注意しよう．

賃貸住宅事業に参入するだろう．しかし，住宅建設が進めば，家賃は下落し，賃貸住宅事業の収益率は低下していく．場合によっては，建設が進みすぎ，供給過剰から賃貸住宅事業での収益率が ρ を下回るかもしれない．こうなると，この事業から退出する人が続出し，十分な時間の経過後には，再び賃貸住宅の収益率は ρ になる．したがって，事業の参入・退出に伴う費用が無視出来る大きさなら，賃貸住宅の長期供給曲線はある一定水準の家賃（これを p_0 としよう）のところで水平になる．つまり，p_0 よりもわずかでも家賃が高ければ供給量は限りなく大きくなり，逆に p_0 よりもわずかでも家賃が下回れば供給量は 0 になるのである．

実際には，参入・退出にかかる費用は無視出来ないかもしれない．また，現実の都市の居住可能な地域は限られている（物理的面積が限られていても，建物の高層化で，この地表上の面積の制約はある程度克服出来るが）．図 4.2 において，長期供給曲線は正の傾きを持っているのは，このような理由からである．

4.1.3 価格の下限規制

価格の下限規制も問題を引き起こす．自由な市場で実現する価格よりも高い価格を下限とする価格規制の導入は財の超過供給を生じさせる．

図 4.3 は労働市場での価格の下限規制，つまり**最低賃金制**の効果を表したものである．ここでは，最低賃金が問題になるような労働市場，すなわち未熟練労働の市場を考える．

市場均衡賃金が w^* であるとき，$w_0(>w^*)$ を最低賃金とするような規制を導入すると，企業はより安価な生産要素を用いて生産を行おうとする．このため，労働需要は L_1 の大きさまで減少する（点 F）．一方，労働供給量は L_2 だから（点 G），線分 FG の大きさの失業が発生する．

実際に雇用される労働者は L_1 である（点 F）．失業を免れた労働者はもちろん幸運だが，そうでない労働者の状況は悪化する．このように，最低賃金制度は労働者の状況の改善には役立たない[*4]．

[*4] 労働市場が買手独占（雇用する側が 1 社だけ）で，そのため市場賃金が低く抑えられている場合には，最低賃金制度が労働者の状況を改善する場合がある．これについては第 17 章を参照せよ．ただし，現実の労働市場が買手独占市場である可能性は低いだろう．

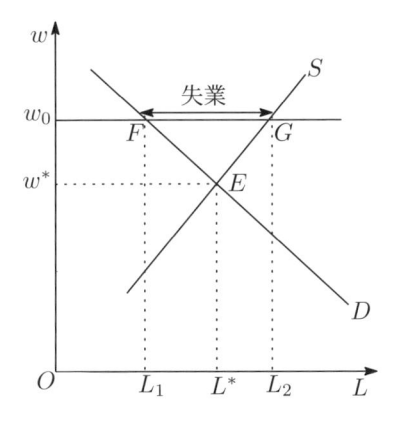

図 4.3 最低賃金制の効果

4.2 数量規制

　数量規制の効果が図 4.4 に示されている．自由な市場では E 点が実現し，Q^* の供給が行われる．この市場に供給の上限を Q_0 とするような数量規制が導入されたとしよう．ここでは，なぜそのような数量規制が行われるかという理由は問わないことにする．

　数量規制を行い，かつ政府が市場価格に介入しないなら，市場価格は p_0 になる．この場合，消費者余剰は三角形 HFp_0 の大きさに等しい．一方，生産者余剰はどうなるだろうか．もし，Q_0 の生産が，効率的な生産者の順から許されたなら（つまり，限界費用の低い生産者から順に生産が許可されたなら），生産者の収入は四角形 Op_0FQ_0 に等しく，生産者の可変費用は四角形 $OIGQ_0$ に等しい．したがって，生産者余剰の大きさは四角形 p_0FGI の面積に等しくなる．結局，社会的余剰は四角形 $HFGI$ に等しく，この大きさは E 点が実現する場合に比べ，三角形 EFG だけ小さくなることがわかる．

　しかし，限界費用の低い順に生産を認めることが出来ないとすれば（現実はそうであろう），生産者余剰はもう少し小さくなり，したがって，E 点が実現

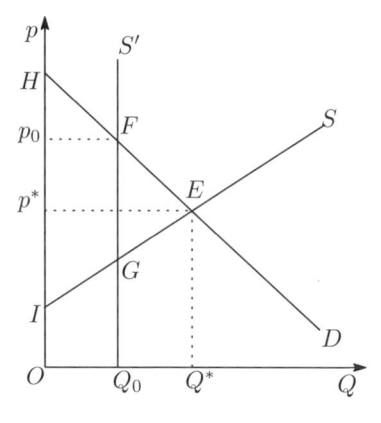

図 4.4 参入規制

する場合と比べた社会的余剰の減少はもっと大きくなる[*5].

ある種の職業は，国の認定した基準をクリアーした人だけに認められている．例えば，医師や弁護士になるためには，国家試験に合格し，所定の訓練を受けなければならない．このような職業免許制度は，供給される財・サービスに一定の品質を確保させ，そのことによって消費者（患者や依頼人）の利益を守るという側面があることは事実である．しかし，一方で，生産者同士の競争を制限し（非効率的な生産者の生産を許す＝生産者の直面する価格が限界費用の高い生産者を排除するという機能を持たない），また，高い消費者価格のために消費者の利益が損なわれることも事実である．

医師や弁護士の人数は，医学部の入学定員を厳しくコントロールしたり，国家試験の合格者数を制限することで行われてきた．このような参入制限の効果は，図 4.4 のような直接的な数量規制の効果とほぼ同じものである[*6].

[*5] 市場には限界費用の異なる生産者がいて，それぞれの生産者は 1 単位ずつの生産を行えると想定しよう．市場価格が p_0 なら，限界費用が p_0 以下の生産者であれば，生産を行おうとするはずである．そして，この場合，もっとも生産者余剰が小さくなるのは，p_0 の限界費用がかかる生産者，p_0 よりもわずかに限界費用が小さい生産者という順で生産が認められる場合である．

[*6] 医療サービスの場合には，数量規制だけではなく，価格の規制も行われている．医療保険の対象となる医療サービスについては，サービスの内容ごとに公定価格が決められている．

4.3 租税の効果

ある財に物品税が課された場合を考える．図 4.5 において物品税が導入される以前の市場均衡が E 点で与えられている．物品税が導入されると，消費者の直面する価格と生産者の直面する価格が乖離する．消費者価格を p^d，生産者価格を p^s で表そう．また，財 1 単位当たりに課される物品税を t で表す．p^d と p^s の関係は次の通りになる．

$$p^d = p^s + t$$

消費者は p^d と限界便益を比較して財の購入量を決定する．生産者は p^s と限界費用を比較して財の生産量を決定する．つまり，需要曲線は p^d と需要量の関係，供給曲線は p^s と供給量の関係を表す．需要量を Q^d，供給量を Q^s とすると，需要曲線は $p^d = p^d(Q^d)$，供給曲線は $p^s = p^s(Q^s)$ と表せるのである[*7]．

物品税導入後の市場均衡は，$Q^d = Q^s$ が成り立つ点である．Q^d と Q^s はそれぞれ p^d と p^s の関数で，$p^d = p^s + t$ の関係が成り立たなければならないから，新しい均衡における数量 Q は次の方程式を満たすものでなければならないことがわかる．

$$p^d(Q) = p^s(Q) + t$$

この方程式の解は，図 4.5 において，需要曲線と供給曲線の間にちょうど t だけの**くさび** (wedge) が埋め込まれるところを見つけることで求められる．図の Q_1 が新しい均衡における数量を表す．また，そのときの消費者価格（税込み価格）は $p_1^d = p^d(Q_1)$，生産者価格（税引き後価格）は $p_1^s = p^s(Q_1)$ になる．さらに，$p_1^d = p_1^s + t$ が成り立っている．

[*7] 需要曲線は p^d から Q^d の関係を表すので，$Q^d = Q^d(p^d)$ という関数で表されるのが普通である．ここで考えているのは，$p^d = p^d(Q^d)$ という関数で，数量が与えられた場合に，消費者が限界的に支払っても良いと思う最大価格を表す．$p^d = p^d(Q^d)$ は需要関数の逆関数なので，逆需要関数とよばれる（ただし，どちらでも，需要曲線を表すことに変わりはない）．供給曲線 $p^s = p^s(Q^s)$ も同様で，$Q^s = Q^s(p^s)$ の逆関数を表す．なお，$p^s = p^s(Q^s)$ は，生産者が限界的な生産を行う場合，売っても良いと思う最低価格を表す．

図 4.5 租税の効果

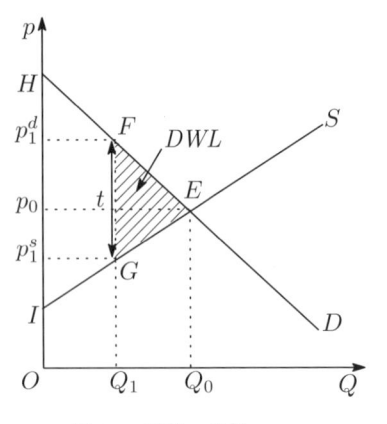

なお，物品税導入後の消費者余剰は三角形 HFp_1^d，生産者余剰は三角形 $p_1^s GI$ に等しい．また，物品税の税収の大きさは四角形 $p_1^d FGp_1^s (= t \times Q_1)$ に等しい．課税後の社会的余剰は，消費者余剰と生産者余剰の合計にこの税収を加えたものになる．なぜなら，税収は消えて無くなるものではなく，政府支出等の形でだれかに還元されるからである．したがって，物品税導入後の社会的余剰は，四角形 $HFGI$ に等しくなることがわかる．

さて，物品税導入以前の市場均衡は E 点で，このときの社会的余剰は三角形 HEI に等しい．したがって，物品税導入後，社会的余剰は三角形 EFG だけ小さくなる．これが物品税のもたらした資源配分上の損失，すなわち**死重損失** (dead weight loss) を表す．

物品税の効果で重要なのは次の点である．

- 物品税が死重損失をもたらしたのは，p^d と p^s が乖離したからである．
- 物品税を消費者側に課すか生産者側に課すかで税の効果が異なることはない．
- 物品税を消費者が負担するのか生産者が負担するのかは，需要と供給の価格弾力性に依存する．

まず，物品税が死重損失をもたらしたのは，p^d と p^s が乖離したためである．

4.3 租税の効果

このため，消費者の限界便益と生産者の限界費用が一致せず，効率的な資源配分が実現しなかったのである[*8]。

次に，ここでの分析では，$p^d = p^s + t$ という関係しか用いていない．t が消費者と生産者のどちらに課されるかは問題にしていないのである．そして，物品税を消費者に課しても，生産者に課しても，$p^d = p^s + t$ という関係はどちらの場合でも同様に成り立つ．したがって物品税を消費者側と生産者側のどちらに課すかで税の効果が変わることはない[*9]。

最後に，物品税を消費者と生産者のどちらが負担するかは，需要と供給の価格弾力性に依存することを示そう．図 4.6 は需要が価格弾力的で，供給が価格非弾力的なケースが描かれている．一方，図 4.7 は需要が価格非弾力的で，供給が価格弾力的なケースである．物品税導入前の均衡点は E 点で，価格は p_0 に決まっていた．物品税導入後の消費者価格（税込み価格）は p_1^d，生産者価格は p_1^s，数量は Q_1 になる．

どちらのケースでも，物品税導入後の消費者価格 p_1^d は以前の価格 p_0 に比べて高くなり，生産者価格 p_1^s は p_0 に比べて下落する．もちろん，$p_1^d = p_1^s + t$ が成り立つ．さて，この財 1 単位当たりの租税負担は t であるが，そのうち $p_1^d - p_0$（消費者価格の値上がり分）は消費者の負担分，$p_0 - p_1^s$（生産者価格の値下がり分）は生産者の負担分と考えることが出来る．図からわかるように，図 4.6 では生産者がより多く負担し，図 4.7 では消費者がより多く負担している．つまり，需要曲線と供給曲線の傾き（価格弾力性）に応じて，消費者と生産者のどちらがより多く負担するかが変化することがわかる．

図からわかるのは，供給曲線がより非弾力的なら生産者がより多く負担し，需要曲線がより非弾力的なら消費者がより多く負担することがわかる．つま

[*8] なお，この分析は部分均衡分析に基づいていることに注意しよう．部分均衡分析では他の財の価格は一定とされている．p^d と p^s の乖離は，正確には，消費者の直面する相対価格（他の財と比較したこの財の価格）と生産者の直面する相対価格の乖離という意味である．第 5 章以下で，消費者の意思決定で重要なのは，ある財の絶対的な価格ではなく，他の財と比較した相対的な価格であることが示される．生産者の行動も同様である．

個別物品税ではなく，全ての財・サービスが課税対象となるような消費税（付加価値税）では，消費者の直面する相対価格と生産者の直面する相対価格が食い違うことはない．消費税（付加価値税）の効果をこの図のような枠組みで議論することは間違いである．

[*9] もちろん，納税のための事務的な負担を考えれば，答えは異なってくる．一般的には，生産者側の方が事務処理に優位を持っているだろう．

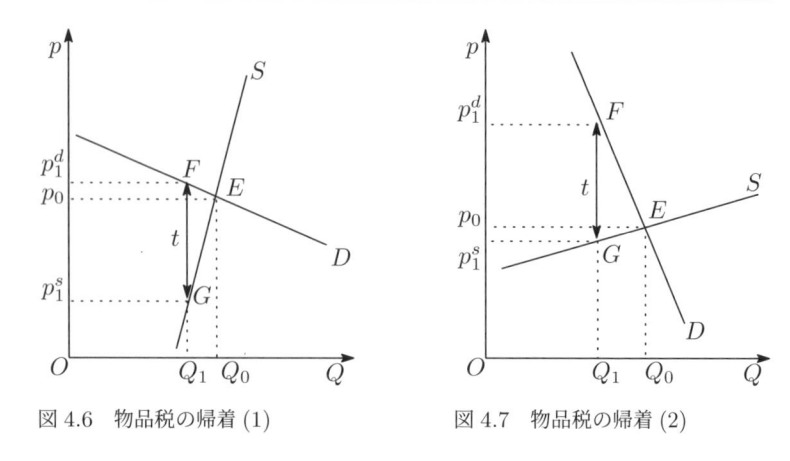

図 4.6　物品税の帰着 (1)　　　　図 4.7　物品税の帰着 (2)

り，需要側と供給側で，より価格非弾力的なほうが物品税を多く負担するのである．

　これは次の理由による．まず，消費者であれ生産者であれ，価格弾力的な需要曲線または供給曲線を持つのは，代替的な選択肢を多く持っているからである．例えば，消費者はその財の価格が高いときに代替的な別の財の消費で済ますことが出来れば，需要曲線は価格弾力的になる．その財の価格変化が生じても，代替的な財が存在しなければ，消費者はその財を消費しないわけにはいかず，したがって，需要曲線は非弾力的になる．生産者についても同様で，生産財の価格変化に応じて柔軟に生産量を変えることが出来るかどうかが，供給の価格弾力性を決めるのである．物品税が導入された場合，価格弾力的なほうは，価格変化に対し行動を変えることが出来るが，価格非弾力的なほうはそれが出来ない．行動を容易に変えられる側に価格の変化を押し付けることは難しいが，行動を変えられない側には価格変化を押し付けることが出来る．このため，価格に関し非弾力的なほうが多くの税負担を負うことになる．

　このように，租税が最終的に誰の負担になるかは，需要・供給の価格弾力性に依存する．一つの特別なケースとして，価格弾力性が 0，つまり，価格が変化しても数量が変化しない場合を考察しよう．図 4.8 には供給が価格に関して完全に非弾力的なケースが描かれている．土地の供給がこのケースに該当す

4.4 補助金の効果

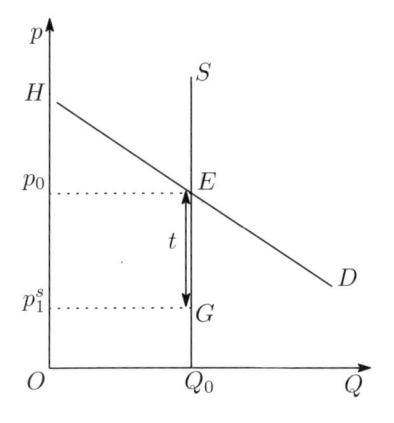

図 4.8 土地に対する課税

る[*10]．この場合も，課税によって p^d と p^s は乖離するが，供給曲線が垂直なため数量は変化しない．また，図からわかるように，課税後の消費者価格は課税前の価格 p_0 から変化しない．このため，生産者価格が課税分だけ低下する．つまり，この場合には，供給側，つまり土地の所有者が 100% 税を負担するのである．

4.4 補助金の効果

補助金 (subsidy) の効果も課税の効果と同様に考えることが出来る．補助金の導入は，消費者価格 p^d と生産者価格 p^s を乖離させる．財 1 単位当たりの補助金を s とすると，次の式が成り立つ．

$$p^d + s = p^s$$

つまり，消費者の支払った価格に補助金が上乗せされた価格を生産者が受け取る．上の式を $p^d = p^s - s$ と変形すれば，補助金はマイナスの物品税 ($-s$) と

[*10] ある地域の土地の面積は一定であるが，土地の質まで考慮すると，ここでの議論は多少修正される．土地の質が改善された場合，質を考慮した土地の量は増えると考えれば良い（質の良い土地は質の劣る土地の何倍かに相当すると考えれば良い）．その場合には，土地の供給曲線は右上がりになるかもしれない．

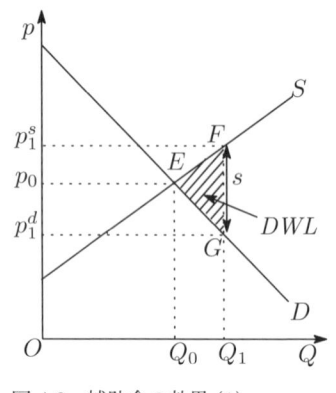

図 4.9　補助金の効果 (1)

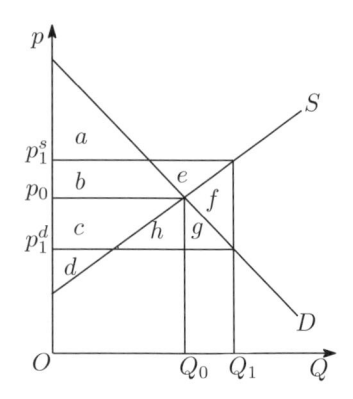

図 4.10　補助金の効果 (2)

考えて良いこともわかる.

補助金の効果が図 4.9 に示されている. 補助金によって生産と消費が増加する. これは補助金が低い消費者価格と高い生産者価格をもたらしたからである. しかし, それは社会的余剰を減少させてしまう. Q_1 の数量では, 消費者の限界便益は生産者の限界費用を下回る. これは過剰な生産と消費なのである.

補助金によって生産と消費を増加させることが, なぜ社会的余剰の減少をもたらすのだろうか. 図 4.10 を用いて説明しよう. 補助金導入前の消費者余剰は図の $a+b$ の部分, 生産者余剰は $c+d$, したがって, 補助金導入前の社会的余剰を TS_0 で表せば

$$TS_0 = (a+b) + (c+d)$$

となる.

補助金導入後, 消費者価格は p_1^d に低下するので, 消費者余剰は $a+b+c+h+g$ に変化する. 生産者余剰は, 生産者価格が p_1^s になるので, $b+c+d+e$ になる. ところが, 生産物 1 単位当たりの補助金が $p_1^s - p_1^d$ で, Q_1 単位の生産・消費が行われるから, 補助金の総額は $b+c+e+f+g+h$ になる. 補助金の財源は国民の負担になるから, 社会的余剰を計算する際には, この負担を引か

なければならない．結局，補助金導入後の社会的余剰を TS_1 とすると

$$TS_1 = (a+b+c+h+g) + (b+c+d+e) - (b+c+e+f+g+h)$$
$$= (a+b+c+d) - f$$

が成り立つ．つまり，補助金導入後の社会的余剰 TS_1 は，補助金導入前の社会的余剰 TS_0 より f の面積だけ小さくなるのである．

4.5 国際貿易

4.5.1 輸入自由化の効果

この節では，自由な国際貿易の効果を考える．最初に，国内産業，例えば，国内農業の保護のため，海外からの輸入を禁止している社会を考えよう．図 4.11 の D は農産物に対する国内の需要曲線，S_D が国内農家の供給曲線を表す．農産物の輸入が禁止されている場合，市場均衡は点 A で実現し，農産物価格は p_A に決まる．ところが，海外の農産物は世界市場で $p_W(<p_A)$ の価格で取引されている．ここで，国内市場は世界市場よりも十分小さく，そのため，輸入が自由化されても，それは世界全体の農産物市場の需給条件を変えるものではないとしよう（これを小国の仮定とよぶ）．もし，農産物の輸入が自由化されれば，国内への農産物の供給曲線は価格 p_W で水平な S_W になる．その結果，国内の消費者は点 C で消費を行う．また，農産物価格は p_W になるので，国内生産者は p_W 以下の限界費用で生産出来る水準で供給を行う．したがって，国内生産者の供給量は点 B で表される．そして，線分 BC だけの輸入が行われる．

輸入が禁止されている場合の消費者余剰，生産者余剰はそれぞれ，三角形 GAp_A，三角形 p_AAF の面積に等しく，社会的余剰の大きさは三角形 GAF の面積に等しい．輸入が自由化された後では，消費者余剰は三角形 GCp_W になり，国内生産者の余剰は三角形 p_WBF になる．したがって，輸入自由化後の社会的余剰（ただし，国内の消費者余剰と国内の生産者余剰の合計で，国内の利益を表す）は，輸入禁止前の社会的余剰に比べ，三角形 ABC の面積だけ増えていることがわかる．

このように，輸入の自由化は国全体としては利益をもたらす．ただし，消費

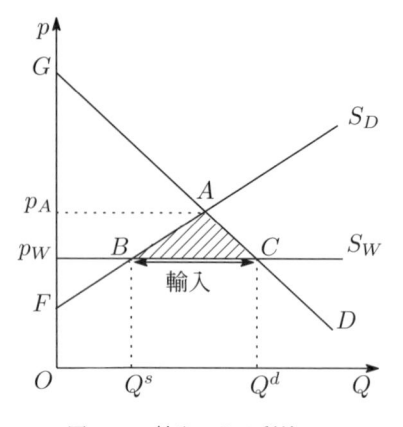

図 4.11　輸入による利益

者余剰は農産物の価格低下によって大きく増加するが（消費者余剰の増加は四角形 $p_A A C p_W$ の面積に等しい），（国内の）生産者余剰は減少する．輸入自由化が国全体として利益を増加させたのは，生産者余剰の減少以上に消費者の利益が促進されるためである．このように，国内産業保護のための貿易制限は国全体としての利益を損なう．しかし，貿易制限を緩めようとすれば，損失を被る特定産業が存在するため，政治問題になりやすい．ただし，ここでの分析によれば，貿易制限の緩和による消費者側に生じる利益の一部を損失を被る産業の補償に回しても，なお消費者には利益が残ることになるのだが．

4.5.2　輸出自由化の効果

今度は輸出の自由化の利益である．例えば，途上国の農業を考える．自国の農業は低コストで行えるため，国内の農産物価格は世界価格よりも低いとする．今，この国では，国内の食料需要を賄うため，農産物の輸出が禁止されていたとしよう．このときの国内市場の均衡は図 4.12 の A 点で実現し，農産物価格は p_A に決まる．しかし，農産物の世界市場での価格は p_W で p_A よりも高い．もし，農産物を海外へ輸出することを政府が認めれば，国内農家は世界価格 p_W に直面することになる．図の D_W は国内農家の直面する需要曲線である．国内農家は点 C まで生産を増加させるだろう．一方，国内の消費者は

4.5 国際貿易

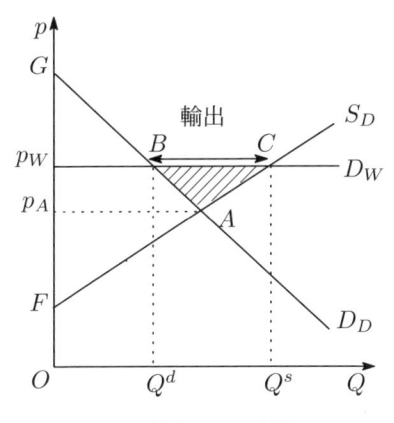

図 4.12 輸出による利益

今や，p_W で農産物を購入しなければならない．国内農家の供給量から自国民の需要量を引いた線分 BC の長さが輸出を表す．

さて，輸出が禁止されている場合の社会的余剰は三角形 GAF の面積に等しかった．輸出が認められた後では，消費者余剰は三角形 GBp_W に縮小する．一方，生産者余剰は三角形 $p_W CF$ に拡大し，社会的余剰は輸出禁止時代よりも三角形 ABC だけ大きくなる．

この場合も，農産物価格の上昇によって国内消費者の利益は減少するが，それ以上に国内生産者の利益が増加するため，国全体としては利益が増加するのである．したがって，理論的には，増加した生産者利益の一部を消費者に還元すれば，消費者の状態が以前よりも悪化することはない．

以上の分析で想定している農産物が国民の生存に欠かせないものだったらどうだろう．この国は貧しく，この農産物の需要曲線は価格非弾力的である．輸出を自由化すれば，農産物の国内価格が上昇して，貧しい国民の消費者余剰は大きく減少する．一方で，農家の利益は増加する．この場合でも，前の分析の結果は変わらない．需要曲線の傾きが急になって，消費者余剰の減少が大きくなるという効果はあるが，農家の利益は消費者の損失を上回るという結果は変わらない（図で確かめてみよ）．つまり，この国の政府が利益をあげた農家から所得を取り上げ，それを一般消費者に移転すれば，一般消費者の利益は減少

図 4.13 関税の効果

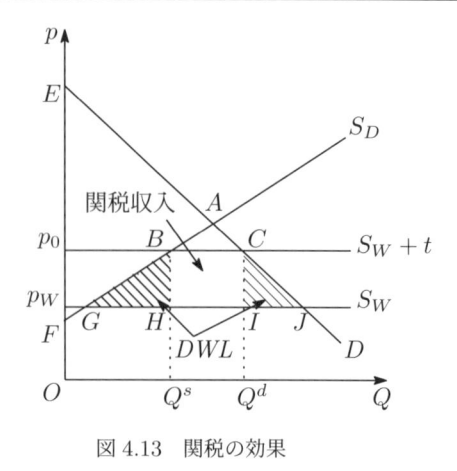

しないのである．もっとも，現実の政府がそのような所得移転政策を行えればの話ではあるが．

4.5.3 関税の効果

最後は関税の効果である．図 4.13 をみてみよう．貿易に対する障壁が無い場合の供給曲線は S_W である（この財の世界価格 p_W で水平な直線）．また，国内の需要曲線が D であり，国内生産者の供給曲線が S_D で表されている．自由な貿易が行われる場合，点 J で（国内）消費が行われる．また，国内生産は点 G で決まり，残りが海外から輸入される．線分 GJ が輸入の大きさを表す．

今，輸入品 1 単位当たりに t 円の関税が課されたとしよう．すると，国内消費者の直面するこの財の価格は $p_0 = p_W + t$ 円となる．これが $S_W + t$ と書かれた曲線（直線）である．消費者は点 C で消費量を決定し，国内生産者は点 B までの国内生産を行う．その結果，輸入量は BC の長さに減少する．

関税によって社会的余剰（国内の余剰の合計）がどう変化したかを求めてみよう．まず，自由な貿易のもとでの（すなわち，関税が課される以前の）消費者余剰は三角形 EJp_W の大きさに等しく，国内生産者の生産者余剰は三角形 $p_W GF$ の大きさに等しい．関税が課されると，消費者余剰は（価格の上昇の

ために)減少して，三角形 ECp_0 の大きさになる．一方，国内生産者の余剰は増加して三角形 p_0BF の大きさになる．なお，輸入の量が BC で輸入1単位当たり t の関税が課されるから，四角形 $BCIH$ の関税収入が国にもたらされる．そして，これは国内の誰かの利益になる．結局，関税導入後の社会的余剰は，三角形 ECp_0，三角形 p_0BF，そして四角形 $BCIH$ の合計になる．つまり，自由な貿易を行っていた場合と比べれば，斜線で示された二つの三角形部分だけ社会的余剰が減少することがわかる．

復習問題
1. ある財だけに差別的な物品税を課すと，課税後の数量，価格(消費者の支払い価格と生産者の受取価格の区別をすること)，社会的余剰はどうなるか．
2. ある財の生産者に補助金を出して生産を奨励し，同時に，消費者にもその財が安い価格で入手出来るような政策を行った．このような政策は社会的余剰を増やすのだろうか，減らすのだろうか．

第Ⅱ部

消費者行動の理論

第5章

効用関数と予算制約

　第2章で消費者余剰の概念を説明した際，財の需要曲線の背後には消費者の意思決定があることを強調した．本章と次章では，消費者の意思決定に関する基本理論を説明する．

　消費者行動の理論はきわめて単純である．消費者は予算の制約のもとで満足の度合を最大にするように財の購入量を決めると想定するだけである．消費者は財の消費から満足感を得るが，この満足の度合いを経済学では**効用** (utility) とよぶ．そして，財の消費量と効用の対応関係を関数としてとらえる．これを**効用関数** (utility function) とよぶ．一方，消費者の予算制約も単純な数式で表すことが出来る．この章では，効用関数，予算制約式を説明する．

5.1　効用関数（1財のケース）

　効用関数は，財の消費量と効用の対応関係を表したものである．ただし，現在の経済理論では，「効用」が客観的に計測出来るかどうかを問題にしない．また，なぜある人の好みと別の人の好みが異なるのかも追求はしない．効用関数は与えられたものとして扱い，その上で，消費者の直面する制約条件が変化した場合に，消費者がどう反応するか（「合理的に行動する」と仮定される）に注意を集中させるのである．

　効用関数を与えられたものとして分析すると言っても，効用関数は消費者の合理的な行動と矛盾するものであってはならない．この節では，効用関数の

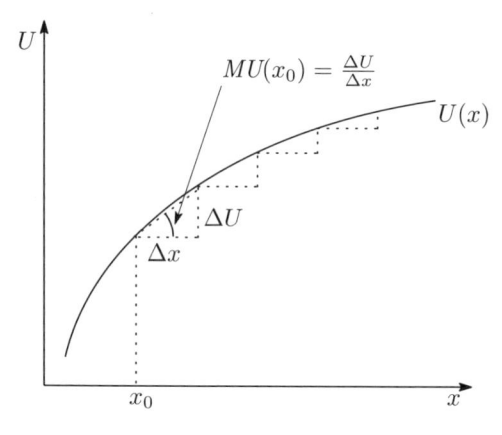

図5.1 効用関数:1 財のケース

満たすべき性質や，効用関数に関する基礎概念を説明する．説明の都合上，まず，1種類の財しか存在しない場合についての説明を行い，その後，2種類以上の財のケースに拡張する．

まず，財が1種類しかない場合についての効用関数の性質を説明する．x を財の消費量とし，そのときの効用を $U(x)$ で表す．効用関数は，一般には，図5.1 で表されるような形状をしていると考えられる．

この図に示された効用関数は次のような性質を持っている．

- 財の消費量 x が増加すると効用 U も増加する（限界効用は正である）．
- 限界効用は逓減する．

5.1.1 限界効用

限界効用 (marginal utility) とは，財を1単位追加的に消費したときの効用の増分のことである[*1]．消費者の行動を記述する上では，効用の水準自体より，限界効用の大きさが重要である．というのは，この財をもう1単位余分に

[*1] なお，限界効用の「限界」とは marginal の訳語（「周辺部分」のとか「境界部分」のという意味）であり，「我慢の限界」とか「体力の限界」の「限界」とは異なる．

5.1 効用関数（1財のケース）

購入すべきかどうかとか，もう少し長い時間働くべきかどうかというのが典型的な消費者の意思決定の問題で，この判断に関わるのは，効用の水準ではなく，限界効用だからである．

財の消費量を x から Δx 単位増加させたときの効用の増分を ΔU（$\equiv U(x+\Delta x) - U(x)$）で表すことにしよう．このとき，追加的1単位当たりの効用の増分は $\Delta U/\Delta x$ なので，財の消費量が x である時の限界効用 $MU(x)$ は次の式で定義される．

$$MU(x) = \frac{\Delta U}{\Delta x} = \frac{U(x+\Delta x) - U(x)}{\Delta x} \tag{5.1}$$

図5.1には，$x = x_0$ における限界効用 $MU(x_0)$ の図形的な意味が示されている．限界効用は，底辺の長さを Δx, 高さを ΔU とする三角形の傾きに等しい．x の別の水準における限界効用も同様に定義される[*2]．

図5.1では，効用関数は右上がりの曲線で表されている．これは，限界効用が正であることに対応する．また，効用関数を表す曲線の傾きは，x の増加に伴い小さくなっていく．これは，**限界効用の逓減**という性質が成り立つからである．

効用は消費者の合理的行動を説明するための道具である．このためには，満足の度合（効用）は，大小関係（順序）だけわかれば良く，したがって，効用水準の大きさのみならず，限界効用の大きさにも意味が無いと主張される場合がある．中級以上のミクロ経済学では，そのような前提に基づいて理論が構成されている．これを**序数的効用論**とよぶ．その場合，限界効用は正であることは必要だが，逓減する必要は必ずしも無い[*3]．

しかし，入門段階では混乱を避けるために，とりあえず，限界効用は逓減すると覚えておこう．限界効用の大きさに意味を持たせる立場は**基数的効用論**とよばれる．なお，消費者余剰の概念は，限界効用の大きさに意味を持たせるところから出発している（金銭換算価値で効用や限界効用を表している）．消費者余剰概念は，現在でも応用経済分析では有用なツールであるので，基数的効

[*2] 限界効用の大きさも x の関数である．$MU(x)$ と表したのはこのためである．

[*3] この立場では，限界効用の大きさそのものに意味はなく，「限界代替率」の大きさのみが重要である．限界効用は逓減する必要は必ずしも無いが，限界代替率は逓減する必要がある．限界代替率の概念については次節で説明する．

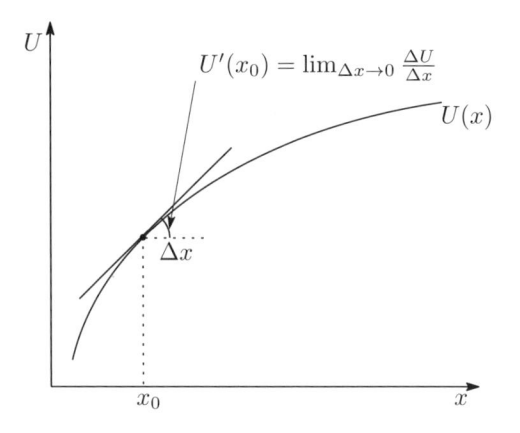

図 5.2 　限界効用：効用関数の微分係数

用論が過去の遺物というわけではない．

5.1.2 　限界効用と微分係数

$\Delta U/\Delta x$ で定義された限界効用の大きさは，Δx の大きさを変えると変化する．図 5.2 において，Δx の大きさを限りなくゼロに近づけていくとき，$\Delta U/\Delta x$ は，点 $(x_0, U(x_0))$ における効用関数を表す曲線の接線の傾きに収束していく．

したがって，限界効用は，曲線 $U = U(x)$ の点 $(x, U(x))$ における接線の傾きで近似出来る．あるいは，限界効用を

$$MU(x) = \lim_{\Delta x \to 0} \frac{\Delta U}{\Delta x} = \lim_{\Delta x \to 0} \frac{U(x + \Delta x) - U(x)}{\Delta x} \qquad (5.2)$$

と定義すれば，$x = x_0$ における限界効用は微分係数 $U'(x_0)$ で，図形的には曲線 $U = U(x)$ 上の点 $(x_0, U(x_0))$ における接線の傾きに等しい[*4]．

現実の財は，離散的な量で取引されているから，Δx を限りなく 0 に近づけるという操作に違和感を覚える読者もいるかもしれない．しかし，消費を行

[*4] 微分係数等の概念については，数学付録を参照せよ．

5.1 効用関数（1 財のケース）

う期間を長く取れば，x を連続変数として扱うことの不自然さは減るだろう．また，個々人の消費量ではなく，市場全体の消費量を分析対象としても，x を連続変数として扱うことの不自然さは減る．一方，x を連続変数として扱えれば，微分などの数学的な操作が容易になるというメリットがある．

　ミクロ経済学の入門書の中には，限界効用の定義を (5.2) 式から始めるものもある．本書では，離散的な量の Δx で定義された $\Delta U/\Delta x$ を出来る限り用いる（その方が直観に訴えるからである）．しかし，$U'(x)$ を限界効用としたほうが議論が簡潔になる場合もあり，その場合には $U'(x)$ を用いた議論をするので注意してほしい．

5.1.3 通常の仮定を満たさない効用関数

　図 5.3 は，通常の仮定を満たさない効用関数を示したものである．グラフの (a) の効用関数は，限界効用が一定であり，逓減しない．(b) の効用関数では，限界効用が逓増している．また，(c) は限界効用がゼロで，つまり，いくら消費を増やそうが，効用は全く増加しない．(d) のグラフは，消費のある水準で効用の最大値が実現し，その水準を超えて消費すると効用が減少してしまう．なお，効用の最大値が実現される x の水準を**至福点**または，消費の**飽和点**とよぶ．

　限界効用が逓増する (b) のようなケースが無いわけではない．例えば，麻薬のような常習性のある薬物の消費がこのケースに当てはまる．消費量が少ないときにはそれほどでもないが，消費量を増やしていくと中毒状態になり，もはや麻薬無しでは我慢出来なくなる．この場合，消費の増加に伴って限界効用が逓増するのかもしれない．ただし，これは例外的な状況である．

　ケース (c) では，限界効用は常に 0 で，この財は消費者にとって空気のような存在である．このような財に消費者がお金を支払うとは考えられず，したがって，通常は，経済学的分析の対象とはならない．

　ケース (d) では，消費の飽和点を超えて消費を増加させると効用が低下してしまう．現実の世界では，このような現象はよく観察される．どんな好物でも，限度を超えて食べようとすればそれは苦痛になる．ただし，消費が苦痛になるような状況（限界効用が負の状況）で，その財に対してお金を支払う消費者はいないから，このようなケースも，通常の経済学的分析の対象にはなら

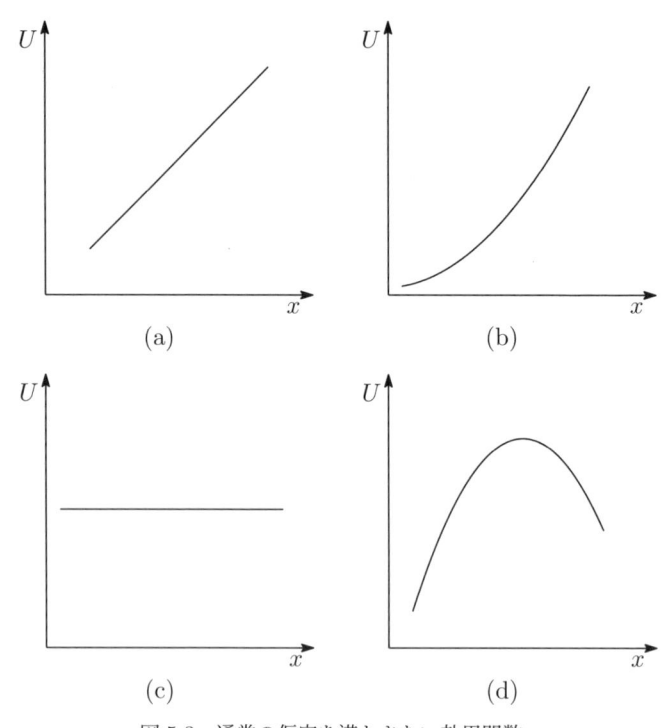

図 5.3　通常の仮定を満たさない効用関数

ない.

5.2　効用関数（2 財のケース）

2 種類の財 x と y があり，それぞれの消費量を x, y で表す．2 財の消費量 (x, y) と効用の対応関係は，効用関数 $U(x, y)$ で表される．2 財のケースでは，x の限界効用と y の限界効用の 2 種類の区別が必要である．

5.2 効用関数（2 財のケース）

5.2.1 限界効用

y の消費量を一定に保ったまま x を 1 単位増加させたときの効用の増分を x **の限界効用**とよぶ．同様に，x の消費量を一定に保ったまま，y を 1 単位増加させたときの効用の増分を y **の限界効用**とよぶ．財の消費量が (x,y) であるときの，x の限界効用 $MU_x(x,y)$，y の限界効用 $MU_y(x,y)$ は次の式で定義される[*5]．

$$MU_x(x,y) = \frac{U(x+\Delta x, y) - U(x,y)}{\Delta x} \quad (5.3)$$

$$MU_y(x,y) = \frac{U(x, y+\Delta y) - U(x,y)}{\Delta y} \quad (5.4)$$

1 財のケースと同様に，効用関数や限界効用は次のような性質を持っていると仮定する．

- y 財の消費量を一定に保ったまま，x 財の消費量を増加させれば，効用は増加する．つまり，x の限界効用は正である．
- 同様に，x 財の消費量を一定に保ったまま，y 財の消費量を増加させれば，効用は増加する．つまり，y の限界効用は正である．
- x の限界効用は x の増加とともに逓減する．同様に，y の限界効用は y の増加とともに逓減する[*6]．

[*5] ここでも，限界効用は (x,y) の関数である．$MU_x(x,y)$，$MU_y(x,y)$ と表したのはそのためである．また，1 財のケースの限界効用の定義と同様に，(5.3) 式や (5.4) 式において，Δx や Δy を 0 に限りなく近づけていった場合の極限値で限界効用を定義しても良い．その場合，x の限界効用，y の限界効用はそれぞれ $U(x,y)$ の x，y に関する偏微分（偏微係数）に等しい．数式で表せば，$MU_x = \partial U/\partial x$，$MU_y = \partial U/\partial y$ である．

[*6] 効用の序数的性質だけが重要で，効用の大きさや限界効用の大きさ自体に意味が無いという立場に立てば，この性質は不要である（強すぎる仮定である）．ただし，後で説明する限界代替率が逓減するという性質は成り立たなくてはならない．この点は，後の節で説明する．

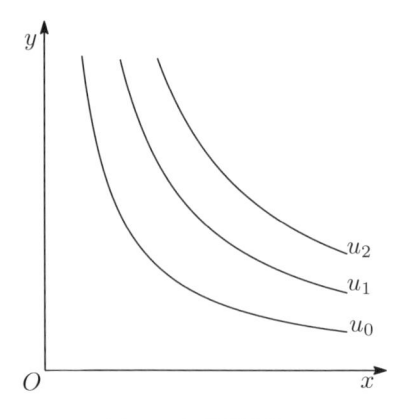

図 5.4 無差別曲線

5.2.2 無差別曲線

2 財のケースの効用関数は，財の消費量 (x, y) から効用 u への対応関係を表すから，この関係をそのままグラフで表そうとすると 3 次元のグラフになり，手軽に取り扱えない．2 次元の平面上に表すためには，地図の等高線のようなグラフを用いる．つまり，等しい効用をもたらすような点 (x, y) を平面に描けばよい．

等しい効用をもたらすような点 (x, y) の集合を**無差別曲線** (indifference curve) とよぶ[*7]．図 5.4 は，異なる効用 u_0, u_1, u_2 に対応する無差別曲線を描いたものである．無差別曲線は次のような性質を持っている．

- 右下がりの曲線である．
- 原点から遠い無差別曲線ほど高い効用を表す．
- 無差別曲線は交わらない．
- 原点に対し凸である．

[*7] 無差別攻撃の無差別 (indiscrimination) とは異なる意味であることに注意せよ．

5.2 効用関数（2財のケース）

無差別曲線は右下がり

図 5.5 をみてみよう．図中の A 点から北東方向への移動は，x, y をともに増加させるから効用は増加する．一方，南西方向への移動は，x, y の消費をともに減少させるため，効用は減少する．したがって，点 A と同じ効用をもたらすような点は，x を増加させる場合には y を減少させるものでなければならないし，x を減少させる場合には y を増加させるようなものでなければならない．こうして，無差別曲線は右下がりであることがわかる．

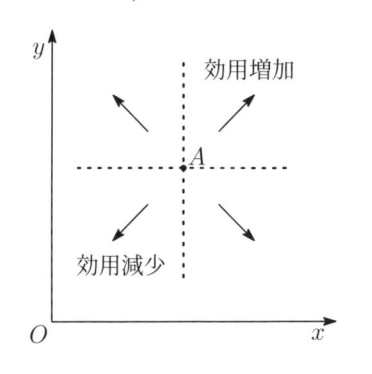

図 5.5　無差別曲線は右下がり

図 5.6　無差別曲線は交わらない

なお，無差別曲線の 2 番目の性質（原点から遠い無差別曲線ほど高い効用に対応している）は以上の説明から明らかであろう．また，この性質は，**無差別曲線は幅を持たない**ことを意味する．

無差別曲線は交わらない

無差別曲線が交わらないという性質を説明するために，まず，無差別曲線が交わったらどうなるかを考えてみよう．図 5.6 には，無差別曲線 u_0 と u_1 が点 C で交わっている様子が描かれている．無差別曲線が交わっていると，おかしな事態が発生することを説明しよう[*8]．

[*8] 以下で展開される証明方法は背理法とよばれる．$\sqrt{2}$ が無理数であることを証明するために，$\sqrt{2}$ が有理数であると仮定して矛盾を導き，したがって，$\sqrt{2}$ を有理数だとした仮定は正しくないとした証明と同じ方法である．

まず，図の点 A と点 B を比べてみよう．点 B は点 A の東北方向にあるから，点 B の効用のほうが高いはずである．したがって，消費者は点 A よりも点 B を選好するだろう．これを $A \prec B$ と表すことにしよう．次に，点 B と点 C を比べると，両者は同一の無差別曲線上の点であるから，B と C は無差別である．これを $B \sim C$ と表す．消費者の選好が「合理的」であるなら，$A \prec B$ であり，かつ $B \sim C$ であるから，$A \prec C$ が成り立たなければならない[*9]．しかし，図をみると A と C は同一の無差別曲線上にあるから，$A \sim C$ である．これは矛盾である．このようなおかしなことが生じたのは，無差別曲線が交わると仮定したためである[*10]．

5.2.3 限界代替率

無差別曲線が原点に対して凸なのは，**限界代替率** (marginal rate of substitution) が逓減するからである．限界代替率とは **x を 1 単位余分に消費しようとするとき，同一の効用を保つためには何単位の y の消費を犠牲にしても良いか** を表す概念である．消費者にとって，x の追加的 1 単位が何単位の y に相当するかを表す．x の追加的 1 単位の主観的価値を（財 y の量で）表したものと言っても良い[*11]．

図 5.7 をみてみよう．無差別曲線上の点 A から，x を Δx 増加させるとき，y を Δy 減少させて点 B に移動しても効用は同一にとどまる．したがって，x の追加的 1 単位は，$\Delta y/\Delta x$ 単位の y と同等である．この $\Delta y/\Delta x$ が点 A に

[*9] この性質を，推移性とよぶ．消費者の選好が首尾一貫したものであるという性質である．

[*10] 以上が背理法を用いた証明であるが，無差別曲線が交わるとした場合，無差別曲線の交点の近くで消費者の効用がどうなっているかを考えると，無差別曲線が交わらないという性質の意味をもう少し直観的に理解出来る．図 5.6 の立体的なイメージを思い浮かべてほしい．点 A から点 B への移動は効用が増加するので，傾斜のある坂道を上ることに対応する．点 A と点 B をもう少し点 C の近くに移動させた場合を考えてみよう．今度の場合，点 A から点 B までの傾斜はきつくなる．点 A と点 B をさらに点 C に近づけていけば傾斜はさらに急になり，その極限では（点 C では），同じ高さを上るのに水平移動距離はゼロになっている．つまり，点 C は崖になっているのである．無差別曲線が交わらないという性質は，「崖」がない，つまり，消費量のわずかな変化が効用の水準をジャンプさせることはない（消費量の変化に応じて効用は連続的に変化する）という性質なのである．

[*11] 限界代替率という言葉が，この概念の理解を難しくさせているのかもしれない．x の 1 単位が何単位の y に相当するかを交換比率 (rate of substituion) とよべば，この概念は，平均的な交換比率ではなく，限界的な交換比率を表すのである．

5.2 効用関数（2財のケース）

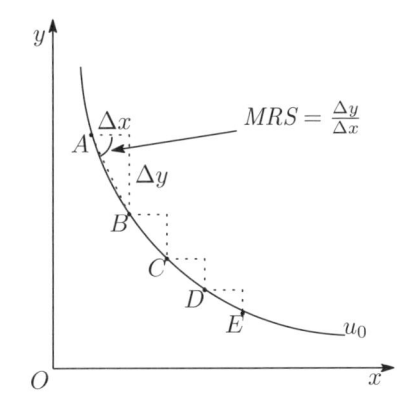

図 5.7 限界代替率 (1)

おける限界代替率で，図形的には，斜辺を線分 AB とする三角形の傾きに等しい．点 B, 点 C における限界代替率も同様に定義出来る．

図からわかるように，無差別曲線が原点に対して凸であるとき，無差別曲線上に沿って x を増やしていくと，**限界代替率は逓減していく**．逆に，限界代替率が逓減していくとき，無差別曲線は原点に対し凸になる（x を連続的に変化させることを考える）．

無差別曲線が原点に対して凸という性質は，x と y の消費の組み合わせを「平均」化することで効用がより高まるということでもある．図 5.7 において無差別曲線上の 2 点，例えば，点 A と点 E での消費を考えよう．点 A と点 E での消費は同一の効用 u_0 をもたらすが，点 A と点 E の中間の点（線分 AE 上の点）は，無差別曲線 u_0 よりも東北方向にあるから，効用は u_0 より高くなる[*12]．つまり，無差別曲線が原点に対して凸であるという性質は，無差別曲線上の任意の 2 点と，その 2 点を平均化させた消費を行う点を比べると，後者の方が効用が高くなることを意味する．

[*12] これが無差別曲線が原点に対して凸であることの（数学的）定義である．

5.2.4 限界代替率と限界効用の関係

限界代替率 MRS は，x の追加的 1 単位の増加による効用の増加を打ち消すためには何単位の y の削減が必要かを表す．この関係から，限界代替率 MRS と限界効用 MU_x, MU_y の関係を求めることが出来る．

x を Δx 増加させることによる効用の増加は，$MU_x \Delta x$ に等しい．一方，この効用の増加を打ち消すために y を Δy 減らさなければならないとしよう（$\Delta y/\Delta x$ が MRS に等しい）．y の減少による効用の低下は $MU_y \Delta y$ に等しい．x の増加による効用の増加と y の減少による効用の低下が一致するので，

$$MU_x \Delta x = MU_y \Delta y$$

が成立しなければならない．これから，

$$MRS \equiv \frac{\Delta y}{\Delta x} = \frac{MU_x}{MU_y} \tag{5.5}$$

であることが導かれる[*13]．

つまり，限界代替率 MRS は，MU_y との比でみた MU_x を表す．消費者にとって x の追加的な 1 単位の価値（x の限界効用）を y の量（y の限界効用）で表したものが限界代替率であると以前に述べたが，それが上の式の意味でもある．

限界代替率と無差別曲線の接線の傾き

さて，$MRS = \Delta y/\Delta x$ において，Δx を限りなく 0 に近づけていくと，この値は無差別曲線の接線の傾きに収束していく．この様子が図 5.8 に示されて

[*13] (5.5) 式は次のように導くことも出来る．今，点 (x,y) と $(x+\Delta x, y-\Delta y)$ が同一の無差別曲線上にあったとしよう．このとき，$U(x,y) = U(x+\Delta x, y-\Delta y)$ が成り立つ．ここで右辺は $U(x,y) + MU_x \Delta x - MU_y \Delta y$ という 1 次式で近似出来る（数学付録のテイラー展開を参照せよ）．ただし，MU_x と MU_y は点 (x,y) で評価した x の限界効用と y の限界効用を表す．この式を最初の式に代入して整理すると $MU_x \Delta x - MU_y \Delta y = 0$ が得られる．これより，

$$MRS \equiv \Delta y/\Delta x = MU_x/MU_y$$

が導かれる．

5.2 効用関数（2財のケース）

いる．つまり，

$$MRS = \lim_{\Delta x \to 0} \frac{\Delta y}{\Delta x} \tag{5.6}$$

のように極限値で限界代替率を定義すれば，限界代替率は無差別曲線の接線の傾きに等しい[*14]．以下では，このように定義した限界代替率を用いる場合もあるので注意して欲しい．

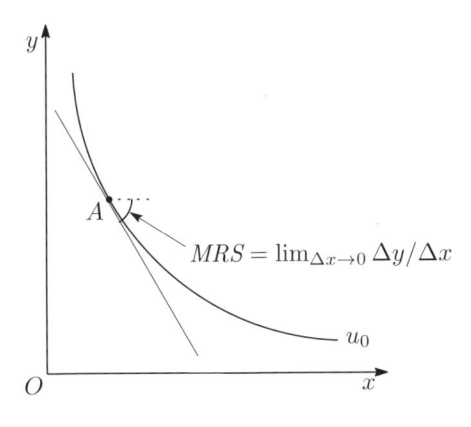

図 5.8　限界代替率 (2)

限界効用逓減は不要な仮定

　この章の最初の方で，効用関数の性質として，MU_x や MU_y が逓減するという性質をあげたが，効用の大小関係だけがわかれば良いという立場（序数的効用論）からは，限界効用逓減の仮定は必要ない．限界代替率逓減が成り立ちさえすればよいのである．限界効用逓減が成立しなくても，限界代替率逓減は成立しうる．

[*14] この場合，限界代替率と効用関数の関係は

$$MRS = \frac{\partial U/\partial x}{\partial U/\partial y}$$

で与えられる．ただし，$\partial U/\partial x$, $\partial U/\partial y$ は，効用関数 $U(x,y)$ の偏微係数を表す．

このことをみるためには，次のような効用関数を考えると良い．

$$U(x,y) = \sqrt{x \cdot y}$$
$$U(x,y) = x \cdot y$$
$$U(x,y) = x^2 y^2$$

これらの効用関数の無差別曲線は全て同一の形になる．式で表せば，k をある定数として $x \cdot y = k$ という形になる．しかし，x の限界効用 MU_x を求めると，それぞれ次の通りになる[*15]．

$$MU_x = (1/2)\sqrt{y/x}$$
$$MU_x = y$$
$$MU_x = 2\,x\,y^2$$

それぞれの MU_x は，y を一定とすると，x の減少関数，定数関数，増加関数になる．しかし，全てのケースで無差別曲線は原点に対して凸であり，限界代替率逓減が成り立つ．つまり，無差別曲線が原点に対して凸であるために，限界効用逓減という仮定（MU_x が x の減少関数であり，MU_y が y の減少関数である）は強すぎる仮定なのである．特に，$U(x,y) = x^2 y^2$ の場合には，MU_x は逓増する（x の増加関数である）が，MU_x/MU_y は逓減する．つまり，（無差別曲線に沿って x を増加させるとき）MU_x が MU_y に比べて相対的に減少していくことだけが必要なのである．

5.2.5 通常の仮定を満たさない無差別曲線

図 5.9 には，通常の仮定を満たさない無差別曲線が描かれている．(a) から (d) の全ての図で無差別曲線 u_1 は u_0 よりも高い効用に対応している．

(a) は，y の消費量が一定なら，x を増加させても減少させても効用が一定にとどまるようなケースである．この場合，x の追加的 1 単位に見合う y の量は 0，つまり限界代替率は 0 であり，x は限界的には無価値である．

[*15] 微分法の公式は数学付録を参照せよ．

5.2 効用関数（2財のケース）

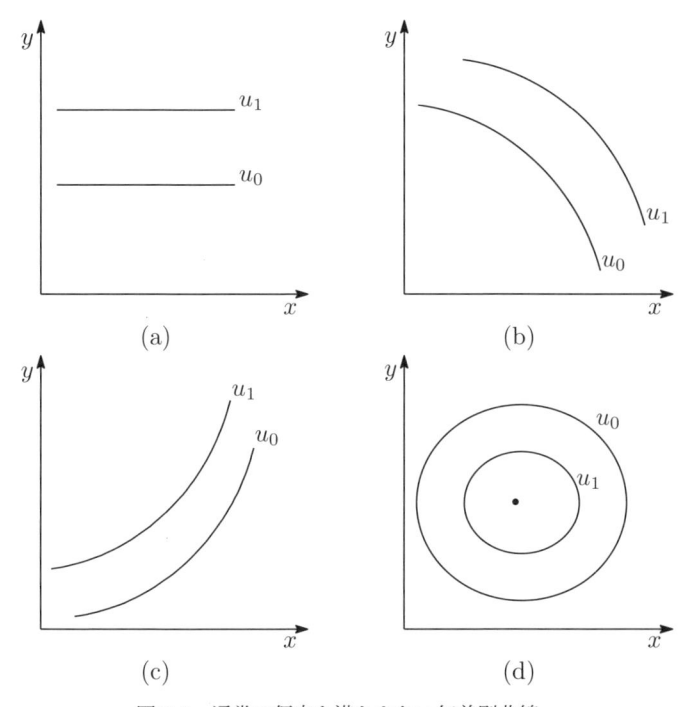

図 5.9　通常の仮定を満たさない無差別曲線

　(b) は，原点に対して凸ではなく凹の無差別曲線である．このケースは，無差別曲線に沿って x を増加させていくと限界代替率が逓増していく．あるいは，無差別曲線上の2点をとり，それら2点とそれらの点を結んだ線分上の点を比較すると，前者の方が効用が高くなる．つまり，消費者がこのような選好を持つ場合，どちらかの財に対して特化して消費したほうが効用が高くなる．

　(c) は右下がりではなく右上がりの無差別曲線である．x を増やすとき，y も増やさなくては効用は一定に保たれないというのであるから，x は bads である（goods の消費が効用を増加させるのに対し，bads の消費は効用を低下させる）．例えば，x として，環境の汚染度，労働で拘束される時間などを考えればよい．この図では，x の増加による効用低下を相殺するために必要な y の量は，x の増加に伴い増加していくような状況が描かれている．

(d) は，無差別曲線が閉じていて，その中心に効用の最大値があるような場合である．図の中心部分の黒丸が効用の最大値で，そこからどちらの方向への移動も（もちろん，両方の財をより多く消費しても）効用が低下してしまうケースである．

5.3 予算制約

5.3.1 予算制約式

次に，消費者の直面する制約を考えよう．財 x と y の価格が市場で決まっていて，p, q で与えられているとする．消費者の所得も外生的で I で与えられているとしよう．さらに，消費者の選択する財 x, y の数量を x と y で表すことにする．このとき，消費者の選択する (x,y) の組み合わせは，次の制約を満たすようなものでなければならない．

$$px + qy \leq I \quad (5.7)$$

この式を**予算制約式**とよぶ．また，所得 I をちょうど使い切るような x と y の組み合わせは次の式で表せる．

$$px + qy = I \quad (5.8)$$

(5.8) 式を満たす (x,y) の集合は，(x,y) 平面上の直線で表されることから**予算線** (budget line) とよばれる．予算線は図 5.10 の線分 AB で表される[16]．また，予算制約式 (5.7) 式の満たす点の集まりは，三角形 OAB の境界線と内部の点からなる領域である．この領域は，消費者が予算の制約のもとで購入可能な (x,y) の集合を表し，**購入可能領域**とよばれる．

予算線で重要なのは，その位置と傾きである．予算線の x 切片は I/p, y 切片は I/q, そして，予算線の傾きは p/q に等しい．

予算線の x 切片は，所得の全てを x の購入のために用いたら，最大限何単位の x が購入出来るかを表している．これを求めるためには，(5.8) 式に $y = 0$

---

[16] 経済学的に意味のある消費水準は 0 以上だから，$x \geq 0$, $y \geq 0$ という制約を暗黙のうちに考えている．購入可能領域を表す領域が三角形 OAB だというのも同様の理由である．

5.3 予算制約

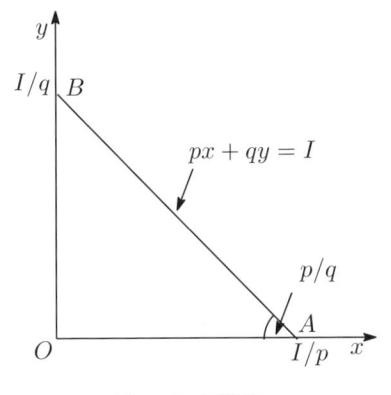

図 5.10　予算線

を代入して x について解けば良い．その結果，$x = I/p$ を得る．これが x 切片の大きさである．同様にして，y 切片の大きさ（y だけを購入したら最大限何単位の y が購入出来るか）を求めると，I/q であることもわかる．

また，(5.8) 式を y について解くと，$y = -(p/q)x + I/q$ を得る．これから，**予算線の傾きは p/q に等しい**ことがわかる[*17]．すなわち，予算線の傾きは財 y と財 x の**相対価格**に等しい．

予算線の傾きが p/q になる直観的な理由を説明しよう．予算線の傾きは，予算上のある 1 点から出発して，x の購入を 1 単位あきらめた場合，何単位の y が購入可能になるかを表している（あるいは，x を余分に 1 単位購入するために，何単位の y の購入をあきらめなければならないかを表している）．x の購入を 1 単位あきらめると p 円の所得が余るが，この p 円を y の価格で割れば，何単位の y が余分に購入出来るかがわかる．こうして，p/q が予算線の傾きであることがわかる．

予算線の傾きで重要なことは，x や y の価格の絶対水準ではなく，相対価格だけが重要だという点である．また，予算線の位置で重要なのは所得の絶対水準ではなく，I/p や I/q のような，財の価格と比較した所得の大きさが重要だ

[*17] 数学的には，この直線の傾きは $-p/q$ とするのが正しいが，予算線の傾きがマイナスになるのは自明だから，経済学では，符号をつけないで，絶対値で傾きを表すのが慣習になっている．

という点である．

5.3.2 所得の変化

以上から，所得や価格の変化が予算線をどう変化させるかは簡単にわかる．図 5.11 には所得の増加があった場合の予算線の変化が描かれている．I の増加は x 切片 I/p，y 切片 I/q を増加させるが，予算線の傾き p/q を変えない．したがって，予算線は平行に外側にシフトする．

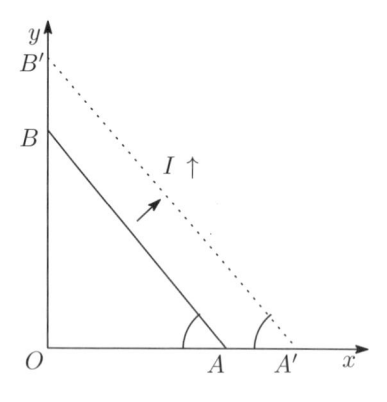

図 5.11 所得の増加

所得の低下は，I/p と I/q を減少させる．予算線の傾き p/q は不変だから，所得の低下は，予算線を平行に内側にシフトさせることも簡単にわかる．

5.3.3 価格の変化

図 5.12 は，I と q は一定だとして p のみが変化した場合の効果が描かれている．p の下落は予算線の傾き p/q を減少させる．また，I/p の増加をもたらすので，x 切片は右方向に移動する．一方，I/q は不変だから，y 切片は変化しない．つまり，p が下落すると，予算線は点 B を中心に時計と逆回りに回転するのである．その結果，以前と比べて購入可能領域が広がる．

一方，p の上昇は，予算線の傾き（p/q）を急にし，I/p を下落させることで x 切片を左側に移動させる．この場合には，購入可能領域は狭まる．

5.3 予算制約

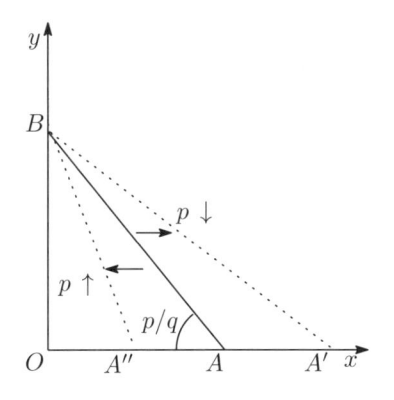

図5.12 価格 p の変化

このように，p の変化は，予算線の傾きを変化させるという効果と購入可能領域を変化させる効果の二つの効果をもたらすことに注意しよう．前者は，後の節で説明する**代替効果**に関わる．つまり，財の相対価格が変化すると，消費者は相対的に安価になった財の消費を増やし，相対的に高価になった財の消費を控えるという反応をするだろう．一方，後者は，消費者の「実質的」な購買力が変化することで生じる反応，**所得効果**に関係している．

以上は，p のみの変化が予算線に与える影響の説明であった．財 y の価格 q のみが変化した場合の効果については，もはや説明を要しないだろう．

最後に，p, q, I の全てが同一の比率で上昇した場合を考えよう．この場合，$p/q, I/p, I/q$ は全て以前と同様の値になるから，予算線は全く変化しない．つまり，インフレが生じて（あるいはデフレが生じて），そのインフレ（またはデフレ）が $p/q, I/p, I/q$ を全く変化させない場合には，予算線に変化は生じず，したがって，消費者の選択には何らの影響をもたらさないことがわかる．

Keywords
効用関数，限界効用，限界効用の逓減，序数的効用論，基数的効用論，無差別曲線，限界代替率，限界代替率の逓減，予算制約式，予算線

復習問題

1. 限界効用とは何か．
2. x, y を財 x および財 y の消費量とする．効用関数は $U(x,y)$ で表される．u_0 をある定数として，$U(x,y) = u_0$ を満たす点 (x,y) の集合を何とよぶか．また，この点の集合はどのような形状をしているか．
3. 限界代替率とは何か．
4. ある点 (x,y) から x を Δx 増やしたとする．このとき，y を Δy 減らせば効用は一定に留まるとする．つまり，$U(x,y) = U(x+\Delta x, y-\Delta y)$ が成り立つ．この関係から，限界代替率 $\Delta y/\Delta x$ と x および y の限界効用の関係を求めよ．
5. x と y の価格が p および q で与えられている．また，消費者の所得も I で与えられている．この時，消費者の予算制約を式で表せ．
6. 予算線の x 切片，y 切片，傾きを，p, q, I を用いて表せ．
7. この章では，p が変化した場合に予算線がどう変化するかが説明されている．それでは，q のみが変化した場合に，予算線はどのように変化するか．
8. インフレが生じて，p, q, I の全てが同一の比率で増加した．これは予算線をどのように変化させるか．デフレが生じて，p, q, I の全てが同一の比率で減少した場合には予算線はどう変化するか．

第6章

消費者行動の理論

効用関数と予算制約の基本的な説明を前章で終えたので，いよいよ消費者行動の理論の本論に進もう．以下では，まず，消費者の効用最大化行動を説明し，その条件を求める．続いて，所得や価格の変化が消費者の行動をどう変化させるかを述べる．特に，価格の変化の効果は，**代替効果**と**所得効果**に分解出来ることを説明する．

6.1 消費者行動の理論

6.1.1 予算制約のもとでの効用最大化

消費者の行動は次のように定式化される．消費者は予算制約 $px + qy \leq I$ のもとで効用 $U(x, y)$ を最大にするように x と y の消費量を決めるとするのである．すなわち，消費者の選択する (x, y) は，次の問題の解である[*1]．

$$\begin{aligned} \max \quad & U(x, y) \\ \text{subject to} \quad & px + qy \leq I \end{aligned} \qquad (6.1)$$

この問題はグラフを用いて解くことが出来る．図 6.1 をみてみよう．予算制約のもとで，効用を最大化する点をみつけるには，予算線およびその内部の点

[*1] この式は，$px + qy \leq I$ の制約のもとで (subject to)，$U(x, y)$ という目的関数を最大にする (maximize) という意味である．

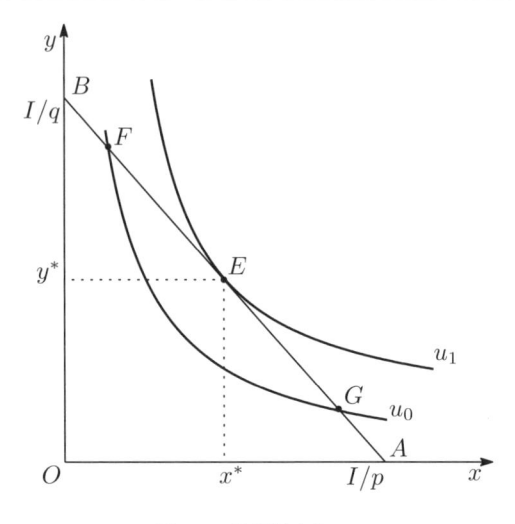

図 6.1　効用最大化

（購入可能領域）で，原点から最も遠い無差別曲線上の点をみつければ良い．

まず，予算線よりも内側にあるような点はこの問題の解ではない．そのような点から北東方向に移動すれば，予算の制約を満たしながら効用を増加させることが出来るからである．したがって，効用を最大化する点は，予算線上になければならない．

次に，予算線上の点であっても，無差別曲線と予算線が交差しているような点も効用を最大化する点ではない．図の点 F では，予算線に沿って x を増やすことで効用を増加させることが出来る．点 G では予算線に沿って x を減らすことで効用を増加させることが出来る．つまり，効用を増加させる余地の無いためには，**無差別曲線と予算線は接していなければならない**．こうして，この問題の解は予算線と無差別曲線の接する点，E 点になることがわかる．

6.1.2　限界代替率と相対価格の一致

効用の最大化が実現する点は，無差別曲線と予算線が接する点である．無差別曲線と予算線の接点は，**無差別曲線の接線の傾きと予算線の傾きが一致す**

6.1 消費者行動の理論

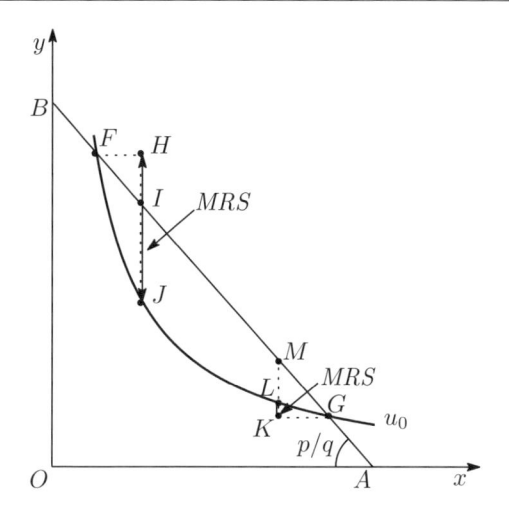

図 6.2 $MRS \neq p/q$ の場合

る点でもある．また，無差別曲線の接線の傾きは限界代替率に等しく，予算線の傾きは x と y の相対価格 p/q に等しかったから，この条件は，**限界代替率 MRS と x と y の相対価格が等しい**と言い換えることも出来る．つまり，

$$MRS = \frac{p}{q} \tag{6.2}$$

が効用最大化の（必要）条件である[*2]．

(6.2) 式の意味は，この式が成り立たない場合を考えるともう少しはっきりする．図 6.2 をみてみよう．図の線分 FH および線分 GK の長さは x の 1 単位に相当する．すると，線分 HJ の長さが点 F における MRS を表し，線分 KL の長さが点 G における MRS を表す．また，線分 HI と線分 KM の長さは p/q に等しくなる．

[*2] 必要条件と書いたのは，$px + qy \leq I$ を満たす (x, y) の集まりで，$MRS = p/q$ を満たす点は無数にあるからである．この条件に加え，効用を最大化する (x, y) は予算上になければならない．つまり，$MRS = p/q$ と $px + qy = I$ を同時に満たすような (x, y) が効用最大化問題の解である．

さて，点 F では $MRS > p/q$ が成立している．MRS は x の追加的 1 単位の主観的価値（限界便益）を y の量で表したものであったから，x の増加の限界便益と考えることが出来る．一方，p/q は x を 1 単位追加的に購入するとき，予算の制約から何単位の y を犠牲にせざるを得ないかを表し，x を 1 単位増加させるときの限界費用と考えることが出来る．つまり，$MRS > p/q$ は，x を追加的に 1 単位購入することの限界便益が限界費用を上回っている状況であり，したがって，x の増加が効用の増加をもたらす．

一方，点 G においては $MRS < p/q$ が成り立っている．この場合，x の 1 単位の削減が消費者にもたらす主観的な費用が MRS である（ただし，y の量で表したものである）．一方，予算の制約から x を 1 単位削減することで p/q 単位の y を購入することが出来る．これは，x の 1 単位の削減のもたらす限界便益（ただし，y の量で測ったものである）と考えることが出来る．点 G では，x 削減の限界便益が限界費用を上回るので，x の削減が効用の増加をもたらす．

このように，$MRS > p/q$ でも，$MRS < p/q$ でも，効用の増加の余地が残っている．効用の増加の余地が無いためには，$MRS = p/q$ が成り立っていなければならないのである．

6.1.3 　1 円当たりの限界効用の均等

効用最大化の条件は，別の形で表すことも出来る．$MRS = MU_x/MU_y$ であったから，これを (6.2) 式に代入して式変形すると

$$\frac{MU_x}{p} = \frac{MU_y}{q} \tag{6.3}$$

が導かれる．すなわち，各財の限界効用をそれぞれの価格で割ったものが一致することが効用最大化の必要条件である．

(6.3) 式は **1 円当たりの限界効用の均等**を表している．まず，1 円で x は $1/p$ 単位，y は $1/q$ 単位購入出来ることに注意しよう．したがって，x の消費を 1 円分追加すると，限界効用 MU_x に x の購入量の増分（$1/p$ 単位）を乗じた分だけ効用は増加する．つまり，MU_x/p は 1 円当たりの x の限界効用を表す．同様にして，1 円当たりの y の限界効用は MU_y/q に等しいことがわかる．

1 円当たりの限界効用の均等化が，なぜ効用最大化の条件なのだろうか．今，

ある点 (x,y) において，$MU_x/p > MU_y/q$ が成り立っていたとしよう．この不等式が成り立つなら，x への支出を 1 円増やすことによる効用の増加が，y への支出を 1 円減らすことによる効用の低下を上回ることになる．しかし，それは当初の (x,y) において，効用の増加する余地が残されていたことになり，当初の点 (x,y) で効用最大化が実現されていなかったことを意味する．

逆に，$MU_x/p < MU_y/q$ であったとすれば，x への支出を 1 円減らして，y への支出を 1 円増やすことで効用が増加し，この場合も当初の点 (x,y) で効用が最大化されていなかったことがわかる．したがって，効用が最大化されている点においては，$MU_x/p > MU_y/q$ であってはならないし，$MU_x/p < MU_y/q$ であってもならない．MU_x/p と MU_y/q は一致していなければならないのである．

6.2 所得効果と代替効果

この節では，所得の変化や財の価格の変化があった場合の消費者の反応について説明する．価格の変化の効果については，ある財の価格の上昇に伴って，他の財よりもその財が相対的に高価になるため需要の代替が生じる効果（**代替効果**）と，財の値上がりによって消費者の実質的な購買力が減少する効果（**所得効果**）に分解出来る．このような分解によって，価格の変化の効果をより良く理解出来る．

6.2.1 所得の変化

最初に，所得の変化が最適な購入量の組み合せにどのような影響を及ぼすかを考えてみよう．既に述べたように，所得の増加は予算線を平行に外側にシフトさせる．通常の場合，予算線の外側へのシフトによって，x 財，y 財の消費は増えると考えられる．しかし，所得の増加が消費の減少をもたらすような財も存在する．例えば，ファストフードの消費がそうである．所得が増えれば，人々はファストフードの消費を減らし，レストランで食事をしようとするかもしれない．衣料品や日用品も同様で，所得が増加すれば，低品質の財の購入量を減らし，代わりに，高品質の財が購入されるようになる．

つまり，所得の増加が財の購入量を増やすかどうかは，その財の性質によっ

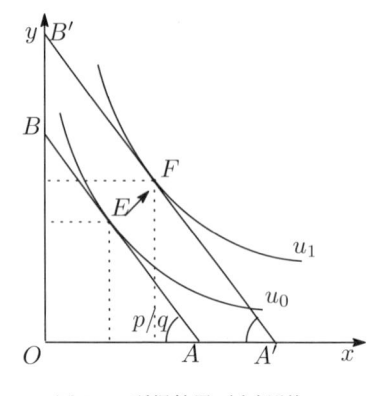

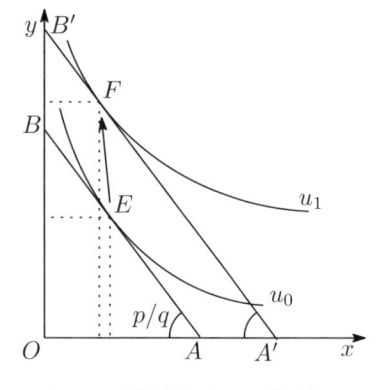

図6.3　所得効果（上級財）　　　図6.4　所得効果（x が下級財）

て異なる．所得が増加したときに財の購入量も増加するような財を**正常財** (normal goods)，または**上級財** (superior goods) とよぶ．所得が増加したときに財の購入量が減少するような財を**劣等財**または**下級財** (inferior goods) とよぶ．

図6.3に，x と y の両方が上級財である場合の所得増加の効果が描かれている．所得 I の増加は予算線を平行に外側にシフトさせ，最適な消費の組み合わせは，E 点から F 点へと移動し，両方の財とも消費量が増加する．図6.4は，x が下級財の場合である．所得増加の結果，x の消費は減少している[*3]．

6.2.2　価格の変化

次に価格変化の効果を考える．I と q が不変で p だけが変化した場合を考えると，予算線は y 切片の点 B を中心に回転する．

図6.5をみてみよう．図には，p を連続的に変化させていったときの消費者の反応が描かれている．p が下落すると，予算線は反時計回りに回転し，その結果，消費者の選択する点も移動する．様々な p の水準に対応する効用最大化

[*3] なお，2財のケースでは，両方の財とも下級財ということはあり得ない．もし，両方の財が下級財なら，所得が増加すると，両方の財の購入量が減少するので，所得の使い残しが生じてしまい，効用最大化行動と矛盾してしまうからである．

6.2 所得効果と代替効果

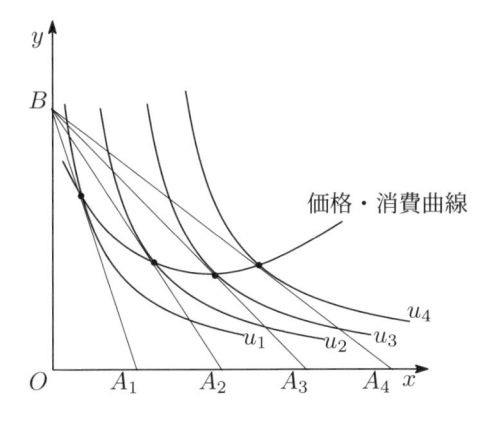

図 6.5 価格・消費曲線

点の軌跡が**価格・消費曲線**である．図からわかるように，一般的には，p の低下は，x の購入量の増加をもたらす[*4]．また，価格・消費曲線で表された p と x の対応関係が x の需要関数（需要曲線）$x = x(p)$ である．なお，こうして得られた x の需要曲線は p だけの関数ではなく，q や I にも依存していることに注意すべきである．

6.2.3 代替効果と所得効果

p の変化は二つの効果に分解出来る．一つは，財の相対価格 p/q が変化することに伴う効果で，相対的に安価になった財の消費が増加し，相対的に高価になった財の消費が減少するという効果である．これを**代替効果** (substitution effect) という．もう一つは，p の変化が消費者の実質的購買力を変化させ，その結果，財の消費量が変化する効果である．これを**所得効果** (income effect) と言う．

図 6.6 をみてみよう．ここでは，p が上昇した場合の効果が描かれている．ただし，x, y はともに上級財だとしている．p の上昇の結果，予算線は AB か

[*4] 後で示すが，p の低下が x の購入量の減少をもたらすような場合も考えることが出来る．x が強い下級財である場合，p の低下による正の所得効果が x の購入量を減らし，それが代替効果を上回る場合があるからである．こうした財は，ギッフェン財とよばれる．

ら $A'B$ に変化し，効用最大化を実現する点は点 E から点 F に移動する．また，効用は u_0 から u_1 に低下している．

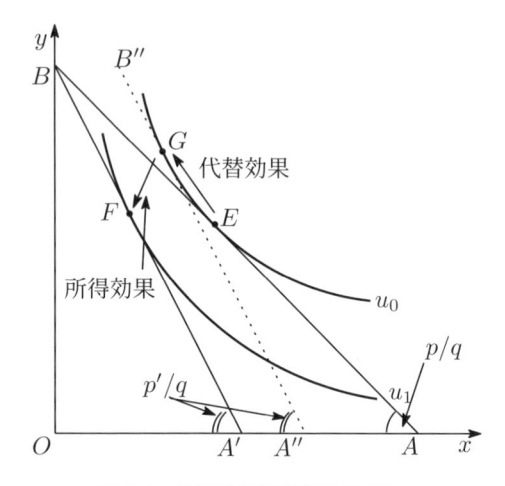

図 6.6 代替効果と所得効果 (1)

点 E から点 F への変化は所得効果と代替効果に分解出来る．まず，p の上昇は効用の低下をもたらすが，効用が当初の水準 u_0 に保たれるように所得を補償して，純粋に相対価格の変化に伴う影響を抽出してみよう[*5]．このためには，価格変化後の予算線 $A'B$ から出発して，この消費者に所得を与えることを考えれば良い．所得の補償は予算線 $A'B$ を外側に平行移動させる．$A'B$ に平行で，無差別曲線 u_0 に接する位置まで予算線をシフトさせるような所得の補償を行えば，それが求めていた所得補償の大きさである．

さて，このような所得補償の結果，消費者は G 点を選択する．E 点から G 点への移動は効用を一定に保つように所得を補償し，純粋に相対価格 p/q の変化の効果だけを抽出した効果と考えることが出来る．したがって，この E 点から G 点への移動を**代替効果** (substituion effect) とよぶ．

次に，補償した所得を再び取り上げると，予算線は $A''B''$ から平行にシフト

[*5] ここでは「実質購買力」の変化の影響を効用でみているわけである．別の方法としては，当初の財の購入量を組み合わせを実現するように所得を補償する（E 点が実現可能であるように所得を補償する）ことで代替効果を抽出するというやり方も当然考えられる．

6.2 所得効果と代替効果

して $A'B$ に移動する.その結果,消費者の選択する点は G 点から F 点に移動する. G 点から F 点への移動が**所得効果**を表す.

図から明らかなように,無差別曲線が原点に対して凸なら,代替効果の方向は確定している.相対的に安価になった財の消費を増やし,相対的に高価になった財の消費を減らすのである.一方,所得効果が財の消費量に与える影響は,その財が上級財か下級財かで異なる.

表 6.1　p の上昇の効果

$p\uparrow$		x 上級財	y 上級財	x 下級財	y 上級財
代替効果	$(E \Rightarrow G)$	−	+	−	+
所得効果	$(G \Rightarrow F)$	−	−	+	−
総合	$(E \Rightarrow F)$	−	?	?	?

表 6.1 は,p 上昇の効果を,所得効果・代替効果に分解してまとめたものである.左側は x と y がともに上級財の場合,右側は x が下級財,y が上級財の場合である.

x が上級財の場合,p 上昇による所得効果と代替効果は,ともに x の消費を減らすように作用する.したがって,総合的な効果は必ず x を減らす.一方,y については所得効果と代替効果が相反する方向に働くため,最終的に y が増えるかどうかはどちらの効果が勝るかに依存する.

x が下級財の場合,p 上昇による代替効果は x を減らすが,所得効果は x を増やす(「実質購買力」の減少は下級財である x の消費を増やす).したがって,x の変化の方向性は理論的には確定しない.図 6.7 は,x が下級財の場合の p 上昇の効果を表したものである.図に描かれたケースでは,代替効果が所得効果を上回るため,p の上昇は(わずかに)x の減少をもたらしている.しかし,所得効果が代替効果を上回れば,p の上昇が x の消費を増やすこともあり得る.

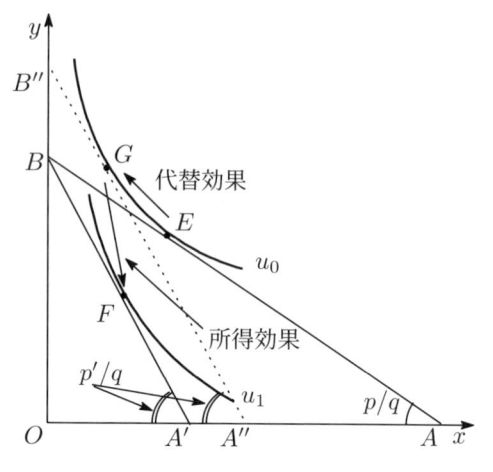

図 6.7 代替効果と所得効果 (2)

6.2.4 ギッフェン財

x が下級財で，p が上昇した場合の所得効果が十分に大きいと，p の上昇が x の需要量を増やすという状況が生まれる．この場合，需要曲線は右下がりではなく，右上がりになってしまうのである．このような財を**ギッフェン財**(Giffen goods) とよぶ[*6]．これが，図 6.8 に描かれている．図に描かれたような非常に強い所得効果が働く場合，p の上昇が x の増加をもたらす．

ギッフェン財は，19 世紀半ばにアイルランドで起きたジャガイモ飢饉の際に観察されたと言われている．当時のアイルランドでジャガイモの疫病が発生し，不作のため，ジャガイモの価格が高騰した．そのとき，アイルランドの貧しい世帯はジャガイモの消費量を減らしたのではなく，増やしたというのである．

これは，ジャガイモが下級財で，しかも価格の値上がりによる所得効果が強く働いたためであるとされる．つまり，もともと貧しい世帯は，家計支出の中

[*6] ギッフェン (Giffen, R.) は物価等の実証研究で知られる経済学者・統計学者で，このような現象を最初に指摘したことから，ギッフェン財という名前がついた．

6.2 所得効果と代替効果

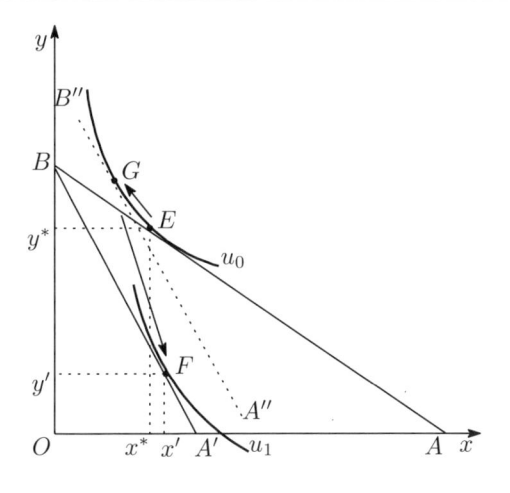

図 6.8 ギッフェン財

でもジャガイモへの支出シェアが高く，そのため，ジャガイモの価格の値上がりによる実質所得の減少の影響を大きく受けた．すると，貧しい世帯では肉やその他の上級財を購入出来ないほど疲弊し，価格の上昇したジャガイモの購入量を増加させたというのである[*7]．

ギッフェン財が観測されるためには，十分に強い所得効果が働かなければならないが，そのためには，その財が単に「強い」下級財であるだけでは不十分である．その財への支出がもともと多くなければ，価格上昇が「実質的購買力」を減少させる効果は大きくないからである[*8]．

[*7] 将来，ジャガイモの価格がより一層値上がりするのではないかと人々が予想しているのであれば，ジャガイモの値上がりにも関わらず，将来に比べて相対的に安いうちにジャガイモを買い占めておこうという行動に出るかもしれない．家庭で長期間保蔵出来る財については，そのような「異時点間」の代替効果が生じるかもしれない．その場合，価格の上昇にも関わらず需要が増加したのは，ギッフェン財だからではなく，現在買うか将来買うかという選択から生じたと考えることも出来る．

[*8] 第 7 章で，価格変化が財の需要に与える効果を方程式の形で示すが（スルツキー方程式），それによれば，

$$\frac{\partial x_i}{\partial p_i} = \frac{\partial h_i}{\partial p_i} - x_i \frac{\partial x_i}{\partial I}$$

が成り立つ．ここで，p_i, I は第 i 財の価格と消費者の所得，x_i は第 i 財の需要関数，ま

図 6.9　コーナー解

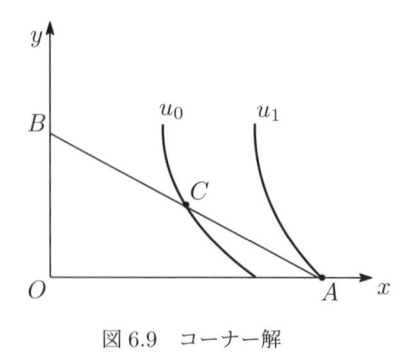

豊かな世帯ではジャガイモへの支出の家計所得に占める割合は大きくなく，したがってジャガイモの価格の高騰によって被る被害は少ない．一方，貧しい世帯では下級財であるジャガイモへの支出シェアが高く，そのためジャガイモの価格の高騰が貧しい世帯に与えるダメージは大きくなる．なお，今述べたことは，ギッフェン財の存在をデータから検証することが難しくなる理由でもある．特に，集計されたデータしか利用出来ない場合，低所得層の行動は全体の変化の中に埋もれてしまう可能性が高いからである．

6.3　コーナー解

効用最大化は無差別曲線と予算線が接する点で実現すると述べてきた．しかし，無差別曲線と予算線の接点は $x \geq 0$, $y \geq 0$ の領域に無い場合がある．図 6.9 をみてみよう[*9]．

図の点 C において，無差別曲線の傾きは予算線の傾きより急である．この点においては $MRS > p/q$ が成り立っており，これは x を増やし，その代わり，y を減らしたほう効用が高まることを意味している．しかし，予算線に

た，h_i は効用を一定に保つように所得を補償して得られる第 i 財の需要関数を表す．h_i は補償需要関数またはヒックスの需要関数とよばれる．上の式の右辺第 1 項が代替効果，第 2 項が所得効果を表す．代替効果は負（$\partial h_i / \partial p_i < 0$）なので，第 i 財がギッフェン財であるためには，第 2 項 $-x_i \partial x_i / \partial I$ が十分に大きな正の値をとらなければならない．このためには，$\partial x_i / \partial I < 0$ だけでは不十分で，x_i が十分大きくなければならない．

[*9] 一般的には，財の消費量がマイナスになる領域で消費者の効用を定義出来ない．

沿って x を増加させ，点 A に到達しても $MRS > p/q$ が依然として成立している．$y < 0$ となることは出来ないから，効用を最大化する点は点 A である．この点では，MRS と p/q は一致していない．

点 A のような解を**コーナー解** (corner solution) と言う．これに対し，無差別曲線と予算線の接点における解は，**内点解** (interior solution) とよばれる．

第 8 章で最適な労働時間の決定問題を消費者行動の理論の応用として取り上げるが，労働時間の決定ではコーナー解が重要になる．そこでは，働かない（労働時間がゼロ）ことが最適な場合があるからである．

6.4　2財モデルの解釈

現実の世界では多種多様の財が存在する．それにも関わらず，今まで 2 財しか存在しない状況を想定してきた．これは，もちろん，単純なケースから考えたほうが良いからである．

2 財モデルの一つの解釈は，財 x をある特定の財としたとき，財 y を x 以外の全ての財を表すと想定することである．y は様々な財の購入量をそれぞれの価格で加重平均したもので，$q \cdot y$ は，それらの財への支出総額であり，q はそれらの財の価格の「平均」を表すと解釈出来る．なお，y は様々な財の購入量の加重平均なので，それを**合成財**とよぶことにする．

議論を単純にするために，ここでは合成財の価格を 1，つまり $q = 1$ としてみよう（q を 1 以外の別の値にしてもそれは y の「量」を変えるだけのことである）．$q = 1$ とすれば，y は貨幣 1 単位で購入可能な合成財の量を表すことになる．$q = 1$ としたので，他の財の価格（今の場合 x の価格 p であるが）は y 財の価格と比較した相対価格で表されていることに注意しよう．このように他の財の基準となる財を**ニュメレール**（価値尺度財）とよぶ．

y の 1 単位は貨幣 1 単位で購入出来る財の量を表すから，限界効用 MU_y は，貨幣 1 単位の増加からもたらされる効用の増分を表す．これを**所得の限界効用**とよぶことにしよう．

さて，効用最大化の条件は $MRS = p/q$ であった．これに，$MRS = MU_x/MU_y$ と $q = 1$ を代入すると

$$\frac{MU_x}{MU_y} = p$$

が得られる．この式の左辺は，所得の限界効用で測った x の限界効用という意味になる．x の限界効用を金銭価値で表したものと言っても同じである．したがって，これを x の限界便益ということにすれば，効用最大化の条件は財 x の価格と財 x の消費からもたらされる限界便益が一致すると言い換えられる．第2章で，需要曲線の高さが限界便益を表すという表現を用いたが，それは上の式を念頭においているのである．

6.5　n 財モデル

この節では，n 種類の財が存在する世界を考え，消費者の行動を説明する．まず，第 i 財（$i = 1, 2, ..., n$）の価格と数量を p_i，x_i で表すことにしよう．消費者の所得を I で表す．$p_i (i = 1, 2, ..., n)$ と I は与えられているものとする．この場合，予算制約式は

$$p_1 x_1 + p_2 x_2 + \cdots + p_n x_n \leq I$$

と表せ，効用関数は

$$U(x_1, x_2, ..., x_n)$$

と表すことが出来る．

n 財モデルにおいても，2 財のケースと同様に，消費者は予算の制約のもとで効用を最大にするように $(x_1, x_2, .., x_n)$ を選択すると想定する．効用最大化問題の解が，予算制約式を等号で満たすことは明らかなので，以下では予算制約式を等式で扱おう．したがって，次の問題の解が消費者の選択する $(x_1, x_2, .., x_n)$ である．

$$\begin{aligned}
&\max \quad U(x_1, x_2, x_3, ..., x_n) \\
&\text{subject to} \quad p_1 x_1 + p_2 x_2 + \cdots + p_n x_n = I
\end{aligned} \tag{6.4}$$

6.5 n 財モデル

n 財のケースでも，効用関数は 2 財のケースと同様の性質が成り立つものでなければならない．ただし，無差別曲線や予算線は n 次元空間で定義されるので，$n \geq 3$ のケースの図形的イメージはつかみにくい．しかし，2 財のケースに帰着させて考えれば難しくはない．

今，(6.4) 式の問題の解が一意的に定まり，$x^* = (x_1^*, x_2^*, .., x_n^*)$ であったとしよう．次に，第 1 財と第 2 財以外の財は，この x^* の対応する成分に等しい値をとっている状況を考える．その上で，第 1 財と第 2 財だけを変化させて，効用を最大化させる問題を考えてみる．つまり，次の問題を考える．

$$\max_{x_1, x_2} U(x_1, x_2, x_3^*, ..., x_n^*) \tag{6.5}$$
$$\text{subject to} \quad p_1 x_1 + p_2 x_2 = I' (\equiv I - \sum_{k \neq 1,2} p_k x_k^*)$$

(6.5) 式の問題の解が (6.4) 式の問題の解と矛盾するものであってはならないのは当然であろう．つまり，(6.5) 式の解の満たすべき条件は，(6.4) 式の解の必要条件である．

さて，(6.5) 式の解は，明らかに $x_1 = x_1^*, \ x_2 = x_2^*$ であり，そのためには

$$MRS_{1,2} = \frac{p_1}{p_2}$$

が成り立たなければならない．ここで，$MRS_{1,2}$ は 1 財と 2 財の限界代替率（第 1 財の追加的 1 単位と何単位の第 2 財が同等か）を表す．

他の財の組み合わせについても同様に考えることが出来る．第 i 財と第 j 財以外は x^* の各成分に等しいとし，その上で，第 i 財と第 j 財を変化させて効用最大化問題を考える．第 i 財と第 j 財の限界代替率（第 i 財の追加的 1 単位と何単位の第 j 財が同等か）を $MRS_{i,j}$ と表すことにすれば，この問題の解の必要条件は

$$MRS_{i,j} = \frac{p_i}{p_j} \tag{6.6}$$

で与えられる．そして，それは当然，(6.4) 式の問題の解の必要条件になっている．つまり，x が (6.4) 式の問題の解であるためには，任意の $i, j (i \neq j)$ について (6.6) 式が成立することが必要である．

さて, (6.6) 式は, 全部で $n(n-1)/2$ 本存在する[*10]. しかし, その全てが独立であるというわけではない. $n=3$ の場合, (6.6) 式に相当するのは, $MRS_{1,2} = p_1/p_2$, $MRS_{2,3} = p_2/p_3$, $MRS_{1,3} = p_1/p_3$ の 3 本の式である. ここで, $MRS_{i,j} = MU_i/MU_j$ の関係を思い出そう (MU_i は第 i 財の限界効用を表す). すると,

$$MRS_{1,3} = \frac{MU_1}{MU_3} = \frac{MU_1}{MU_2} \cdot \frac{MU_2}{MU_3} = MRS_{1,2} \cdot MRS_{2,3}$$

という関係が成り立つ. また, $p_1/p_3 = (p_1/p_2) \cdot (p_2/p_3)$ だから, $MRS_{1,2} = p_1/p_2$ と $MRS_{2,3} = p_2/p_3$ から $MRS_{1,3} = p_1/p_3$ が導かれる. つまり, 3 本の方程式のうち, 独立なのは 2 本である.

この議論からわかるように, $n(n-1)/2$ 本からなる (6.6) 式の条件のうち, 独立なのは $n-1$ 本になる[*11]. この $n-1$ 本の方程式と予算制約式の合計 n 本の方程式から, n 個の未知数 $(x_1^*, x_2^*, .., x_n^*)$ が決まるのである.

なお, (6.6) 式は $MU_i/p_i = MU_j/p_j$ と書き直すことが出来る.

$$\frac{MU_1}{p_1} = \frac{MU_2}{p_2} = \cdots = \frac{MU_n}{p_n} \tag{6.7}$$

つまり, 効用最大化の条件は, 1 円当たりの限界効用が全ての財について一致することである. これも 2 財モデルで導いた結果と同じ結果である.

Keywords

効用最大化の条件, 1 円当たりの限界効用の均等, 上級財 (正常財), 下級財 (劣等財), 所得効果, 代替効果, ギッフェン財, コーナー解, 内点解, 所得の限界効用

[*10] $MRS_{i,j} = p_i/p_j$ が成り立つ場合, 必ず $MRS_{j,i} = p_j/p_i$ が成り立つことは無差別曲線の横軸と縦軸を交換するだけのことだから簡単にわかる. したがって, $i \neq j$ であるような (i, j) の組み合わせを考えれば良い.

[*11] 例えば, $n-1$ 本の $MRS_{1,k} = p_1/p_k (k=2,3,...,n)$ が成り立てば, 任意の $i, j (i \neq j)$ について

$$MRS_{i,j} = \frac{MU_i}{MU_j} = \frac{MU_i}{MU_1} \frac{MU_1}{MU_j} = \frac{1}{MRS_{1,i}} MRS_{1,j} = \frac{p_i}{p_1} \frac{p_1}{p_j} = \frac{p_i}{p_j}$$

が成り立つ.

6.5 n 財モデル

復習問題

1. 予算制約のもとで効用最大化を実現する点はどこに決まるか．無差別曲線と予算線を用いて表せ．
2. 効用最大化のためには，限界代替率と何が一致しなければならないか．
3. 効用最大化の条件は $MU_x/p = MU_y/q$ と書き直すことも出来る．この条件の直観的な意味を述べよ．
4. $MU_x/p > MU_y/q$ が成り立つ場合，予算制約を守りながら (x, y) の組み合わせを変更することで，効用が増加する余地が残っている．どのように変更すれば効用が増加するか．
5. 家計の所得が増加した．x と y がともに上級財なら，効用最大化点はどこに移動するか．グラフを用いて説明せよ．
6. 家計の所得が増加した．x が下級財で，y が上級財なら，効用最大化点はどこに移動するか．グラフを用いて説明せよ．
7. 家計所得は不変で，財 x の価格が値上がりしたとする．予算線はどのように変化するか．また，家計の選択する点はどこに移動するか．
8. 財 x の価格が値上がりはこの家計を実質的に貧しくする効果を持っている．そこで，この家計の効用を財 x の値上がり以前と等しい水準にとどめるように所得を補助したとする．このような所得補償を行うとき，財 x の値上がり後，家計はどのような点を選択するか．図で示せ．
9. 上の問題で，財 x の値上がり後に，補償していた所得を取り上げると消費者の選択点はどこに移るか．
10. 財 x の値上がりの効果を代替効果，所得効果に分解して，図で示せ．
11. ジャガイモの価格が値上がりした．にも関わらず，ある貧しい世帯ではジャガイモの購入数量を増加させた．どうしてこのような事が生じるのか，ジャガイモの価格の上昇を代替効果と所得効果に分解して説明せよ．

第 7 章

需要関数の性質

　前章では消費者の効用最大化行動から，財の需要量がどのように決まるかを説明した．この章では，前章の議論をもう少し深めて，導出された需要関数の性質を説明する．また，通常の需要関数は価格と所得の関数だが，代替効果だけに着目した補償需要関数（効用を一定に保つように所得補償をした場合に得られる需要関数）についても説明する．財の間の代替性と無差別曲線の関係もこの章で説明される．さらに，効用関数が与えられた場合の需要関数の具体的な導出方法，消費者の利益を測る別の方法（等価変分，補償変分）について説明する．

7.1　0 次同次性

　n 財のケースにおいて，第 i 財の購入量は一般的に

$$x_i = x_i(p_1, p_2, ..., p_n, I)$$

と表すことが出来る．2 財のケースで，全ての財の価格と所得が比例的に変化しても，予算線は変化せず，したがって，財の需要量が変化しないことを説明した．同じことは，n 財モデルでも成立する．例えば，λ を正の数として，$p_1, p_2, ..., p_n$ と I が全て λ 倍になったとすると，予算制約式は

$$\lambda p_1 x_1 + \lambda p_2 x_2 + \cdots + \lambda p_n x_n = \lambda I$$

となるが，これは

$$p_1 x_1 + p_2 x_2 + \cdots + p_n x_n = I$$

と同値だからである．つまり，$p_1, p_2, ..., p_n$ と I の比例的な変化は消費者の購入可能領域に影響を与えない．したがって，需要関数は次の性質を満たさなければならない．

$$x_i(\lambda p_1, \lambda p_2, ..., \lambda p_n, \lambda I) = x_i(p_1. p_2, ..., p_n, I)$$

この性質を需要関数 $x_i(p_1, p_2, ..., p_n, I)$ は $(p_1, p_2, ..., p_n, I)$ に関して **0 次同次**であるという[*1]．

なお，上の式で，$\lambda = 1/p_n$ とすれば，

$$x_i = x_i\left(\frac{p_1}{p_n}, \frac{p_2}{p_n}, ..., \frac{p_{n-1}}{p_n}, 1, \frac{I}{p_n}\right)$$

が成り立ち，x_i の需要は，$n-1$ 個の相対価格 $p_j/p_n (j = 1, 2, .., n-1)$ と実質所得 I/p_n から決まることがわかる．

7.2 需要曲線のシフト

部分均衡分析の枠組みでは，第 i 財の需要曲線はその財の価格に対して描かれている．しかし，第 i 財の需要は $x_i = x_i(p_1, p_2, ..., p_n, I)$ と表されたように，p_i だけでなく，他の財の価格や所得 I にも依存することが重要である．I や他の財の価格の変化は，第 i 財の需要曲線の位置を変化させるのである．

所得の変化

所得の増加は，その財が上級財なら需要曲線を右側にシフトさせる（所得が増加すると一定の p_i のもとで x_i が増加する）．しかし，その財が下級財の場合，需要曲線は左側にシフトする．この様子が図 7.1 に描かれている．

[*1] 関数 $f(x_1, x_2, ..., x_m)$ が k 次同次関数であるとは，任意の正の数 λ に対して

$$f(\lambda x_1, \lambda x_2, ..., \lambda x_m) = \lambda^k f(x_1, x_2, ..., x_m)$$

が成り立つことを言う．

7.2 需要曲線のシフト

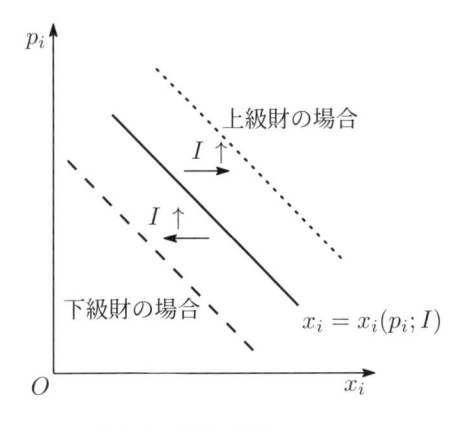

図 7.1 所得の増加

代替財と補完財

第 j 財の値上がりが第 i 財の需要をどう変化させるかは，それらの財の間の代替・補完関係に依存する．コーヒーと紅茶は代替関係にあると考えられる．紅茶の価格が上昇すれば，紅茶からコーヒーへの代替が起こり，（コーヒーの価格が一定のもとで）コーヒーの需要は増加するだろう．つまり，x_i と x_j が代替関係にあるなら，p_j の値上がりは（p_i が一定のもとで）x_i の需要を増やす．これは x_i の需要曲線を右側にシフトさせる．

一方，コーヒーとケーキは補完関係にあると考えられる．ケーキの価格が上昇すれば，コーヒー価格一定のもとで（ケーキと一緒に飲まれる）コーヒーの需要が減るだろう．つまり，x_i と x_j が補完的なら，p_j の値上がりは（p_i が一定のもとで）x_i を減らすので，需要曲線は左側にシフトする．

なお，このように定義した代替・補完関係では，価格変化に伴う所得効果が含まれている．その結果，$\partial x_i/\partial p_j > 0$ であるが，$\partial x_j/\partial p_i < 0$ となる場合が生じ得る[*2]．このような混乱を生じさせないためには，代替・補完関係を定義する際，所得効果を取り除き，代替効果のみに着目すればよい．この点はもう

[*2] $\partial x_i/\partial p_j$ は x_i の p_j に関する偏微分を表す．x_i は $p_1, p_2, ..., p_n, I$ の関数であるが，p_j だけの微小な変化が x_i がどのくらい変化させるかを表すのが $\partial x_i/\partial p_j$ である．

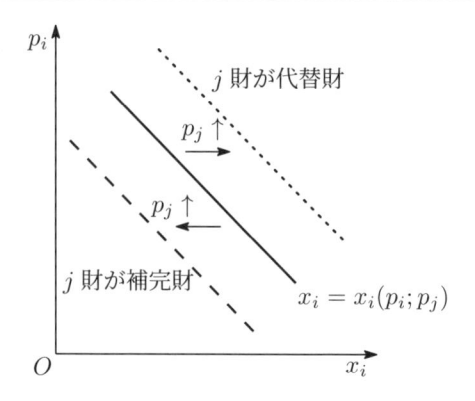

図 7.2 代替財・補完財の値上がり

少し後で説明する.

なお，p_j が増加した場合に x_i が増える場合，つまり，$\partial x_i/\partial p_j > 0$ が成り立つ場合，財 i は財 j に対する**粗代替財** (gross substitute) とよぶ．一方，p_j が増加した場合に x_i が減少する場合，つまり，$\partial x_i/\partial p_j < 0$ が成り立つ場合，財 i は財 j に対する**粗補完財** (gross complement) とよぶ．粗 (gross) は所得効果が含まれていることを表す．

7.3 補償需要関数

価格の変化の影響を代替効果と所得効果に分解する際，効用を一定に保つような所得補償を考えて代替効果を抽出した．このような所得補償を行い，代替効果だけに着目した需要関数を考えることが出来る．これを**補償需要関数** (compensated demand function)，または**ヒックスの需要関数** (Hicksian demand function) とよぶ．

これに対して，これまで考察してきた通常の需要関数は，所得が一定のもとで得られた需要関数である．これを**非補償需要関数** (uncompensated demand function)，または**マーシャルの需要関数** (Marshallian demand function) とよぶ．

7.3 補償需要関数

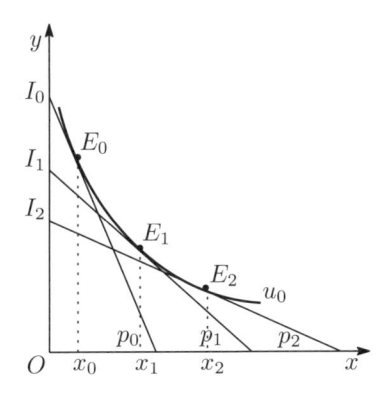

図 7.3 補償需要関数

マーシャルの需要関数は，次の問題の解であった．

$$\max \quad U(x_1, x_2, ..., x_n)$$
$$\text{subject to} \quad \sum_{i=1}^{n} p_i x_i = I$$

したがって，$p = (p_1, p_2, ..., p_n)$ とおけば，第 i 財の非補償需要は価格ベクトル p と所得 I の関数で表せる．つまり，$x_i = x_i(p, I)$ と表せる．

一方，ヒックスの需要関数は p が変化した場合，効用を一定に保つように所得を補償して求められる．図 7.3 にヒックスの需要関数の求め方が示されている．p が変化すると，予算線の傾きが変化するが，効用を一定に保つように所得が補償される．所得補償後の予算線と無差別曲線 u_0 の接点が求める解である．例えば，財 x の価格が p_0 で，財 y の価格が 1 だとしよう．そして，所得が I_0 の場合，消費者は点 E_0 を選択し，u_0 の効用が実現する．財 x の価格が p_1 に低下すれば，効用 u_0 を実現するために必要な所得は I_1 に減少し，消費者の選択する点は E_1 に移る．財 x の価格がさらに低下して p_2 になれば，効用 u_0 を実現するために必要な所得は I_2 で，消費者は E_2 を選択する．p が変化するとき，このようにして求められる x が補償需要である．図からわかるように，補償需要をみつける問題は，効用を一定に保つという制約のもとで，最少支出を実現する点をみつける問題に帰着する．つまり，

$$\min \sum_{i=1}^{n} p_i x_i$$
$$\text{subject to} \quad U(x_1, x_2, .., x_n) = u_0$$

の解 x_i がヒックスの需要関数である．ヒックスの需要関数は，p と効用水準 u の関数になるから，これを $h_i(p,u)$ と表すことにしよう．

7.3.1 支出関数

補償需要関数は，効用 u_0 を実現するという制約のもとで，支出 $\sum_i p_i x_i$ を最小にする問題を解いて得られた．そして，それは価格 p と u の関数であった．

第 i 財の補償需要関数を $h_i(p,u)$ で表すとき，$\sum_i p_i h_i(p,u)$ は，価格 p と効用 u が与えられた場合の最小支出を表す．これを**支出関数** (expenditure function) とよび，$e(p,u)$ という記号で表すことにしよう．支出関数については次の性質が成り立つことが知られている．

$$\frac{\partial}{\partial p_i} e(p,u) = h_i(p,u)$$

すなわち，支出関数を p_i で偏微分すると（p_i だけが 1 単位変化し，その他の財の価格は一定に保たれるとすると）効用 u を実現するための最小支出は，$h_i(p,u)$ だけ増加する．これを**シェパードの補題**とよぶ[*3]．

7.3.2 補償需要曲線と非補償需要曲線の関係

図 7.4 には，マーシャルの需要曲線 $x_i(p,I)$ とヒックスの需要曲線 $h_i(p,u)$ が描かれている．どちらも $p_j(j \neq i)$ が一定のもとで，p_i と第 i 財の需要の関係を表したものである．第 i 財が上級財であれば，ヒックスの需要曲線の傾きはマーシャルの需要曲線のそれよりも急になる．この様子が図に描かれている．

[*3] 導出は，例えば，H.Varian, *Microeconomic Analysis*, Norton. を参照せよ．

7.3 補償需要関数

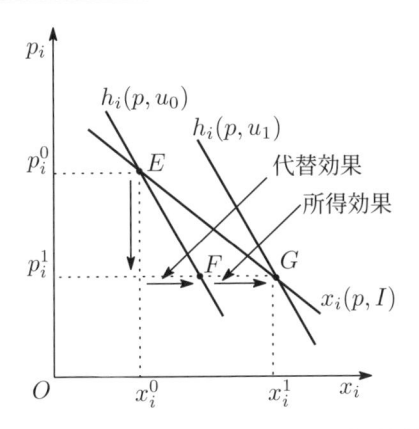

図7.4 補償需要曲線・非補償需要曲線（上級財の場合）

p_i の変化が代替効果と所得効果を持つことを思い出せば，この理由は簡単である．今，消費者の所得が I で，$p_i = p_i^0$ のときの第 i 財の需要（非補償需要またはマーシャルの需要）が x_i^0 であるとしよう．そして，このときの消費者の効用が u_0 だったとしよう．p_i が p_i^1 に低下すると，マーシャルの需要は x_i^1 に増加する．マーシャルの需要の増加は，代替効果と所得効果を合計したものである．p_i の値下がりによる代替効果で x_i の需要は増加し，また，p_i の値下がりによる「実質所得」の増加でも x_i の需要は増加する（上級財の場合）．図では E 点から F 点への移動が代替効果を表し，F 点から G 点への移動が所得効果を表す．一方，ヒックスの需要曲線 $h_i(p, u_0)$ の傾きは，代替効果のみを反映したものだから，価格が p_i^0 から p_i^1 に低下した場合の移動は E 点から F 点への移動になる．図からわかるように，この財が上級財なら，ヒックスの需要曲線の傾きは，マーシャルの需要曲線の傾きより急になる．なお，この財が下級財なら，所得効果はこの財の需要を減らすから，その場合にはマーシャルの需要曲線のほうの傾きが急になることもわかる．

なお，ヒックスの需要曲線は，別の効用水準に対しても描くことが出来る．所得 I と他財の価格が一定で，p_i が p_i^1 のときの効用が u_1 だとすれば，u_1 に対応したヒックスの需要曲線 $h_i(p, u_1)$ も図には描かれている．このケースでは，$u_1 > u_0$ なので，$h_i(p, u_1)$ は $h_i(p, u_0)$ よりも右側に位置し，また，マー

シャルの需要曲線 $x_i(p,I)$ と $p_i = p_i^1$ となる点で交わる．そして，（この財が上級財なら）$h_i(p,u_1)$ の傾きは $x_i(p,I)$ よりも急になる．

7.4 スルツキー方程式

価格の変化が財の需要に与える影響は代替効果と所得効果に分解出来ることは既に説明した．この分解を式で表すと次の通りになる．

$$\frac{\partial x_i}{\partial p_j} = \frac{\partial h_i}{\partial p_j} - x_j \frac{\partial x_i}{\partial I} \tag{7.1}$$

この式を**スルツキー方程式** (Slutsky equation) とよぶ．j 財の価格 p_j の上昇が第 i 財の需要（マーシャルの需要関数）に与える効果は，代替効果と所得効果に分解出来るが，上の方程式の右辺第 1 項が代替効果を表す．代替効果は効用水準を一定に保つように所得補償を行った場合の効果なので，これはヒックスの需要 $h_i(p,u)$ を p_j で偏微分した大きさに等しい．右辺第 2 項の $-x_j \partial x_i / \partial I$ が所得効果を表す．p_j の 1 単位の増加は，家計の所得を x_j だけ低下させるのと等しい効果を持つ．この所得低下の大きさに $\partial x_i / \partial I$（1 単位の所得の増加が何単位の x_i の増加をもたらすか）を掛けた分だけ第 i 財の需要が減少するというのが所得効果を表す[*4]．

7.4.1 スルツキー方程式の弾力性表現

スルツキー方程式を弾力性の形に直しておくと便利な場合も多い．マーシャルの需要の価格弾力性とヒックスの需要の価格弾力性を $e_{i,j}$, $\epsilon_{i,j}$，第 i 財の所得弾力性を η_i で表せば，それらは次の式で表せる．

$$e_{i,j} \equiv \frac{p_j}{x_i} \frac{\partial x_i}{\partial p_j} \qquad \epsilon_{i,j} \equiv \frac{p_j}{h_i} \frac{\partial h_i}{\partial p_j} \qquad \eta_i \equiv \frac{I}{x_i} \frac{\partial x_i}{\partial I}$$

また，第 j 財への支出シェア $p_j x_j / I$ を θ_j で表すことにしよう．(7.1) 式の両辺に p_j / x_i をかけて整理すると，次の関係を求めることが出来る．

[*4] スルツキー方程式の厳密な導出は中級以上のミクロ経済学の教科書，例えば，鈴村・奥野『ミクロ経済学I』（岩波書店），H.Varian, *Microeconomic Analysis*, Norton などを参照せよ．

$$e_{i,j} = \epsilon_{i,j} - \theta_j \eta_i \qquad (7.2)$$

7.4.2　粗代替財・粗補完財と所得効果

7.2において，粗代替財と粗補完財を $\partial x_i/\partial p_j$ が正になるか負になるかで定義した際，$\partial x_i/\partial p_j$ と $\partial x_j/\partial p_i$ が対称的でないことを述べた．このことをみるために，まず，(7.1) 式の関係を思い出そう．$\partial x_i/\partial p_j$ と $\partial x_j/\partial p_i$ をスルツキー分解すると次の通りになる．

$$\frac{\partial x_i}{\partial p_j} = \frac{\partial h_i}{\partial p_j} - x_j \frac{\partial x_i}{\partial I}$$
$$\frac{\partial x_j}{\partial p_i} = \frac{\partial h_j}{\partial p_i} - x_i \frac{\partial x_j}{\partial I}$$

この式で，通常は，$\partial h_i/\partial p_j = \partial h_j/\partial p_i$ が成り立つ*5．しかし，所得効果 $-x_j \partial x_i/\partial I$ と $-x_i \partial x_j/\partial I$ は一般には異なるから，$\partial x_i/\partial p_j$ と $\partial x_j/\partial p_i$ の値は一般には一致しない．特に，$\partial x_i/\partial p_j > 0$ が成立し，第 i 財は第 j 財に対する粗代替財であるが，$\partial x_j/\partial p_i < 0$ が成り立ち，第 j 財は第 i 財に対する粗補完財になる場合があり得る．粗補完財になるのは，p_i の値上がりによる所得効果が十分に大きい場合に生じる．

7.5　代替の程度

二つの財の間の代替補完関係は，無差別曲線の曲がり具合で定義すると，所得効果が取り除かれるため，無用な混乱が避けられる．そこで，まず，無差別

---

*5 7.3において，支出関数を説明した．これを $e(p,u)$ で表すと，$h_i(p,u) = e_i$ という関係が成り立つことを説明した（シェパードの補題）．ここで，$e_i = \partial e(p,u)/\partial p_i$ である．支出関数 e が p に関して2回偏微分可能で，かつ e_{ij} と e_{ji} がともに連続関数ならば，$e_{ij} = e_{ji}$ が成り立つことが知られている（これについては解析学の教科書か経済数学の教科書を参照せよ）．ここで，$e_{ij} = \partial e_i/\partial p_j$ である．先ほどのシェパードの補題と $e_{ij} = e_{ji}$ を用いると

$$\frac{\partial}{\partial p_j} h_i(p,u) = e_{ij} = e_{ji} = \frac{\partial}{\partial p_i} h_j(p,u)$$

が導かれる．

図 7.5　完全な代替財

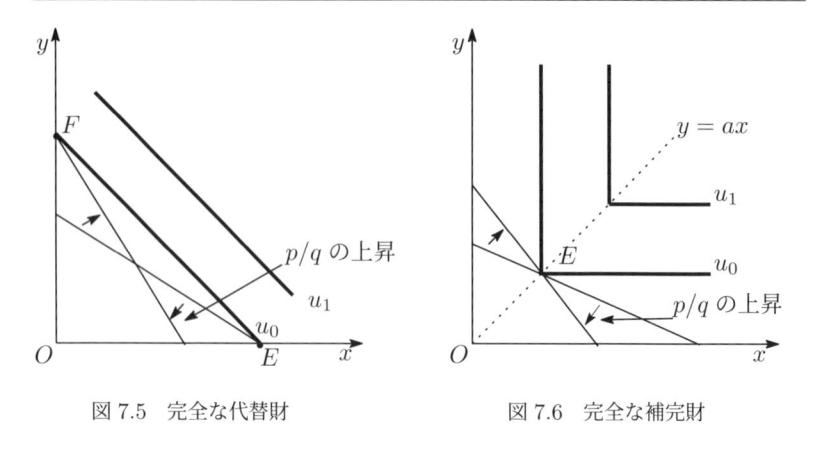

図 7.6　完全な補完財

曲線の曲がり具合が極端なケースについて考察し，次にもっと一般的なケースを取り上げる．

7.5.1　完全代替財・完全補完財

図 7.5 は二つの財が完全に代替出来る場合の無差別曲線である．図中の太線が無差別曲線で，それぞれ u_0, u_1 の効用に対応する．また，細線が異なる p/q に対応する予算制約を表している（ただし，効用を一定に保つように所得補償をした後の予算線である）．

図 7.5 の無差別曲線は直線だが，これは x と y の限界代替率が一定であることを意味する．このような直線の無差別曲線が描ける場合，x と y は**完全代替財**であるという．普通の人にとっては，ペプシ・コーラとコカ・コーラの無差別曲線はこのようになるかもしれない．

x と y が完全代替財である場合，予算線の傾き p/q が無差別曲線の傾き（限界代替率 MRS）よりも小さいなら消費者は E 点を選択するだろう．図には，p/q の変化が消費者の選択する点に与える影響も描かれている．ただし，代替効果だけに注目している．図からわかるように，p が増加して（または q が低下して）$p/q > MRS$ となれば，消費者の選択する点は F 点にジャンプする．このように，無差別曲線が直線である場合，代替効果は非常に大きくなる．

図 7.6 は，x と y の消費にある最適な固定比率があり，その点から片方の財

の消費だけを増やしても効用の増加につながらない場合の無差別曲線が描かれている．この場合，限界代替率は，最適な比率の水準前後で無限大から 0 にジャンプする．図からわかるように，このような無差別曲線のもとでは，p/q が変化しても代替効果は 0 であることがわかる．これが**完全補完財**のケースである．ケーキとコーヒーの最適な組み合わせの比率に極端にこだわる人の無差別曲線はこのような形状かもしれない．

7.5.2 中間のケース

完全代替財でもなく完全補完財でもない中間のケースでは，無差別曲線は図 7.7 のようになる．この図には，曲がり具合の大きい無差別曲線 u と比較的フラットな無差別曲線 v とが描かれている．これまでの議論からわかるように，無差別曲線の曲がり具合は代替効果の大きさと関係としている．フラットな無差別曲線 v では相対価格 p/q のわずかの変化で大きな代替効果が観測されるはずだが，曲がり具合の大きい無差別曲線 u の場合には代替効果は小さくなる．つまり，無差別曲線の曲がり具合は，二つの財 x と y の「代替の程度」を表しているのである．なお，完全代替財は曲がり方の少ない無差別曲線の極端なケースであり，完全補完財は曲がり方の大きい無差別曲線の極端なケースだと考えることが出来る．

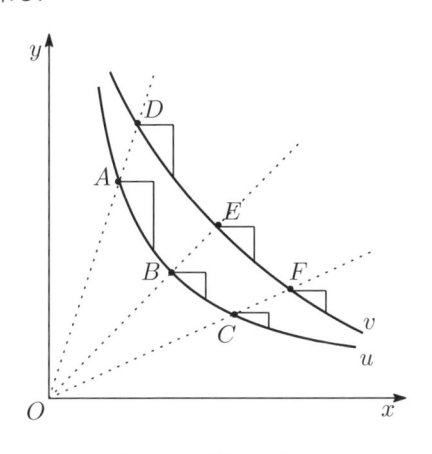

図 7.7 代替の程度

無差別曲線の「曲がり具合」は，限界代替率の逓減の程度と関係している．例えば，紅茶とコーヒーのどちらかにこだわりがあるというのでなければ，無差別曲線に沿って紅茶の消費を増やしていく場合に，紅茶とコーヒーの限界代替率はあまり変わらないだろう．この場合には無差別曲線は比較的フラットになり，v の無差別曲線のような形状をしていると考えられる．

しかし，コーヒーとケーキの消費のように，ある最適な組み合わせの量が存在すると，ケーキが「過小」な場合，追加的 1 単位のケーキの価値は非常に大きいが，ケーキが「過大」になれば，追加的 1 単位のケーキの価値は十分に小さくなるだろう．このような場合，無差別曲線の曲がり具合は大きくなり，u のような無差別曲線の形状になる．

7.5.3 代替の弾力性

代替の弾力性 (easticity of substituion) は，無差別曲線の「曲がり具合」を表す概念である．これは限界代替率 MRS が 1% 変化したときに，財の比率が何 % 変化するかを表す．

消費者の最適行動を前提にすれば，消費者は限界代替率 MRS と財の相対価格 p/q を一致させるように x と y の購入量を決める．したがって，代替の弾力性は，財の相対価格 p/q が 1% 変化したとき，財の購入比率 x/y が何 % 変化するかに等しい（代替効果だけに着目した場合）．

無差別曲線が u の場合と，v の場合で代替効果の大きさを比較してみよう．今，無差別曲線が u のような形状だとし，ある p/q のもとで点 C で効用が最大化されていたとしよう．p/q が値上がりすると，代替効果によって x の購入量が減少し，y の購入量が増加する．代替効果が点 C から点 A への移動をもたらすような場合，図からわかるように大幅な p/q の上昇が必要になる．しかし，無差別曲線が v の場合，F から D への移動をもたらすために必要な相対価格 p/q の上昇はわずかである（点 F から点 D への移動と点 C から点 A への移動は，財の購入比率 x/y の同等な変化をもたらす）．

つまり，図 7.7 の無差別曲線 u は代替の弾力性が小さな無差別曲線で，無差別曲線 v は相対的に代替の弾力性の大きな無差別曲線である．なお，完全代替財の場合の代替の弾力性は無限大，完全補完財の代替の弾力性は 0 である．

7.6 効用最大化問題の解き方

効用最大化問題の解を具体的に求めてみよう．これにはいくつかの方法がある．

1. 効用最大化の条件 $MRS = p/q$ を用いる方法
2. 予算制約式を効用関数に代入する方法
3. ラグランジュ乗数法

効用関数が
$$U(x,y) = x \cdot y$$
という単純な場合を例にして，上にあげた方法を説明する．なお，以下では微分法を用いる場合があるが，これについては数学付録を参照してほしい．

7.6.1 $MRS = p/q$ を用いる方法

最初に，MRS を求めよう．$MRS = MU_x/MU_y$ であった．$U(x,y) = x \cdot y$ の場合，
$$MU_x = y, \quad MU_y = x$$
となる．したがって，効用最大化の必要条件 $MRS = p/q$ は
$$y/x = p/q$$
で与えられる．この条件と予算制約式 $px + qy = I$ から最適な (x, y) が決まる（効用最大化を実現する点は予算線上になければならない）．それを求めると次の通りになる．
$$x = I/(2p), \quad y = I/(2q)$$

なお，$MRS = p/q$ という条件を使うよりも，これと同値である $MU_x/p = MU_y/q$ を用いた方が計算が簡単かもしれない．この式の両辺が未知の定数 λ に等しいとおくと次の式が得られる．

$$MU_x = \lambda p, \quad MU_y = \lambda q$$

これらの式に $MU_x = y$, $MU_y = x$ を代入すると，$y = \lambda p$ と $x = \lambda q$ を得る．これを予算制約式に代入し，λ について解くと，$\lambda = I/(2pq)$ が得られる．それを再び $x = \lambda q$, $y = \lambda p$ に代入すれば $x = I/(2p)$ と $y = I/(2q)$ が得られる．

7.6.2 予算制約式を効用関数に代入する方法

予算制約式を y について解けば，

$$y = -(p/q)x + I/q \tag{7.3}$$

となる．これを効用関数に代入すると

$$U(x,y) = x\bigl(-(p/q)x + I/q\bigr) = -(p/q)x^2 + (I/q)x$$

となり，x だけの関数になる．上の式の最大値を求めるには，上の式を x に関して微分して0となる条件を求めれば良い．つまり，

$$-2(p/q)x + (I/q) = 0$$

を満たす x がこの問題の解で，これから $x = I/(2p)$ が求められる．さらに，これを (7.3) 式に代入して，$y = I/(2q)$ が求められる．

なお，この方法は，もっと一般的な効用関数についても応用出来る．(7.3) 式を効用関数 $U(x,y)$ に代入すると，

$$U\bigl(x, -(p/q)x + I/q\bigr) \tag{7.4}$$

となり，効用最大化問題は，制約条件無しの1変数の最大化問題に帰着する．したがって，効用最大化問題の解が満たすべき条件（1階の条件）は，上の式を x で微分して0となることである．合成関数の微分法を用いると

$$MU_x - (p/q)MU_y = 0$$

がその条件である．この式を変形すると，$MU_x/p = MU_y/q$ という周知の条件が導かれる．

7.6 効用最大化問題の解き方

7.6.3 ラグランジュ乗数法

制約条件付の最大化(最小化)問題は,ラグランジュ乗数法という手法によっても解くことが出来る.まず,もとの問題は次の式で表された.

$$\max \quad U(x,y)$$
$$\text{subject to} \quad px + qy = I$$

この問題の解は,次の関数 $\mathcal{L}$ の最大化問題の解と一致することが知られている(数学付録を参照せよ).

$$\mathcal{L}(x,y,\lambda) = U(x,y) + \lambda(I - px - qy) \tag{7.5}$$

λ をラグランジュ乗数とよぶ.上の問題の1階の条件は次の式で表される.

$$\partial \mathcal{L}/\partial x = MU_x - \lambda p = 0$$
$$\partial \mathcal{L}/\partial y = MU_y - \lambda q = 0$$
$$\partial \mathcal{L}/\partial \lambda = I - px - qy = 0$$

これから

$$y = \lambda p, \quad x = \lambda q, \quad px + qy = I$$

が得られる.最初の2式を最後の式(予算制約式)に代入すれば,λ の値が求まり,その結果を最初の2式に再び代入すれば,x と y の需要関数が求まる.

なお,ラグランジュ乗数は,制約式が1単位緩んだ場合に目的関数(この場合は効用関数)がどのくらい変化するかを表している.つまり,所得の限界効用という意味がある(この点についても数学付録を参照せよ).

7.6.4 導出された需要関数の性質

消費者行動の理論によれば,x の需要関数は,p だけでなく,q にも依存する(もちろん,所得 I にも依存する).したがって,需要関数は $x(p,q,I)$ のように表せる.ところが,先に求めた需要関数は,$x = I/(2p)$ となり,q の関数

にはなっていない．これは，q の変化による所得効果と代替効果がちょうど相殺されたためで，効用関数 $U(x,y) = x \cdot y$ の特殊な性質のためである[*6]．

7.6.5 補償需要関数と支出関数

この効用関数のもとでのヒックスの需要関数（補償需要関数）は p と q の双方に依存する．ヒックスの需要関数は $U(x,y) = x \cdot y = u_0$ の制約のもとで $px + qy$ を最小にする x と y である．ここで u_0 はある定数である．制約条件付きの最小化問題の解を求めるためには，先ほど説明したラグランジュ乗数法が使える．ラグランジュ関数は

$$\mathcal{L} = px + qy + \lambda(u_0 - x \cdot y)$$

であり，1 階の条件は次の通りになる．

$$p = \lambda y, \quad q = \lambda x, \quad u_0 - x \cdot y = 0$$

これを解くと，

$$x = (p/q)^{-\frac{1}{2}} u_0^{\frac{1}{2}}, \quad y = (p/q)^{\frac{1}{2}} u_0^{\frac{1}{2}}$$

が得られる．ヒックスの需要関数は p と q の双方の関数であることが確かめられた．

ヒックスの需要関数が求められると，効用 u を実現するための最小支出，すなわち支出関数が求められる．支出関数を $e(p,q;u)$ で表す．$e(p,q;u)$ はヒックスの需要関数を $px + qy$ に代入することで求められ，

$$e(p,q;u) = 2p^{\frac{1}{2}} q^{\frac{1}{2}} u^{\frac{1}{2}}$$

が成立する．また，x と y をヒックスの需要関数として，$\partial e/\partial p = x$, $\partial e/\partial q = y$ が成立することもわかる（シェパードの補題）．

[*6] 需要関数 $x = I/(2p)$ は，他にも特別な性質を持っている．需要の価格弾力性が 1，需要の所得弾力性も 1 だという性質である（このことを確かめてみよ）．

7.6.6 効用関数：別の特定化

応用研究によく使われる効用関数には，コブ・ダグラス型効用関数や CES 型効用関数がある．コブ・ダグラス型効用関数は次の式で与えられる．

$$U(x,y) = x^\alpha y^{1-\alpha}$$

ただし，α は $0 < \alpha < 1$ を満たす定数である．なお，上の効用関数を単調変換した $U(x,y) = x^a y^b$ も同一の無差別曲線を持つ（ただし，$a > 0$ かつ $b > 0$ で，$a : b = \alpha : (1-\alpha)$ が成り立つ）．また，これを対数変換すると，$\ln U = a \ln x + b \ln y$ になるが，これも同一の無差別曲線を持つ．

この効用関数の限界効用は，$MU_x = \alpha x^{\alpha-1} y^{1-\alpha}$，$MU_y = (1-\alpha) x^\alpha y^{-\alpha}$ となるから，限界代替率 MRS は，

$$MRS = \frac{MU_x}{MU_y} = \left(\frac{\alpha}{1-\alpha}\right)\left(\frac{y}{x}\right)$$

となり，需要関数は次の通りになる．

$$x = \alpha(I/p), \quad y = (1-\alpha)(I/q)$$

コブダグラス型効用関数と並んで，応用研究でよく用いられる関数型に CES 型効用関数がある．CES は constant elasticity of substitution の略で，代替の弾力性 (elasticity of substitution) が一定であるという意味である．CES 型効用関数は次の式で与えられる．

$$U(x,y) = \left(\alpha x^{1-1/\sigma} + (1-\alpha) y^{1-1/\sigma}\right)^{1/(1-1/\sigma)}$$

α は支出のシェアを決めるパラメータで $0 < \alpha < 1$ を満たす．また，σ は**代替の弾力性** (elasticity of substituiton) を表す．

この場合の需要関数を求めるため，まず限界効用を求めてみよう．CES 型効用関数の（　）の中の式を $v = v(x,y)$ とおくと $U(x,y) = v^{1/(1-1/\sigma)}$ である．合成関数の微分法を用いると

$$MU_x = \frac{1}{1-1/\sigma} v^{1/(\sigma-1)} \frac{\partial v}{\partial x} = \alpha v^{1/(\sigma-1)} x^{-1/\sigma}$$

を得る．同様にして，$MU_y = (1-\alpha)v^{1/(\sigma-1)}y^{-1/\sigma}$ を得る．$MRS = MUx/MU_y$ であることを用いると

$$MRS = \frac{\alpha}{1-\alpha}\left(\frac{x}{y}\right)^{-1/\sigma}$$

となる．計算は面倒だが，$MRS = p/q$ と予算制約式から需要関数を求めると次のようになる（ラグランジュ乗数法を用いて，$MU_x = \lambda p$, $MU_y = \lambda q$ と予算制約式から求めたほうが幾分簡単である）．

$$x = \left(\frac{\alpha^\sigma p^{-\sigma}}{\alpha^\sigma p^{1-\sigma} + (1-\alpha)^\sigma q^{1-\sigma}}\right)I$$
$$y = \left(\frac{(1-\alpha)^\sigma q^{-\sigma}}{\alpha^\sigma p^{1-\sigma} + (1-\alpha)^\sigma q^{1-\sigma}}\right)I$$

また，この式から

$$\frac{x}{y} = \left(\frac{\alpha}{1-\alpha}\right)^\sigma \left(\frac{p}{q}\right)^{-\sigma}$$

という関係が得られる．両辺の対数を取れば，

$$\ln(x/y) = \sigma \ln(\alpha/(1-\alpha)) - \sigma \ln(p/q)$$

という関係が得られる．この式は，p/q が1% 増加すると，x/y が σ% 減少することを表している[*7]．つまり，この効用関数のもとでの代替の弾力性は σ である[*8]．同様にして，コブダグラス型効用関数の代替の弾力性が1であることも簡単に導かれる．

[*7] $\ln x$ の1単位の増加は，x の1% の増加に相当する（数学付録を参照せよ）．

[*8] 代替の弾力性は限界代替率 MRS が1% 増加した場合に x/y が何% 減少するかで表された．効用最大化点では $MRS = p/q$ が成り立っているから，p/q が1% 上昇した場合に，x/y が何% 減少したかに等しい．なお，効用関数から直接，代替の弾力性を求めることも出来る．本文中で求めた結果によれば，$MRS = \alpha(1-\alpha)^{-1}(x/y)^{-1/\sigma}$ であった．この式の両辺の対数を取って整理すると，$\ln(x/y) = \sigma \ln(\alpha/(1-\alpha)) - \sigma \ln MRS$ が得られる．この関係から，MRS の1% の増加が x/y の σ% の減少をもたらすことがわかる．

図 7.8　等価変分

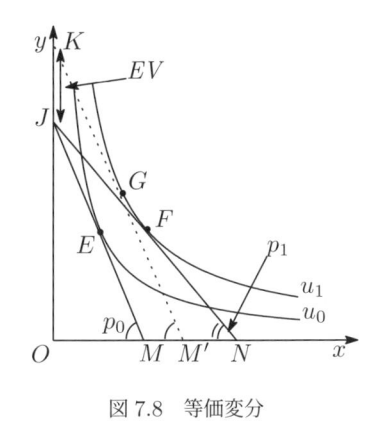

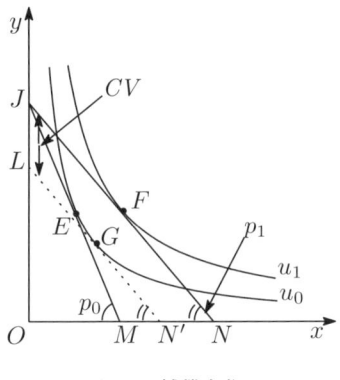

図 7.9　補償変分

7.7　補償変分・等価変分

価格の変化による消費者の厚生の変化は消費者余剰を用いてとらえることが出来る．しかし，より厳密には，効用の変化でとらえたほうが適切である．

議論を単純化するため，x と y の 2 財からなる世界を考え，x の価格を p，y の価格を 1 とする．消費者の所得 I は与えられているものとする．そして，財 x の価格が p_0 から p_1 に低下した場合の消費者の効用の変化を考える．

図 7.8 と図 7.9 には，**等価変分** (equivalent variation) と **補償変分** (compensating variation) という，効用の変化の二つの尺度が示されている．どちらも効用の変化を金銭に換算した概念である．

まず，図 7.8 をみてみよう．x の価格が p_0 の場合，消費者は点 E を選択し，u_0 の効用が実現する．$q = 1$ としたので，予算線の y 切片 OJ の長さが所得 I を表す．価格が p_1 に低下すると，予算線は JM から JN に変化し，消費者の選択する点は F に移動する．また，効用は u_1 に増加する．

価格が p_0 から p_1 に低下したことが効用に与えた影響は，**価格が p_0 のままであったとすれば，どのくらいの所得の変化があったのと同等か**でとらえることが出来る．これが等価変分で，図では線分 KJ の長さに等しい（線分 OK の長さが，価格が p_0 のもとで効用 u_1 を実現するために必要な所得を表す）．

消費者の厚生変化のもう一つの尺度は，補償変分である．図 7.9 にそれが示されている．財 x の価格が p_0 から p_1 に低下した場合，消費者の効用は u_0 から u_1 に増加する．補償変分は，価格変化後に，**価格変化のもたらす効用変化を打ち消すためには，所得をいくら取り上げなければならないか**（価格が高くなって，効用が低下した場合には，消費者にいくらの所得補償をしなければならないか）を表す．

図からわかるように，効用を元の水準 u_0 にとどめておくためには，予算線が LN'（価格変化後の予算線 JN を平行にシフトさせ，無差別曲線 u_0 に接するまで戻した予算線）になるまで所得を取り上げればよい．したがって，線分 JL の長さが補償変分を表す．

等価変分や補償変分は，実は，伝統的な消費者余剰の概念と関係がある．ただし，伝統的な消費者余剰はマーシャルの需要曲線の下の面積で定義されているのに対し，等価変分や補償変分は補償需要曲線（ヒックスの需要曲線）の下の面積で定義されるという違いがある．

等価変分の場合について，このことを説明しておこう．図 7.8 において，線分 OK は，x の価格が p_0 の場合，効用水準 u_1 を実現するための最小支出に等しい．つまり，線分 OK は支出関数 $e(p_0, q; u_1)$ の値に等しい（ただし，$q = 1$ で評価した値である）．同様に，線分 OJ の長さは，x の価格が p_0 のもとで，効用水準 u_0 を実現するための最小支出に等しいから，$e(p_0, q; u_0)$ に等しい．したがって，等価変分の大きさを EV とすれば，次の式が成り立つ．

$$EV = e(p_0, q; u_1) - e(p_0, q; u_0)$$

ところで，$e(p_0, q; u_0)$ は $e(p_1, q; u_1)$ に等しいことに注意しよう（後者は，価格が p_1 のもとで効用 u_1 を実現するための最小支出で，これは OJ の長さに等しい）．したがって，

$$EV = e(p_0, q; u_1) - e(p_1, q; u_1)$$

が成り立つことがわかる．さらに，$\Delta p = p_0 - p_1$ とすると，この式の右辺は $[\partial e(p_1, q; u_1)/\partial p]\Delta p$ で近似出来る．また，シェパードの補題から，$\partial e/\partial p$ はヒックスの需要関数に等しい．これを $x(p_1, q; u_1)$ とすれば，等価変分は

$$EV = x(p_1, q; u_1)\Delta p$$

7.7 補償変分・等価変分

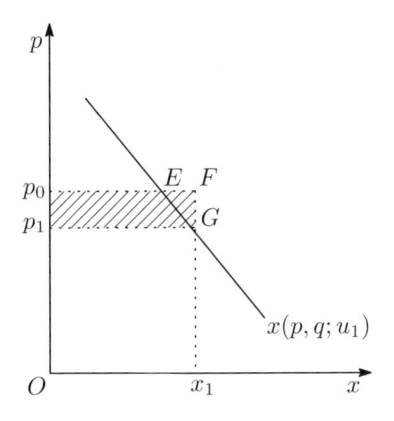

図7.10 補償需要曲線と等価変分

という式で表されることがわかる．

この式の意味は図 7.10 をみると理解出来る．図には，価格変化後の効用 u_1 のもとで求められた補償需要曲線が描かれている．価格が p_1 のときの補償需要が x_1 である．図の四角形 $p_0 E G p_1$ は，価格が p_0 から p_1 に低下した場合の，（補償需要曲線で定義された）消費者余剰の増加を表す．そして，その大きさは，図の四角形 $p_0 F G p_1$ （図の斜線部分）で近似出来るが，それが上の式の $EV = x(p_1, q; u_1) \Delta p$ である．

補償変分 CV も同様である．線分 OJ の長さは価格が p_1，効用 u_1 のもとでの最小支出であり，線分 OL は価格 p_1，効用 u_0 のもとでの最小支出であるから，$CV = e(p_1, q; u_1) - e(p_1, q; u_0)$ である．一方，$e(p_1, q; u_1)$ は $e(p_0, q; u_0)$ に等しい（線分 OJ は予算線 JM の y 切片であるから，価格 p_0，効用 u_0 のもとでの最小支出に等しい）．したがって，

$$CV = e(p_0, q; u_0) - e(p_1, q; u_0)$$

が成り立つ．$\Delta p = p_0 - p_1$ として，右辺を近似式で置き換えると

$$CV = x(p_1, q; u_0) \Delta p$$

が成り立つ．つまり，CV と EV の違いは，価格変化後の効用 u_1 での補償需要曲線で消費者余剰の変化を考えるのか，それとも当初の効用 u_0 での補償需

要曲線で考えるのかの違いであることがわかる．

Keywords

0次同次性，需要曲線シフトの要因，粗代替財，粗補完財，マーシャルの需要関数（非補償需要関数），ヒックスの需要関数（補償需要関数），支出関数，スルツキー方程式，代替の弾力性，ラグランジュ乗数法，コブ・ダグラス型効用関数，CES型効用関数，等価変分，補償変分

復習問題
1. マーシャルの需要関数（非補償需要関数）とヒックスの需要関数（補償需要関数）の区別を説明せよ．
2. 代替の弾力性とは何か．
3. 効用関数が $U(x,y) = x^a y^b$，予算制約式が $px + qy = I$ で与えられている．ただし，a と b は正の定数，p, q, I も所与である．次の方法で効用を最大にする (x,y) を求めよ．ただし，a を定数として，$f(x) = x^a$ のとき，$f'(x) = ax^{a-1}$ である．
   - $MRS = p/q$ を用いる方法
   - $MU_x/p = MU_y/q$
   - 予算制約式を効用関数に代入する方法
   - ラグランジュ乗数法を用いる方法
4. x の価格が低下し，消費者の効用が増加した．この x の価格の低下が効用に与える影響は，もし x の価格の変化が生じなかったらどの程度の所得増加と同等か．図を用いて説明せよ．

第8章
貯蓄と労働供給

　この章では，消費者行動の理論の応用として，貯蓄の決定と労働者の労働時間の決定（労働供給の決定）の問題を取り上げる．貯蓄は，貯蓄それ自体が目的なのではなく，将来の消費のために行われる．したがって，貯蓄の決定は，現在の消費と将来の消費の選択の問題に帰着する．労働供給についても，労働それ自体が目的ではなく，労働の結果得られた金銭（それを用いて購入出来る財の量）が重要な目的であるはずである．この章では，これまでの2財の選択モデルを当てはめて，貯蓄と労働供給の決定モデルを説明する．

8.1 貯蓄の決定

8.1.1 基本モデル

　個人の生涯が2期間からなるモデルを考える．第1期は労働期間，第2期は引退後の期間に相当する．個人は，第1期および第2期にそれぞれ w_1, w_2 の労働所得を得る．w_1, w_2 は外生的である．一般的には，$w_1 > w_2$ が成り立つので，第2期の消費を落ち込ませないために，個人は第1期に貯蓄をしなければならない．以下では，このような設定で，消費者の消費・貯蓄の決定の問題を分析する．そのためには，まず，消費者の効用関数と予算制約式を明らかにしなければならない．

　消費者の目的は貯蓄そのものではない．目的は消費であって，貯蓄はそのための手段である．したがって，効用関数は次のように定式化される．

$$U(c_1, c_2) \tag{8.1}$$

ここで，c_1，c_2 はそれぞれ第 1 期，第 2 期の消費を表す[*1]．

次に予算制約式を求めよう．個人は第 1 期に w_1 の労働所得を得るが，これを消費 c_1 に使うか貯蓄するかという選択に直面する．貯蓄を s で表せば，第 1 期の予算制約式は次の通りになる．

$$c_1 + s = w_1 \tag{8.2}$$

利子率を r とすると，次の期に貯蓄の元利合計は $(1+r)s$ になる．これと第 2 期の労働所得 w_2 を消費のために用いることが出来るから，第 2 期の予算制約式は次の通りになる．

$$c_2 = (1+r)s + w_2 \tag{8.3}$$

上の二つの式において，c_1 と c_2 は s を介して代替的な関係にあることに注意しよう．上の 2 本の方程式から s を消去すれば，c_1 と c_2 の直接的な関係を得ることが出来る．それを求めると，

$$c_1 + \frac{c_2}{1+r} = w_1 + \frac{w_2}{1+r} \tag{8.4}$$

となり，予算制約式は 1 本に集約された．(8.4) 式を**生涯の予算制約式** (lifetime budget constraint) と言う．

生涯の予算制約式は，通常の 2 財の選択モデルでの予算制約式 $px + qy = I$ (p, q, I は外生的) と等しい形をしている．まず，w_1，w_2 および r は与えられているという前提から，$w_1 + w_2/(1+r)$ は一定の値を取り，外生的な所得 I に対応することがわかる．また，x と y に当たるのが c_1 と c_2 で，その価格 p, q に対応するのが，1 と $1/(1+r)$ である．

結局，消費・貯蓄の決定問題は，(8.4) 式の制約のもとで効用関数 (8.1) 式を最大にするように c_1 と c_2 を選択すると定式化出来る．つまり，最適な c_1, c_2 は次の問題の解である．

[*1] 現実の消費行動では，個人は子孫に遺産を残すかもしれない．ここでの効用関数は，個人は自分自身の消費からのみ効用を得るという定式化であり，遺産からは効用を感じない．これはモジリアーニ (F.Modigliani) の**ライフサイクル消費関数**の考え方である．

8.1 貯蓄の決定

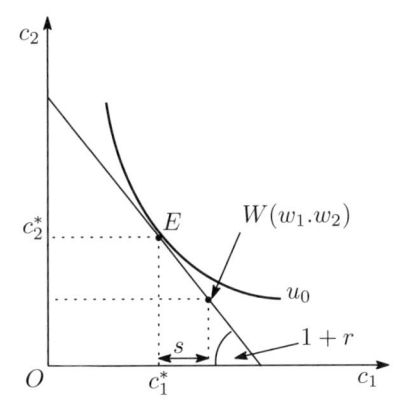

図 8.1 貯蓄の決定

$$\max \quad U(c_1, c_2)$$
$$\text{subject to} \quad c_1 + \frac{c_2}{1+r} = w_1 + \frac{w_2}{1+r}$$

最適な c_1 が決まれば，$s = w_1 - c_1$ から最適な貯蓄が決まる．これが貯蓄の決定理論である．

図 8.1 に最適な消費・貯蓄の決定が示されている．予算線の傾きは $1+r$ で[*2]，c_1 切片は $w_1 + w_2/(1+r)$，c_2 切片は $w_1(1+r) + w_2$ となる．最適な消費 c_1 と c_2 は，予算線と無差別曲線が接する点 E で与えられる．最適な消費が決まれば，$s = w_1 - c_1$ から最適な貯蓄が決まる．

なお，r が変化すると，予算線の傾き，c_1 切片，c_2 切片が変化する．ただし，r の値に関わらず，予算線は必ず点 $W(w_1, w_2)$ を通る[*3]．したがって，r が変化すると，予算線は点 W を中心に回転する．

最後に，予算線の傾きが $1+r$ になる直観的な理由を説明しておこう．この

[*2] 2 財の選択モデルでの予算線の傾きは p/q であった．ここでは c_1, c_2 の価格を p, q とすると，$p = 1$, $q = 1/(1+r)$ であり，$p/q = 1+r$ となる．つまり，$1+r$ は c_2 の価格を 1 としたときの c_1 の価格を表す．

[*3] $c_1 = w_1$, $c_2 = w_2$ は予算制約式 (8.4) 式を確かに満たす．なお，この c_1, c_2 の組み合わせは $s = 0$ を選択した場合に実現する c_1 と c_2 の組み合わせである．

表 8.1　同等な金額

第 1 期	第 2 期
x	$x(1+r)$
$x/(1+r)$	x

ためには，予算線上のある点をとり，そこから c_1 を 1 単位減らすことを考えてみればよい．1 単位の c_1 の減少で貯蓄は 1 単位増加する．貯蓄の増加は，第 2 期に $(1+r)$ 単位（貯蓄の元利合計分）だけ，c_2 を増やすだろう．つまり，c_1 の 1 単位の犠牲で，c_2 を $(1+r)$ 単位増やすことが出来る．したがって，予算線の傾きはこの $(1+r)$ に等しい．

8.1.2　割引現在価値

さて，予算制約式 $px+qy=I$ との比較から，c_1 の価格を 1 とすると c_2 の価格は $1/(1+r)$ だと述べた．$1/(1+r)$ は第 2 期の 1 円が第 1 期のいくらに相当するかを表し，**割引現在価値** (discounted present value)，あるいは単に割引価値 (discounted value) とよばれる．$1/(1+r)<1$ なので，第 2 期の 1 円は割り引かれて評価されるのである．

第 2 期の 1 円が第 1 期の $1/(1+r)$ 円相当に割り引かれるのはなぜだろうか．現在，1 円保有しており，それを使わないで銀行に預金したとすると，1 期後に 1 円は $(1+r)$ 円になっている．これは，第 1 期の 1 円が第 2 期に発生する $(1+r)$ 円と等しい価値を持つことを表す．したがって，簡単な比例計算から，第 2 期に 1 円を得るためには第 1 期に $1/(1+r)$ 円を持っていれば良いことがわかる．

逆に，第 2 期に 1 円を保有しており，これを担保に借り入れを行うケースを考えてみよう．第 2 期に 1 円を確実に返済するという約束で第 1 期に借りることの出来る金額は $1/(1+r)$ 円である．したがって，この意味でも，1 期後の 1 円と現在の $1/(1+r)$ 円は同等であることがわかる．

一般に異なる時点で発生する消費や所得は，その時点の金額で比較してはならない．ある時点の価値に直して比較する必要がある．表 8.1 にこの関係がま

とめられている．第 1 期の x 円は，第 2 期の $x(1+r)$ 円と同等であり，第 2 期の x 円は第 1 期の $x/(1+r)$ 円と同等である．

以上の議論から，$w_1 + w_2/(1+r)$ と 2 財モデルにおける外生的な所得 I の対応は形式的な類似性だけではないことが理解出来るだろう．$w_1 + w_2/(1+r)$ は，個人が生涯を通じて獲得する所得を，**第 1 期に一括して得たとしたらいくらに相当するか**を表す．その意味で，$w_1 + w_2/(1+r)$ は，（第 1 期の価格で評価した）**生涯所得**を表すのである．

なお，このモデルでは，第 2 期に rs の利子所得が発生する．しかし，rs は生涯所得 $w_1 + w_2/(1+r)$ には含まれないことに注意が必要である．rs は，w_1 のうち消費しなかった部分（すなわち貯蓄 s）から二次的に発生したもので，この部分は，割引価値に直して合計する時に消えてしまう．w_1, w_2 という一次的な所得のみが生涯所得に反映される．

8.1.3 多期間での割引価値

1 円を t 期間預けておくことを考える．1 円の t 期後の元利合計を v_t で表そう．まず，$v_1 = 1 + r$ であり，$v_2 = v_1(1+r) = (1+r)^2$ になる．同様にして，$v_t = v_{t-1}(1+r) = (1+r)^t$ が成り立つことがわかる．したがって，多期間モデルにおいては，t 期後の 1 円の割引現在価値は

$$\frac{1}{(1+r)^t} 円$$

に等しくなることがわかる．

表 8.2 には，1 期を 1 年とし，年利 r と t 年後の 1 円の割引現在価値の関係が示されている．t 年後の 1 円の割引価値は t の増加とともにかなり急速に小さくなる．例えば，年利が 3% のとき，30 年後の 1 円は 0.412 円，50 年後の 1 円は 0.228 円でしかない．表には示していないが，100 年後の 1 円はわずか 0.052 円に割り引かれる．年利が 5% であれば，100 年後の 1 円の割引価値は $0.008 (= 1/1.05^{100})$ 円でしかない．

なお，前節の 2 期間モデルでの 1 期間は現実のおよそ 30 年に相当する（20 歳から労働を開始して 60 歳で引退し，80 歳で死亡するとすれば，第 1 期は 40 年，第 2 期は 20 年ある）．したがって，年利が 3% のとき，2 期間モデルでの第 2 期の 1 円の第 1 期での割引価値は 0.412 円でしかない．逆に，第 1 期の 1

表 8.2 t 年後の 1 円の割引価値

r	t						
	1	2	5	10	20	30	50
0.01	0.990	0.980	0.951	0.905	0.820	0.742	0.608
0.02	0.980	0.961	0.906	0.820	0.673	0.552	0.372
0.03	0.971	0.943	0.863	0.744	0.554	0.412	0.228
0.05	0.952	0.907	0.784	0.614	0.377	0.231	0.087
0.10	0.909	0.826	0.621	0.386	0.149	0.057	0.009

円の 1 期後の価値は 2.43 円 $(= (1+0.03)^{30})$ にもなる．2 期間モデルでの利子率 r は年利ではないことに注意しよう．

8.1.4 利子率の変化と貯蓄

利子率が変化したとき，最適な消費や貯蓄はどう変化するだろうか．そのためには，利子率の変化が予算線をどう変化させるかを考えなければならない．

予算線は傾きが $1+r$ で，点 $W(w_1, w_2)$ を通る直線であった．r の上昇が予算線をどう変化させるかは，図 8.2 と図 8.3 に示されている．図に示されているように，r の上昇によって，予算線は点 $W(w_1, w_2)$ を中心に時計回りに回転する．

r の上昇は予算線の傾きを急にする．これは 1 単位の c_1 の削減でより多くの c_2 が実行可能になることを意味するので，c_1 に比べ c_2 が相対的に安価になったことを意味する．あるいは，c_1 が相対的に高価になったと言っても良い[*4]．これは代替効果に関係している．

一方で，図 8.2 と図 8.3 からわかるように，利子率の上昇は購入可能領域を変化させるが，それは点 $W(w_1, w_2)$ の位置に依存している．図 8.2 では，w_1 が w_2 に比べ大きく，r の上昇は購入可能領域の拡大につながる場合が多く

[*4] c_1 の価格を 1 とすると c_2 の価格は $1/(1+r)$ である．r の上昇は $1/(1+r)$ の低下をもたらす．あるいは，c_2 の価格を 1 とすると c_1 の価格は $1+r$ であるから，r の上昇は c_1 を相対的に高価にする．

8.1 貯蓄の決定

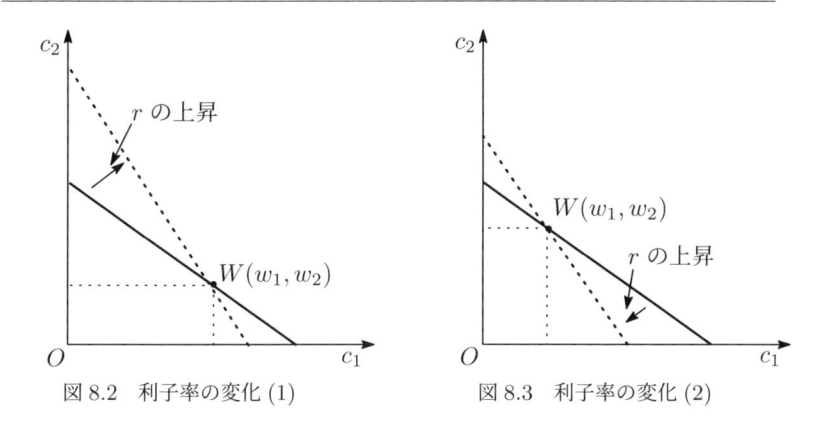

図 8.2 利子率の変化 (1)

図 8.3 利子率の変化 (2)

なっている．図 8.3 では，w_1 よりも w_2 が大きい場合で，この場合には，r の上昇はむしろ購入可能領域を狭めている．そして，購入可能領域の拡大，縮小は所得効果に関連している．

このように，r の上昇がプラスの所得効果を持つのか，マイナスの所得効果を持つのかは，労働所得の経路 w_1，w_2 に依存する．極端なケースとして $w_2 = 0$ の場合を考えよう．この場合，生涯所得は w_1 で r と独立になり，点 W は c_1 軸上の点になる．そして，r の上昇は購入可能領域を広げるだけの効果を持つ．一方，$w_1 = 0$ で，$w_2 > 0$ の場合，点 W は c_2 軸上の点であり，r の上昇は購入可能領域を縮小させるだけの効果を持つ．この場合，個人は第 1 期に借金をして c_1 の資金を調達し，第 2 期に w_2 の一部で借金の返済をする．r の上昇はこのような個人を困窮させる．

図 8.4 は $w_2 = 0$ として，r 上昇の効果を所得効果と代替効果に分解したものである．$w_2 = 0$ としたので，予算線は c_1 切片を中心に回転する．当初の r のもとで消費者は E 点を選択していたが，r の上昇後には F 点を選択する．また，効用は u_0 から u_1 に増加する．E 点から F 点への移動は所得効果と代替効果に出来る．E 点から G 点への移動が代替効果，G 点から F 点への移動が所得効果である．

図 8.4 のケースでは，c_1 は E 点と F 点でほとんど変わらない．したがって，貯蓄 s もほとんど変わらない．これは所得効果と代替効果が相殺する方向に作用したからである．表 8.3 に所得効果と代替効果の分解がまとめられている．

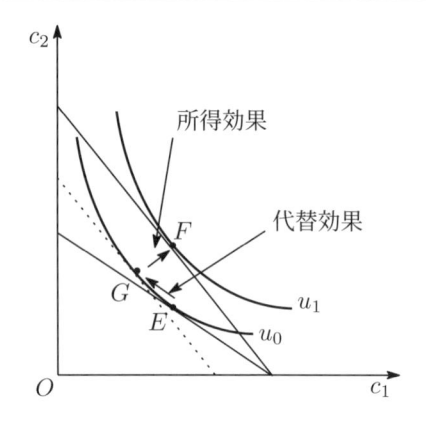

図8.4 利子率の上昇：所得効果と代替効果

r の上昇は，c_2 を相対的に割安にし，c_1 から c_2 への代替を促す．また，$w_2 = 0$ としたので，r の上昇はプラスの所得効果を持ち，c_1 と c_2 をともに増加させる（両方とも上級財だと仮定）．したがって，代替効果と所得効果を総合すると，c_2 は必ず増加するが，c_1 の変化の方向性は確定しない．なお，$s = w_1 - c_1$ より，貯蓄 s の変化の方向は c_1 とちょうど逆になる．

表8.3　r の上昇（$w_2 = 0$ のケース）

		c_1	c_2	s
代替効果	($E \Rightarrow G$)	−	+	+
所得効果	($G \Rightarrow F$)	+	+	−
総合	($E \Rightarrow F$)	?	+	?

以上のようなモデルの考察に基づいて利子率の変化が貯蓄に与える影響は非常に小さいと信じられてきた．しかし，注意すべきは，表8.3 は $w_2 = 0$ という仮定に立脚していることである．w_2 が w_1 に比べて比較的小さい図8.2 のような場合には，$w_2 = 0$ として得られた結果を大きく変えるものではないが，図8.3 のように，w_2 が w_1 よりも大きい場合には，所得効果の向きは表8.3 と

8.1 貯蓄の決定

は逆になることに注意が必要である[*5].

8.1.5 数式による表現

最適な c_1 と c_2 の決定を数式で表しておこう．無差別曲線と予算線が接するという条件は，c_1 と c_2 の限界代替率と予算線の傾きが等しいことである．c_1 と c_2 の限界代替率を $MRS_{1,2}$ で表せば，予算線の傾きは $1+r$ だったから，効用最大化の条件は

$$MRS_{1,2} = 1 + r \tag{8.5}$$

で与えられる．ただし，$MRS_{1,2} = U_1/U_2$ である．ここで $U_i = \partial U/\partial c_i$ で，U_i は c_i の限界効用を表す $(i=1,2)$．

$MRS_{1,2}$ は c_2 で測った c_1 の限界効用に等しい．一方，$1+r$ は c_2 で測った c_1 の（限界的な）価格を表す[*6]．したがって，効用最大化の条件は，（c_2 で測った）c_1 の限界効用が（c_2 で測った）c_1 の限界費用に一致することと言ってもよい．

なお，効用関数 $U(c_1, c_2)$ において，

$$U(c_1, c_2) = u(c_1) + \frac{1}{1+\rho}u(c_2)$$

という効用関数が応用研究ではよく用いられる．各時点の効用は，その時点の消費のみの関数で（$u(c_i)$），それを主観的割引率 $\rho(>0)$ で割り引いて合計したものが生涯効用になるという定式化である．$u(c_i)$ については，限界効用は正で，限界効用は逓減するという仮定も置かれる．

[*5] 利子率の上昇が経済全体の貯蓄に与える影響は，個々人の反応を総合したものである．2期間モデルを用いてこの問題を考察する場合，w_1 は現在所得と蓄積した資産の合計，w_2 は将来所得と解釈したほうが良いであろう．そうすると，若い労働者は少ない w_1 と多い w_2 を保有しており，引退直前や引退後の労働者は w_1 が多く，w_2 は少ないと想定することが現実的である．利子率の上昇は若い労働者の借入れを減らし，中高年の労働者や引退後の高齢者の貯蓄についてはあまり変化させない．つまり，経済全体で貯蓄がどう反応するかはその経済の人口構成に依存するだろう（一般に，若年者の多い経済ほど，利子率の上昇で貯蓄が増加する効果が大きくなるだろう）．

[*6] c_1 を1単位増やすと（貯蓄を1単位減らすと），変化した貯蓄の元利合計分，すなわち $1+r$ 単位だけ c_2 を減らさざるを得ないことからも，$1+r$ が（c_2 で測った）c_1 の価格であることがわかる．

このような効用関数のもとでは次の式が効用最大化の条件になる．

$$(1+\rho)\frac{u'(c_1)}{u'(c_2)} = 1+r$$

この式を変形すると，

$$\frac{u'(c_1)}{u'(c_2)} = \frac{1+r}{1+\rho}$$

と書き換えることが出来るが，この式から，$\rho = r$ なら $u'(c_1) = u'(c_2)$ が成り立ち，したがって $c_1 = c_2$ が成り立つことがわかる．同様に，$\rho > r$ なら $(u'(c_1) < u'(c_2)$ で，限界効用 $u'(c)$ は逓減するので) $c_1 > c_2$ が成り立ち，$\rho < r$ なら $c_1 < c_2$ となることがわかる．つまり，主観的割引率 ρ が利子率 r よりも高ければ，現在消費を重視し，その逆であれば，将来消費が重視されるような消費経路が選択されることがわかる．

8.2 労働供給の決定

8.2.1 基本モデル

これまでは所得が外生的なモデルを扱ってきた．本節では，個人が労働時間を決定し，所得が内生的に決まるモデルを考える．単純化のため，個人は自由に労働時間を選択出来るものとしよう[*7]．

まず，時間の制約を考える．l をレジャー（余暇），h を労働供給に割く時間だとする．個人にとって利用可能な時間は与えられており，それを T で表すと，次の式が成立する．

$$l + h = T$$

個人にとって利用可能な時間 T は，通常は，1日24時間から睡眠や食事等の生存していくために必要な時間（8時間程度）を引いて，1日当たり16時間程度と考える場合が多い．また，経済理論での「レジャー」という用語は自由な時間の総称であり，日常用語のレジャー（旅行に出かけるとか，観光地に出かけるなど）とは異なる．

[*7] もちろん，現実の世界では，雇用契約によって労働時間が定められていて自由に調整出来ない労働者が存在する．しかし，その場合でも，長期的には雇用契約に労働者の選好が（少なくとも部分的には）反映されるはずである．

8.2 労働供給の決定

次に（狭義の）予算制約式を考える．ここでは，労働所得だけが唯一の所得であり，しかもその全額を消費に充てる状況を考える．つまり，貯蓄をしないと想定する[*8]．消費財の価格を p，購入量を c，さらに，賃金率（労働時間 1 単位当たりの賃金）を w とすると，（狭義の）予算制約式は次の式になる．

$$pc = wh$$

この狭義の予算制約式に時間の制約を代入すると $pc = w(T - l)$ を得るが，wl を左辺に移行すると次の式が得られる．

$$pc + wl = wT \tag{8.6}$$

この式が（時間の制約も考慮した）予算制約式である．右辺は利用可能な時間を全て労働に充てた場合に実現するであろう所得（**潜在的所得**とよぶ）を表す．T は一定なので，潜在的所得 wT は一定である．また，消費財 c の価格は p で，レジャーの価格は w である．個人は利用可能な時間 T の全てを労働に投入し，そこで実現した所得（潜在的所得）を，消費財の購入のために用いるか，レジャー時間の購入のために用いる[*9]，という風に (8.6) 式を解釈すると，通常の 2 財の選択モデルと全く同じ議論が適用出来る．

次は効用関数である．労働の目的は消費財の購入のためであり，労働自体は目的ではないとしよう．個人は，消費財の消費とレジャーから効用を感じる．したがって，効用関数は次の式で与えられる[*10]．

$$U(c, l) \tag{8.7}$$

[*8] 貯蓄を考慮するためには，前節で展開した異時点間の消費の選択を考慮する必要がある．本節では，労働供給の決定に焦点を当てたいので，貯蓄を考慮しないのは余分な複雑化を避けるためである．

[*9] レジャーを余分に 1 単位購入するということは，労働を 1 単位減らすという選択をしたことである．レジャー 1 単位の価格は w であるが，これは労働を 1 単位減少させることで失われる金銭的所得に等しい．

[*10] この想定は，労働自体が生きがいであったり，喜びであったりすることを否定するものではない．そのような側面があったとしても，限界的な労働時間の増加（あるいは限界的なレジャー時間の減少）が，労働者の効用を低下させるような状況にあることを前提にした議論なのである．もし，限界的な労働が喜びであれば，そしてそのことを雇用主が知っていれば，雇用主は労働者に（限界的な労働に対する）賃金を支払わないだろう．それどころか，労働者は雇用主にお金を支払ってでも働かせてほしいと思うはずである．

したがって，労働者の行動は，予算制約式 (8.6) の制約のもとで，効用関数 (8.7) 式を最大にするように，c, l を選択する，と定式化出来る．最適な l が決まれば，最適な h は $h = T - l$ で決まる．

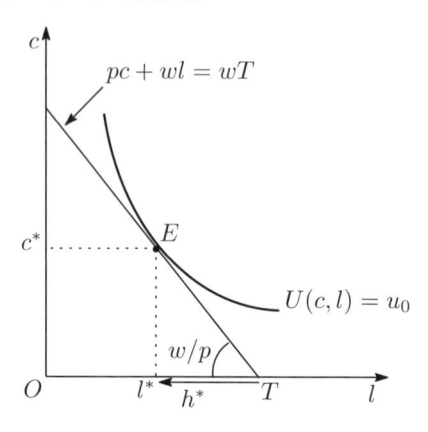

図 8.5 労働供給の決定

図 8.5 に最適な労働供給時間の決定が図示されている．予算線の l 軸の切片は T（利用可能な総時間）で，傾きは w/p（実質賃金率）である．最適な c と l は予算線と無差別曲線の接点 E で与えられる．なお，労働供給時間は $l = T$ のところから原点の方向に向かった距離で測ればよい．

予算線の傾きは，1 単位の労働で（あるいは 1 単位のレジャーをあきらめることで）何単位の消費財が購入出来るかを表している．労働を 1 単位増加させれば，w の賃金を獲得出来るが，その金額で購入可能になる消費財の量は，w を消費財の価格で割った w/p になる．ここで大事なのは，名目賃金率 w ではなく，実質賃金率 w/p が労働供給の決定において重要だということである．

最適なレジャー時間および労働時間の決定の条件を式でも表しておこう．レジャー l と消費財 c の限界代替率を $MRS_{l,c}$ で表すと，

$$MRS_{l,c} = \frac{w}{p} \tag{8.8}$$

である．なお，$MRS_{l,c}$ は，l の限界効用を U_l，c の限界効用を U_c として，

$$MRS_{l,c} = \frac{U_l}{U_c}$$

8.2 労働供給の決定

と表せたから，最適なレジャー時間は，（消費財の限界効用で測った）レジャーの限界効用と，レジャーの実質価格 w/p が等しいように決まることがわかる[*11]．

8.2.2 賃金率の変化

図 8.6 に実質賃金率の増加が c, l および h に与える影響が示されている．実質賃金率の増加は，代替効果と所得効果に分解出来るが，図の E 点から G 点への移動が代替効果で，G 点から F 点への移動が所得効果を表す．

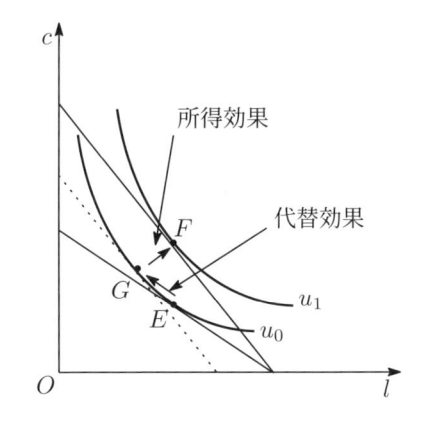

図 8.6 賃金率の上昇：所得効果と代替効果

表 8.4 を見てみよう．w/p の増加によって，c に比べ相対的に l のコストが上昇する．このため，l から c への代替が起こる（l が減るため，労働供給時間 h は増加する）．これが代替効果である．一方で，w/p の増加はプラスの所得効果を持ち，c と l を増加させ，h を減少させる．c については，代替効果と所得効果ともプラスなので総合的な効果は必ずプラスになる．しかし，l や h に

[*11] レジャーの限界効用 U_l は，労働の限界的な減少による効用の増分に等しく，したがって，労働の限界的増加の効用の減少分（**労働の限界不効用**）に等しい．つまり，$MRS_{l,c}$ は（消費財の限界効用で測った）労働の限界不効用に等しい．したがって，$MRS_{l,c} = w/p$ は，（消費財の限界効用で測った）労働の限界不効用が実質賃金（すなわち労働の限界便益）と等しくなるように労働時間が決定される，という風に解釈することも出来る．

ついては，所得効果と代替効果が相反する方向に作用し，変化の方向性は理論的には確定しない．

表 8.4 w/p 増加の効果

		c	l	h
代替効果	$(E \Rightarrow G)$	+	−	+
所得効果	$(G \Rightarrow F)$	+	+	−
総合	$(E \Rightarrow F)$	+	?	?

図 8.7 は，実質賃金率を連続的に変化させた場合の消費者の反応を示したものである．図中の太線が消費者の選択する点の軌跡である．この図によれば，賃金率が非常に低い水準から賃金率を増加させると労働供給時間は増加していくが，ある賃金率の水準で労働時間はほぼ反応しなくなり，さらに賃金率が増加すると，労働時間はむしろ減少していく．こうして得られた実質賃金率 w/p と最適な労働時間 h の関係をグラフにしたのが図 8.8 である．

この図に示されるように，労働供給曲線は全ての w/p の範囲において右上がりになるわけではない．w/p がある値以上になると労働供給はむしろ減少し，労働供給曲線は後方に屈曲する．これを**後方屈曲的労働供給曲線** (backward bending labor supply curve) とよぶ．労働供給曲線がこのような形状になるのは，賃金率が低い状況での賃金率の増加は代替効果が支配的だが，あるところで代替効果と所得効果がほぼ相殺するため，労働供給が賃金率に反応しなくなり，そして，さらに賃金率が増加すれば，今度は所得効果が優勢になって，かえって労働時間を減らすからである．

なお，一般に，経済発展の初期の段階では，賃金率増加の代替効果が支配的で，そのためそのような国の労働者は勤勉である．しかし，経済成長が進み，十分に豊かになると労働者から勤勉性が失われるかのようにみえる．この現象も所得効果と代替効果の分解で説明出来る．十分に豊かになった国での賃金率の増加は，所得効果が勝るため，労働時間を減らす効果を持つのである．この説明が正しければ，先進国の労働者の勤勉性が失われた（効用関数の形状が変化した）わけではないことになる．

8.2 労働供給の決定

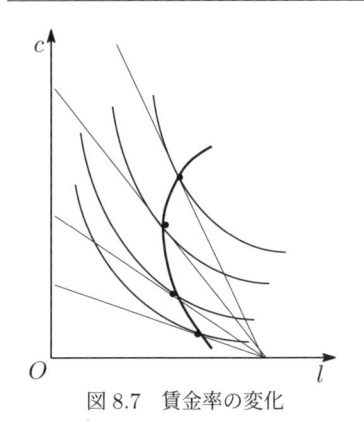

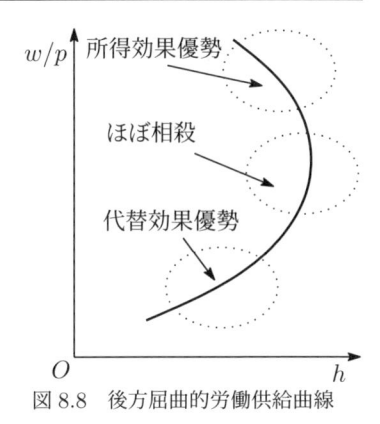

図 8.7　賃金率の変化　　　　　図 8.8　後方屈曲的労働供給曲線

8.2.3 非労働所得の存在

基本モデルでは労働所得のみが唯一の所得であったが，非労働所得が存在する場合には，予算制約式を次のように修正すれば良い．

$$pc + wl = wT + I$$

ここで，I が非労働所得を表す．この場合，予算線は図 8.9 のように折れ線 ABD になる．線分 AB の長さが非労働所得 I の大きさを表す．

労働者の行動は，上の予算制約式のもとで効用 $U(c, l)$ を最大化するように c, l, h を選択することである．この様子が図 8.9 に示されている．

非労働所得の存在は，基本モデルの結果をほとんど変えないが，留意点を 2 点指摘しておく．一つは，$I > 0$ が大きくなるほど，w/p 増加の所得効果は重要ではなくなり，代替効果が支配的になるという点である．

もう一つは，十分に大きな I と低い w/p のもとでは，労働者は働かないことを選択することがある．これが図 8.10 に示されている．この図の点 B では

$$MRS_{l,c} > w/p$$

であるが，$l > T$（あるいは $h < 0$）が不可能なため，点 B，すなわち $h = 0$ を選択するのである．つまり，点 B はコーナー解である．なお，w/p が十分高くなれば，労働者は内点解を選択するようになる（例えば点 E）．

図 8.9　非労働所得の存在

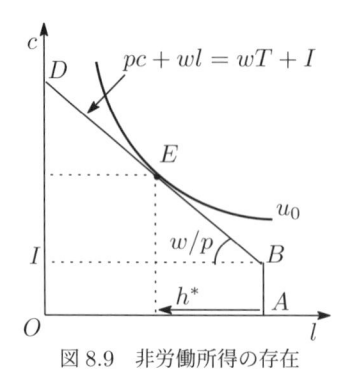

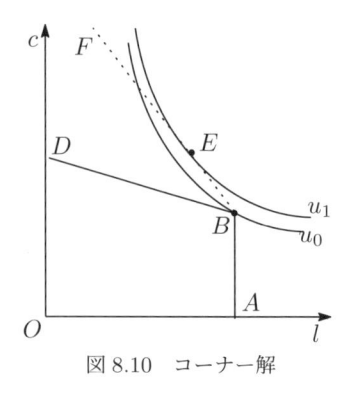

図 8.10　コーナー解

ところで，図 8.10 において，w/p を低い水準から高い水準に変化させていくとき，ある賃金水準以下では $h=0$ だが，それを超えると $h>0$ となるような閾値が存在する．その閾値を**留保賃金** (reservation wage) とよぶ．この概念を使うと，労働者が労働を選択するのは，労働者の直面する賃金が留保賃金以上の場合である．労働者の直面する賃金が留保賃金未満であれば，労働者は働かないことを選択する．なお，留保賃金の水準は，もちろん無差別曲線の形状にも依存するが，非労働所得 I の大きさに依存する．I が大きいほど，留保賃金は高くなる．

8.2.4　女性の労働供給

これまで個々人が労働供給の決定を行うモデルを考えてきたが，家計を意思決定の主体と考えたほうが現実的かもしれない．例えば，夫と妻が共同で意思決定する場合を考えると，家計全体の予算制約のもとで，家計全体の効用を最大化するように夫の労働時間，妻の労働時間が決定されると考えるべきかもしれない．

家計全体の意思決定を扱う一つの簡便な方法は，夫の所得を所与として，妻が労働供給の決定を行うという定式化をすることである[*12]．このように定式

[*12] 多くの場合，夫が主たる稼ぎ手で，妻が二次的な稼ぎ手である．夫が企業に雇用されている状況を考えると，夫の労働所得は短期的には外生的と考えても問題は少ないかもしれない．なお，家計全体としての労働供給を考える場合に，家事労働と賃金を稼ぐ労働の区別も必

8.2 労働供給の決定

化すれば，前節の非労働所得を夫の所得（および非労働所得）とし，h および l を妻の労働時間とレジャー，w を妻の直面する賃金，c を家計全体の消費と読み替えることで，女性の労働供給の決定問題を分析することが出来る．

これまでの議論を適用すれば，主たる稼ぎ手の男性の労働所得が十分大きければ，女性の直面する賃金が変化した場合，賃金変化の代替効果が支配的なので，女性の労働は賃金に対して弾力的に反応することが予想される．実際，多くの実証研究では，男性労働の賃金弾力性は小さいが，女性労働の賃金弾力性が高いことが報告されている．また，夫の所得が高いほど，妻の留保賃金は高くなる．つまり，（他の事情は一定だとして）夫の所得が高いほど，妻が専業主婦である確率が高くなるはずである．

Keywords

2 期間モデル，生涯の予算制約式，割引現在価値，生涯所得，レジャー（余暇），潜在的所得，後方屈曲的労働供給曲線，留保賃金

復習問題

1. 個人の生涯が 2 期間からなるモデルを考える．個人は第 1 期に w だけの労働所得を得て，第 2 期には完全に引退するものとする．第 1 期の消費を c_1, 貯蓄を s, 第 2 期の消費を c_2 で表す．まず，各期の予算制約式を求め，それから生涯の予算制約式を導出せよ．ただし，利子率は r で与えられている．
2. 横軸に c_1, 縦軸に c_2 をとって，予算線を描け．また，c_1 切片，c_2 切片，予算線の傾きを求めよ．
3. 効用関数が $U(c_1, c_2)$ で与えられるとき，効用を最大にするような c_1, c_2, s をグラフ上で示せ．
4. 利子率の上昇は予算線をどのように変化させるだろうか．

要かもしれない．洗濯，掃除，料理等のサービス生産には時間がかかる．これらは市場でも調達可能だが（クリーニングや出前，レストランでの食事），家庭内でも生産出来る．ただし，家庭内生産のコストは主婦の賃金に等しい（家庭内生産に割いた時間のコストは，外部で労働すれば稼げたであろう賃金に等しい）．

こうした家庭内での生産活動を考え，家事労働，外部での仕事（賃金を稼ぐ仕事），消費財の購入の三つの財・サービス選択問題として家計の意思決定を考えることも出来る．

5. 利子率が上昇したとき，最適な貯蓄はどう変化するか．代替効果と所得効果に分解して説明せよ．
6. 第2期にも労働所得があるとき，上の問題の結論はどう変わるか説明せよ．また，生涯の予算制約式は $c_1 + c_2/(1+r) = w_1 + w_2/(1+r)$ となるが（ここで，w_i は第 i 期の労働所得），$w_1 + w_2/(1+r)$ が表すものは何か説明せよ．
7. 利子率を r とするとき，来期の1円の割引現在価値は $1/(1+r)$ 円になる．なぜそうなのか説明せよ．また，t 期後の1円の割引現在価値が $1/(1+r)^t$ 円になるのはなぜか説明せよ．
8. 労働供給時間の決定を，消費財と余暇（レジャー）の選択の問題として説明せよ．
9. 労働供給曲線は後方屈曲的になるとされる．なぜ，そうなるのか説明せよ．
10. 労働供給の決定モデルで，非労働所得が大きいほど，労働供給の賃金弾力性は大きくなると考えられる．その理由を説明せよ．

第III部

生産者行動の理論

第 9 章

生産関数と費用関数

　生産者は，生産の技術的制約のもとで利潤を最大にするように行動する．この基本的前提から，産出物の価格と供給量の関係が導かれる．

　生産の技術的制約を表す方法は二つある．一つは生産関数を用いる方法で，他方は費用関数を用いる方法である．生産関数は，生産要素の投入量と産出量の対応を関数としてとらえて，生産の技術的制約を表すものである．一方，費用関数は，一定の生産を行う際にどの程度の費用がかかるかを考え，産出量とその産出量を実現するための最小費用の対応関係をみることで，生産の技術的な制約を表そうとするものである．

　この章では，最初に，生産関数と費用関数の基礎概念を説明する．費用関数を用いると，企業の利潤最大化行動から生産物の供給関係を導くことが出来るが，この点は次の第 10 章で扱う．また，生産関数と費用関数はともに，生産の技術的制約を表す異なる方法だと述べたが，両者の関係がどのようなものなのかは第 11 章で扱う．

9.1 　生産関数

　2 種類の **生産要素** (factor of production) を用いて，1 種類の **産出物** (output) を生産するケースを考える．なお，生産要素を **投入物** (input) とも言う．

　生産要素として資本 (capital) と労働 (labor) の 2 種類をここでは考えよう．そして，資本の投入量を K，労働の投入量を L で表す．一定の生産技術のも

とで，生産要素のある量を投入すると一定の産出物が産出される．この関係を次のように表す．

$$Q = F(K, L)$$

ここで，Q は産出物の量を表す．そして，生産要素の投入量と産出量 Q の対応関係，すなわち，$F(\ )$ を**生産関数** (production function) とよぶ[*1]．ここでは，実際の生産過程における投入物と産出物の具体的な関係については言及しない．ただし，投入物と産出物の関係は，あるもっともらしい関係に従うと考える．生産関数の満たすべき性質について述べる前に，いくつかの基礎概念を説明する．

9.2 規模に関する収穫

規模に関する収穫一定 (constant returns to scale) とは，全ての生産要素の投入量を $\lambda(>0)$ 倍したとき，産出物の量も λ 倍になることを言う．すなわち，

$$F(\lambda K, \lambda L) = \lambda F(K, L)$$

が成り立つことを言う．

また，**規模に関する収穫逓減** (diminishing returns to scale) とは，$\lambda > 1$ として，全ての生産要素の投入量を λ 倍したとき，産出物の量が λ 倍未満にしかならない場合を言う．このケースでは，次の式が成り立つ．

[*1] 本文では，説明の簡単化のため，生産要素は 2 種類とした．しかし，一般的には，もっと多くの種類の生産要素を考えたほうが現実に接近出来る．例えば，農業生産を考える場合には，土地はもちろん，日照時間・降水量の自然条件も生産要素とみなすことが出来る．また，労働についても，職種や熟練度によって異なった生産要素とみなすほうが適切な場合が多いかもしれない．例えば，研究開発活動に関わる労働と営業活動や会計事務に関わる労働とは異質だろう．熟練を要する職人の労働は，未熟練工の労働で代替することは難しいかもしれない．

n 種類の生産要素 $X_1, X_2, .., X_n$ から 1 種類の産出物 Q が生産される場合には，生産関数を $Q = F(X_1, X_2, .., X_n)$ とすればよい．また，複数の種類の産出物が同時に生産される場合は，生産関数を $F(Q_1, Q_2, .., Q_m; X_1, X_2, .., X_n) = 0$ のように表せばよい．ここで，$X_1, X_2, .., X_n$ が生産要素，$Q_1, Q_2, .., Q_m$ が産出物を表す．

9.2 規模に関する収穫

$$F(\lambda K, \lambda L) < \lambda F(K, L)$$

最後に，**規模に関する収穫逓増** (increasing returns to scale) とは，全ての生産要素の投入量を $\lambda(>1)$ 倍したとき，産出物の量が λ 倍よりも大きくなる場合を言う．すなわち，

$$F(\lambda K, \lambda L) > \lambda F(K, L)$$

が成り立つ場合である．規模に関する収穫逓増のことを，**規模の経済** (economy of scale) が存在するとも言う．

図 9.1 をみてみよう．生産関数が，規模に関する収穫一定，逓増，逓減の性質を示す場合，生産要素の投入量の規模を表すパラメータ λ と産出量 Q の関係は図 9.1 のグラフのようになる．この図で $\lambda = 1$ に対応する産出量 Q_0 は，生産要素の投入量がある水準 (K_0, L_0) のときに実現する産出量である．グラフは生産要素の投入量を $(\lambda K_0, \lambda L_0)$ とした場合の λ と産出量 $Q = F(\lambda K_0, \lambda L_0)$ の関係を表している[*2]．

通常は，規模に関する収穫一定の性質が成り立つと考えられる．同じ規模の工場を二つ作れば，生産量は 2 倍になると考えるのがもっともらしいからである．

ところが，現実の世界では規模に関する収穫逓減が成立しているようにみえる場合がある．例えば，農産物の生産で，農地を 2 倍に増やし，同時に労働や農業用機械（資本）の投入量を 2 倍にしても，農産物の収穫量が 2 倍未満にしかならない場合がそうである．しかし，それは，全ての生産要素の投入量を，厳密な意味では 2 倍には増やせなかったからかもしれない．今あげた例では，増やした土地がそれまでの土地に比べ農業に適さない土地だったのかもしれない．その場合，土地の面積を 2 倍にしても，質まで考慮した土地の投入量は 2 倍になっていなかったのである．

[*2] 図 9.1 では，規模に関する収穫一定や逓減，逓増の性質が全ての λ の領域で成り立つことを前提にしている．もちろん，これらの性質が局所的にのみ成り立つ場合もあるだろう．その場合は，ある λ 範囲内で図 9.1 のようなグラフになるのである．

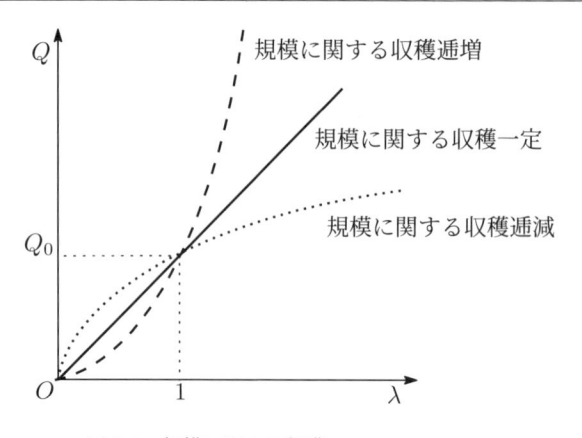

図 9.1　規模に関する収穫

　同じような例は，工場での生産でも起こりうる．先ほど，同じ規模の工場を複数作れば，生産量は単純に工場の数に比例して拡大するのがもっともらしいと述べた．しかし，工場の数が多くなりすぎると，経営者の注意が隅々まで行き渡らなくなり，その結果，生産の効率性が低下し，産出量は工場の数に比例したほどには増加しないかもしれない．この場合，経営者の管理能力も生産要素の一つであり，収穫逓減が生じたようにみえるのは，規模の拡大に合わせて投入量を増加させることの出来ない固定的な生産要素（経営者の管理能力）が存在したためである．この例のように，（隠れた）固定的生産要素が存在すると，表面的には規模に関する収穫逓減が観察される．しかし，そのことは，理論モデル上の収穫一定の仮定を否定するものではないことに注意が必要である．

　一方，同じ規模の工場をいくつも作っていくと，規模の拡大以上に産出量が増加する状況も考えられる．例えば，生産の現場で生産方法の改良がランダムに発見される場合を考えてみよう．そして，ある工場での改良方法の発見は，その企業全体の共有知識となり，別の工場でも利用出来るとしよう．この場合，規模が大きいほど，そうした知識の発見される可能性が高まり，結果として，規模の大きさがより多くの産出量に結びつく．つまり，この場合には，規

模に関する収穫逓増がみられる*3．

規模に関する収穫逓増が一般的であれば，規模の大きな企業が小さな企業を駆逐して，市場には少数の企業しか残らないという状況が生まれるかもしれない．入門的なミクロ経済学では，多数の小規模企業が同質的な財を生産している状況（完全競争市場）を想定して理論が展開されるが，規模に関する収穫逓増が成り立つ場合には市場の状況は異なる．寡占や独占が存在する場合の企業の行動や，市場の機能については第13章で扱うことにして，以下では，規模に関する収穫一定が成り立つとして議論を進める．

9.3 平均生産物・限界生産物

次に，**平均生産物** (average product) と**限界生産物** (marginal product) という概念を説明する．平均生産物とは，生産要素の投入1単位当たりの産出量のことである．ここでは，2種類の生産要素の存在するケースを考えているので，平均生産物に関しては2種類の概念が考えられる．

労働の平均生産物 (average product of labor: APL) とは，労働1単位当たり平均して何単位の産出を生んだかを表す概念で，産出量 Q を労働投入量 L で割ったものである．同様に，**資本の平均生産物** (average product of capital: APK) とは，資本1単位当たり平均して何単位の産出を生んだかを表し，産出量 Q を資本投入量 K で割ることで求められる．労働の平均生産物を APL，資本の平均生産物を APK で表すと，それらは次の式で定義される．

$$APL = \frac{Q}{L} = \frac{F(K,L)}{L}, \qquad APK = \frac{Q}{K} = \frac{F(K,L)}{K}$$

なお，労働や資本の平均生産物は生産要素の投入量の関数である．投入される (K, L) の水準に応じて，APL や APK は変化する．このことを強調する場合には，$APL(K, L)$，$APK(K, L)$ のように表すことにする．

限界生産物 (marginal product) は，生産要素を1単位追加的に投入した場合，産出物が何単位増えるかを表す概念である．**労働の限界生産物** (marginal product of labor: MPL) は，労働の追加的1単位の投入が産出量を何単位増や

---

*3 半導体の製造においては，このような理由で，設備投資の規模が大きいほど半導体生産の平均費用が低下すると言われている．

すかを表す．労働投入量の増分を ΔL とし，そのときの産出量の増分を ΔQ とすれば，労働投入の追加的 1 単位当たりの産出量の増加は，$\Delta Q/\Delta L$ で与えられるから，これが労働の限界生産物を表す．同様に，**資本の限界生産物** (marginal product of capital:*MPK*) は，資本の追加的 1 単位の投入が産出量を何単位増加させるかを表す．資本投入量を ΔK 増やした場合の産出量の増分が ΔQ であるなら，資本の限界生産物は $\Delta Q/\Delta K$ に等しい．以上をまとめると，労働の限界生産物 *MPL* と資本の限界生産物 *MPK* は次の式で定義される[*4]．

$$MPL = \frac{\Delta Q}{\Delta L} = \frac{F(K, L + \Delta L) - F(K, L)}{\Delta L}$$
$$MPK = \frac{\Delta Q}{\Delta K} = \frac{F(K + \Delta K, L) - F(K, L)}{\Delta K}$$

ここでも，労働および資本の限界生産物は生産要素の投入量 (K, L) の関数であり，このことを強調する場合には，$MPL(K, L)$ や $MPK(K, L)$ のように表すことにする．

図 9.2 は，資本の投入量を $\bar{K}$ で固定しておいたときの，労働投入量 L と産出量 Q の関係を表したグラフである．このグラフには，労働投入量が L_0 のときの労働の平均生産物 *APL* と労働の限界生産物 *MPL* がグラフ上のどこで表されるかも示されている．K を固定しておいて L の投入量を増加させていくと，産出量 Q は増加するが，その増加の大きさは次第に小さくなるという性質が重要である．また，L を固定しておいて K と Q の関係を表したグラフも，図 9.2 と同じような形状になる（横軸は K であるが）．一般に，生産関数は次の性質を満たす．

[*4] ここでは，離散的な量の ΔL や ΔK で限界生産物を定義しているが，ΔL や ΔK を限りなく 0 に近づけていった場合の $\Delta Q/\Delta L$ および $\Delta Q/\Delta K$ の極限値で限界生産物を定義すれば，$MPL = \partial F/\partial L$, $MPK = \partial F/\partial K$ となる．ここで，

$$\frac{\partial F}{\partial L} = \lim_{\Delta L \to 0} \frac{F(K, L + \Delta L) - F(K, L)}{\Delta L}$$

で，F の L に関する偏微分を表す．$\partial F/\partial K$ も同様に定義される．

なお，$\partial F/\partial L$ で定義された労働の限界生産物の図形的な意味は，図 9.2 の生産関数を表す曲線の接線の傾きになる（限界効用の概念を説明した際の議論と同じである）．

9.3 平均生産物・限界生産物

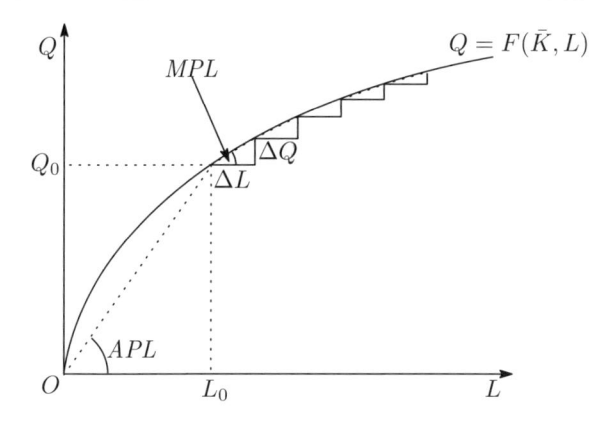

図 9.2 平均生産物と限界生産物

- 資本および労働の限界生産物は正である（$MPK > 0, MPL > 0$）．
- 労働の限界生産物は逓減する（MPL は L の減少関数である）．
- 資本の限界生物は逓減する（MPK は K の減少関数である）．

規模に関する収穫という概念が，全ての生産要素を同時に変化させた場合に産出量がどう変化するかを表しているのに対し，限界生産物は，他の生産要素の投入量を一定に保ち，ある生産要素の投入量だけを変化させた場合に産出量がどう変化するかを表している．両者は，別の概念であり，したがって，**規模に関する収穫一定と限界生産物逓減は矛盾しない**ことに注意しよう．

数値例

次の式で表される生産関数を考える．

$$Q = F(K, L) = K^\alpha L^\beta$$

ただし，α と β は定数で $\alpha > 0$ $\beta > 0$ を満たすものとする．この生産関数はコブ・ダグラス型生産関数とよばれる．

この生産関数で，K と L の投入量を $\lambda(>1)$ 倍すると

$$F(\lambda K, \lambda L) = \lambda^{\alpha+\beta} K^\alpha L^\beta = \lambda^{\alpha+\beta} F(K, L)$$

となる.したがって,次のことがわかる.

- $\alpha+\beta=1$ の場合には規模に関する収穫一定の性質が成り立つ.
- $\alpha+\beta>1$ の場合には規模に関する収穫逓増の性質が成り立つ.
- $\alpha+\beta<1$ の場合には規模に関する収穫逓減の性質が成り立つ.

次に,K を $\bar{K}$ に固定し,L と Q の関係をみると,$0<\beta<1$ なら Q と L の関係は図 9.2 のような形状になることがわかる.つまり,この場合には労働の限界生産物は逓減する.また,$\beta=1$ なら,L と Q の関係は直線になるから,労働の限界生産物は一定である.さらに,$\beta>1$ なら,労働の限界生産物は逓増することがわかる.

微分法の公式を用いて,労働の限界生産物を求めてみると

$$MPL = \beta K^\alpha L^{\beta-1}$$

となるから(微分法の公式は数学付録を参照せよ),$0<\beta<1$ なら,MPL は L の減少関数であり,$\beta=1$ なら MPL は L とは無関係に一定になり,$\beta>1$ の時に,MPL が L の増加関数であることからも確かめられる.

先に,労働の限界生物逓減と規模に関する収穫一定は矛盾しないと述べた.この生産関数の例では,$\alpha+\beta=1$ なら規模に関する収穫一定が成り立ち,$0<\alpha<1$,$0<\beta<1$ なら資本の限界生産物逓減,労働の限界生産物逓減が成り立つ.

なお,$\alpha+\beta=1$ のとき,$MPK = \alpha(K/L)^{\alpha-1}$ と $MPL = (1-\alpha)(K/L)^\alpha$ が成り立ち,資本および労働の限界生産物は**資本・労働比率** K/L のみの関数になることがわかる.

9.4 等量曲線

二つの生産要素を同時に変化させる場合を 2 次元のグラフで表すためには**等量曲線** (isoquant) を用いる.等量曲線は一定の産出量を実現する生産要素の組合せ (K, L) の集合である.つまり,Q をある一定の産出量水準だとして,$F(K, L) = Q$ を満たす点 (K, L) の集合が等量曲線である.

図 9.3 には,横軸に労働投入量 L,縦軸に資本投入量 K をとって,産出量水準が Q_0 と Q_1 に対応した等量曲線が描かれている.図に示されたように,等

9.4　等量曲線

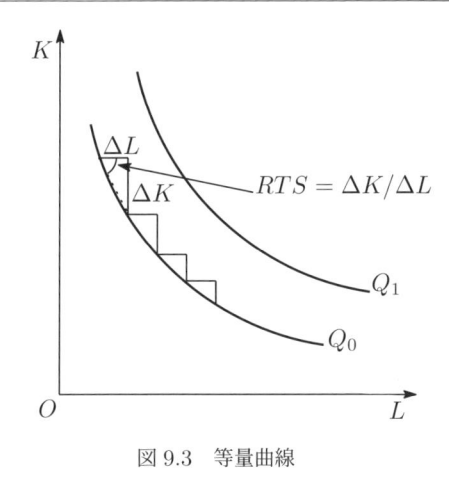

図9.3　等量曲線

量曲線は消費者の無差別曲線と同じような形状をしている．等量曲線は，一般的には，次の性質を持っている．

- 右下がりの曲線で表される．
- 原点から遠いほど高い産出量水準に対応する．
- 等量曲線は交わらない．
- 原点に対して凸である．

　生産要素として資本と労働に代替性があるなら，資本の投入量を減らしても労働の投入量を増加させれば産出量は不変に保たれる．したがって，等量曲線は右下がりになる．2番目の性質は，より多くの投入がより多くの産出に結び付くからである（各生産要素の限界生産物は正だからである）．3番目の性質については，無差別曲線の場合の議論と同様なので説明を省略する．

　4番目の性質も消費者の無差別曲線と同様の性質である．無差別曲線が原点に対し凸であったのは，2財の限界代替率が逓減するからであった．等量曲線については，労働と資本の**技術的限界代替率** (marginal rate of technical substituion: RTS) が逓減するからである．

　技術的限界代替率とは，（横軸の）**労働投入量を 1 単位増やすとき，産出量を一定に保つためには（縦軸の）資本投入量を何単位減らせばよいか**を表す．

図からわかるように，等量曲線が原点に対して凸であるとは，等量曲線に沿って労働投入量を増加させていくとき（資本投入量は減少する），**技術的限界代替率が逓減する**ことと等しい．

技術的限界代替率には，生産における技術的な制約が反映されている．RTS が大きいとは，1 単位の追加的労働投入でたくさんの資本投入が不要になることだから，労働の限界生産物が資本の限界生産物に比べて相対的に大きいことを意味する．逆に，RTS が小さいとは，1 単位の追加的な労働投入で不要になる資本が少ない（あるいは資本投入量を削減する場合，たくさんの労働投入が必要になる）ことだから，労働の限界生産物が資本の限界生産物に比べ相対的に小さいことを意味する．

以上のことを数式を用いて確かめてみよう．まず，等量曲線上のある点で生産を行っている状況から出発しよう．ここから，労働を ΔL だけ追加的に投入する．このとき，資本投入量を ΔK だけ減らすと産出量が一定に保たれたとしよう．労働投入の増加による産出量の増加は $MPL\,\Delta L$ で，資本投入量の減少による産出量削減の大きさは $MPK\,\Delta K$ である．労働投入の増加と資本投入の減少が産出量に与える影響は相殺しなければならないので，

$$MPL\,\Delta L = MPK\,\Delta K$$

が成り立つ．これから，$RTS \equiv \Delta K/\Delta L$ を求めると，

$$RTS \equiv \frac{\Delta K}{\Delta L} = \frac{MPL}{MPK} \tag{9.1}$$

が導かれる[*5]．

すなわち，技術的限界代替率 RTS は，資本の限界生産物の大きさで測った労働の限界生産物の大きさに等しい[*6]．労働の限界生物 MPL は L の減少関数

[*5] 次のように導いてもよい．今，生産要素の投入量の組み合わせ (K, L) と $(K - \Delta K, L + \Delta L)$ が同じ産出量をもたらすとする．つまり，$F(K, L) = F(K - \Delta K, L + \Delta L)$ が成り立つ．この式の右辺は，

$$F(K - \Delta K, L + \Delta L) \approx F(K, L) - MPK\,\Delta K + MPL\,\Delta L$$

のように 1 次式で近似出来る．これを $F(K, L) = F(K - \Delta K, L + \Delta L)$ に代入して，$\Delta K/\Delta L$ について解くと $\Delta K/\Delta L \approx MPL/MPK$ が導かれる．

[*6] ここでは，横軸に労働 L，縦軸に資本 K をとって限界的な労働 1 単位と代替出来る資本

であり，資本の限界生物 MPK は K の減少関数であると仮定したことを思い出そう．この仮定のもとで，技術的限界代替率は必ず逓減する．

なお，9.1 式において ΔL を限りなく 0 に近づけた極限値を RTS とする場合もある．この場合の技術的限界代替率は，

$$RTS = \lim_{\Delta L \to 0} \frac{\Delta K}{\Delta L} = \frac{\partial F/\partial L}{\partial F/\partial K} \tag{9.2}$$

で定義され，等量曲線の接線の傾きに等しくなる．

9.5 生産要素の代替の程度

資本と労働の代替が可能な場合には，図 9.3 のような等量曲線が描ける．そうではない場合，例えば，資本と労働の投入量はある決まった比率でなければならず，それを超えて資本だけを増やしても，あるいは労働だけを増やしても，生産には全く貢献しないという場合も考えられる．こうした場合の等量曲線は図 9.4 のようになる．

図 9.4 のような等量曲線を持つ生産関数は**レオンチェフ型生産関数**とよばれ，次の式で表される[*7]．

$$Q = F(K, L) = \min(aK, bL)$$

ここで a, b は正のある定数である．原点から引いた直線（点線で示されている）が資本と労働の固定的な投入比率 $aK = bL$ を表し，等量曲線はこの点を境に 90° に屈折する．つまり，この点を境に限界代替率は無限大から 0 にジャンプする．

レオンチェフ型生産関数は応用経済分析の上ではよく使われる．産業連関分析や投入産出分析は，固定的な生産要素の投入比率を前提にして，最終生産物と中間生産物の関係を連立 1 次方程式として把握する分析手法である．そし

の比率を限界代替率としている．縦軸と横軸を逆に取れば，限界代替率は本文の記述とは分母と分子が逆になる．

[*7] $\min(x,y)$ は x と y の小さいほう（大きくないほう）を表す関数である．つまり，$x \geq y$ なら，$\min(x,y) = y$, $x \leq y$ なら $\min(x,y) = x$ である．

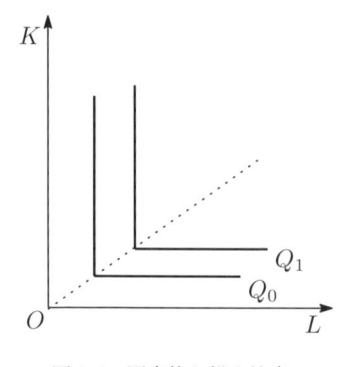

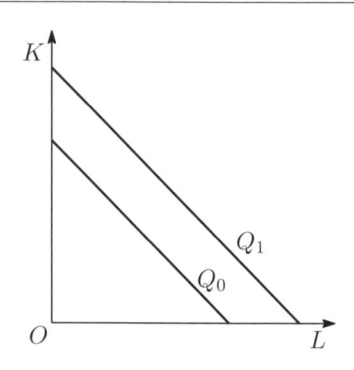

図 9.4　固定的な投入比率　　　図 9.5　生産要素の完全代替

て，例えば，ある産業部門の最終生産物の 1 単位の需要増加が，中間生産物の需要にどのような影響をもたらすかを明らかにする．

図 9.5 には，資本と労働が完全に代替可能な場合の等量曲線が描かれている．この場合は，資本と労働の技術的限界代替率は一定で，等量曲線は直線になる．

資本と労働の代替の程度が，図 9.4 でも図 9.5 でもない場合には，等量曲線は 9.3 のような曲線になる．そして，二つの生産要素の代替の程度は，等量曲線の「曲がり具合」，**代替の弾力性** (elasticity of substitution) で定義される．代替の弾力性は，消費者行動の理論で説明したのと全く同じで，**技術的限界代替率が 1% 変化したとき，生産要素の投入比率が何 % 変化するか**を表す．代替の弾力性が大きければ，等量曲線はフラットになり，代替の弾力性が小さければ，等量曲線の曲がり具合は大きくなる．

数値例

コブ・ダグラス型生産関数では，資本と労働の代替の弾力性は 1 になることを確かめておこう（コブ・ダグラス型効用関数で，代替の弾力性が 1 であることと同じ内容である）．まず，生産関数は，$0 < \alpha < 1$ として

$$F(K, L) = K^\alpha L^{1-\alpha}$$

9.5 生産要素の代替の程度

で与えられる．微分法の公式を用いると，$MPK = \alpha(K/L)^{\alpha-1}$, $MPL = (1-\alpha)(K/L)^\alpha$ となるので，次の式が成り立つ．

$$RTS = \frac{MPL}{MPK} = \frac{1-\alpha}{\alpha}\left(\frac{K}{L}\right)$$

この式の，両辺の対数を取って整理すると

$$\ln(L/K) = \ln\left((1-\alpha)/\alpha\right) - \ln RTS$$

を得る．これから，

$$-\frac{\partial \ln(L/K)}{\partial \ln RTS} = 1$$

であることが導かれる[*8]．

CES 型生産関数は次の式で与えられる．

$$F(K, L) = \left(\alpha K^{1-1/\sigma} + (1-\alpha)L^{1-1/\sigma}\right)^{1/(1-1/\sigma)}$$

右辺の（　）の中の式を q とおくと

$$MPK = \frac{\partial F}{\partial K} = \alpha q^{1/(\sigma-1)} K^{-1/\sigma}$$

$$MPL = \frac{\partial F}{\partial L} = (1-\alpha) q^{1/(\sigma-1)} L^{-1/\sigma}$$

となるから技術的限界代替率は次の通りになる．

$$RTS = \frac{MPL}{MPK} = \frac{1-\alpha}{\alpha}\left(\frac{K}{L}\right)^{1/\sigma}$$

[*8] RTS の 1% の変化が L/K の何 % の変化をもたらすかは，

$$-\frac{\Delta \ln(L/K)}{\Delta \ln RTS}$$

で計算出来る．ここで $\Delta \ln(L/K)$ は L/K の対数値の増分，$\Delta \ln RTS$ は RTS の対数値の増分を表す．上の式にマイナスがついているのは，弾力性を絶対値で定義しているからである（RTS の上昇は，L/K を低下させるので，$\Delta \ln(L/K)$ と $\Delta \ln RTS$ の符号は反対になる）．なお，上の式で，$\Delta \ln(RTS) \to 0$ の極限値は，$-\partial \ln(L/K)/\partial \ln RTS$ に等しくなる．

この式の両辺の対数をとり，コブ・ダグラス型生産関数の場合と同様にして代替の弾力性を求めると，次の通りになる．

$$-\frac{\partial \ln(L/K)}{\partial \ln RTS} = \sigma$$

9.6 費用関数

　一定の産出量を実現するための方法は無数にある．労働集約的な生産方法もあるし，資本集約的な生産方法もある．技術的には生産方法は無数にあるが，それを実現するためにかかる費用は異なる．一般に，資本に比べ労働が安価な生産要素なら，企業は労働集約的な生産方法を採用するだろう．

　これから説明する**費用関数** (cost function) は，産出量 Q の水準が与えられたとき，Q とその産出量を実現する最小費用の関係を関数としてとらえたものである．どのような生産方法（生産要素の組み合わせ）を採用するかは，生産要素の価格と，生産関数の形状に依存する．費用関数は，生産関数とは別の方法で，企業の直面する技術的な制約を表現するのである．

　費用関数の導出，費用関数と生産関数の関係についての説明は第 10 章で行う（やや技術的な説明になる）．ここでは，費用関数がどのような形状をしているかをまず説明し，費用関数に関連したいくつかの基礎概念を説明する．

9.6.1　短期と長期

　費用関数の説明の前に，生産者行動の理論における短期と長期の区別を説明する．生産者は，生産物の価格や生産要素の価格変化に応じて最適な生産方法を選択するが，全ての生産要素を変更出来るような期間を**長期**とよぶ．これに対し，一部の生産要素の投入量を変更出来ないような期間のことを**短期**と言う．また，短期において投入量を変更出来ないような生産要素を**固定的生産要素** (fixed input) とよぶ．投入量を変更出来る生産要素を**可変的生産要素** (variable input) とよぶ．

　例えば，ある企業が生産物の増産を考えているが，新しい工場が完成するまでは既存の工場設備で生産を行わなければならない場合，その期間において，工場の設備は固定的生産要素である．しかし，長期においては工場設備も可変

9.6 費用関数

的生産要素になる．したがって，この場合の「短期」とか「長期」は，あくまでも生産要素の投入量が変更出来るか否かという観点からみた期間であって，現実の期間（1年とか半年とかの）に対応した概念ではないことに注意が必要である．

9.6.2 固定費用と可変費用

まず，企業の産出量を Q で表し，費用関数を $C(Q)$ で表す．$C(Q)$ は，最初に述べたように，Q を実現するための最小費用を表す．以下では，一定の固定的な生産要素の存在を前提にして，つまり，短期費用関数を念頭において議論を進める．

さて，一定の産出量を産出するための費用（または総費用）は，産出量とは無関係に決まる**固定費用** (fixed cost) と産出量に応じて変化する**可変費用** (variable cost) に分解出来る．固定費用を FC, 可変費用は Q の関数なので $VC(Q)$ で表すと，次の式が成立する．

$$C(Q) = FC + VC(Q) \tag{9.3}$$

9.6.3 平均費用と限界費用

次に平均費用と限界費用について説明する．**平均費用** (average cost: AC) とは，産出量1単位当たりの費用を表し，$C(Q)/Q$ で定義される．平均費用に関連して，**平均固定費用** (average fixed cost: AFC) および**平均可変費用** (average variable cost: AVC) という概念がある．平均固定費用は産出量1単位当たりの固定費用であり，FC/Q に等しい．平均可変費用は産出量1単位当たりの可変費用であり，$VC(Q)/Q$ である．

これらの平均費用は，Q の関数になるので，それを $AC(Q)$, $AFC(Q)$, $AVC(Q)$ で表すことにしよう．

$$AC(Q) = \frac{C(Q)}{Q}$$
$$AFC(Q) = \frac{FC}{Q} \qquad (9.4)$$
$$AVC(Q) = \frac{VC(Q)}{Q}$$

これらは，上から順に，平均費用，平均固定費用，平均可変費用を表す．なお，$C(Q) = FC + VC(Q)$ の両辺を Q で割れば

$$AC(Q) = AFC(Q) + AVC(Q) \qquad (9.5)$$

という関係が導かれる．つまり，平均費用 AC は平均固定費用 AFC と平均可変費用 AVC の和に等しい．

限界費用 (marginal cost) とは，産出量を 1 単位増加させたときの費用の増分を言う．産出量の増分を ΔQ，そのときの費用の増分を ΔC で表せば，限界費用 MC は

$$MC(Q) = \frac{\Delta C}{\Delta Q} \qquad (9.6)$$

と定義される[*9]．

図 9.6 をみてみよう．一般に，短期費用関数はこの図のような形状をしていると考えられる．図の線分 OA の長さに相当する費用は，生産量と無関係な費用なので，これが固定費用を表す．また，産出量が Q_0 のときの可変費用は，線分 BF の長さに等しい．さらに，$Q = Q_0$ のときの平均費用と平均可変費用は，それぞれ直線 OB，直線 AB の傾きに等しい．

[*9] 本文では，産出量が 1 単位増加した場合の費用の増分を限界費用として定義しているが，ΔQ を限りなく 0 に近づけていったときの $\Delta C/\Delta Q$ の極限値

$$\lim_{\Delta Q \to 0} \frac{C(Q + \Delta Q) - C(Q)}{\Delta Q}$$

を産出量 Q の水準での限界費用と定義すると，限界費用は費用関数の微分係数 $C'(Q)$ に等しい．$C'(Q)$ で限界費用を定義したほうが数学的な取り扱いが簡単になるので，以下では，状況に応じて，(9.6) 式のような定義と $C'(Q)$ を使い分けるので注意してほしい．

9.6 費用関数

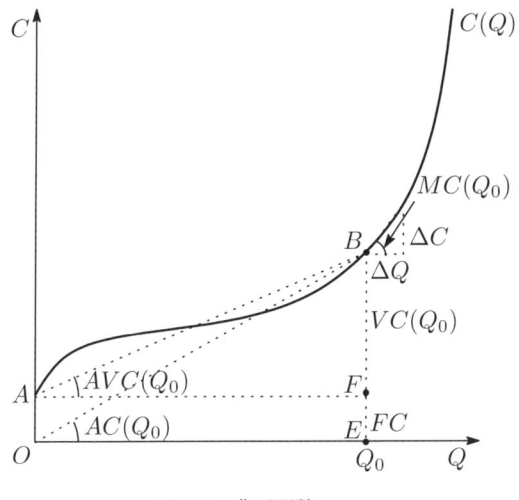

図9.6 費用関数

一方，限界費用だが，点 B における限界費用は，底辺の長さが ΔQ，高さが ΔC の三角形の傾きに等しい．なお，ΔQ を限りなく 0 に近づけると，この三角形の傾きは点 B における費用曲線の接線の傾き $C'(Q_0)$ に限りなく近づいていく．ΔQ を限りなく 0 に近づけたときの極限値で限界費用を定義すれば，$Q = Q_0$ における限界費用は $C'(Q_0)$ で求められ，図形的には，曲線 $C = C(Q)$ の点 B における接線の傾きに等しくなる．

9.6.4 限界費用の逓増

図 9.6 の費用曲線は，Q が小さいとき Q の増加とともに限界費用が減少していくが，ある Q の水準を超えると，**限界費用の逓増**が生じるように描かれている．詳しい説明はもう少し後で行うが，短期費用関数のノーマルな形は限界費用が逓増する状況である．これは，固定的な生産要素が存在するために，可変的な生産要素に関する限界生産物逓減が生じるからである．

ところが，図に描かれた費用関数の場合，産出量が非常に小さい場合には，限界費用が逓減している．これは，次のような状況を想定しているためである．例えば，ある規模の工場を建設し，そこに一定量の機械設備を導入したと

する．この場合，機械設備が固定的生産要素で，労働力が可変的生産要素だとしよう．機械設備の量に比べて労働投入量が極端に少ない場合に，労働を追加的に投入すれば，産出量が劇的に増加するかもしれない．もし，そうなら，この範囲での労働の追加的投入は，労働の限界生産物を逓増させる．そして，これが限界費用の逓減をもたらすのである．しかし，労働投入量がある水準を超えれば，「過少」な労働投入は解消され，労働の限界生産物は逓減する（したがって限界費用は逓増する）というノーマルな状態に移行すると考えられる．可変的な生産要素の限界生産物と限界費用の関係については第 11 章で詳しい説明を行う．

9.7 平均費用と限界費用の関係

図 9.6 のような費用関数の場合，平均費用や平均可変費用が最小になる点が存在する．図 9.7 にそれが示されている．費用曲線上の 1 点を取り，点 O からその点へ直線を引くと，その直線の傾きが平均費用を表す．図からわかるように，その直線が費用曲線に接する場合に最小になる．この図では，原点から引いた直線と費用曲線は E 点で接するので，E 点での産出量 Q_2 が，平均費用を最小化させる産出量水準である．

平均可変費用の最小点も，同様にしてみつけられる．点 A から費用曲線上に引いた直線の傾きが平均可変費用である．この直線の傾きが最小になるのは，点 D，つまり点 A から引いた直線と費用曲線の接点においてである．図では，Q_1 が平均可変費用を最小にする産出量になる．したがって，平均費用曲線と平均可変費用曲線は図 9.8 に示されるような U 字型の曲線になる．

なお，$AC(Q) = AFC(Q) + AVC(Q)$ が成り立ち，$AFC(Q) > 0$ だから，平均費用曲線は平均可変費用曲線の上側に位置する．また，この関係から，平均費用曲線と平均可変費用曲線の垂直方向の距離が平均固定費用 $AFC(Q)$ に等しいこともわかる．さらに，$AFC(Q) = FC/Q$ の分子は定数だから，Q の増加は平均固定費用を単調に減少させ，$Q \to \infty$ の時，$AFC \to 0$ であることがわかる．したがって，平均費用曲線 AC と平均可変費用曲線 AVC の垂直方向の距離は Q の増加とともに減少し，二つの曲線の垂直方向の距離が 0 に近づいていくことがわかる．

9.7 平均費用と限界費用の関係

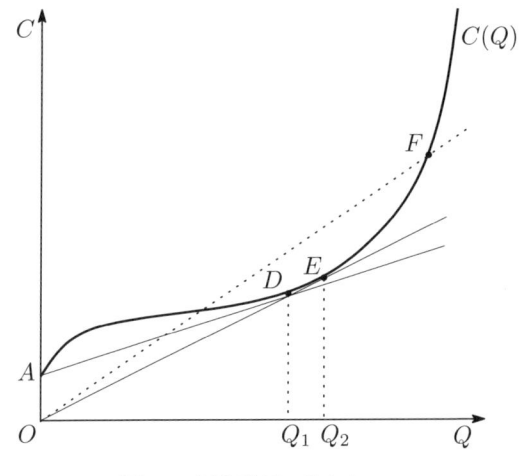

図 9.7 平均費用の最小点

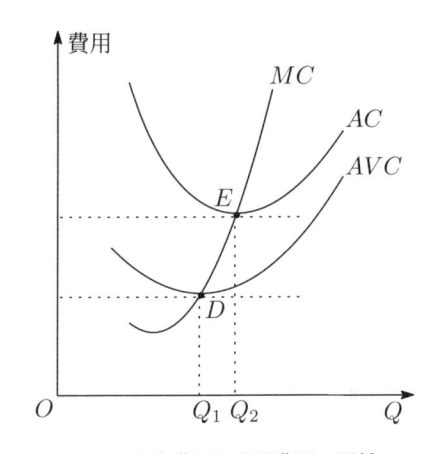

図 9.8 平均費用と限界費用の関係

図 9.8 には平均費用曲線と平均可変費用曲線に加えて，限界費用曲線も描かれている．限界費用曲線と平均費用曲線の関係で重要なのは，**限界費用曲線は，平均費用曲線（および平均可変費用曲線）の最小点を通る**という性質を持っていることである．

この性質の数学的な証明は簡単である[*10]．また，この関係は，図 9.7 からもわかる．この図の E 点において，平均費用が最小になるが，この点における平均費用は直線 OE の傾きに等しく，限界費用は点 E における接線の傾きに等しい．点 E は原点 O から費用曲線 $C = C(Q)$ に引いた接線の接点だから，直線 OE の傾き（平均費用）と点 E における接線の傾き（限界費用）は一致する．平均可変費用の最小点（点 D）においても，平均可変費用と限界費用が一致するのは同様にして説明出来る．しかし，なぜこのような性質が成立するのか，もう少し直観的な説明を与えておこう．

今，$Q = Q_0$ の水準で，$MC < AC$ が成立していたとする．このとき，Q_0 から Q を 1 単位増やすと平均費用はどう変化するだろうか．例えば，ある財を 100 単位生産していて，そこまでの平均費用が 100 円で，限界費用が 90 円であるとする．この場合，101 単位生産することの総費用は，1 万円 (100 円 × 100 単位) と 101 単位目の生産費用 90 円を加えた 1 万 90 円になる．したがって，101 単位生産した場合の平均費用は $10{,}090/101 \approx 99.9$ 円になる．つまり，$MC < AC$ であるなら，Q の追加は平均費用を（わずかに）低下させる．

さて，限界費用 MC は逓増するものとしよう．Q を増加させていけば，十分に大きな Q のもとでは，やがて $MC > AC$ が成立するだろう．そのような Q の水準から Q を 1 単位増加させると，Q の追加的 1 単位の費用は平均費用を上回るから，これは平均費用を（わずかに）引き上げる．

なお，$MC > AC$ が成り立つようになる Q の水準の手前で $MC = AC$ を満たすような Q が存在するだろう．その場合，Q を追加的に 1 単位増加させる費用と平均費用は等しいので，平均費用は不変にとどまる．つまり，その点で平均費用曲線は水平になる．

以上から，$MC < AC$ の場合には平均費用曲線は下向きになり，$MC = AC$ となる点で平均費用曲線が水平になり，$MC > AC$ となる点では，平均費用曲

[*10] $AC(Q) = C(Q)/Q$ であった．平均費用が最小になる点では，

$$\frac{d}{dQ} AC(Q) = \frac{C'(Q)Q - C(Q)}{Q^2} = 0$$

が成立していなければならない．このためには，$C'(Q) = C(Q)/Q$ が成り立っていなければならない．逆に，$C'(Q) = C(Q)/Q$ が成り立つ点では，$dAC(Q)/dQ = 0$ が成り立つ．平均可変費用の最小点で，平均可変費用と限界費用が一致することも同様に証明される．

9.7 平均費用と限界費用の関係

線が上向きになることがわかる．これは，$MC = AC$ となる点で，平均費用が最小になることを意味する．平均可変費用の最小点を限界費用曲線が通るのもこれと同じ理由である．

限界費用と平均費用の関係は，野球の打率で考えるとわかりやすいかもしれない．今まで，3 割 3 分 3 厘の打率（平均打率）を残してきたバッターを考える．このバッターが今日の試合で 4 打数 1 安打（限界打率が 2 割 5 分）なら，平均打率は下がるだろう．しかし，4 打数 2 安打（限界打率が 5 割）なら，平均打率は上昇する．また，3 打数 1 安打（限界打率は 3 割 3 分 3 厘）なら，平均打率は変わらない．

最後に，平均費用の最小点 (Q_2) と平均可変費用の最小点 (Q_1) を比較すると，$Q_1 < Q_2$ となることを説明しておこう（もちろん，このことは図 9.7 からも理解出来るはずである）．まず，$AC(Q) = FC/Q + AVC(Q)$ であり，右辺の第 1 項（平均固定費用）は Q の単調減少関数である．$Q = Q_1$ の水準で平均可変費用 $AVC(Q)$ は最小になるが，その点を過ぎても，右辺第 1 項の平均固定費用は低下を続ける．したがって，平均費用 $AC(Q)$ が最小になるのは，平均固定費用 $AFC = FC/Q$ の限界的な減少と平均可変費用 $AVC(Q)$ の限界的な増加がちょうど釣り合った水準になる．その点の産出量 Q は，当然，$AVC(Q)$ の最小点を超えた水準だから，$Q_2 > Q_1$ が成立する．

Keywords

生産関数，投入物，生産要素，産出物，規模に関する収穫（一定，逓減，逓増），規模の経済，平均生産物，限界生産物，限界生産物の逓減，等量曲線，技術的限界代替率，代替の弾力性，費用関数，短期と長期，固定的生産要素，可変的生産要素，固定費用，可変費用，平均費用，平均固定費用，平均可変費用，限界費用，限界費用の逓増

復習問題

1. 2 種類の生産要素，資本 K と労働 L を考える．産出物の量を Q とし，生産関数が $Q = F(K, L)$ で与えられている．K を固定し，L だけを変化させると，L と Q の関係は通常どうなるか．
2. 規模に関する収穫一定とはどういう意味か．規模に関する収穫一定の場

合，二つの生産要素 K と L を同時に 2 倍すると Q は何倍になるか．規模に関する収穫逓増，収穫逓減の場合にはどうなるか．
3. 横軸に Q をとり，縦軸に費用をとる．費用関数は通常，どのような形状をしていると考えられるか．また，固定費用，可変費用，平均費用，平均可変費用，限界費用はどこで表されるか．
4. 横軸に産出量 Q をとって，平均費用，平均可変費用，限界費用のグラフを描け．
5. 限界費用曲線は，平均費用や平均可変費用の最小点でこれらの曲線と交わるのはなぜか．

第 10 章

生産物の供給

　前章では，生産関数や費用関数の基本的な性質を説明した．本章では，最初に，費用関数を用いて，企業の利潤最大化行動から，生産物の供給関数を導出する．

10.1　利潤最大化

　費用関数を用いて，企業の利潤最大化行動から，産出物の価格と最適な供給量の関係（個別企業の供給関数）を求めてみよう．利潤は収入から費用を引いたものと定義される．収入は，産出物の価格を p，産出量を Q とすると，pQ で表される．したがって，利潤を π で表すと次の通りになる．

$$\pi = pQ - C(Q) \tag{10.1}$$

　産出物の価格 p は市場で決定され，個々の企業にとってはコントロール不可能であると仮定しよう．これは生産物市場で**完全競争**を仮定しているからである．完全競争とは，市場には多数の生産者がいて同質の財を生産しており，個々の生産者の市場シェアはきわめて小さいため，個々の生産者の生産量の変更が市場全体での供給量を変化させず，したがって，生産物価格に全く影響を与えない状況のことである[*1]．

[*1] もちろん，完全競争は分析の単純化のためのフィクションである．現実の世界では，市場が少数の生産者によって支配されていたり（寡占）や，1 社によって支配されていたりする

図 10.1 をみてみよう．収入曲線（直線）は傾きが p の原点を通る直線で表される．また，右上がりの曲線 $C(Q)$ が費用曲線を表す．利潤は，収入曲線と費用曲線の垂直方向の距離で表され，図では，$Q = Q^*$ で最大になる．

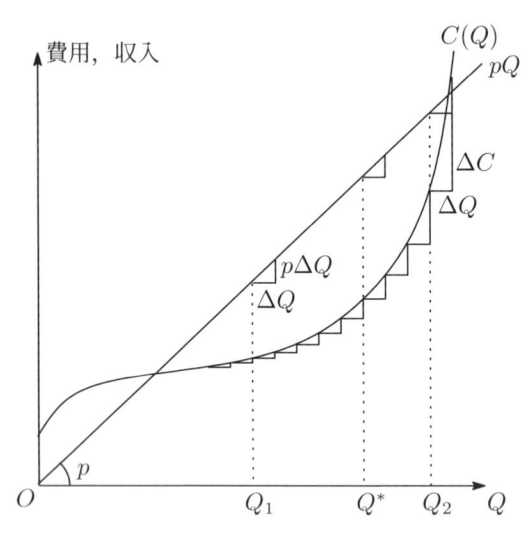

図 10.1　利潤最大化の条件

　どの産出量水準 Q で利潤が最大になるかを求めるためには，産出量を限界的に変化させ，収入の増分と費用の増分を比較すればよい．産出量を追加的に 1 単位増加させたときの収入の増分を**限界収入** (marginal revenue) と言い，費用の増分は**限界費用**であった．

　ΔQ だけ産出量を増加させると収入は $p\Delta Q$ 増加する[*2]．収入の増分 $p\Delta Q$ を産出量の増分 ΔQ で割ると，追加的 1 単位当たりの収入の増分（すなわち限界収入 MR）が求められる．それは

状況（独占）も存在する．個々の生産者の市場シェアが無視出来ない場合，個々の生産者の供給量の変化は生産物価格に影響を及ぼすので，完全競争市場の仮定（価格は一定）は成り立たない．また，寡占の場合には，自社の行動の変化はライバル企業の行動の変化を誘発するので，個々の企業の行動は，ライバル企業の行動の変化を織り込んだものでなければならない．独占や寡占が存在する場合の企業の行動については，第 13 章で説明する．

[*2] これは p が一定であるからである．個々の企業の産出量の変化が p の変化をもたらさないのは，完全競争を仮定しているからである．

10.1 利潤最大化

$$MR = \frac{p\Delta Q}{\Delta Q} = p$$

で与えられる．つまり，限界収入 MR は生産物価格 p に等しい．

さて，図 10.1 において，$Q = Q_1$ では，$MR > MC$ が成り立っている．この場合には，Q を増やすことが利潤の増加につながる．一方，$Q = Q_2$ のときには $MR < MC$ なので，Q の増加は利潤を減少させる．しかし，Q を減らせば利潤は増加する．Q の 1 単位の減少による収入の減少は MR であり，費用の減少は MC である[*3]．$MR < MC$ なので，Q を減らせば収入は減少するが，それ以上に費用が削減され，結果として利潤は増加するからである．

したがって，$MR > MC$ であっても，あるいは $MR < MC$ であっても，利潤を増加させる余地が残っている．利潤を増加させる余地が無くなるためには，$MR = MC$ が成り立たなければならない．完全競争の仮定のもとでは $MR = p$ であったから，利潤最大化の必要条件は次の式で与えられる．

$$p = MC(Q) \tag{10.2}$$

つまり，**生産物価格と限界費用が一致する**ことが利潤最大化の条件である[*4]．p が与えられたとき，企業にとって最適な Q は (10.2) 式を満たすものでなければならないが，この関係から生産物の供給関数（p と Q の対応関係）が導かれる．p と Q の関係は，図 10.1 からも理解出来る．p の変化は，収入曲線（直線）の傾きを変化させる．それに応じて，利潤を最大化させる Q の水準は変化するはずである[*5]．

[*3] MC を離散的な ΔQ で定義した場合，Q を増やす場合と減らす場合で MC の値は異なる．しかし，ΔQ を微小な大きさ（限りなく 0 に近づけたとき）とすれば，どちらの場合でも MC は一致する．

[*4] 利潤が極小値をとる点においても，限界収入と限界費用は一致する．$Q > 0$ の範囲で，$p = MC(Q)$ が利潤最大化の十分条件になるには，その点で限界費用 MC が逓増していなければならない．

[*5] ただし，p が非常に小さい場合，収入曲線（直線）は費用曲線の下方に位置する．この場合，$Q > 0$ を選択する限り，利潤はマイナスである．その場合には，$Q = 0$ を選択することが最適かもしれない（利潤がマイナスでも生産を続ける場合があるが，これはすぐ後で説明する）．$Q \geq 0$ の全ての範囲での利潤最大化を実現する点をみつけるためには，$p = MC(Q)$ を満たす Q の水準での利潤と $Q = 0$ の場合の利潤を比較する必要がある．

10.2 供給曲線

生産物価格 p の異なる値に対して，企業の利潤を最大化する Q には異なる値が対応する．この p と Q の対応関係，すなわち，生産物の供給関数を求めよう．このためには，図 10.1 のようなグラフではなく，図 10.2 のグラフを用いたほうが良い．

10.2.1 損益分岐点

図 10.2 には，限界費用曲線 MC に加えて，平均費用曲線 AC，平均可変費用曲線 AVC が描かれている．既に説明したように，限界費用曲線は平均費用曲線と平均可変費用曲線の最小点を通るので，三つの曲線の位置関係はグラフのようになる．また，図の B 点と S 点は，それぞれ平均費用および平均可変費用の最小点である．

既に説明したように，$Q > 0$ において利潤を最大化する点は，$p = MC(Q)$ を満たす点である（かつ，この点で限界費用が逓増していなければならない）．この産出量水準での利潤と，$Q = 0$ での利潤を比較することで，Q の全ての領域での利潤最大化点がみつけられる．

図 10.2 において，$p = p_0$ の場合，$p = MC(Q)$ を満たす Q は Q_0 である．このとき，生産物 1 単位当たりの収入は p_0 であり，生産物 1 単位当たりの費用（平均費用）は AC 曲線の高さで表される．図では，$p_0 > AC(Q_0)$ が成り立っているから，企業はプラスの利潤を上げていることがわかる．

生産物価格が p_B のときには，$p = MC(Q)$ を満たす Q は Q_B となる．このとき，生産物の価格（平均収入）と平均費用は等しいので，利潤はゼロになる．点 B は**損益分岐点** (break even point) とよばれる．B 点が損益分岐点とよばれるのは，この点を境にして，利潤がプラスになるかマイナスになるかが分かれるからである．

価格が p_S の場合，$p = MC(Q)$ を満たす Q は Q_S となる．企業が，もしこの点で操業すれば，利潤はマイナスになる．なお，S 点では $p_S = AVC(Q_S)$ が成り立っており，生産物 1 単位当たりの収入と平均可変費用が等しい．つまり，収入と可変費用が等しいので，赤字の大きさは固定費用に等しい．

10.2 供給曲線

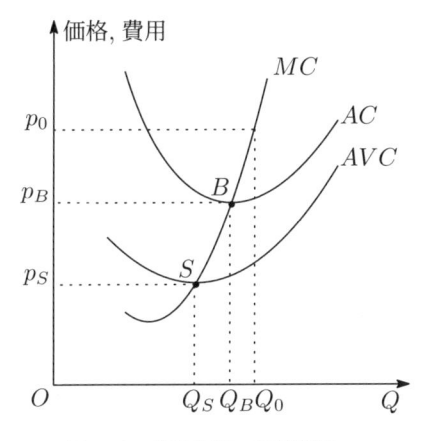

図 10.2 平均費用，限界費用

10.2.2 参入・退出条件

さて，価格がどの水準以上であれば企業は生産を行い，どの水準以下では生産を行わないのだろうか．この決定は，次にあげる状況によって異なる．

- この企業が既に市場に参入済みか否か（固定費用を支出済みか否か）．
- 参入済みの場合，固定費用がサンクコストか否か．

新規参入の場合

まず，この企業がまだ事業を行っていない場合を考えよう．もちろん，固定費用も支出していないとする（例えば，事業を始める際のマーケット・リサーチも行っていないし，人材募集の広告も出していないとする）．事業開始以前の企業の利潤はゼロだから，事業を行った場合に獲得出来る利潤がゼロ以上でなければ生産を行わない．利潤がゼロ以上になるのは，既に説明したように，財の価格が p_B 以上の場合であった．したがって，財の供給曲線は，価格が p_B 以上のところでは限界費用曲線に一致し，価格が p_B を下回ると財の供給量は 0 になる．図 10.3 の太線がこの場合の財の供給曲線を表している．

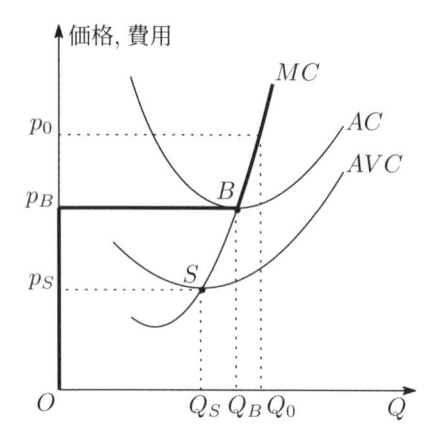

図 10.3　供給曲線：新規参入（または参入済みで固定費用が回収可能）

参入済みの場合

　企業が既に生産を開始し，固定費用に対する支出を行っている場合には，固定費用が**サンクコスト** (sunk cost：埋没費用とも言う) かどうかで退出の条件が異なる．サンクコストとは回収不可能な費用のことである．

　事業を開始する際，企業はマーケット・リサーチを行ってから，この事業を始めるかどうかを決定するかもしれない．この場合，途中で事業を中止することにしたとしても，マーケット・リサーチのための費用を取り返すことは出来ない．事業を開始する際に支出した製品の広告費，人材募集のための費用も同様の性質を持つ．これらの費用はサンクコストなのである．

　工場の機械設備は，もしそれが他の用途に転用出来ないならサンクコストである．しかし，転用出来たり，中古市場で売却出来ればサンクコストではない．同様に，運送会社の保有するトラックは，事業を中止する場合，不要になったトラックを中古市場で売却出来るから，サンクコストではない．

　話を単純化するため，今，固定費用の全てがサンクコストだとしよう．すなわち，事業を中止しても固定費用の全額が回収出来ないとする．この場合，企業が事業を継続するか中止するかの判断は，どちらの場合の利潤が大きくなるかに依存する．

10.2 供給曲線

事業を中止すれば，収入はゼロになり，費用は可変費用がゼロになるが，固定費用 FC は（サンクコストと仮定したので）ゼロにならない（回収出来ない）．したがって，事業を中止する場合の利潤を π_0 で表せば，それは次の式で与えられる．

$$\pi_0 = -FC$$

一方，事業を継続した場合の利潤 π_1 は次の式で与えられる．

$$\pi_1 = pQ - C(Q) = pQ - FC - VC(Q)$$

$\pi_1 \geq \pi_0$ なら企業は事業を継続し，そうでなければ事業を中止する．$\pi_1 \geq \pi_0$ は次の式と同値である．

$$pQ \geq VC(Q)$$

つまり，収入が可変費用を上回るか等しいなら，事業を継続することがわかる．この式の両辺を $Q(>0)$ で割れば，

$$p \geq AVC(Q) \tag{10.3}$$

を得る．つまり，生産物価格 p が平均可変費用 AVC 以上なら事業を継続し，そうでないなら事業を中止することがわかる．$p = AVC(Q)$ を満たす点は，図10.4 の S 点である．S 点は**操業中止点** (shut down point) とよばれる．したがって，固定費用の全てがサンクコストの場合の供給曲線は，価格が p_S 以上のときには限界費用曲線に一致し，それ未満になると供給量が 0 にジャンプする．

価格が p_S から p_B の範囲内にある場合，企業は赤字を出していることに注意しよう．なぜ，赤字を出すような水準で操業を続けるのだろうか．それは，事業を継続するにせよ中止するにせよ，サンクコストの大きさは変化することがなく，そのため，事業を継続するか否かの決定にサンクコストは無関係になるからである．

一方，固定費用の全てが回収可能なら（サンクコストでないなら），B 点が事業の継続・中止の判断の境界線になる．事業を中止する場合の利潤を π_0，継続する場合の利潤を π_1 とすれば

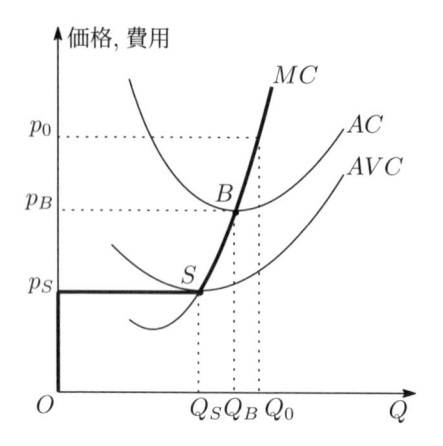

図 10.4 供給曲線：参入済みで固定費用がサンクコスト

$$\pi_0 = 0$$
$$\pi_1 = pQ - C(Q)$$

である．$\pi_0 = 0$ となるのは，固定費用も全額が回収出来るため，事業を中止した場合の費用が 0 になるからである．したがって，この場合，$pQ \geq C(Q)$，あるいは $p \geq AC(Q)$ が事業を継続するか否かを判断する基準になり，新規参入の場合と供給曲線は等しくなる．

10.2.3 供給曲線：まとめ

以上の議論をまとめると，新規参入または参入済みで固定費用が回収可能な場合の供給曲線は図 10.3 の太線で表されることがわかる．参入済みで固定費用がサンクコストの場合には，図 10.4 の太線が供給曲線になる[*6]．なお，こ

[*6] 平均可変費用曲線の最小点 S 点には操業中止点という名前が付けられているため，S 点で供給曲線がジャンプするという解説が多くの教科書で行われているが，これは間違いである．正しくは，(1) 企業が参入済みか否か，(2) 固定費用がサンクコストか否か，に依存する．なお，固定費用の一部のみがサンクコストである場合には，そのサンクコストを除いた平均費用曲線（図 10.4 の AVC 曲線に相当）を考え，その最小点が本当の「操業中止点」

こまでの議論では，個々の企業の供給曲線を問題にしてきた．市場全体での供給曲線は，問題としている財を生産する全ての企業の個別供給曲線を（水平方向に）足したものである．

10.3 生産者余剰

第2章で，生産者余剰を説明した際，供給曲線の高さは限界費用を表すので，供給曲線の下の部分の面積は可変費用に等しいと述べた．ここまでの説明でわかるように，そのような説明はやや正確さを欠いている．

図10.5をみてみよう．この図では損益分岐点である B 点が参入・退出の境になっている．今，生産物の価格が p_0 で企業が Q_0 の供給を行っている．図の斜線部が供給曲線の下の部分の面積を表すが，これは総費用に等しいことを説明しよう．まず，四角形 Op_BBQ_B の面積は，点 B の高さに Q_B を乗じたものに等しいが，点 B の高さは $Q=Q_B$ での平均費用 $AC(Q_B)$ に等しい．したがって，これに Q_B を乗じると Q_B までの生産を行った場合の総費用 $C(Q_B)$ になる．次に，$Q=Q_B$ から Q_0 までの供給曲線の下の面積は，Q を Q_B から Q_0 まで増やしたときの可変費用の増分 $VC(Q_0) - VC(Q_B)$ に等しい[*7]．したがって，図の斜線部分の面積は

$$C(Q_B) + VC(Q_0) - VC(Q_B) = FC + VC(Q_0) = C(Q_0)$$

に等しくなる．

一方，固定費用の全額がサンクコストの場合，参入済みの企業の供給曲線は S 点でジャンプする．この場合の供給曲線の下の面積は可変費用の総額になる．図10.6の四角形 Op_SSQ_S が $VC(Q_S)$ であり，$Q=Q_S$ から Q_0 の限界

になる．

[*7] $Q=Q_1$ から Q_2 までの限界費用を足していけば，可変費用の増分 $VC(Q_2) - VC(Q_1)$ が求められる．数学的には

$$VC(Q_2) - VC(Q_1) = \int_{Q_1}^{Q_2} MC(Q)dQ$$

が成り立つからである．なお，固定費用は一定だから，$VC(Q_2) - VC(Q_1) = C(Q_2) - C(Q_1)$ が成り立つ（限界費用を足し合わせたものは可変費用の増分と言っても，費用の増分と言っても同じである）．

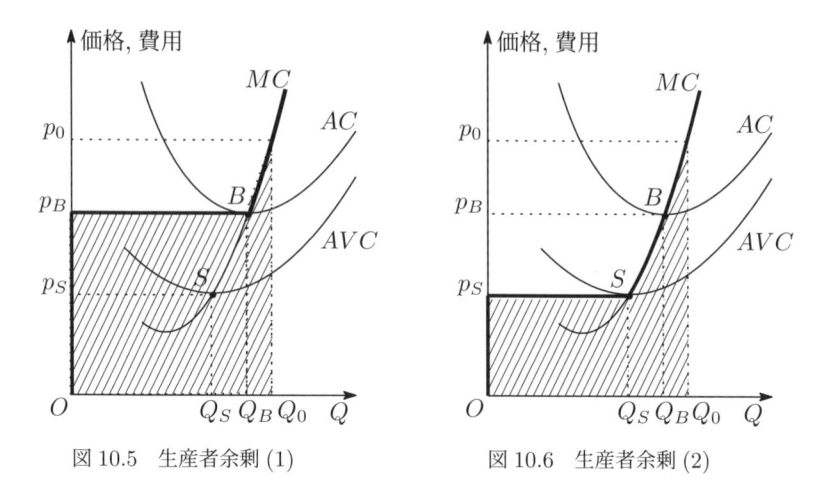

図10.5　生産者余剰 (1)　　　図10.6　生産者余剰 (2)

費用曲線の下の面積が Q_S から Q_0 に生産を増やした場合の可変費用の増分を表しているからである．

　第2章では供給曲線の下の部分の面積は可変費用に等しいと述べたが，それは図10.6の場合には正しいが，図10.5の場合には正しくない（この場合，供給曲線の下の部分の面積は，固定費用を含んだ総費用を表す）．

　さて，生産者余剰は

$$PS = 収入 - 供給曲線の下の面積$$

で定義されたが，今の説明からわかるように，供給曲線の下の面積は，固定費用を含む場合も含まない場合もある．ただし，多くの場合，生産者余剰の変化を問題にするので，固定費用が含まれているかどうかは大きな問題ではない．

Keywords
　完全競争，利潤最大化の条件，損益分岐点，操業中止点，参入・退出条件，サンクコスト（埋没費用）

復習問題

1. 生産物価格を p, 生産量を Q とする．企業が Q の生産を行う際の最小費用は費用関数 $C(Q)$ で表される．企業は利潤 $\pi = pQ - C(Q)$ を最大にするように Q を決定する．横軸に Q, 縦軸に収入および費用をとり，収入直線と費用曲線を用いて，利潤を最大にする Q の水準がどう決まるかグラフで示せ．ただし，p は競争的な市場で決定され，個々の企業にとっては所与である．
2. 上の問題で，p が変化した場合に利潤を最大化する Q がどう変わるか図を用いて示せ．
3. 利潤最大化の条件（必要条件）を述べよ．
4. 横軸に産出量をとって，平均費用，平均可変費用，限界費用のグラフを描け．限界費用曲線が平均費用や平均可変費用の最小点でこれらの曲線と交わるのはなぜか（再掲）．
5. 平均費用曲線，平均可変費用曲線，限界費用曲線を描いたグラフをもとに，生産物価格と利潤を最大化する生産量水準の関係を説明せよ．
6. 損益分岐点，操業中止点とは何か．
7. サンクコストとは何か．
8. 新規参入企業は価格がどの水準以上であれば財の供給をするだろうか．
9. 参入済みの企業で，固定費の全額がサンクコストの場合，生産物価格がどのような水準であれば，企業は操業を継続するだろうか．

第 11 章
費用関数と生産要素の需要

　この章では，2種類の生産要素が存在するケースを前提に，費用関数の導出を行う．費用関数は，産出量 Q とそれだけの生産を行うための最小費用の対応関係を表す．最初に，2種類の生産要素が完全に可変的なケースを考える．これは，固定的な生産要素が存在しない長期費用関数の性質を調べることでもある．次に，片方の生産要素（ここでは資本）が固定されていて，労働のみが可変的な生産要素である場合を考える．これから短期費用関数が導かれる．続いて，短期費用関数と長期費用関数の関係を説明する．最後に，生産要素の需要関数を導出する（これは，費用関数を求める際に，既に求めていた関係ではある）．なお，生産関数と同様に，費用関数も生産の技術的制約を表すが，費用関数と生産関数がどのような関係にあるのかも，この章で明らかになる．

11.1　全ての生産要素が可変的な場合

11.1.1　費用最小化

　生産要素が資本と労働の2種類のみで，両方とも可変的だとしよう．以下では，一定の産出量 Q_0 を生産するための最小費用を求める．労働1単位当たりの費用が w で，資本1単位当たりの費用が r だとしよう．w や r は市場で決まっていて，企業にとっては所与であると仮定する（生産要素市場は完全競争市場だという仮定である）．労働投入量が L で，資本投入量が K のとき，総費用は $wL + rK$ で表されるから，一定の産出量を実現するための費用最小化問

題は次の式で表すことが出来る.

$$\min \quad C = wL + rK \tag{11.1}$$
$$\text{subject to} \quad F(K, L) = Q_0$$

この問題は図を使って解くことが出来る.まず,$wL + rK$ が一定であるような L と K の組み合わせは**等費用線**で表される.一定の費用が C_1 なら,等費用線は

$$wL + rK = C_1$$

を満たす点 (L, K) の集まりである.これは L 切片が C_1/w,K 切片が C_1/r,そして傾きが w/r の直線で表される.なお,C_1 の増加は等費用線を外側に,C_1 の減少は等費用線を内側にシフトさせる.

一定の産出量を実現する K と L の組み合わせは**等量曲線**で表せるから,費用最小化問題は,ある産出量に対応した等量曲線上の点で,最も原点に近い等費用線上の点をみつけるという問題に帰着する.

図 11.1 には,産出量が Q_0 に対応した等量曲線が描かれている.この等量曲線上の点 F や G は費用を最小化するような点ではない.等量曲線上の点で,もっと原点に近い等費用線上の点をみつけることが出来るからである.費用最小化は図の E 点,つまり,等量曲線と等費用線が接する点で実現する[*1].

等量曲線の傾きは**技術的限界代替率** (RTS) を表していた.また,等費用線の傾きは w/r だから,費用最小化の条件を式で表せば次の通りになる.

$$RTS = \frac{w}{r} \tag{11.2}$$

つまり,技術的限界代替率と生産要素の相対価格が一致することが費用最小化の条件である.

[*1] 消費者の効用最大化問題と同じような構造になっていることに注意せよ.なお,ヒックスの需要関数(補償需要関数)を求める問題は,一定の効用水準を実現するという制約のもとでの支出最小化問題に等しかった.費用最小化問題はこの問題と全く同じ構造を持っている.

11.1 全ての生産要素が可変的な場合

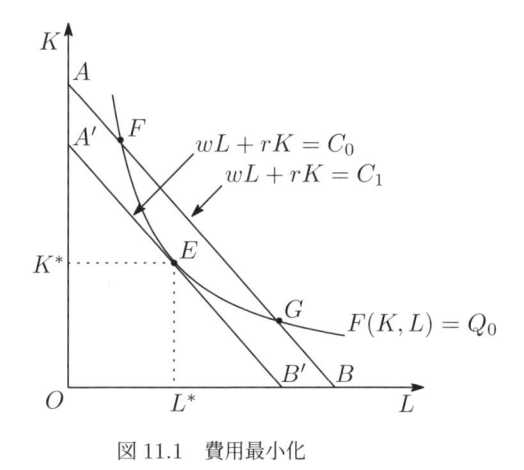

図 11.1 費用最小化

この条件から産出量が Q のもとで費用を最小にするような生産要素の投入量が決まる．それを $K^*(w,r,Q)$ および $L^*(w,r,Q)$ と表せば，費用関数は

$$C(w,r,Q) = wL^*(w,r,Q) + rK^*(w,r,Q) \tag{11.3}$$

と表すことが出来る．通常は，生産要素の価格を一定とし，これを明示的に書かない形で費用関数を表す．これが $C(Q)$ である．

11.1.2 費用関数と生産関数の関係

費用関数 $C(Q)$ で，Q を変化させると費用 C がどう変化するかを考えよう．まず，図 11.2 には，異なる産出量水準 Q_1, Q_2, Q_3 に対応した等量曲線と，それぞれの Q に応じた費用最小化点が示されている．当然のことだが，Q を増加させれば，K と L の投入量を増加させなければならず，そのため費用が増加する．

それでは，Q が増加した場合，どの程度 C が増加するのだろうか．これは，生産関数の形状に依存する．ここでは，全ての生産要素を変更出来る場合を考えているので，**規模に関する収穫**の概念が重要である．

まず，図 11.2 において，E_1, E_2, E_3 が原点を通る一直線上に並んでいる

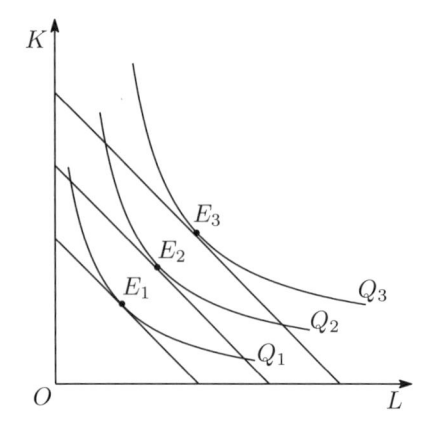

図 11.2　拡張経路

としよう．そのような場合，生産要素価格 w, r が一定のもとでは，K と L の投入比率は Q と独立になる．以下では，議論を複雑にしないために，この性質が成り立つとして議論を進める．

規模に関する収穫一定

さらに，生産関数 $Q = F(K, L)$ が**規模に関する収穫一定**の性質を持っていれば，Q を 2 倍にすれば，L と K の最適な投入量も 2 倍になり，したがって費用もちょうど 2 倍になる．つまり，この場合の費用関数 $C(Q)$ は図 11.3 のようになる．したがって，平均費用，限界費用は一定となる（図 11.4）．ここでは，全ての生産要素の投入量を調整可能だとしたので，これが長期の費用関数を表す．生産関数が規模に関して収穫一定の性質を持ち，全ての生産要素が可変的であり，生産要素の投入量の比率が生産要素価格だけの関数になる（Q に依存しない）場合には，限界費用，平均費用は一定になるのである．

規模に関する収穫逓増，収穫逓減

生産関数が規模に関する収穫逓増の性質を持つ場合，生産量を 2 倍に増やしても L と K の投入量は 2 倍未満で済むため，費用は 2 倍未満にしかならない．つまり，費用関数は図 11.5 のような形状になる．この場合，平均費用と

11.1 全ての生産要素が可変的な場合

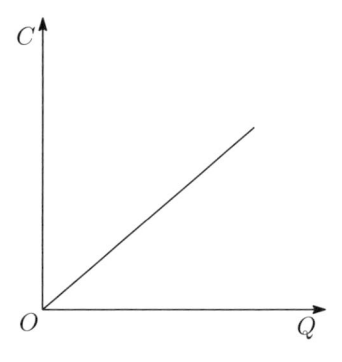

図 11.3 規模に関する収穫一定の費用関数

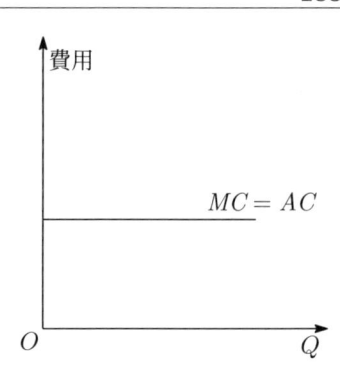

図 11.4 長期平均費用曲線, 長期限界費用曲線

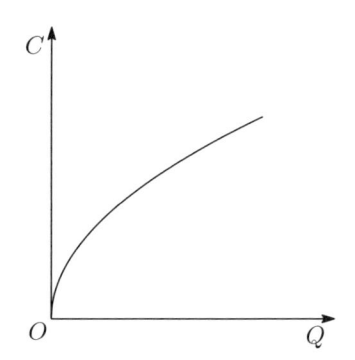

図 11.5 規模に関する収穫逓増の費用関数

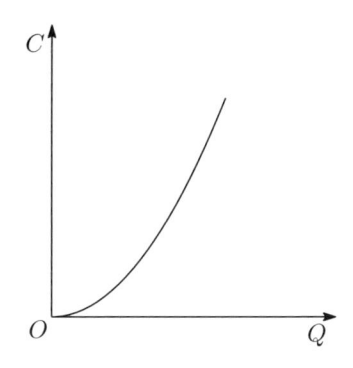

図 11.6 規模に関する収穫逓減の費用関数

限界費用は逓減する.なお,これは,完全競争の仮定の下では,利潤最大化を実現する Q が存在しないことを意味する. Q を増加させればさせるほど,利潤が増加するからである.このことは,図 11.5 に,収入を表す直線 pQ を描き, pQ と $C(Q)$ の垂直距離がどうなるかを考えてみればわかる.

生産関数が規模に関する収穫逓減を示す場合には,生産量を 2 倍にするためには, L と K の投入量を 2 倍よりも大きくしなければならず,したがって費用は 2 倍より大きくなる.したがって,この場合の費用関数は,図 11.6 のような形状になり,限界費用,平均費用とも逓増する.

なお，ここで導いた費用関数（図 11.3）は第 9 章で示した典型的な費用関数の形状（図 9.6）とはかなり異なっている．一つの原因は，図 9.6 の費用関数は短期費用関数であり，固定的な生産要素の存在を仮定しているからである．

11.1.3 数値例

コブ・ダグラス型生産関数を考える．

$$Q = F(K, L) = K^\alpha L^\beta$$

ここで，α と β は正の定数である．また，$Q = F(K, L)$ は，$\alpha + \beta = 1$ のとき，規模に関する収穫一定，$\alpha + \beta > 1$ なら収穫逓増，$\alpha + \beta < 1$ なら収穫逓減を示す．

この生産関数のもとでの費用関数を求めてみよう．費用最小化の条件は $RTS = w/r$ で，$RTS = MPL/MPK$ であった．$MPL = \beta Q/L$，$MPK = \alpha Q/K$ であることを用いると，費用最小化の条件 $RTS = w/r$ は次のようになる．

$$\left(\frac{\beta}{\alpha}\right)\left(\frac{K}{L}\right) = \frac{w}{r}$$

これを解くと，

$$\frac{K}{L} = \left(\frac{\alpha}{\beta}\right)\left(\frac{w}{r}\right)$$

が得られる（この生産関数のもとでは，最適な K/L は Q と独立になる）．これを生産関数に代入して，Q および w，r が与えられた場合の最適な生産要素投入量を求めると，次の通りになる（計算はやや煩雑だが）．

$$K^* = \left(\frac{\alpha}{\beta}\right)^{\beta/(\alpha+\beta)} \left(\frac{w}{r}\right)^{\beta/(\alpha+\beta)} Q^{1/(\alpha+\beta)}$$

$$L^* = \left(\frac{\alpha}{\beta}\right)^{-\alpha/(\alpha+\beta)} \left(\frac{w}{r}\right)^{-\alpha/(\alpha+\beta)} Q^{1/(\alpha+\beta)}$$

11.1　全ての生産要素が可変的な場合

費用関数は $C(w,r,Q) = wL^* + rK^*$ で求められるので，L^* と K^* を代入すると次の式が求められる．

$$C = \left[\left(\frac{\alpha}{\beta}\right)^{-\alpha/(\alpha+\beta)} + \left(\frac{\alpha}{\beta}\right)^{\beta/(\alpha+\beta)}\right] w^{\beta/(\alpha+\beta)} r^{\alpha/(\alpha+\beta)} Q^{1/(\alpha+\beta)}$$

特に，$Q=1$ の場合の費用は w，r のみの関数になる．これを $c(w,r)$ とおけば，費用関数は

$$C(w,r,Q) = c(w,r) Q^{1/(\alpha+\beta)}$$

となる．したがって，$\alpha + \beta = 1$ なら（規模に関する収穫一定が成り立つなら），費用関数は $C(w,r,Q) = c(w,r)Q$ となり，Q の1次関数になることがわかる．したがって，費用関数を表す曲線は図 11.3 のようになり，限界費用と平均費用は Q と独立の一定の値 $c(w,r)$ になる．

生産関数が規模に関する収穫逓増の性質を持つ場合，$\alpha+\beta > 1$ が成り立つ．この場合，$1/(\alpha+\beta) < 1$ なので，費用関数 $C(w,r,Q) = c(w,r)Q^{1/(\alpha+\beta)}$ は，図 11.5 のような形状になる．そして，この場合，限界費用と平均費用は逓減する．

生産関数が規模に関する収穫逓減の性質を示す場合，$\alpha+\beta < 1$ となる．この場合には，費用関数は図 11.6 のような形状を示し，平均費用，限界費用が逓増することもわかる．

なお，費用関数から，平均費用と限界費用をを求めると次の通りになる．

$$AC(Q) = \frac{C(w,r,Q)}{Q} = c(w,r) Q^{(1-(\alpha+\beta))/(\alpha+\beta)}$$

$$MC(Q) = \frac{\partial C}{\partial Q} = \frac{1}{\alpha+\beta} c(w,r) Q^{(1-(\alpha+\beta))/(\alpha+\beta)}$$

この式からも，生産関数の形状（規模に関する収穫）と限界費用や平均費用関数の形状の関係を理解することが出来る．

11.2 可変的な生産要素が 1 種類の場合

固定的な生産要素が存在する短期の費用関数を導出する．ここでは，資本が固定的生産要素であり，労働のみが可変的な生産要素であるとしよう．資本投入量が $\bar{K}$ で固定的であるとして，生産関数が

$$Q = F(\bar{K}, L)$$

の場合を考える．このとき，L と Q には 1 対 1 の対応関係があるから，一定の産出量 Q を実現するために必要な労働の投入量が逆算して求められる．これを $L^*(Q, \bar{K})$ と表そう．すると，Q だけ生産するために必要な費用は

$$C(w, r, Q) = wL^*(Q, \bar{K}) + r\bar{K} \tag{11.4}$$

となる．これが費用関数である．ここで，$wL^*(Q, \bar{K})$ の部分が可変費用，$r\bar{K}$ の部分が固定費用を表す．

限界費用はどうなるだろうか．生産量を増やすためには，（可変的な生産要素である）労働投入を増やさなければならない．生産量を ΔQ 増やしたときの費用の増分を ΔC，また，生産量を ΔQ 増やすために必要な労働投入量の増分を ΔL で表すと，限界費用は次の式で求められる．

$$\frac{\Delta C}{\Delta Q} = w\frac{\Delta L}{\Delta Q}$$

$\Delta L/\Delta Q$ は Q を 1 単位追加的に増加させるために何単位の追加的な労働が必要かを表すが，これは生産関数の形状と関係している．ここで，

$$\frac{\Delta L}{\Delta Q} = \frac{1}{\Delta Q/\Delta L} = \frac{1}{MPL}$$

であることに注意しよう．つまり，$\Delta L/\Delta Q$ は労働の限界生産物の逆数である．したがって，

$$\frac{\Delta C}{\Delta Q} = \frac{w}{MPL} \tag{11.5}$$

が成立する．

11.2 可変的な生産要素が1種類の場合

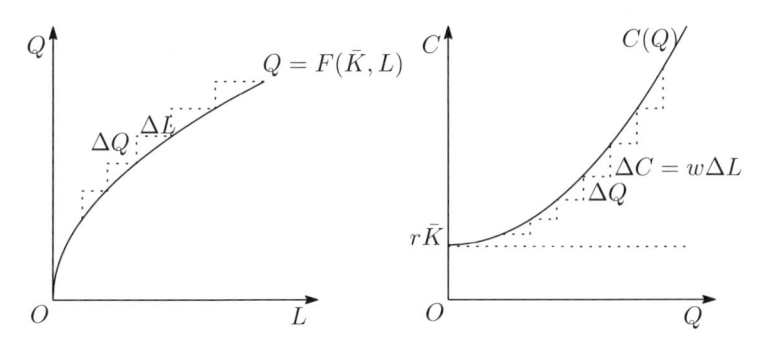

図 11.7 限界生産物逓減と限界費用逓増

さて，図 11.7 をみてみよう．左側には生産関数 $Q = F(\bar{K}, L)$ のグラフが描かれている．資本投入量は固定されているので，グラフは労働の限界生産物逓減を反映した形状になる．そして，労働の限界生産物が逓減するとき，産出量を一定量増加させる（グラフでは ΔQ で表されている）ために必要な追加的労働投入量 ΔL がどうなるかも示されている．図からわかるように，ΔL は逓増する．

右側のグラフは，左側の生産関数から導かれた費用関数である．C 軸の切片は $r\bar{K}$ で，これが固定費用を表す．そして，生産関数で労働の限界生産物が逓減するとき，限界費用が逓増する様子が表されている．これが短期費用曲線である．

こうして得られた短期費用曲線は，第 9 章で示した典型的な短期費用曲線（図 9.6）とは，まだ微妙に異なっている．図 9.6 の費用曲線は，Q が非常に小さい場合には限界費用が逓減し，Q がある水準を超えてから限界費用が逓増するような形状をしていた．今までの議論からわかるはずだが，限界費用が逓減するためには，労働の限界生産物が逓増しなければならない．つまり，図 9.6 の費用曲線は，Q が非常に小さいときには可変的な生産要素の限界生産物が逓増し，可変的な生産要素がある水準を超えてからは（Q がある水準を超えてからは）可変的な生産要素の限界生産物が逓減するという状況を反映していると考えられるのである[*2]．

[*2] これは，この章の最初にも指摘したが，固定的な生産要素の投入量に比べて可変的な生産

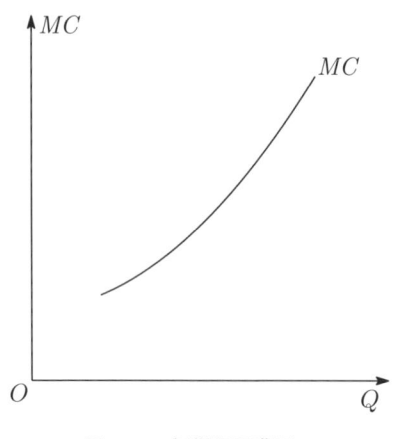

図 11.8 短期限界費用

　以上では，単純化のため，可変的な生産要素が 1 種類，固定的な生産要素も 1 種類の世界を考えた．可変的な生産要素が複数存在する世界でも以上の議論は成立する．固定的な生産要素の存在のため，可変的な生産要素は全体として限界生産物の逓減が生じる．したがって，限界費用は逓増する．図 11.8 のように，限界費用曲線が右上がりなのは，固定的生産要素が存在し，そのため可変的な生産要素全体としての限界生産物が逓減することに原因がある．

11.3　短期費用曲線と長期費用曲線

　資本投入量が固定的な場合の費用関数は，固定費用が存在し，限界費用が逓増するという性質を持つ．この場合，（短期）平均費用曲線は U 字型，（短期）限界費用曲線は右上がりになる．
　さて，固定的生産要素の投入量が異なる水準では，また別の費用関数が求められる．図 11.9 には，固定的生産要素の投入量の 3 つの異なる水準に対応

　　要素の投入量が極端に少ない場合には，可変的な生産要素の限界生物が逓増すると想定するのは自然なことである．広い工場と大量の機械設備があって，極端に労働者が少ない場合の工場での生産を考えてみればよい．そして，この想定は，ノーマルな産出量水準において，生産関数が，(1) 規模に関する収穫一定，(2) 限界生産物の逓減，の二つの性質を持つことと矛盾しない．

11.3 短期費用曲線と長期費用曲線

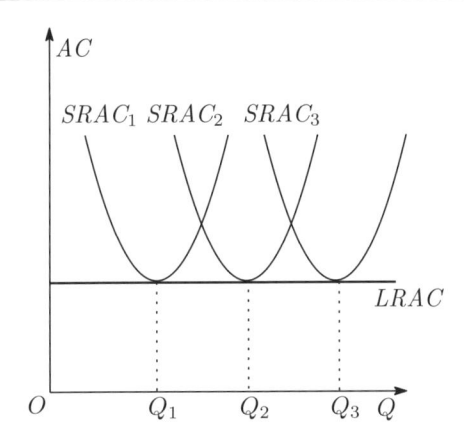

図11.9 短期平均費用曲線と長期平均費用曲線

する短期平均費用曲線が描かれている．それらが $SRAC_1$, $SRAC_2$, $SRAC_3$ である．長期平均費用曲線は，短期的には固定的だった生産要素の投入量を自由に調整出来るような期間での平均費用曲線である．長期平均費用曲線の性質は，短期平均費用曲線の包絡線になるということである．図では，3つの短期平均費用曲線が描かれているが，固定的生産要素の投入量を連続的に変化させていき，それらの平均費用の最小点をむすぶと長期平均費用曲線が求められる．生産関数が1次同次の場合，長期平均費用関数は水平な直線になるので，短期平均費用曲線と長期平均費用曲線の関係は図のようになる．

　教科書によっては，長期平均費用曲線でもU字型の形状をしているように描かれているものもある（図11.10参照）．しかし，U字型の形状を示すのは，何らかの固定費用が存在するか，ある産出量水準を超えて産出量を拡大した場合に規模に関する収穫逓減が生じる（産出量水準が小さいときには，規模に関する収穫逓増が生じる）ことが必要である．後者のケースが生じるのも基本的には何らかの固定的生産要素の存在を暗黙のうちに仮定しているからと考えられる．

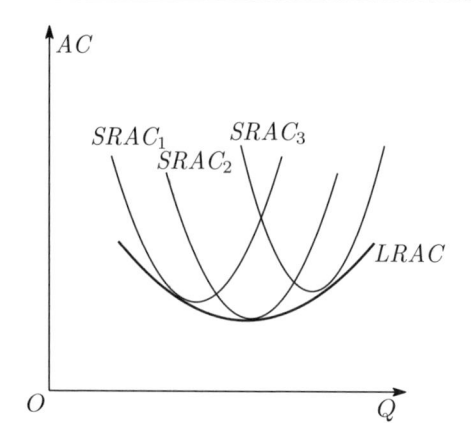

図 11.10　U 字型の長期平均費用曲線

11.3.1　数値例

生産関数が
$$Q = F(K, L) = K^\alpha L^\beta$$
で表される場合を考える．資本が固定的な生産要素で，その投入量が $\bar{K}$ で固定されていて，労働 L のみが可変的生産要素だとしよう．この場合，産出量 Q を実現するために必要な労働投入量 $L(Q, \bar{K})$ は，上の生産関数から逆算して求められ，次の通りになる．

$$L(Q, \bar{K}) = \bar{K}^{-\alpha/\beta} Q^{1/\beta}$$

したがって，費用関数は次の通りになる．

$$C(Q) = wL(Q, \bar{K}) + r\bar{K} = w\bar{K}^{-\alpha/\beta} Q^{1/\beta} + r\bar{K}$$

この式から，$\beta < 1$ ならば，$1/\beta > 1$ となるので，$C(Q)$ は Q の増加関数で，限界費用が逓増する形状を持つことがわかる．

また，平均費用は次の式で与えられる．

$$AC(Q) = w\bar{K}^{-\alpha/\beta}Q^{(1-\beta)/\beta} + r\bar{K}Q^{-1}$$

$\beta < 1$ の場合，$(1-\beta)/\beta > 0$ だから，この式の右辺第 1 項は Q の増加関数であることがわかる．一方，右辺第 2 項は Q の減少関数である．したがって，平均費用を表す曲線は U 字型になることを示すことが出来る．

最後に，$AC(Q)$ を最小にするような Q の水準とその時の平均費用を求めてみよう．なお，一般的な場合には，計算がかなり煩雑になるので，$\alpha + \beta = 1$ の場合のみを考える．

平均費用が最小となる Q は AC を Q で微分して 0 となるような Q である．この Q は $\bar{K}$ に依存するので，それを $Q^*(\bar{K})$ で表すと，$\alpha + \beta = 1$ の場合には，

$$Q^*(\bar{K}) = \left(\frac{1-\alpha}{\alpha}\right)^{1-\alpha} \left(\frac{r}{w}\right)^{1-\alpha} \bar{K}$$

となる．このとき，

$$AC(Q^*(\bar{K})) = w\left[\bar{K}/Q^*(\bar{K})\right]^{-\alpha/(1-\alpha)} + r\bar{K}/Q^*(\bar{K})$$

となる．$\bar{K}/Q^*(\bar{K})$ は $\bar{K}$ に依存しない定数になるので，$AC(Q^*(\bar{K}))$ も $\bar{K}$ に依存しない定数になる．これは，長期平均費用関数（長期には，短期的に固定されている $\bar{K}$ を動かすことが出来る）が $\alpha + \beta = 1$ の場合に，水平になることを意味する．

11.4 生産要素の需要

11.4.1 費用最小化

最初に二つの生産要素 K と L の両方が可変的な場合を考える．K と L の最適な比率は，生産要素の相対価格によって決まる．図 11.11 をみてみよう．$w/r = (w/r)_0$ の場合，費用最小化を実現する生産要素の組み合わせは E 点で与えられる．w/r が低下して $(w/r)_1$ になったとする．すなわち労働が相対的に安価になり，資本が相対的に高価になるような価格変化が起こったとすると，費用最小化点は F 点へ移動する．つまり，相対的に安価になった生産要

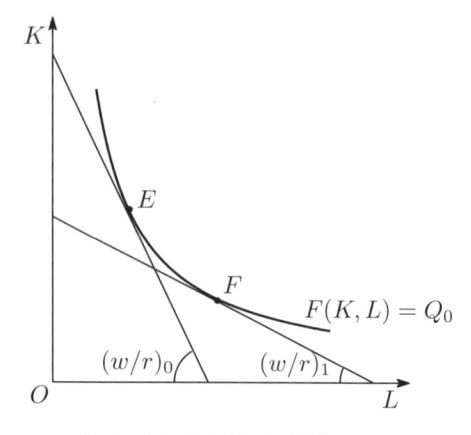

図 11.11　生産要素の需要

素への代替が進むのである．この代替の程度は等量曲線の曲がり具合に依存する．等量曲線の曲がり具合がきつければ，生産要素の代替は大きなものではない．しかし，等量曲線が曲がり具合が小さければ，少しの相対価格の変化で大きな代替効果が生じる．

　図 11.12 には二つの生産要素が完全な代替財であるケース，図 11.13 には完全な補完財であるケースが描かれている．完全な代替財の場合には，w/r が上昇すれば，差費用最小化を実現するような生産要素の投入量は E 点から F 点へジャンプする．しかし，完全な補完財の場合には，最適な生産要素投入量の比率は相対価格には反応しなくなる．

　以上の議論は，消費者行動の代替効果と全く等しいことに注意しよう．消費者行動の理論と同じように，生産関数についても「代替の弾力性」を定義出来る．今度の場合，代替の弾力性は，技術的限界代替率（MPL/MPK に等しい）が 1% 増加した場合に，L/K が何 % 減少するかを表す．

11.4.2　他方の生産要素投入量が所与の場合

　今度は，資本の量が一定だとした場合，労働投入量をどのような水準に設定したら利潤が最大になるかを求めよう．固定された資本量を $\bar{K}$ とすると，企

11.4 生産要素の需要

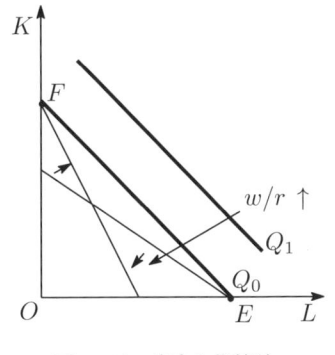

図 11.12 完全な代替財

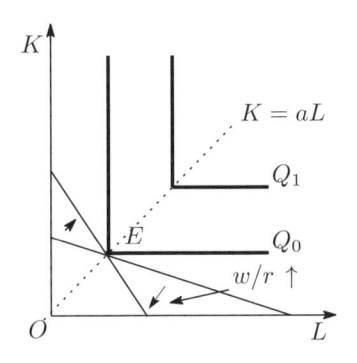

図 11.13 完全な補完財

業の利潤は

$$\pi = pF(\bar{K}, L) - wL - r\bar{K}$$

で与えられる．両辺を p で割ると，（生産物価格で実質化された）利潤が求まる．それは次の式で与えらえる．

$$\frac{\pi}{p} = F(\bar{K}, L) - \left(\frac{w}{p}\right)L - \left(\frac{r}{p}\right)\bar{K} \tag{11.6}$$

この式を最大化するような L が企業にとって望ましい労働投入量である（ただし，資本の投入量を所与とした場合）．図 11.14 に最適な L の決定が示されている．利潤を最大化する L は生産量（収入の実質値）を表す曲線 $Q = F(\bar{K}, L)$ と費用（実質値）を表す直線 $(w/p)L + (r/p)\bar{K}$ の垂直距離を最大にするような L である．そして，それは曲線 $Q = F(\bar{K}, L)$ の傾き，すなわち労働の限界生産物 MPL と，費用直線の傾き w/p が一致する点で実現する．

今の議論は数式で確かめることも出来る．(11.6) 式を L で微分して 0 になることが利潤最大化の条件である．それは

$$MPL(\bar{K}, L) = \frac{w}{p} \tag{11.7}$$

で与えられる．すなわち，w や p が与えられたとき，労働の限界生産物が実質賃金に等しくなるように，労働の投入量を決定することが企業の利潤最大化に

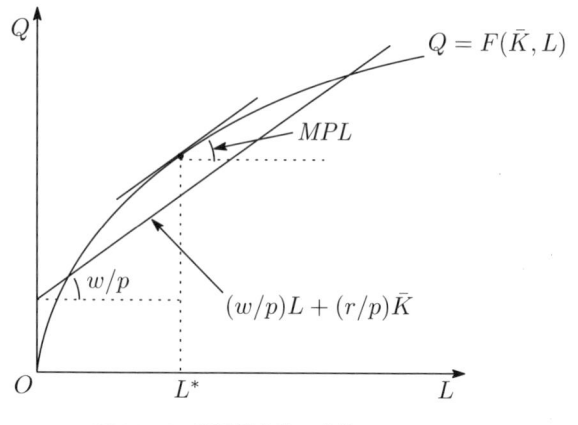

図 11.14　利潤最大化の条件

つながる．この関係が，K が所与の場合の，労働の需要関数を表す．つまり，w/p（および $\bar{K}$）が与えられた場合，企業の労働需要は (11.7) 式を満たすような L の水準になる．

図 11.15 には，横軸に労働投入量 L をとって労働の限界生産物 MPL を表す曲線が描かれている．労働の限界生産物逓減を反映して，曲線 MPL は右下がりである．さて，企業の直面する実質賃金が $(w/p)_0$ である場合，この企業は，水平線 $(w/p)_0$ と労働の限界生産物を表す曲線 MPL が交わる点の労働投入を選択するだろう．この $(w/p)_0$ と企業にとっての最適な労働投入量 L^* の関係が労働需要関数である．そして，$(w/p)_0$ の水準を変化させれば，それに応じて，最適な労働投入量 L^* は変化する．この関係から，労働の限界生産物を表す曲線そのものが労働需要曲線を表していることがわかる．

11.4.3　数値例

$Q = F(K, L) = K^\alpha L^\beta$ という生産関数を考える．ただし，労働の限界生産物が逓減しなければならないので，$\beta < 1$ とする．

$K = \bar{K}$ として，MPL を求めると

$$MPL = \frac{\partial F}{\partial L} = \beta \bar{K}^\alpha L^{\beta-1}$$

11.4 生産要素の需要

図 11.15 労働需要曲線

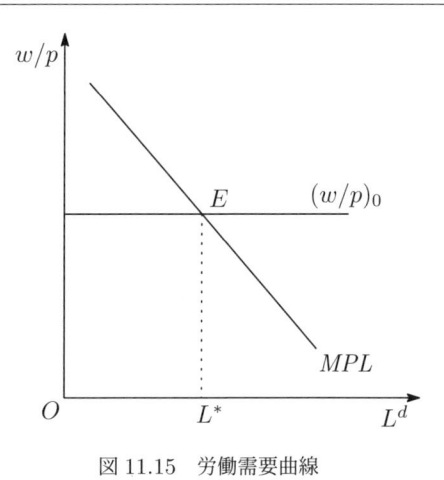

となる．これを $MPL = w/p$ に代入して最適な L を求めると次の通りになる．

$$L^* = \beta^{1/(1-\beta)} \bar{K}^{\alpha/(1-\beta)} \left(\frac{w}{p}\right)^{-1/(1-\beta)}$$

となる．この式は，L^* は実質賃金 w/p の減少関数になることがわかる（$\beta < 1$ と仮定したので，$-1/(1-\beta) < 0$ である）．

Keywords

等量曲線，等費用線，技術的限界代替率，費用最小化の条件，短期費用曲線，長期費用曲線

復習問題

1. $Q = F(K, L)$ で生産関数が与えられているとき，等量曲線をグラフで表せ．
2. K, L の 1 単位当たりの価格をそれぞれ r, w とする．等費用線は C を定数として，$C = wL + rK$ を満たすような L と K の組み合わせである．等費用線をグラフで表せ．また，等費用線の傾きは何を表しているか．

3. 産出量水準を固定しておいて費用を最小にするような K と L の選択を，等量曲線，等費用線を用いて説明せよ．
4. 費用最小化の条件を言葉で示せ．
5. 全ての生産要素が可変的で，生産関数が規模に関する収穫一定の性質を持つ場合，費用関数 $C(Q)$ はどのような形状になるか（長期費用関数）．
6. 固定的な生産要素が存在する場合（短期費用関数），一般的には，限界費用は産出物の増加とともに増加する．この理由を説明せよ（hint：生産関数が規模に関する収穫一定の性質を持っていても，可変的な生産要素の限界生産物は逓減する）．
7. 生産関数が $Q = \sqrt{K \cdot L}$ で与えられている．ただし，K の水準は $\bar{K}$ で一定である．K と L の 1 単位当たりの費用は r と w で与えられている．生産関数から生産物を Q 生産するために必要な L の量を Q と $\bar{K}$ の関数として表せ．そして，これをもとに，L のみが可変的な場合の費用関数 $C(Q)$ を求め，グラフで表せ．
8. 上の問題で Q が増加する場合，限界費用は増加するか，減少するか，それとも一定か．
9. 生産関数が $Q = F(K, L)$ で与えられていて，K の水準は固定されているとする．L の 1 単位当たりの費用は w であり，生産物の価格が p で与えられている．L をどのような水準に選べば，利潤が最大化されるだろうか．労働の限界生産物の概念を用いて説明せよ．

第 IV 部

市場メカニズムの機能とその限界

第12章

市場均衡の効率性

12.1 厚生経済学の基本定理

　第2章で説明した通り，市場の失敗が存在しない場合，市場均衡は社会的余剰を最大化するという意味で望ましい性質を保有していた．ただし，それはある特定の財の市場だけを取り上げたモデル（部分均衡分析）での結果である．この章では，多数の財が存在する世界で，同様の命題が成り立つことを説明する．

　多数の財が存在する世界で，市場均衡が効率的な資源配分を実現するという命題は，**厚生経済学の基本定理**にまとめられている．これは次のような命題である．

第1定理　市場の失敗が存在しないとき，市場において実現する資源配分はパレート効率的である．

第2定理　任意のパレート効率的な資源配分は，適切な所得再分配を行えば，市場メカニズムで実現出来る．

　この命題を説明するためには，まず**パレート効率性** (Pareto efficiency) の概念を説明しなければならない．ひとまず，ここでは資源配分の「効率性」だと理解してもらおう．正確な意味は次の節で説明する．

　さて，第一命題は，市場均衡が効率的な資源配分を実現することを主張する．この命題は，部分均衡分析の枠組みでは，市場均衡で社会的余剰が最大化

されるという命題に対応する．ただし，ここでは，多数の財，多数の消費者・生産者の存在する社会を考えていて，ある財の需要と供給はその財の価格だけでなく他の財の価格にも依存するような世界を考えている．

なお，そのような世界では，効率的な資源配分は一つだけ存在するのではなく，無数に存在する．その中には，分配の公平性の観点から問題だと考えられる資源配分もあるし，もちろん，分配の公平性にかなう資源配分もある．第二命題は，そのような無数に存在するパレート効率的な資源配分の任意のものが（当然，その中には分配の公平性にかなうものもある）適切な所得再分配を通じて市場メカニズムのもとで実現出来ることを主張する．つまり，第二命題は，適切な再分配政策を行うことが出来れば，市場メカニズムのもとで，効率性と分配の公平性を同時に実現することが可能であるという主張だと理解されている．ただし，一般に，再分配政策は資源配分上の損失をもたらす．これは，例えば，労働者の直面するレジャーと消費財の相対価格（実質賃金）に影響を与えるからである．相対価格を変えずに所得効果のみをもつような所得移転は，**一括移転** (lumpsum transfer) とよばれるが，現実の政策として一括移転を採用することは難しい．再分配政策が人々の行動をどう変化させるかについては，第 17 章で議論する．

12.2　パレート効率性とは何か

誰かの状況を改善しようとするとき，必ず他人の状況を悪化させてしまうような状況は**パレート効率的** (Pareto efficient) であるという．少しわかりにくい表現である．たぶん，**パレート改善** (Pareto impoving) という概念を説明すると，パレート効率性の意味がもう少し理解しやすくなる．

少なくとも 1 人の状況を改善することが出来て，残りの全ての人の状況を悪化させないことが可能なとき，**パレート改善の余地がある**という．同じことだが，全ての人の状況を同時に改善出来るときパレート改善の余地があるという[*1]．そして，パレート改善の余地のないような状況がパレート効率的な状況

[*1] これらの定義は同値である．ある人の「状況」がその個人の財の消費量に依存するケースを考える．今，ある人の消費を増加させることが出来，かつ，他の人の消費量は不変だとする．このとき，ある人に生じた消費の増加を細かく分割し，それを他の人に分ければ他の人の状況は改善出来る．つまり，全員の状況が改善出来る．逆に，全員の状況が改善出来れ

12.2 パレート効率性とは何か

(a) と (b) はパレート効率的
(c) は非効率的

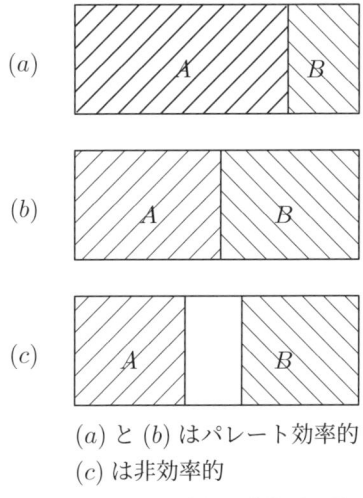

図 12.1　パレート効率性：消費（1 財）

である（パレート改善の余地があれば，誰かの状況を改善するとき，他の人の状況を悪化させることはない）．

ひとつのパイを 2 人で分配するとき，分配し残した部分があれば，その部分をどちらかに与えれば，1 人の状況は改善され，もう 1 人の状況は以前と同じにとどまるから，パレート改善の余地がある．しかし，パイを余りなく分配している状況で，片方の取り分を増やそうとすれば，もう一方の取り分は必ず減少する．これは，パレート効率的な状況である．

図 12.1 をみてみよう．この図の (a) と (b) はパレート効率的だが，(c) はパレート改善の余地があるから，パレート効率的ではない．なお，(a) と (b) はどちらもパレート効率的であるが，その分配状況はかなり異なる．(a) は個人 A に多く与え，個人 B の取り分は少ない．一方，(b) の分配はより平等である．なお，一つのパイをどちらかが独り占めするような状況もパレート効率的である．この例が示すように，パレート効率性は資源が無駄なく使われているという「効率性」に関連した概念であって，分配の公平性とは無関係な概念な

ば，ある人の消費だけをを増加させ，他の人の消費を不変に保つことが可能である．

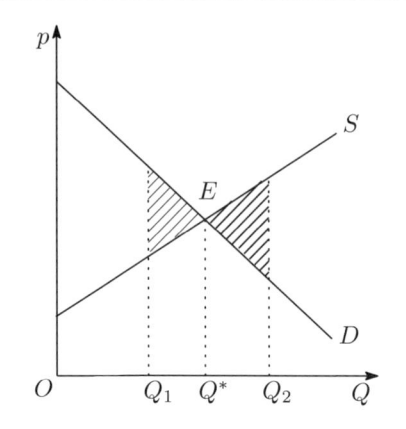

図 12.2　パレート効率性：消費と生産（1 財）

のである．

　以上の説明は，財が一定量与えられている世界で消費だけを考えたものである．1 財モデルで消費と生産を同時に考えるためには，図 12.2 のような図を考えればよい．ここには，多数の消費者と多数の生産者がいて，消費者や生産者の状況は余剰でとらえることが出来る．この世界では，社会的余剰が最大化されている点がパレート効率的な点である．社会的余剰が最大化されていない点では，社会的余剰を増やす余地が残っており，増えた余剰を適切に分配すればパレート改善出来る．一方，社会的余剰が最大化されている点では，誰かの状況を改善しようとすれば，必ず誰かの状況を悪化させてしまう．

12.3　パレート効率性の条件

　財が 2 種類以上存在する場合，パレート効率性の条件はもう少し複雑である．以下では，2 種類の財，2 人の消費者からなる社会を考える．なお，2 種類の財の生産量は所与ではなく，生産要素を用いて生産される状況を考える．以下では，議論を簡単にするために，まず生産量が一定の世界を考え，2 人の消費者にどのように財を与えればパレート効率的であるかを説明する．続いて，所与の生産要素量のもとで，生産の効率性がどのような場合に実現するかを説

12.3 パレート効率性の条件

明する.そして,最後に,消費と生産の組み合わせにおける効率性を説明する.

12.3.1 消費におけるパレート効率性

2 種類の財(財 x と財 y),2 人の消費者(A と B)からなる経済を考える.x_A, y_A を個人 A の消費する財 x,財 y の量とする.同様に個人 B の消費する財 x と財 y の量を x_B, y_B で表す.それぞれの財の総供給量は与えられており,それを $\bar{x}, \bar{y}$ で表す.このとき,財を余りなく分配した状況は

$$x_A + x_B = \bar{x}$$
$$y_A + y_B = \bar{y}$$

と表せる.このような 2 人の間の財の分配状況は図 12.3 にあるような**エッジワースの箱** (Edgeworth box diagram) というグラフを用いて表せる.箱の横軸の長さは $\bar{x}$ に等しく,縦軸の長さが $\bar{y}$ に等しい.また,個人 A の消費する財の量は点 O_A を原点に,個人 B の消費する財の量は点 O_B を原点にして測られる.箱の中の任意の点は,上の方程式を満たすような x_i, y_i を表す ($i = A, B$).

さて,それぞれの個人の「状況」は効用関数 $u^A(x_A, y_A)$,$u^B(x_B, y_B)$ で表すことが出来る.それぞれの個人の無差別曲線は,O_A と O_B を原点にしてこのグラフに書き入れることが出来る.図 12.3 の u_0^A と記された曲線(実線)が個人 A の無差別曲線を表し,u_0^B と記された曲線(点線)が個人 B の無差別曲線を表す.無差別曲線はそれぞれの原点に対して凸なので,図のような形状になる.

エッジワースの箱の中の点で,パレート効率的な点はどこだろうか.例えば,図 12.3 の点 C はパレート効率的な点だろうか.実は,2 種類の財が存在する世界では,単に余りなく分配しただけでは効率的ではない.点 C で 2 人の無差別曲線は交差しているが,点 C から無差別曲線 u_0^A と無差別曲線 u_0^B に囲まれたレンズ上の部分に移動すれば(A から y を取り上げ,代わりに x を多く与え,B にはその逆を行う),双方の個人の効用は増加する.つまり,点 C ではパレート改善の余地があったのである.2 財のケースで,単に余りなく分配しただけでは不十分だったのは,2 人の個人の間で x と y についての評価

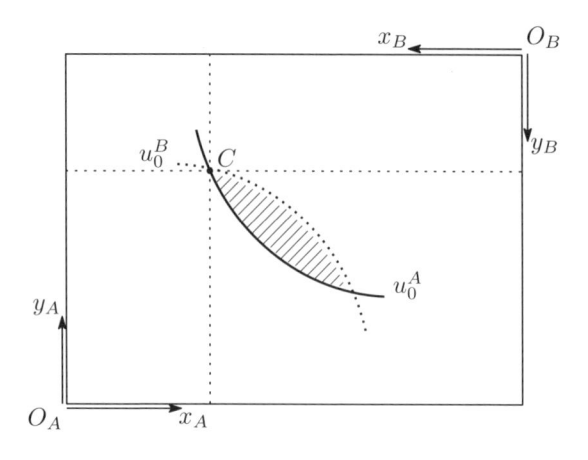

図 12.3　エッジワースの箱

（限界的な評価）が異なる可能性があるからだ．

　点 C における A の無差別曲線の傾きは B の無差別曲線の傾きよりも急であることに注意しよう．無差別曲線の傾きは限界代替率 MRS を表しているので，点 C においては

$$MRS^A > MRS^B$$

が成立している．ここで，MRS^i は個人 $i(=A,B)$ の限界代替率を表す．限界代替率は，x の追加的 1 単位が y の何単位と同等かを表していた．したがって，$MRS^A > MRS^B$ は，個人 A は x をより高く評価し，逆に，個人 B は y をより高く評価することを表している．そのため，A の保有する y と B の保有する x とを交換することが，A の効用を高めるし，同時に B の効用も高めたのである．

　なお，2 人の限界代替率の間に逆の不等号（$MRS^A < MRS^B$）が成立するときも，パレート改善の余地があることはすぐにわかる．したがって，パレート改善の余地が無いためには

$$MRS^A = MRS^B \tag{12.1}$$

12.3 パレート効率性の条件

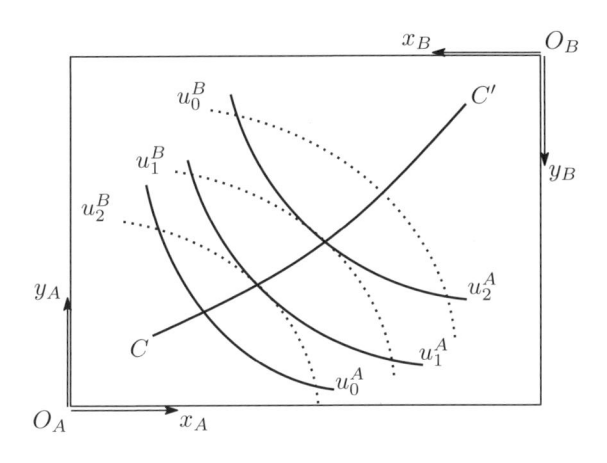

図 12.4 パレート効率性:消費

が成り立たなければならない．つまり，2 種類の財（財 x y），2 人の消費者 (A, B) からなる経済では，2 人の限界代替率が一致することがパレート効率性の条件である．

パレート効率的な点は無数にある．図 12.4 の曲線 CC' は 2 人の無差別曲線の接点を結んだ点で，この曲線上の点は全てパレート効率的な点である．曲線 CC' は**契約曲線** (contract curve) とよばれる．契約曲線上の点で点 O_A に近い点では，A は貧しく（効用は低い），B は裕福である（効用は高い）．契約曲線上の点で O_A と O_B からほぼ等しい距離にあるような点では，分配はより公平である．これからもわかるように，パレート効率性の概念は，分配の公平性とは無関係な概念である．

なお，もっと一般的に，2 人以上の消費者，2 種類以上の財が存在する世界では，任意の 2 財の限界代替率が全ての消費者間で均等になることがパレート効率性の条件である．

12.3.2 生産におけるパレート効率性

財 x を生産する企業と財 y を生産する企業がある．それぞれの企業を企業 x，企業 y とよぶことにする．各企業は，2 種類の生産要素（資本と労働）を用

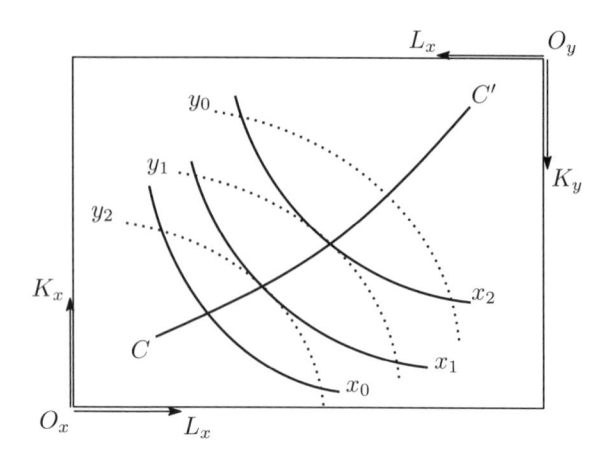

図12.5 パレート効率性:生産

いて生産を行っている．企業 x の用いる資本と労働を K_x, L_x で，企業 y の用いる資本と労働を K_y, L_y で表す．さらに，資本と労働の総量は $\bar{K}$ と $\bar{L}$ で与えられているとする．二つの企業で，これらの生産要素を余りなく使用するとき，

$$L_x + L_y = \bar{L}$$
$$K_x + K_y = \bar{K}$$

が成り立つ．企業 x と y の生産要素の使用状況はエッジワースの箱を用いて表すことが出来る．図12.5 がそれである．この図で，企業 x の使用する生産要素は原点を O_x として，企業 y のそれは原点を O_y として測られている．さらに，この図には二つの企業の等量曲線も描かれている．実線が企業 x の等量曲線で，点線が企業 y の等量曲線である．それぞれの企業の等量曲線はそれぞれの原点に対して凸である．

消費におけるパレート効率性と同様に，二つの企業の等量曲線が交差している点はパレート効率的な点ではない．その点から，二つの企業の等量曲線で出来るレンズ状の領域に移動すれば，生産要素の総量はそのままで，両企業の生産量を増加させることが出来るからである．したがって，パレート改善の余

地が無いためには，二つの企業の等量曲線は接していなければならない．等量曲線の傾きは，二つの生産要素の技術的限界代替率 RTS(marginal rate of technical substitution) を表していた．したがって，

$$RTS^x = RTS^y \qquad (12.2)$$

が成り立つことが生産におけるパレート効率性の条件である．ここで，RTS^i は企業 i の技術的限界代替率を表す．

技術的限界代替率は，L の投入量を 1 単位増やすとき，産出量を一定に保つためには，何単位の K の投入を減らしてもよいかを表し，$RTS = MPL/MPK$ という関係があった．二つの企業で技術的限界代替率が一致するとは，（資本の限界生産物と比べた相対的な）労働の限界生産物が二つの企業で一致することである．なお，2 種類以上の生産要素と二つ以上の企業が存在する場合，生産におけるパレート効率性の条件は，任意の生産要素間の技術的限界代替率が全ての企業で一致することである．

12.3.3 生産と消費におけるパレート効率性

最後に生産と消費の効率的な組み合わせを考えよう．ここでは，議論を単純にするために，代表的な消費者が存在すると仮定し，この代表的な消費者の効用を最大にするような生産量について考える．前節でみたように，生産の効率性は $RTS^x = RTS^y$ が成立するときに実現するが，そのような点は無数にある．図 12.5 において，点 O_x に近い点では，x の生産量は少なく，y の生産量は多い．逆に，点 O_y に近い点では x の生産量は多く，y の生産量は少ない．図 12.5 の契約曲線上の点は，全て生産の効率性を満たす点である．しかし，生産の効率性を満たすからといって，それが消費者の好みに合うとは限らない．

生産可能性フロンティア

今述べたように，二つの企業で生産要素を使用するとき，パレート効率的な生産の状況は無数に存在する．それらを (x, y) 平面に描いたのが図 12.6 の**生産可能性フロティア** (production possibility frontier) である．

生産可能性フロンティアが右下がりの曲線である理由は単純である．パレート効率的な点では，x の産出量を増加させるためには y の産出量を犠牲にせざ

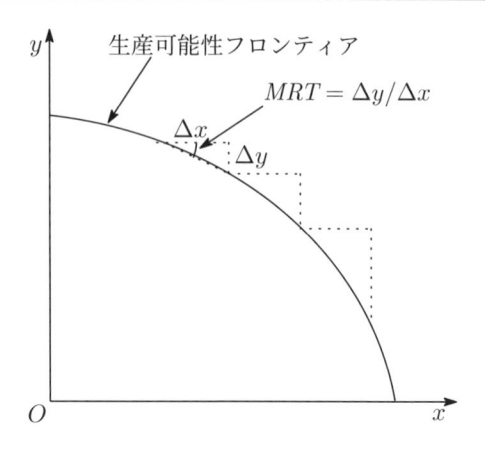

図 12.6 生産可能性フロンティア

るを得ないからである(そうでなければ,パレート改善の余地があったことになる).

生産可能性フロンティアの傾きは**限界変形率** (marginal rate of transformation) とよばれる.限界変形率は,x の産出を 1 単位増加するためには,何単位の y を犠牲にしなければならないかを表している.生産可能性フロンティアは原点に対して凹(外側に向かって凸)の形状をしているが,これは限界変形率が逓増するからである.

限界変形率は,二つの企業の生産関数(または費用関数)の形状と関連している.この関係を導くために,企業 x の生産関数を $x = f(z_x)$,企業 y の生産関数を $y = g(z_y)$ で表そう.ただし,z_x と z_y は可変的な生産要素で,$z_x + z_y = \bar{z}$ という関係にある.ここで,$\bar{z}$ は生産要素 z の総量で,この値は与えられているとする.なお,企業 x,企業 y の生産においては,z 以外の固定的な生産要素があると想定する.このため,z の限界生産物は逓減するものとする[*2].

今,x 企業の生産を Δx 増加させることを考える.このためには,生産要素

[*2] 資本が(短期的に)固定的生産要素で,労働のみが可変的な生産要素であれば,z は労働に相当する.あるいは,可変的な生産要素が複数存在する場合は,z は複数の生産要素からなる「合成財」だと考えてほしい.

12.3 パレート効率性の条件

の投入量を Δz だけ増加させる必要があったとしよう．すると，Δx と Δz の間には

$$\Delta x = f'(z_x)\Delta z = MP_x \Delta z$$

という関係が成り立たなければならない．MP_x は財 x の限界生産物（生産要素 z の限界生産物）である．生産要素の総量は与えられているから，企業 x が z を Δz 余分に用いれば，その分だけ企業 y の z の投入量は減少する．このことによる企業 y の生産量の減少 Δy は次の式で与えられる．

$$\Delta y = g'(z_y)\Delta z = MP_y \Delta z$$

MP_y は財 y の限界生産物（生産要素 z の限界生産物）である．これから，x の生産量を Δx だけ増加させると何単位の y が犠牲になるかが求められる．すなわち，次の式が成立する．

$$MRT \equiv \frac{\Delta y}{\Delta x} = \frac{MP_y}{MP_x} \tag{12.3}$$

つまり，限界変形率 MRT は y と x の限界生産物の比に等しい．生産可能性フロンティアに沿って x の生産を増やしていくと（y の生産量は減少させなければならない），MP_x は逓減し，MP_y は逓増する．したがって，**限界変形率 MRT は逓増する**．

限界変形率は二つの企業の限界費用の比でも表すことが出来る．生産要素 z の価格が w_z だとすると，企業 x の限界費用は

$$MC_x = w_z \frac{\Delta z_x}{\Delta x} = \frac{w_z}{MP_x}$$

となる（上の式の導出では，$\Delta x/\Delta z_x = MP_x$ という関係を用いている）．企業 y も同じ生産要素価格に直面するので，限界費用は $MC_y = w_z/MP_y$ となる．これらの式を割り算すると $MC_x/MC_y = MP_y/MP_x$ を得る．これと，(12.3) 式から，

$$MRT = \frac{MC_x}{MC_y} \tag{12.4}$$

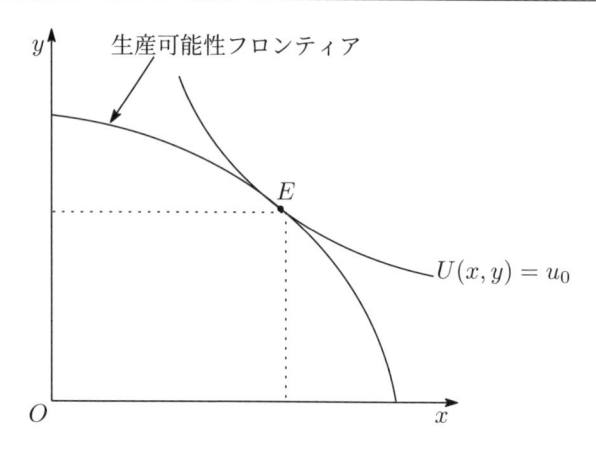

図 12.7　パレート効率性:消費と生産

が得られる．すなわち，**限界変形率は**（y の限界費用で基準化した）x **の限界費用を表す**．つまり，限界変形率の逓増は限界費用逓増の一般化である．

なお，生産関数が規模に関する収穫一定の性質を持ち，かつ固定的生産要素が存在しない長期においては，MC_x や MC_y は生産量と無関係に一定になるとの説明を以前に行った．しかし，二つの企業の技術が異なり（生産要素の集約度が異なり），経済全体の資源制約を考慮すると，限界変形率は逓増することを示すことができる．

生産と消費の組み合わせ

さて，生産可能性フロンティア上の点は全て生産の効率性を満たしている．しかし，生産の効率性を満たすからといって，それが消費者にとって望ましい点だとは限らない．もちろん，生産の効率性を満たさない点では消費者の効用は最大化されていない．この経済の代表的な個人の効用を最大化する点は，図 12.7 からわかるように，代表的個人の無差別曲線と生産可能性フロンティアが接する点である．このためには次の式が成り立たなければならない．

$$MRS = MRT \tag{12.5}$$

つまり，**限界代替率と限界変形率が一致する**ことが，消費と生産の組み合わせ

に関するパレート効率性の条件である．

なお，限界代替率は限界効用の比，限界変形率は限界費用の比に等しかったから，上の条件は

$$\frac{MU_x}{MU_y} = \frac{MC_x}{MC_y}$$

と書き換えられる．y をニュメレールとすれば，左辺は所得の限界効用 MU_y で測った x の限界効用である．また，右辺はニュメレール財で測った x 生産の限界費用を表す．したがって，この条件は，1 財モデルの社会的余剰最大化の条件，$MB = MC$ に対応していることに注意しよう．

以上は，x と y の 2 種類の財しか存在しないケースだが，2 種類以上の財が存在する場合には，任意の 2 財の限界代替率と限界変形率が一致することがパレート効率性の条件になる．

12.4 市場における資源配分

前節でパレート効率性の条件が求められたので，この節では，それが市場均衡で実現することを確かめよう（厚生経済学の基本定理の第一命題）．

2 財，2 生産要素の世界を考える．まず，任意の消費者は，予算制約のもとで効用を最大にするように財 x と財 y の購入量を決定する．p, q を財 x と y の価格とすると，消費者の効用最大化の条件は，限界代替率と予算線の傾き (p/q) が一致することであった．すなわち，第 i 番目の消費者について

$$MRS^i = p/q$$

が成立する．そして，**市場では全ての消費者は同一の相対価格 p/q に直面しているから，全ての消費者の限界代替率が p/q を介して均等化する**．つまり，パレート効率性の条件が満たされる．

生産のパレート効率性の条件も満たされる．各企業の費用最小化行動の結果，技術的限界代替率と生産要素の相対価格が一致する．すなわち j 番目の企業の技術的限界代替率（労働の追加的 1 単位と何単位の資本が同等か）を RTS^j で表すと，

$$RTS^j = w/r$$

が成立する．ここで，w は労働1単位の価格，r は資本1単位の価格である．市場では，**全ての企業は同一の生産要素価格 w/r に直面しているから，全ての企業の技術的限界代替率は w/r を介して均等化する**．つまり，市場では生産の効率性が実現する．

最後に，消費と生産の組み合わせに関するパレート効率性の条件も満たされることを示そう．まず，消費者は限界代替率と財の相対価格を均等化させる．すなわち，$MRS = p/q$ が成立する．一方，各企業の利潤最大化行動は，その企業の生産物の価格と限界費用を一致させる．すなわち，$p = MC_x$, $q = MC_y$ が成立する．ところで，生産可能性フロンティアの傾きである限界変形率 MRT は MC_x/MC_y に等しいことは既に説明した．したがって，企業の利潤最大化行動の結果，$MRT = p/q$ が実現する．結局，

$$MRS = p/q = MRT$$

が成立することがわかる．つまり，限界代替率と限界変形率は一致し，消費と生産におけるパレート効率性の条件が満たされることがわかる．

市場でパレート効率的な資源配分が実現するのは，**消費者と生産者が同一の市場価格（相対価格）に直面する**からである．例えば，租税や補助金の存在によって消費者の直面する相対価格と，生産者の直面する相対価格が食い違えば，上の式は成り立たないことに注意が必要である．

例えば，図12.7 の x をレジャー，y を消費財一般とすれば，生産可能性フロンティアは労働投入量が可変的な場合の生産関数を表す（生産可能性フロンティアの x 切片から点 O 方向に労働投入量が測られる）．この場合，賃金に対する課税は，企業の直面する実質賃金率と労働者の直面する実質賃金率を乖離させるので，MRT と MRS を一致させなくしてしまう．

最後に，厚生経済学の基本定理の第二命題についてごく簡単に述べよう．第二命題は，任意のパレート効率的な資源配分は，適切な再分配を行えば，市場メカニズムを通じて実現出来ることを主張する．任意の資源配分の中には，何らかの意味で「分配の公平性」を実現するような資源配分も含まれるから，こ

12.4 市場における資源配分

の命題は，再分配政策の根拠と考えられる場合が多い．ただし，理論的には，この命題で想定している再分配政策は，一括移転である．一括移転とは，所得効果のみを持ち代替効果を持たない移転を指す．資源配分上の歪みは代替効果に関連したものだからである．

消費者の直面する相対価格と生産者の直面する相対価格を異なるものにするような移転は，一括移転ではない．例えば，通常の所得税（特に賃金に対する課税の部分）は，企業の直面する労働のコストと労働者の受け取る実質賃金を乖離させる．したがって，所得税を用いた再分配政策は，厚生経済学の基本定理で想定されている移転とは異なることに注意が必要である．

実際の再分配政策は，必ず何らかの歪みを発生させるので，第二命題を再分配政策の理論的根拠とする議論も割り引いて考えなければならない．なお，再分配政策のあり方は第 17 章で議論する．また，その際には，市場において決まる所得分配がどのように決まるかも理解する必要がある．これについては第 16 章で議論される．

Keywords
厚生経済学の基本定理，パレート効率性，パレート改善，パレート効率性の条件，エッジワースの箱，限界代替率，技術的限界代替率，限界変形率，生産可能性フロンティア，契約曲線，一括移転

復習問題
1. パレート効率性とはどのような概念か．
2. 厚生経済学の基本定理とは何か．
3. 2 財，2 消費者からなる社会を考える．2 つの財は，2 種類の生産要素（資本と労働）から生産され，生産要素の総量は固定されている．
   (a) 消費におけるパレート効率性の条件を述べよ．
   (b) 生産におけるパレート効率性の条件を述べよ．
   (c) 生産と消費の組み合わせにおけるパレート効率性の条件を述べよ．
4. パレート効率性の条件が市場で満たされることを説明せよ．

第 13 章

独占と不完全競争

前章では，市場が競争的であれば市場で実現する資源配分は効率的であるという命題を説明した．しかし，現実の市場は全ての市場が競争的であるわけではない．ある財については生産者が 1 社に限られていたり（独占），少数の企業によって支配されていたりする（寡占）場合もある．こうした市場では，多くの場合，効率的な資源配分は実現しない．この章では，市場が独占や不完全競争とよばれる状態にある場合の生産者の行動や，市場の機能について分析する．

13.1 競争条件の分類

これまでの章では，市場は**完全競争** (perfect competition) の状態にあると仮定してきた．完全競争とは，多数の生産者が同質の財を生産しており，個々の生産者の市場シェアは非常に小さいので，個々の生産者の生産量の変更は市場全体の供給量に影響を与えず，したがって個々の生産者は財の価格を一定とみなして行動するような状況のことである[*1]．

完全競争市場のもとでは，個々の生産者は**プライス・テイカー** (price taker: 価格受容者) として行動するが，現実の世界では，完全競争の仮定が適切ではな

[*1] 市場には多数の消費者と生産者が存在し，各生産者は同質の財を生産して競争しており，個々の消費者・生産者は（規模が小さいので）市場価格に影響を与えられないという状況を**純粋競争** (pure competition) とよび，これに参入自由などの条件を加えたものを完全競争と言って区別する場合がある．

い市場も存在する．市場の競争条件について，経済学者は完全競争の他に，独占，寡占，独占的競争の三つのモデルを特に研究してきた．**独占** (monopoly) とは，1人の生産者（一つの企業）が市場を支配している状況を指す[*2]．独占企業の生産量は市場全体の生産量だから，当然，独占企業は価格に影響を及ぼすことが出来る（このことを，独占企業は<u>価格支配力</u>を持つと表現する）．

独占ではないが完全競争でもない中間の状態は，一般に**不完全競争** (imperfect competition) とよばれる．寡占や独占的競争は，このカテゴリーに属する．**寡占** (oligopoly) は，市場が（2人以上の）少数の生産者によって支配される場合である．自動車，家電製品，ビールなどの市場は典型的な寡占市場である．寡占市場が独占市場と異なるのは，ライバル企業が存在することである．このため，寡占市場の分析では企業間の相互依存関係をモデル化する必要があり[*3]，分析は複雑になる．なお，寡占の特別な場合で，市場が2人の生産者によって占められている場合を**複占** (duopoly) とよぶ．

独占的競争 (monopolistic competition) とは，<u>多数の生産者</u>が，同質の財ではなく，<u>差別化された財</u>を生産して競争している状況を指す．各生産者は，他の生産者とは微妙に異なる製品を生産しており，そのため，自社製品をひいきにしてくれる顧客を抱えている．このため，各生産者はある程度の価格支配力を保有している．これが独占的競争市場の独占的な側面である．一方で，独占的競争市場への<u>参入は容易</u>であり，結果として多数の生産者によって競争が行われている．これがこの市場の競争的な側面である．他者とは異なるデザインで競争を行っているファッション業界は，独占的競争モデルの該当する典型例だろうし，店ごとに異なるメニューと味付けで競争している飲食店の業界もそうである．

[*2] 通常，独占は，売り手が1人しかいない**売手独占**のことである．買手が1人しかいない場合には，**買手独占** (monopsony) とよばれる．例えば，ある地域に雇用を受け入れる企業が一つしかなければ，その地域の労働市場は買手独占市場である．

[*3] 完全競争市場は，価格一定の仮定をおいて，ライバル企業との相互依存関係が無いような状況を想定していることに注意しよう．

13.2 独占の原因

独占が存在すると，市場で実現する資源配分は非効率的になる．このことは次節以降で示すが，最初に問題にすべきは，その市場はなぜ独占なのかということである．独占企業が大きな利潤を上げていれば，当然，この市場へ参入しようとする企業が出てくる．新規参入企業が独占企業よりも低価格の製品を市場に投入出来れば，独占企業から市場シェアを奪うこと出来るだろう．つまり，独占企業が独占企業でありつづけるためには，ライバル企業の参入を許さないような，何らかの**参入障壁**が必要である．参入障壁の要因になり得るものとして，次のようなものが考えられる．

- 資源の独占
- 技術的優位性
- 政府の規制
- 規模の経済性
- サンクコストの存在

ダイヤモンドや原油など地域的に偏在している地下資源は多い．これらの資源が埋蔵されている土地をたまたま特定の企業が所有しており，しかもこれらの資源の代替となり得る資源が限られていれば，その企業は独占者として振る舞える．これが独占が維持される第一の理由である．ただし，この理由による独占は，現在の経済活動においてはそれほど重要性は高くない．

次に，ある企業が他企業に対し技術上の優位性を持っているため，事実上の独占者となり得ることがある．例えば，かつての大型コンピュータ（メインフレーム）時代の IBM や，現在の PC 業界におけるインテルがそうである．ただし，この理由によって独占が生じていたとしても，独占者であるのはライバル企業がキャッチアップするまでの期間である．また，技術的な優位性を保持し続けたとしても，技術的に劣るライバル企業の低価格製品に敗れてしまう可能性もある．さらに，技術革新を怠れば，技術的な優位性は長く続かない．

独占が維持されやすい 3 番目の理由として，政府による規制の存在がある．この多くは，安全性や品質保証という名目で特定の生産者だけに生産・販売を

許可するという形で行われる．例えば，医師や弁護士になるためには，医学部やロースクールを卒業し，国家試験に合格しなければならない．競争の制限は，国家試験の合格者数を制限する，あるいは医学部やロースクールの定員をコントロールするという形で行われる．こうした参入規制が問題なのは，それが永続しやすい点にある．この点は，技術上の優位性のために一時的に独占者となった企業の場合との大きな違いである（彼らは，常にライバルからの挑戦にさらされている）．

次に，規模の経済性のため，市場で大きなシェアをとった企業が競争上有利になり，他のライバル企業を締め出してしまう場合がある．電気・ガス・水道事業などは，各家庭までの配電等の固定設備の敷設に大きな費用がかかる．固定設備への投資が終了した後では，顧客が増える等の理由で消費量が増加しても，総費用の増加はごくわずかである．このため，個々の企業にとって，生産量の増加は平均費用の低下をもたらす．こうした特性を持つ産業を**費用逓減産業**とよぶ．費用逓減産業では規模が大きくなるほど生産が効率的に行われるようになるので，自然と独占が形成され，それが維持されやすい．こうした現象を**自然独占** (natural monopoly) とよぶ[*4]．

サンクコスト（sunk cost：埋没費用）の存在も参入障壁になり得る．サンクコストとは回収不可能な費用のことである．第10章で説明したように，参入済みの企業は，操業を続けるかこの事業から退出するかの判断にサンクコストの大きさは無関係である（収入とサンクコストを除いた費用を比較することで判断する）．一方，まだ参入していない企業はサンクコストを含めた費用と，収入とを比較することで，この事業へ参入するかどうかを判断する．サンクコストが十分に大きいと，参入済みの企業は操業を継続するが，新規参入は行われない場合がある．そして，既存の参入済みの企業がこのことを利用して製品価格を操作すれば，新規参入は生じない可能性がある．サンクコストの存在

[*4] ソフトウェア産業でも「規模の経済性」に基づく独占が発生しやすい．多くの人がマイクロソフト・オフィスを使うなら，他人と文書の交換をする場合，自分も同じ製品を使っていた方が便利である．このため，最初にシェアをとった製品が事実上の標準となる可能性がきわめて高い．同じようなことは，かつて，ビデオデッキの世界でも生じた．VHS方式がベータ方式を駆逐したのは，VHS方式が最初に普及したからである．このように，利用者数が多くなること自体に強い（正の）外部性が存在する場合があるが，これを**ネットワーク外部性**とよぶ．これも一種の規模の経済性であるが，本文中の費用逓減による規模の経済とはやや異なる．

は，この理由のため，参入障壁となり得る．

なお，先ほど，巨額の固定費用の存在が費用逓減の理由であり，それが自然独占をもたらすという説明を行った．正確には，その固定費用はサンクコストでなければならない．事業を中止する場合に，もし固定費用の全額を回収出来るなら，事業の中止は収入と総費用の比較によって行われ，それは新規参入企業の参入するか否かの判断と同じになるからである．

航空会社が事業から退出する場合，旅客機を売却すれば費用は回収出来るので，旅客機はサンクコストでない．これは，既存企業と新規参入を狙う企業が同等な条件で競争を行っていることを意味する．このような産業では，一見すると自然独占が成立しているようにみえても，実際には競争圧力が働いているのである．

13.3 独占

13.3.1 独占企業の行動

独占企業の目的も，完全競争企業と同様に，利潤を最大化することである．すでに第10章で説明したように，利潤は限界収入 MR と限界費用 MC が一致するときに最大化される．ただし，完全競争企業が生産物の価格に影響を与えることが出来ず，価格を所与として行動するのに対し，独占企業は価格に影響を与えることが出来る（価格支配力を持っている）という違いがある．

完全競争の下では，個々の企業はあたかも水平な需要曲線に直面していると言える．個々の企業の生産量の変化は，市場価格に影響を与えないからである．この様子が図 13.1 に示されている（もちろん，市場全体の需要曲線は右下がりである）．完全競争企業の場合，生産量 Q を変更しても価格 p は一定であるため，$MR = p$ が成立する．そのため，完全競争企業の利潤最大化の条件は $p = MC$ になる．

一方，独占企業は（独占の定義によって）市場全体の需要曲線に直面する．図 13.2 をみてみよう．当初，独占企業の生産量が Q_0 で，価格が p_0 だったとする．独占企業が生産量を Q_1 に増加させると，価格は p_1 に低下する．図に示されたように，収入の変化は，価格下落による減収効果と，生産量増加の増収効果の二つの効果を総合したものである．このことを示すために，独占企業

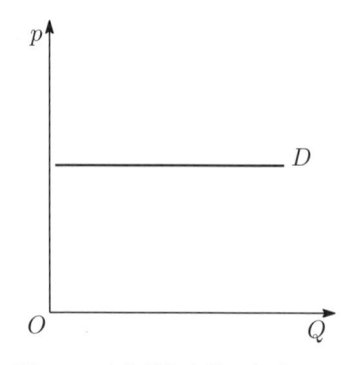

図 13.1　完全競争企業の直面する需要曲線

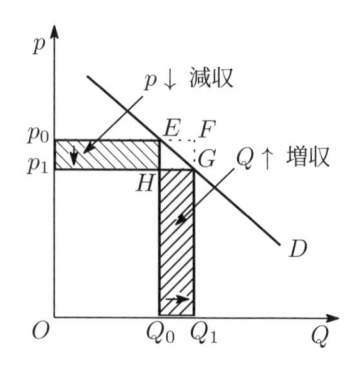

図 13.2　独占企業の直面する需要曲線（＝市場全体の需要曲線）

の限界収入を式を用いて表してみよう．

まず，需要曲線を $p = p(Q)$ という関数で表すと，独占企業の収入 (revenue) は $R(Q) = p(Q)Q$ と表すことが出来，Q の 1 変数関数になる．さて，独占企業が Q を ΔQ 増やしたとする．価格は需要曲線に沿って変化するが，その大きさを Δp で表そう．このときの収入は

$$R(Q + \Delta Q) = (p + \Delta p)(Q + \Delta Q)$$

で与えられる．ただし，$\Delta Q > 0$ なら，$\Delta p < 0$ である．収入の変化 ΔR は次の式で与えられる．

$$\Delta R = R(Q + \Delta Q) - R(Q) = p \cdot \Delta Q + \Delta p \cdot Q + \Delta p \cdot \Delta Q$$

ここで，右辺第 1 項 $p \cdot \Delta Q$ は，価格一定のもとで生産量が増加したことによる増収効果を表し，図 13.2 の四角形 EFQ_1Q_0 に等しい．第 2 項 $\Delta p \cdot Q$ は価格の低下に伴う（元の生産量水準にかかる）減収効果で，その絶対値は四角形 $p_0 E H p_1$ に等しい．第 3 項 $\Delta p \cdot \Delta Q$ は ΔQ にかかる減収効果で，その絶対値は四角形 $EFGH$ に等しい．

ΔR を ΔQ で割ると限界収入が求められ，

$$MR(Q) = \frac{\Delta R}{\Delta Q} = p + \frac{\Delta p}{\Delta Q} Q + \Delta p$$

13.3 独占

が成り立つ．ΔQ が小さいとき，最後の項 Δp は無視出来るので，結局，限界収入は

$$MR(Q) = p + \frac{\Delta p}{\Delta Q} Q \qquad (13.1)$$

となる[*5]．ここで $\Delta p/\Delta Q < 0$ だから，$MR(Q) < p(Q)$ が成り立つ．これは，**限界収入曲線が需要曲線の下方に位置する**ことを意味する．

需要曲線が直線の場合

需要曲線が直線 $p(Q) = a - bQ$ で表される場合の限界収入を求めてみよう．ただし，a と b は正の定数だとする．$\Delta p/\Delta Q = -b$ を用いれば，(13.1) 式は

$$MR(Q) = (a - bQ) - bQ = a - 2bQ$$

となり，限界収入曲線は，需要曲線と同じ切片を持ち傾きが 2 倍の直線になることがわかる[*6]．

さて，独占企業の利潤最大化の条件は限界収入と限界費用が一致することであった．つまり，産出量 Q は次の方程式を満たさなければならない．

$$MR(Q) = MC(Q) \qquad (13.2)$$

需要曲線が直線で与えられる場合，独占企業の産出量は図 13.3 のように決まる．限界収入曲線と限界費用曲線は点 M で交わるので，この点に対応する Q_M が独占企業の選ぶ産出量である．なお，価格は p_M に決まる（M 点ではない）．独占企業は需要曲線上の点の中から利潤を最大にする価格と数量の組み合わせを選ぶのだが，(13.2) 式は $p = p(Q)$ と表せることを利用し，p を消去して求めた Q に関する条件である．最適な Q が求まれば，需要曲線 $p = p(Q)$

[*5] ΔQ を限りなく 0 に近づけていった場合の極限値として限界収入を定義すれば，次の通りになる．

$$MR(Q) = \lim_{\Delta Q \to 0} \frac{\Delta R}{\Delta Q} = R'(Q) = p + \frac{dp}{dQ} Q$$

[*6] この式を求めるのに，$R(Q) = p(Q)Q = aQ - bQ^2$ を Q で微分することで，限界収入を求めることも出来る．微分法については数学付録を参照せよ．

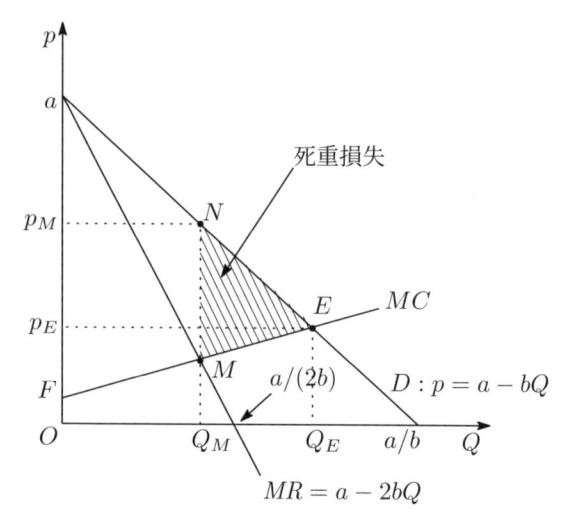

図 13.3 独占企業の行動：需要曲線が直線の場合

から独占企業の設定した価格が求められる．つまり，独占企業は p と Q の組み合わせについて，N 点を選択したのである．

需要の価格弾力性が一定の場合

次のような需要関数は需要曲線上の全ての点で需要の価格弾力性が一定になる．

$$p(Q) = Q^{-1/\epsilon}$$

ここで，ϵ は定数で，需要の価格弾力性を表す．この需要関数のもとでは，企業の収入は $R(Q) = pQ = Q^{1-1/\epsilon}$ となり，限界収入は次のようになる[*7]．

$$MR(Q) = \frac{dR}{dQ} = \left(1 - \frac{1}{\epsilon}\right) Q^{-1/\epsilon}$$

[*7] 計算方法は，数学付録の微分法の公式を参照せよ．なお，この式から，$\epsilon > 1$ が $MR > 0$ であるための必要十分条件であることがわかる．

13.3 独占

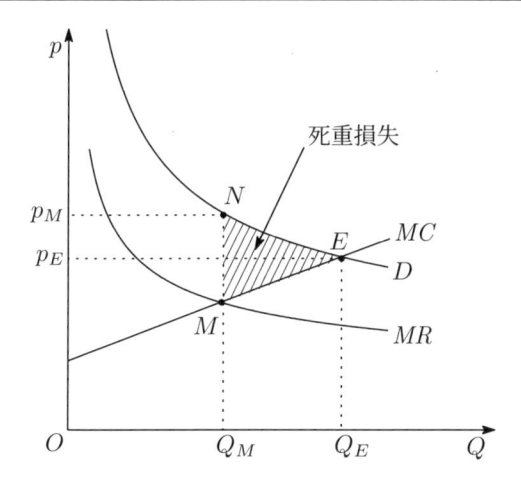

図 13.4 独占企業の行動:需要の価格弾力性一定の場合

この場合, $p(Q)/MR(Q) = 1/(1 - 1/\epsilon)$ が成り立つ. ϵ は定数だから, $1/(1 - 1/\epsilon)$ も一定の値をとる. これは, 需要曲線と限界収入曲線の高さの比が全ての Q の水準で一定になることを意味する. そのような需要曲線に直面する独占企業の行動が図 13.4 に表されている.

利潤を最大化する Q は, $MR = MC$ から求められる. Q_M が独占企業の選択する生産量で, その場合, 市場価格は p_M になる (需要曲線上で, Q_M に対応する価格の水準). 独占企業は, 需要曲線上の (p, Q) の組み合わせから N 点を選択したのである.

13.3.2 独占の非効率性

図 13.3 および図 13.4 で, 独占企業は産出量を Q_M に定める. 一方, 社会的余剰を最大にするのは, 限界便益 (需要曲線の高さは限界便益を表していた) と限界費用の一致する Q_E の水準である. つまり, 独占企業の決定する産出量 Q_M は, 効率的な生産量水準 Q_E に比べ過小になる.

図 13.3 では, E 点が実現すれば, 社会的余剰は需要曲線と限界費用曲線に囲まれた三角形 aEF の面積に等しくなる. しかし, 独占が存在すると, 消費

者余剰は三角形 aNp_M，生産者余剰は四角形 $p_M NMF$ になり，社会的余剰は E 点が実現する場合に比べ，三角形 NME だけ小さくなる．この資源配分上の損失を**死重損失** (dead weight loss) とよぶ．図 13.4 でも同様で，三角形 NME が独占の死重損失を表す．

独占企業は，産出量を抑制することで（人為的な希少性を作り出すことで），価格を吊り上げ，利潤の最大化を図る．独占が存在すると，生産物価格は生産に用いられた資源の真の希少性を反映しなくなることに注意しよう（生産要素の希少性は限界費用に反映される）．

資源配分の非効率性のみが独占に伴う問題ではない．図 13.3 をみると，E 点が実現する場合に比較すると，独占のもとでは消費者余剰が大きく減少していることがわかる．E 点が実現していれば消費者余剰は三角形 $ap_E E$ だが，独占のもとでの消費者余剰は三角形 $ap_M N$ に過ぎない．生産者余剰は E 点が実現する場合に比べれば大きいから[*8]，独占によって生産者余剰の増加以上に消費者余剰が大きく減少したのである．つまり，独占には，独占企業に消費者余剰が吸い上げられるという分配上の問題も存在する．

13.3.3 独占価格

一般の需要曲線の場合の限界収入の公式 (13.1) 式にもどろう．この式を**需要の価格弾力性**を用いて書き直すと便利である．ここで，需要の価格弾力性とは価格が 1% 変化したときに，需要量が何 % 減少するかを表し，次の式で定

[*8] 独占のもとでの生産者余剰は四角形 $p_M NMF$ に等しい．独占企業は需要曲線上の E 点も選べたはずだが，E 点ではなく N 点を選択したのである．これは N 点のほうが利潤が大きいからである（利潤と生産者余剰の違いは固定費用だけなので，N 点のほうが生産者余剰が大きいと言っても同じである）．

13.3 独占

義される[*9].

$$\epsilon = \left|\frac{\Delta Q/Q}{\Delta p/p}\right| = -\frac{\Delta Q/Q}{\Delta p/p} = -\frac{p}{Q}\frac{\Delta Q}{\Delta p}$$

そして,この関係を用いると,限界収入は次のように書き直せる.

$$MR = p\left(1 + \frac{\Delta p}{\Delta Q}\frac{Q}{p}\right) = p\left(1 - \frac{1}{\epsilon}\right) \tag{13.3}$$

さて,独占企業の利潤最大化の条件は $MR = MC$ であった.ϵ を用いると,この条件は $MR = MC$ は,$p(1 - 1/\epsilon) = MC$ と書き直せる.そして,この式を p について解くと,次の式が得られる.

$$p = \frac{1}{1 - 1/\epsilon}MC \tag{13.4}$$

$1/(1-1/\epsilon)$ は**マークアップ率**とよばれ,独占企業の設定する価格が限界費用の何倍になるかを表す[*10].なお,独占企業の選択する需要曲線上の点は $\epsilon > 1$ となることに注意しよう.独占企業は $MR > 0$ の範囲で生産を行うはずである.$MR > 0$ であるためには,(13.3) 式より,$\epsilon > 1$ でなければならない.

マークアップ率は資源配分の非効率性を表す指標でもある.マークアップ率が大きいということは,p(これには消費者の限界便益が反映される)と限界費用の乖離が大きいということであり,独占に伴う資源配分上の損失が大きいことを意味する.

[*9] ここでは,$\Delta p > 0$ なら価格の上昇,$\Delta p < 0$ なら価格の下落を表すとして Δ を用いている.ΔQ も同様である.通常,需要曲線は右下がりなので,Δp と ΔQ の符号は逆である.需要の価格弾力性の定義式において絶対値の記号を外す際にマイナスの符号が表れたのはこのためである.

ここでの需要の価格弾力性は絶対値で定義したものだが,教科書によっては,

$$\epsilon = \frac{p}{Q}\frac{\Delta Q}{\Delta p}$$

と定義する場合もある.この場合には,右下がり需要曲線では,ϵ がマイナスになることに注意せよ.

[*10] ここでは p/MC をマークアップ率とよんでいるが,これは,グロスのマークアップ率である.これに対し,$(p - MC)/MC$ は p が MC の何割増しかを表し,こちらはネットのマークアップ率である.

表 13.1　ϵ とマークアップ率

ϵ	マークアップ率
1.50	3.00
2.00	2.00
3.00	1.50
5.00	1.25
∞	1.00

　表 13.1 には ϵ とマークアップ率の関係がまとめられている．表からわかるように，ϵ が小さいほど，マークアップ率は大きくなる．逆に，ϵ が大きければマークアップ率は小さい．特に，ϵ が限りなく大きくなると，独占企業の直面する需要曲線は水平に近づいていき（完全競争企業の直面する需要曲線は水平だった），独占企業の設定する価格は完全競争の場合と同じになる．

　ϵ の大きさは，その財に代替的な財が存在するかどうかで決まってくる．密接な代替財が存在する財の ϵ は大きいし，代替財が存在せず，生活をする上でその財の消費がどうしても必要な財の ϵ は小さい．ϵ の大きな財に高い価格を設定出来ないのは，その財の価格を吊り上げようとすれば，消費者の需要が代替財に流れてしまうからである．このような財のマークアップ率は低く，したがって独占に伴う資源配分上の損失もあまり大きくはない．しかし，代替財が存在しないような財については，独占企業は十分に高い価格を設定出来，資源配分上の損失も大きくなる．

13.4　価格差別

　前節の議論は，独占企業は全ての消費者に同一の価格で財を販売することを前提にしている．ある場合には，異なる消費者には異なる価格で財を販売出来たり，あるいは購入した数量に応じて異なる価格を設定することが出来る．これを**価格差別** (price discrimination) とよぶ．価格差別には，第 1 種価格差別，第 2 種価格差別，第 3 種価格差別の三つの類型がある．

　第 1 種価格差別とは，消費者ごとに，しかも購入単位ごとに異なる価格設定

13.4 価格差別

が出来る場合で，**完全価格差別**ともよばれる．完全価格差別を実行するためには，独占企業は消費者の嗜好と購入単位を把握していなければならない．市場にその財を強く好む消費者とそうでない消費者が一定の比率で存在していることはわかるが，誰が強い選好を持つのかはわからない場合が普通だろう．そうすると，消費者ごとに価格を変えるわけにはいかず，例えば，消費者が実際に購入した数量に応じて価格を変化させる戦略をとるのが現実的な方法かもしれない．

第2種価格差別とは，購入数量に応じて価格を変化させる場合を言う．例えば，電力や携帯電話の使用量はそのような価格体系になっている（電力や電話の使用量については，そのサービスを提供する企業が消費者ごとの購入量を把握しているから，このような価格差別が可能なのであるが）．独占企業は，利潤を最大にするように価格体系を設計するはずである．ただし，この問題は難しいので，本書では扱わない．興味のある読者は上級の教科書を参照してほしい．

第3種価格差別は，異なる消費者グループに市場を分断出来るとき，異なるグループに異なる価格設定をすることを言う（ただし，第2種価格差別のような，購入量に応じた価格設定は行えない）．例えば，映画や電車料金などの学生割引がこれに当たる．以下では，第1種と第3種の価格差別について説明を行う．

13.4.1 第1種価格差別

最初は**第1種価格差別**（完全価格差別）である．図13.5をみてみよう．話を簡単にするために，需要曲線が階段状のグラフで表されていて，独占企業の限界費用はcで一定だとしている．

独占企業が，このような各消費者の購入単位ごとの限界便益を知っていて，それに応じて異なる価格設定をすることが出来るとしてみよう．つまり，最初の1単位についてはp_1円，次の1単位についてはp_2円で消費者に売るのである[11]．その場合，独占企業の限界収入は需要曲線の高さに等しくなる．利潤

---

[11] 企業がこのような価格体系で販売出来るためには，消費者の選好の違い（購入量と限界便益の関係）と購入量を把握していなければならない．市場全体の需要曲線の形状を把握しているということは，そういうことである．

図 13.5　第 1 種価格差別

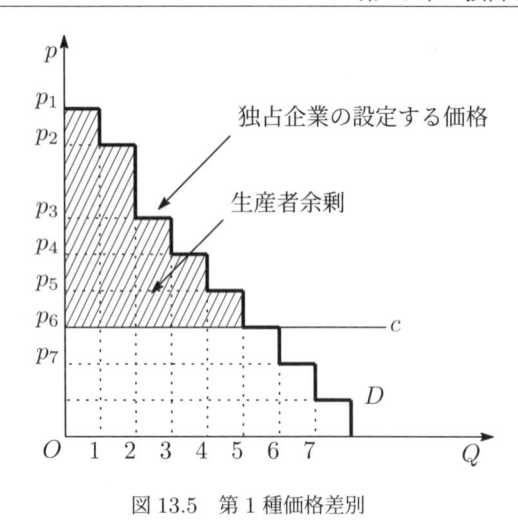

は，限界収入と限界費用が一致する点で最大化されるが，今の場合，それは需要曲線と限界費用曲線の交点においてである．この図の例では，6 単位の数量が供給され，独占企業は図の斜線部分の生産者余剰を手にすることが出来る．この場合，独占が存在しても，過少な生産という資源配分の非効率性は生じず，社会的余剰は最大化されている．ただし，余剰は全て独占企業に吸い上げられて，消費者余剰は 0 である．

13.4.2　第 3 種価格差別

第 3 種価格差別は，異なる消費者グループに市場を分断出来るとき，グループごとに異なる価格設定をすることを言う[*12]．例えば，映画や電車料金などの学生割引がこれに当たる．映画が DVD 化されて世界中に販売されるとき，地域によって異なる価格設定がなされるのもこの類型の価格差別である．

なお，市場が異なる消費者グループに分断出来るためには，その財の転売が

[*12] 第 2 種価格差別のように購入量に応じて価格を変化させることは出来ないとする．購入量に応じた価格体系の設計が可能であるためには，企業が消費者の購入履歴を把握している必要がある．電気使用量や電話使用量等は購入履歴の把握が出来るが，そうでない財・サービスのほうが一般的である．

容易であってはならない．転売が容易なら，価格差別は実行出来なくなってしまうからである．DVDに記録されたリージョンコードは地域を超えた転売を防ぐための仕組みである．

さて，いくつかのグループに市場が分断出来る場合を考えよう．グループ $i(=1,2,..)$ の市場での生産量を Q_i，価格を p_i とする．また，独占企業の限界費用は c で一定だとする．この場合，独占企業は利潤を最大にするようにそれぞれの市場での価格と生産量を決定する．それぞれの市場の需要曲線に相互依存関係は無いので，各市場ごとに利潤の最大化を図ればよい．その条件は，

$$MR_i(Q_i) = c$$

である．ここで $MR_i(Q_i)$ はグループ i の市場の限界収入を表す．なお，グループ i の市場の需要の価格弾力性を ϵ^i で表せば，$MR_i(Q_i) = p_i(1-1/\epsilon^i)$ である．この式を用いると，

$$p_i = \frac{1}{1-1/\epsilon_i} c$$

が得られる．この式から，独占企業は，需要の価格弾力性の違いに応じて，グループごとに異なる価格設定をすることがわかる．つまり，需要の価格弾力性の小さいグループには高い価格を，需要の価格弾力性の大きなグループに対しては（相対的に）低い価格をつけるのである．

13.5 買手独占

買手独占 (monopsony) は，買手が独占者である場合を指す．ここでは，労働市場を例にとって，買手独占の効果を説明しよう．前節と異なり，ここでは価格差別は行われないという前提で議論を進める．

売り手独占の場合，独占企業は財の市場需要曲線に直面した．そして，その市場需要曲線上の点（価格 p と数量 Q の組み合わせ）から，利潤を最大にするような p と Q を選択した．労働市場における買手独占では，独占企業は，労働供給曲線に直面している．労働者の雇用先は（何らかの理由で）買手独占企業にしかないが，労働者は提示された賃金で働くか働かないか（働く場合にはどのくらいの時間働くか）を選択出来る．買手独占企業は，このような労働者

の反応（労働供給曲線で表される）を制約として，自社の利潤を最大にするような賃金と雇用量を決定する．

さて，買手独占企業の雇用量を L で表そう．また，労働供給関数を $w = w(L)$ という関数で表そう．さらに，この企業の生産量が $Q = F(L)$ という生産関数で表せるとする．この生産関数の定式化では，労働以外の他の生産要素の投入量が表れないが，これらの生産要素投入量は一定だと仮定する．生産物価格を p とし，賃金を w とすると，企業の（名目）利潤は次の式で与えられる．

$$\pi = pF(L) - w(L)L - 他の費用$$

ただし，この企業の生産する財の市場は競争的で，したがって，この企業は p を所与として行動するものとする．利潤最大化の条件は L を増加させた場合の限界収入と限界費用が一致することである．限界収入は

$$p\frac{\Delta F(L)}{\Delta L} = p\,MPL$$

に等しい．$p\,MPL$ を**労働の限界生産物価値**とよぶ．

労働を増加させた場合の限界費用を求めるためには，L を増加させようとすると w を上昇させなくてはならないことに注意が必要である[13]．このことを考慮すると，企業にとっての労働の追加的投入に伴う限界費用は次の通りになる[14]．

---

[13] 労働供給曲線は後方屈曲的になる場合がある．その場合，労働供給曲線で，同一の労働供給に対応する 2 通りの賃金が存在することになる．しかし，買手独占企業は高い賃金を選択しないから，買手独占市場の分析のためには，労働供給曲線の右上がりの部分しか意味を持たない．

[14] ここでは，全ての労働者は同一賃金で雇用することを前提にしている（価格差別は存在しない）．限界費用を導出するために，まず，労働者に支払う総賃金を $C(L)$ で表すと，$C(L) = w(L)L$ になる．ここで $w(L)$ は労働供給曲線を表す．労働供給曲線から，L を ΔL 増やすために必要な賃金の増加額を求めることが出来る．それを Δw とすると，$C(L + \Delta L) = (w + \Delta w)(L + \Delta L)$ が求められる．したがって，費用の増分 ΔC は

$$\Delta C = C(L + \Delta L) - C(L) = w \cdot \Delta L + \Delta w \cdot L + \Delta w \cdot \Delta L$$

となる．これを ΔL で割り，第 3 項目は微小なので無視すると

$$MC = w + \frac{\Delta w}{\Delta L}L$$

が導出される．

13.5 買手独占

$$MC = w + \frac{\Delta w}{\Delta L} L$$

ここで，右辺第 1 項は賃金が変化しないとした場合の L の追加的投入にかかる費用の増分であり，第 2 項は L を一定とした場合の w の増加に伴う費用の増分を表す．

上の式で，$\Delta w/\Delta L$ は労働供給曲線の傾きを表すが，傾きそのものは賃金や雇用量の単位に依存するので，弾力性を用いて表したほうが便利である．**労働供給の賃金弾力性** (wage elasticity of labor supply) は，賃金が 1% 上昇した場合に，労働供給量が何 % 増加するかを表す概念で，次の式で与えられる．

$$\epsilon^S = \frac{\Delta L/L}{\Delta w/w} = \frac{w}{L}\frac{\Delta L}{\Delta w}$$

ϵ^S を用いれば，企業の直面する限界費用は $MC = w\left(1 + 1/\epsilon^S\right)$ と書き直すことが出来る．したがって，利潤を最大にするような L は次の式を満たさなければならない．

$$p\,MPL = w\left(1 + 1/\epsilon^S\right) \tag{13.5}$$

L の決定を図示したのが図 13.6 である．右下がりの曲線 $p\,MPL$ が労働の限界生産物価値（L の限界収入）を表す．右上がりの曲線 S が労働供給曲線 $w = w(L)$ を表し，MC が企業の直面する限界費用を表す．右上がりの労働供給曲線を仮定しているので，$\epsilon^S > 0$ であり，$MC = w(1 + 1/\epsilon^S) > w$ から，限界費用曲線 MC は労働供給曲線 S よりも上側になければならない[15]．

$p\,MPL$ 曲線と MC 曲線は点 M で交わる．したがって，雇用量は L_M に決まり，賃金は w_M に決まる（買手独占者は供給曲線上の点を選択することに注意）．一方，効率的な資源配分を表す点は E 点である[16]．買手独占市場の雇

---

[15] 図 13.6 の労働供給曲線は直線で描かれている．この場合，限界費用曲線は労働供給曲線と切片が同じで，傾きが 2 倍の直線になる．c と d を正の定数として，労働供給曲線が $w = c + dL$ で表せたとしよう．この場合，$\Delta w/\Delta L = d$ になるので，$MC = w + (\Delta w/\Delta L)L = c + 2dL$ となるのである．

[16] E 点では $p\,MPL = w$，あるいは $MPL = w/p$ が実現し，労働の限界生産物と労働者の労働の限界不効用が一致する（労働者は実質賃金 w/p とレジャーと消費財の限界代替率＝レジャーの限界効用＝労働の限界不効用を一致させるように労働供給量を決定するという理論を思い出そう）．

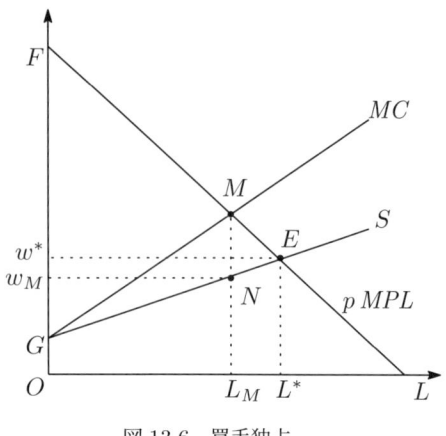

図 13.6 買手独占

用量と賃金は N 点で表されるが，その点は E 点に比べると雇用，賃金ともに低い水準にとどまっている．また，E 点が実現する場合の社会的余剰は三角形 FEG であるが，買手独占の場合の社会的余剰は四角形 $FMNG$ になり[17]，三角形 MNE だけ余剰が小さくなる．つまり，三角形 MNE が死重損失を表す．

一般に買手独占市場では，買手は供給曲線上の価格と数量の組み合わせを選択することで買手側の余剰の最大化を図る．買手は，数量を

$$MB = p(1 + 1/\epsilon^S)$$

を満たすように決定する．MB は買手側の限界便益を表し（労働市場の例では企業にとっての限界収入＝労働の限界生産物価値であった），右辺が独占者である買手の直面する限界費用を表す．ϵ^S は供給の価格弾力性である．なお，右辺はあくまでも買手独占者の直面する限界費用であって，社会全体でみた場合の真の限界費用ではないことに注意しよう．これは図 13.6 の MC 曲線でも同様である．

---

[17] 四角形 $FMNw_M$ が生産者余剰，三角形 w_MNG が消費者余剰（労働者の余剰）になる．これは $p\,MPL$ の下の面積が企業の収入を表し，労働供給曲線の下の面積が労働者にとっての（心理的な）費用を表すからである．労働供給曲線はレジャーと消費財の限界代替率を $MRS_{l,c}$ で表すと，$MRS_{l,c} = w/p$ から導かれた．$MRS_{l,c}$ は消費財で測った労働の限界不効用と言ってもいいからである．

13.6 費用逓減産業

　一般に平均費用曲線は U 字型の形状をしている．そして，平均費用が最小になる産出量水準を**最小効率規模** (minimum efficiency scale) と言う．ある生産物が最終的にいくつの企業で生産されることになるかは，市場全体の需要量と各企業の最小効率規模の関係によって決まると考えられる．市場全体の需要量に比べて最小効率規模が十分に小さければ，その市場ではたくさんの生産者が競争することになり，完全競争に近い状態になる．最小効率規模が大きければ，その市場は寡占になったり，場合によっては独占になるかもしれない．

　最小効率規模は固定費用の大きさと関係している．最初にこのことを確認しておこう．今，産出量を Q，費用関数を $C(Q)$ で表す．議論を簡単にするために，$C(Q) = f + Q^2$ のケースを考えよう．f は正の定数で固定費用を表し，Q^2 は可変費用を表す．可変費用は Q の 2 次関数なので，限界費用は Q の増加関数である．さて，この場合，平均費用は $AC(Q) = C(Q)/Q = f/Q + Q$ となる．そして，平均費用を最小化する Q の水準を求めると，$Q = \sqrt{f}$ となり，固定費用 f の増加関数になることがわかる[*18]．

　さて，固定費用が巨額な産業では，産出量がかなりの規模になっても平均費用が低下し続ける場合がある．特に，市場全体の需要の規模に等しい産出量の近辺で平均費用が低下しつづけるような産業は，**費用低減産業**とよばれる．

　費用低減産業では，規模の大きい企業のほうが費用面で有利になる．特に，先にこの市場に参入した企業が市場のシェアを奪ってしまうと，後から参入しようとする企業は費用面で圧倒的に不利な立場に立たされる．したがって，このような産業では，先発企業が独占を維持しやすい．これを**自然独占** (natural monopoly) という．

　図 13.7 をみてみよう．右下がりの曲線（直線）D は市場需要曲線を表す．また，AC がこの財の平均費用曲線，MC が限界費用曲線を表す．この図では曲線 AC と需要曲線 D が交わるような水準の Q のもとでも，平均費用は低下し続けている（費用逓減産業なのである）．

[*18] $AC'(Q) = -f/Q^2 + 1 = 0$ が $AC(Q)$ の最小化の条件である．これから，$Q = \sqrt{f}$ が求められる．

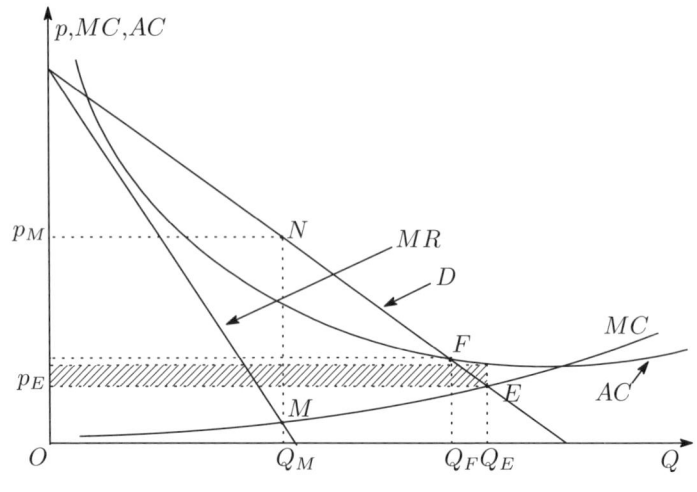

図 13.7　自然独占企業に対する規制

　自然独占を放置しておくと，独占企業は産出量を Q_M，価格を p_M に決め，三角形 NME の死重損失を発生させる．この場合，効率的な資源配分は点 E，すなわち，消費の限界便益と生産の限界費用が一致する点で実現する．独占のもとでは，過小な生産と高すぎる消費者価格が実現するのである．

　社会的にみて望ましい規制は，E 点を実現するような規制を課すことである（価格は p_E，数量は Q_E を実現するような規制である）．この点を実現させる規制は，価格を限界費用に一致させる規制なので，**限界費用価格規制** (marginal cost pricing) とよばれる．しかし，この点では，独占企業に損失が発生する．$p_E < AC(Q_E)$ が成り立つからである[19]．図の斜線部分が独占企業の赤字である．この場合，補助金なしには，この企業は維持出来ない．

　独立採算が出来る範囲内で，なるべく死重損失を小さくするためには，価格と平均費用が一致するような規制をかければよい．このような規制を**平均費用価格規制** (average cost pricing) とよぶ．これは図の F 点を実現させるような

---

[19] 生産量 Q_E の付近で，平均費用 AC は低下し続けている．平均費用が低下する領域では，平均費用は限界費用 MC よりも高い（第 10 章の限界費用曲線と平均表曲線の位置関係を扱った部分を参照せよ）．したがって，$p = MC$ のような規制を課すと，$p < AC$ が成り立ち，損失が発生する．

13.6 費用逓減産業

規制である.

しかし,限界費用価格規制も,平均費用価格規制も,被規制企業に経営努力をさせるインセンティブを与えないという問題がある.赤字を出しても損失は補填されるし,経営努力を怠って費用がかさんでもそれは値上げでカバー出来るからである.規制当局が真の費用,すなわち Q を生産する際の最小費用 $C(Q)$ を把握出来ない場合はそうである.限界費用価格規制も平均費用価格規制も,規制当局が真の費用関数を知っているという前提に立った議論だが,それは正しくない可能性が強いのである.そこで,現在では,このような方法ではなく,なるべく被規制企業のインセンティヴを無くさないような規制方法が検討されている.

なお,固定費用が仮に巨額でも,事業から退出する際にその固定費用が回収出来るなら(運送会社のトラックは中古業者に売却出来る),既存企業と新規参入企業の間に有利・不利は無いという考え方が有力になってきた[20].この考え方によれば,そのような市場では,仮に市場に一社しか存在しなくても,潜在的参入者による競争圧力が働いていて,独占的な価格付けは出来ないとする.つまり,独占を放置していても問題は無いのである.このような市場は**コンテスタブル市場**とよばれる.コンテスタブル市場では,仮に,市場に 1 社しか残らなかったとしても企業は独占者として振る舞えない.

13.6.1 レント・シーキング

この章の最初のほうで,参入障壁になり得るものとして政府の規制があることを指摘した.この政府による規制は外生的に決まるわけではない.企業は,政治家や監督官庁に働きかけて,政策決定に影響力を行使出来る.その結果,その企業に独占権が与えられれば,企業は独占的な利潤を手に入れることが出来る.すると,政治家や監督官庁への企業の働きかけは,企業にとっては一種の投資活動である.そのような投資活動は,その活動から得られる限界収入とその活動の限界費用が一致する水準まで行われるだろう.

---

[20] 新規参入企業と既存企業の参入・退出の判断の非対称性を産む原因は,サンクコストの存在だからである.既存企業が,このことを利用して,新規参入を阻止するような価格設定が出来れば,既存企業は独占を維持出来る.しかし,サンクコストが存在しなければ,既存企業と新規参入企業の参入・退出は,同一の条件によって判断される.

企業のこのような活動（ロビー活動）を**レント・シーキング**活動とよぶ[*21]．レント・シーキングは各企業にとっては一種の投資活動であるが，経済全体としては，政治家や官庁への所得移転であったり，場合によっては，交渉，接待など生産に結びつかない活動に浪費されてしまう．もし，レント・シーキング的な活動に投下される資源の全てが非生産的な活動に浪費されるとすれば，この部分も独占に伴う資源配分上の損失と考えることが出来る．各企業がレントシーキングに投下する資源の合計は，最大で独占利潤に等しくなる．つまりこの場合，独占による資源配分上の損失は，通常の死重損失に加えて，独占利潤を加えたものになり，非常に大きくなる可能性がある．

13.7 寡占

寡占市場の分析は企業間の相互依存関係を分析するため，独占市場の分析よりも難しくなる．ここでは，特に，二つの企業によって市場が支配されている状況，すなわち**複占** (duopoly) を取り上げる．

なお，寡占市場の分析では，寡占市場の唯一のモデルがあるわけではない．寡占企業の行動についての想定には複数の想定があり，それぞれが異なった結果をもたらす．複占の例では，二つの企業は同時に戦略を決定しているのか，それとも片方の企業が主導権を握っているのかで，異なる結果を予測する．また，二つの企業は生産量の変更をめぐって競争しているのか，それとも価格競争をしているのかでも異なる結果がもたらされる．以下では，これら想定の異なる複数のモデルを簡単に紹介しよう．

13.7.1　クールノー・ナッシュ均衡

二つの企業，企業 1 と企業 2 がある財の市場を支配しているとする．単純化のため，市場の需要曲線は直線 $p = a - bQ$ で与えられるとしよう．ただし，

[*21] レントはもともとは地代を意味する．地代の決定はもちろん需要曲線と供給曲線の交点で決まるが，土地は再生産不可能で一定量しか存在しないため（正確に言えば，未開発の土地），土地の供給曲線は垂直になる．供給量が固定的だったり，何らかの理由で（政治的に参入が規制されているなどの理由で）供給が増やせない生産要素の価格は，地代と同じように決まる．このように決まる価格を一般にレント（あるいは準レント）とよぶ．

13.7 寡占

Q は市場全体の生産量で，a と b は正の定数である．また，企業 1，企業 2 の生産量をそれぞれ，q_1 と q_2 で表そう．二つの企業の生産量の合計が市場全体の生産量であるから，$Q = q_1 + q_2$ が成り立つ．したがって，需要曲線を q_1 と q_2 を用いて表せば，次の通りになる．

$$p = a - bQ = a - b(q_1 + q_2)$$

さらに単純化のため，企業 1 と企業 2 の生産技術は等しいもので，両者とも一定の限界費用 c で生産を行っているものとしよう[*22]．このとき，企業 1 の利潤は

$$\pi_1 = pq_1 - cq_1 = (a - bQ)q_1 - cq_1 = (a - bq_2 - bq_1)q_1 - cq_1$$

で与えられる．

さて，企業 1 は q_2 を所与として自企業の生産量を決定すると仮定しよう．利潤最大化の条件は限界収入と限界費用が一致することであった．今の場合，需要曲線が直線である場合の限界収入の公式が使える．q_2 は所与だから $a - bq_2$ も所与である．そこで，$a - bq_2$ を a' とおいて，企業 1 の限界収入 MR_1 を求めると次の通りになる[*23]．

$$MR_1 = a' - 2bq_1 = a - bq_2 - 2bq_1$$

この様子が図 13.8 に描かれている．限界収入は，$Q = q_2$（すなわち $q_1 = 0$）のとき $a' = a - bq_2$ に等しいから，図の点 B を通り，傾きが $2b$ の直線である．限界収入と限界費用が一致するのは M 点であるから，企業 1 はこの点に対応する生産量を選択する．これが q_2 が与えられた場合の企業 1 の最適反応を表す．これを $q_1^* = f(q_2)$ と表すことにしよう．

[*22] 限界費用の逓増を仮定すると，各企業の生産量の決定の計算が複雑になる．これを避けるための仮定である．

[*23] 独占企業の限界収入を求める際に，需要曲線が $p = a - bQ$ で表されると，限界収入曲線が $MR = a - 2bQ$ になったことを思い出そう．あるいは，収入 R が

$$R = (a - bq_2 - bq_1)q_1 = aq_1 - bq_1q_2 - bq_1^2$$

と q_1 の 2 次関数になることから，この式を q_1 に関して偏微分（q_2 を一定として，q_1 で微分する）して求めればよい．

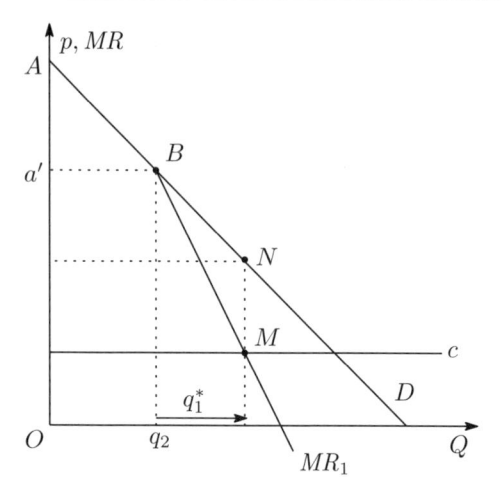

図 13.8 　q_1 の決定

　企業 2 も同様に，q_1 を与えられたものとして利潤最大化を図れば，$MR_2 = c$ を満たすように q_2^* を決める．ただし，$MR_2 = a - bq_1 - 2bq_2$ である．企業 1 の最適反応と同様に，q_2^* は q_1 の関数である．そこで，それを $q_2^* = g(q_1)$ と表すことにしよう．q_1^* と q_2^* を具体的に解くと次の通りになる．

$$q_1^* = f(q_2) = \frac{1}{2b}(a-c) - \frac{1}{2}q_2$$
$$q_2^* = g(q_1) = \frac{1}{2b}(a-c) - \frac{1}{2}q_1$$

　図 13.9 はこうして求めた最適反応関数を (q_1, q_2) 平面上に描いたものである．互いの行動が整合的であるためには，q_1 と q_2 は上の方程式を同時に満たすようなものでなくてはならない．すなわち，次の式が成立している必要がある．

$$q_1^* = f(q_2^*)$$
$$q_2^* = g(q_1^*)$$

13.7 寡占

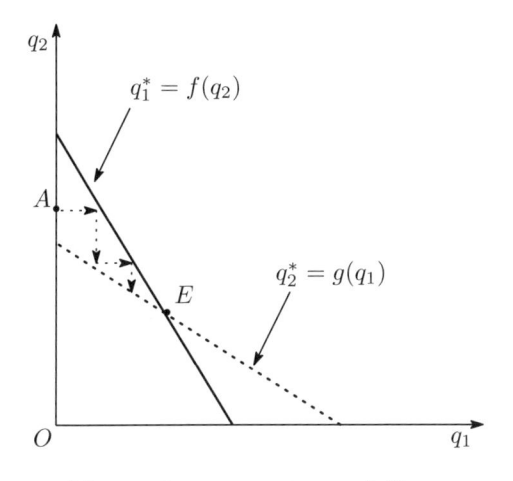

図 13.9 クールノー・ナッシュ均衡

この連立方程式の解が図の点 E である．この点は，クールノー・ナッシュ均衡とよばれる[*24]．これを具体的に解くと，次の通りになる．

$$Q = q_1 + q_2 = \frac{2}{3b}(a-c)$$

13.7.2 シュタッケルベルグ均衡

企業 1 が主導者（リーダー）で，企業 2 が追随者（フォロワー）である場合を考える．この場合，リーダーは，フォロワーがとる最適反応を考慮して自らの利潤の最大化を図る．つまり，前節の記号を用いれば，企業 2 の行動が $q_2 = g(q_1)$ となることを利用して，自らの利潤を最大にするように q_1 を選択するのである．

[*24] クールノーの数量競争モデルは逐次的な反応を前提にしたモデルである．例えば，当初の点が図 13.9 の点 A だとすると，企業 1 は企業 2 の生産量を所与として自企業の生産量を決定する．次に，企業 2 は企業 1 の生産量をもとに新しい生産量を決定する．このような反応の結果，q_1 と q_2 の組み合わせは図の点線に示された経路に沿って移動し，最終的には E 点に収束する．一方，ナッシュ均衡の概念は，非協力ゲームの均衡概念で，こちらは何回も意思決定を行うことを予定しているわけではない．

企業1がリーダーだとして，企業2がフォロワーだとする．それ以外の想定はクールノー・ナッシュ均衡の場合と同じとしよう．つまり，この財の市場全体の需要曲線は $p = a - bQ = a - b(q_1 + q_2)$ で与えられ，各企業の限界費用は c で一定だとする．

企業2の生産量が q_2 の場合，企業1の利潤は $\pi_1 = pq_1 - cq_1$ で与えられるが，この式に $p = a - b(q_1 + q_2)$ を代入すると次の式が得られる．

$$\pi_1 = (a - bq_1 - bq_2)q_1 - cq_1 = (a - bq_2 - c)q_1 - bq_1^2$$

さらに，この式に企業2の反応関数 $q_2 = g(q_1)$ を代入すると

$$\pi_1 = (a - bg(q_1) - c)q_1 - bq_1^2 \tag{13.6}$$

となり，q_1 だけの関数になる．

リーダーである企業1は，フォロワーである企業2が $q_2 = g(q_1)$ という行動をすることを見込んで q_1 の決定を行う．つまり，上の式を最大にするように q_1 を選択する．その条件は，上の式を q_1 で微分して0になることである．つまり，次の式がその条件である．

$$a - bg(q_1) - c - bg'(q_1)q_1 - 2bq_1 = 0$$

前の節の結果を用いれば，$g(q_1) = (a - c)/(2b) - q_1/2$ であった．また，$g'(q_1) = -1/2$ であるので，これを代入して q_1 について解くと，次の通りになる．

$$q_1 = \frac{1}{2b}(a - c)$$

この結果を $q_2 = g(q_1) = (a - c)/(2b) - q_1/2$ に代入すれば，

$$q_2 = \frac{1}{4b}(a - c)$$

という結果を得る．その結果，市場全体では，

$$Q = q_1 + q_2 = \frac{3}{4b}(a - c)$$

だけの財が生産される．この例では，シュタッケルベルグ均衡における市場全体の生産量はクールノー・ナッシュ均衡に比べて多い．また，シュタッケルベルグ均衡では，リーダーがより多くの生産をしている（これはより多くの利潤につながる）．

シュタッケルベルグ均衡を図を用いて表すためには，**等利潤線** (isoprofit curve) を用いる．寡占市場では，各企業の利潤は全ての企業の産出量に依存する．つまり，各企業の利潤は全ての企業の産出量の関数になる．今，考えているのは企業が二つのケースだから，企業 1 と企業 2 の利潤は $\pi_1(q_1, q_2)$，$\pi_2(q_1, q_2)$ のように表せる．さて，ある定数 $\bar{\pi}_1$ に対し，$\pi_1(q_1, q_2) = \bar{\pi}_1$ を満たすような (q_1, q_2) の組み合わせを企業 1 の等利潤線とよぶ．同様にある定数 $\bar{\pi}_2$ に対し，$\pi_2(q_1, q_2) = \bar{\pi}_2$ を満たすような (q_1, q_2) の組み合わせを企業 2 の等利潤線とよぶ．需要曲線が直線で，限界費用と平均費用が c で一定の場合，企業 1 の利潤は，

$$\pi_1(q_1, q_2) = pq_1 - cq_1 = (a - b(q_1 + q_2))q_1 - cq_1 = (a - bq_2 - c)q_1 - bq_1^2$$

となるから，企業 1 の等利潤線は

$$(a - bq_2 - c)q_1 - bq_1^2 = \bar{\pi}_1$$

で与えられ，これをグラフ上に表すと図 13.10 のような曲線になる[25]．

等利潤線は利潤の水準に応じて無数に描ける．企業 1 の等利潤線に関しては，下方にある等利潤線ほど高い利潤を表す．企業 2 の等利潤線についても同様である（左方にある等利潤線ほど高い利潤を表す）．

さて，ナッシュ均衡のところで最適反応関数という概念を導出した．企業 2 の最適反応関数 $g(q_1)$ は，q_1 が与えられた場合に，企業 2 の利潤を最大にするような q_2 を表した．つまり，企業 2 の最適反応は q_2 軸に水平な直線と等利潤

---

[25] この式を q_2 について解けば，

$$q_2 = \frac{a-c}{b} - \left(q_1 + \frac{\bar{\pi}/b}{q_1}\right)$$

となる．パラメータ a, b, c, $\bar{\pi}_1$ を与えれば，パソコンの表計算ソフトで，等利潤線を簡単に描くことが出来る．

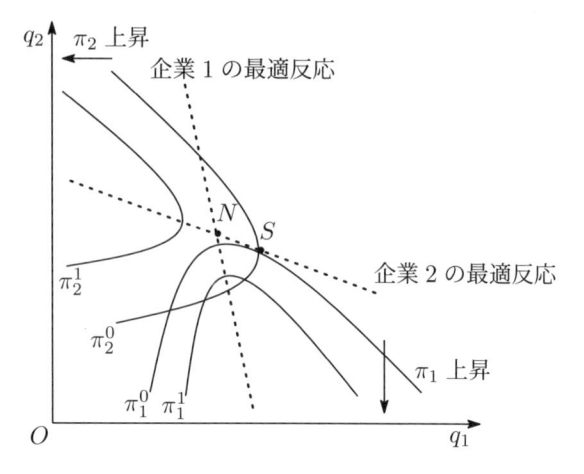

図 13.10 シュタッケルベルグ均衡

線の接点で与えられる．図中の「企業 2 の最適反応」と記された点線は，様々な q_1 に対する企業 2 の最適反応を結んだ線である．企業 2 の最適反応曲線上の点で，企業 1 の利潤を最大化する点がシュタッケルベルグ均衡を表す．それは，企業 2 の最適反応曲線と企業 1 の等利潤線が接する点 S である．

なお，ナッシュ均衡は，互いの最適反応曲線の交点になる．図には，企業 1 の最適反応曲線（点線で示されている）も描かれている．二つの企業の最適反応曲線の交点である N 点がナッシュ均衡を表す．

13.7.3 共謀

二つの企業は，互いにカルテルを結んで利潤の合計を最大にするような行動を選択するかもしれない．その場合，二つの企業の生産量の合計 Q は，合計利潤を最大にするように決まる．これは，独占の場合と等しい結果をもたらす．

需要曲線が直線で与えられていて，限界費用が c で一定の場合，合計利潤は

$$\pi_1 + \pi_2 = (a - bQ)Q - cQ$$

である．利潤最大化の条件は，$a - 2bQ = c$ だから，Q は次の通りに決まる．

$$Q = \frac{1}{2b}(a-c)$$

二つの企業がカルテルを結んであたかも独占者として振る舞えば，二つの企業の合計利潤は最大化される．しかし，それぞれの企業はカルテルを破る誘因がある．カルテルの結果決まったそれぞれの企業の生産量が q_1^M, q_2^M だったとしよう ($q_1^M + q_2^M = (a-c)/(2b)$ が成り立つ)．この時，企業 1 の最適反応 $f(q_2^M)$ は q_1^M より大きいことを示すことが出来る．企業 1 はカルテルを破って生産を増加する（価格下落の減収効果の一部を企業 2 に負わせる）ことが企業 1 の利潤を増加させることにつながる．また，企業 1 は価格をわずかに切り下げて企業 2 のシェアを奪ってしまうことも出来る．価格競争でも，カルテルを破る誘因がある．

ゲームが 1 回で終わるなら，企業 1 は企業 2 との約束を破って，自らの利潤を増加させて話は終わりである．しかし，ゲームが無限に続く場合には，約束を破った相手に対する報復が，約束を順守させるインセンティヴをもたらすかもしれない[*26]．

13.8 独占的競争

独占的競争市場は，独占的な側面と競争的な側面の両方の性質を備えた市場である．この市場では，各企業が同質な財ではなく，**差別化された財**を生産して競争している．そして，それぞれの企業の製品をひいきする顧客がいるので，各企業は**一定の価格支配力**を持っている．これがこの市場の独占的な側面である．しかし，この市場への参入は自由であり，この市場で各企業が超過利潤を手にしているのであれば，新たな企業が利潤を求めてこの市場に参入してくる．逆に，損失を出している企業があれば，その企業は速やかにこの市場から退出する．**自由な参入・退出**が，この市場の競争的な側面を表す．

完全競争市場では，各企業は同質的な財を生産していた．市場全体の規模に比べると各企業の生産量はごくわずかで，このため，各企業は生産物の価格を

[*26] このゲームが有限回で終わることがわかっていれば，最終回に相手を裏切ることが利益をもたらす（次の回は無いので報復が無い）．すると，最終回には報復が無いから，その前の回でも裏切ることになり，結局，最初から相手を裏切ることになってしまう．

図 13.11　独占的競争 (1)

図 13.12　独占的競争 (2)

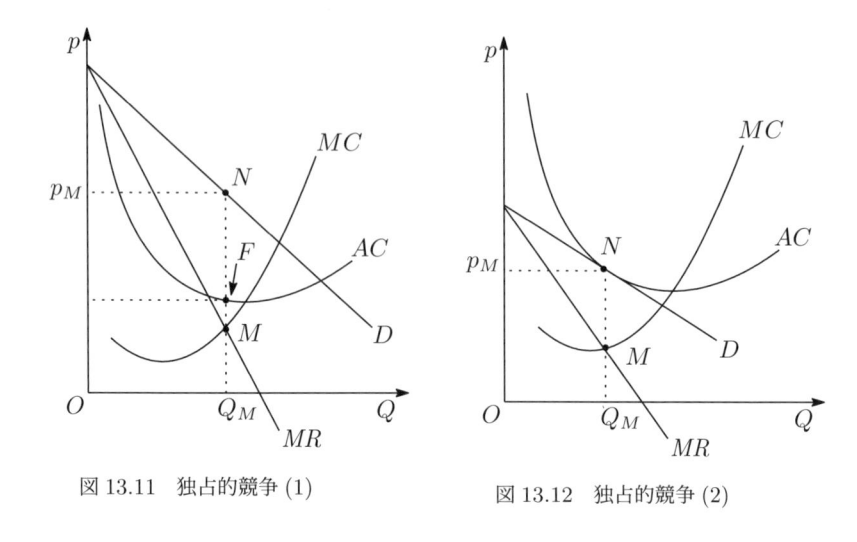

所与として生産量の決定を行っていた．完全競争市場では，各企業はあたかも水平な需要曲線に直面しているかのように振る舞うのである．独占的競争市場では，各企業は差別化された財を生産していて，そのため，（差別化された財の市場で）右下がりの需要曲線に直面している．したがって，各企業は

$$MR = MC$$

を満たすように生産量を決定する．図 13.11 にその様子が描かれている．Q_M と p_M が企業の選択する生産量と価格の組み合わせを表す．なお，この図では，生産量が Q_M の場合の平均費用は F 点で与えられているが，これは p_M（価格＝平均収入）よりも低い．つまり，生産物 1 単位当たり NF に相当する利潤をこの企業は手に入れるのである．

独占的競争市場は，参入・退出が自由な市場である．図 13.11 のように，この市場でプラスの利潤が獲得出来るなら，この市場に新規に参入しようとする企業が表れるはずである．そして，新規参入企業は，図 13.11 の企業とは少し異なった財を生産する．これは，この企業の顧客を奪い，その結果，この企業

13.8 独占的競争

の直面する需要曲線は左側にシフトする[*27]．この企業は新たな需要曲線のもとで，最適な生産量を決定する．もし，この場合でも，この企業がプラスの利潤を獲得しているなら，さらに新たな企業の参入が生じ，この企業の直面する需要曲線はさらに左側にシフトするだろう．そして，最終的には，図 13.11 のように $MR = MC$ を満たす生産量水準において，$p_M = AC$ が成り立つ（つまり利潤=0 となる点）まで，需要曲線が左側にシフトする．これがこの市場の均衡を表す．

独占的競争市場は，価格と限界費用が一致しないという点では非効率的である．しかし，一方で，消費者にはバラエティに富んだ財が提供される．これは消費者にとっては利益をもたらす．

Keywords

完全競争，独占，不完全競争，寡占，複占，独占的競争，参入障壁，限界収入，マークアップ率，価格差別，完全価格差別，第 1 種価格差別，第 2 種価格差別，第 3 種価格差別，買手独占，費用逓減産業，自然独占，クールノー・ナッシュ均衡，シュタッケルベルグ均衡，共謀

復習問題

1. 独占の原因にはどのようなものがあるか．
2. 市場全体の需要曲線が直線 $p = a - bQ$ で与えられている（a, b は正の定数）．この場合の独占企業の限界収入を Q の関数で表せ．また，需要曲線と限界収入曲線を同一のグラフ上で表せ．
3. 独占企業の限界費用は c で一定であるとする．上の問題で利潤を最大にするような産出量水準を求めよ．また，グラフを用いても示せ．
4. 一般に，独占が存在する場合，市場全体の需要曲線とこの独占企業の限界収入曲線はどのような関係になるか．
5. 独占企業の設定する価格は限界費用より割高になる．そして，どのくらい割高になるかは，需要の価格弾力性に依存する．このことを示せ．

[*27] 新規参入の企業の製品は，既存の企業の製品の代替財である．新規参入が続く結果，図 13.11 の市場には代替財が増えることになり，これは需要の価格弾力性を大きくする．つまり，新規参入は需要曲線を左側にシフトさせるだけでなく，需要曲線の傾きを緩やかにすると考えられる．

6. 完全価格差別が実行出来るときには，資源配分の非効率性は生じないことを説明せよ．
7. 労働市場が買手独占市場であれば，この市場が競争的な場合と比較すると，雇用と賃金は過小になる．このことを説明せよ．
8. 費用逓減産業とは何か．
9. 固定費用が巨額でも，それがサンクコストでなければ，既存企業と潜在的参入企業の間の費用条件に違いは無いので参入障壁にならないという議論を説明せよ．
10. サンクコストとは何か．運送業者の保有するトラックはサンクコストだろうか．運送会社が事業を始めるに当たって投下した広告費はどうだろうか．
11. 寡占（複占）市場の分析では，クールノー・ナッシュ均衡，シュタッケルベルグ均衡，共謀の解の性質を調べた．それぞれのモデルで，寡占企業はどのような行動をとると想定していたか．
12. 独占的競争市場は，どのような面で独占的で，どのような面で競争的なのか．

第14章

不確実性

14.1 不確実性下の選択

これまでの章での分析は，確実性下の世界を前提にしてきた．この章では，不確実性下の選択の理論を説明する．最初に，金融資産のポートフォリオ選択の問題を例にしてこの問題を考えてみよう．

A_0 の資産を持つ個人が国債に投資するか株式に投資するかを考えているとしよう．資産の全てを国債に投資すれば，1年後に確実に $A_s \equiv A_0(1+r_s)$ の金額を手に入れられる（r_s は国債の収益率を表す）．一方，株式に投資した場合に1年後に手に入れられる金額は不確実である．単純化のため，株式の収益率 r が取り得る値は2通りの r_h と r_l であるとする．ただし，$r_h > r_l$ であるとする．個人は，国債と株式をそれぞれどのくらい購入するだろうか．

この問題は，消費者の2財の選択モデルに還元して考えることが出来る．まず，r_h が実現する状態を状態1，r_l が実現する状態を状態2とよぼう．状態1が実現するときの資産額（あるいは，そのときに実現可能な消費）を C_1，状態2が実現する場合の資産額を C_2 で表す．資産の全てを国債の購入に振り向けた場合，どちらの状態が実現しても，資産は $A_s \equiv A_0(1+r_s)$ になる．一方，A_0 の全額を株式に投資すれば，状態1が実現した場合の資産額は $A_h \equiv A_0(1+r_h)$，状態2が実現した場合の資産額は $A_l \equiv A_0(1+r_l)$ となる．

図14.1には，横軸を C_1，縦軸を C_2 に取ったグラフが描かれている．国債だけを購入した場合の (C_1, C_2) は点 $S(A_s, A_s)$ で，株式だけを購入した場合

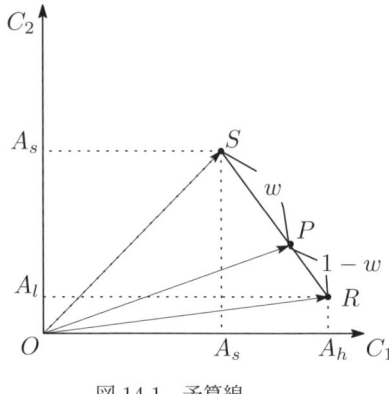

図 14.1 予算線

の (C_1, C_2) は点 $R(A_h, A_l)$ で表されている．なお，株式を w，国債を $1-w$ の割合で購入した場合に実現する (C_1, C_2) は線分 SR を $w : 1-w$ に内分する点 P になる．w を 0 から 1 の間で連続的に変化させていけば，点 P は線分 SR 上を点 S から点 R に向かって移動していく．つまり，線分 SR が予算線を表す[*1]．

さて，(C_1, C_2) 平面において消費者の選好はどのように表されるだろうか．今，消費者は S 点にいるとしよう．このとき，C_1 の 1 単位の増加と引き換えに何単位の C_2 を減らしても無差別かをこの消費者に問うことが出来るだろう．このような作業を続けていくと，点 S と無差別な点 (C_1, C_2) の集合を求めることが出来る．それが，図 14.2 に示された無差別曲線である．

図の $\Delta C_2/\Delta C_1$ は，C_1 と C_2 の限界代替率を表している．一般的には，C_1 の増加につれ，限界代替率 $\Delta C_2/\Delta C_1$ は逓減する．その場合，無差別曲線は原点に対して凸になる[*2]．

無差別曲線に沿って C_1 を増やしていくことは，状態 1（幸運な場合）にお

[*1] $w < 0$ というポートフォリオを考えることも出来る．株式を空売りして，その金額で国債を購入するのである．また，$w > 1$ というポートフォリオも考えることが出来る．今度は国債を空売りしてその金額で株式を購入するのである．株式や国債の空売りを許せば，予算線は点 S と点 R を結ぶ直線になる．空売りを許さなければ，予算線は線分 SR である．

[*2] (C_1, C_2) 平面上の無差別曲線は，通常の 2 財モデルの無差別曲線と同様の性質を持つ．原点から遠いほど高い効用に対応し，異なる効用に対応する無差別曲線は交わらない．

14.1 不確実性下の選択

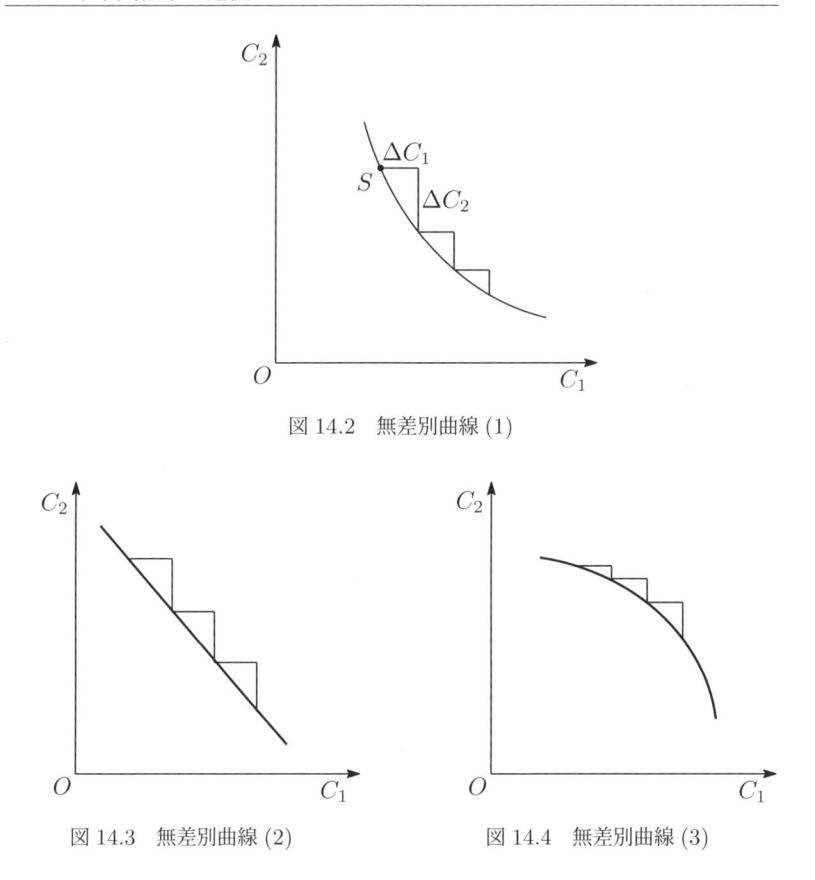

図 14.2 無差別曲線 (1)

図 14.3 無差別曲線 (2)

図 14.4 無差別曲線 (3)

ける利益のために状態 2（不運な場合）の利益を犠牲にすることである．つまり，限界代替率 $\Delta C_2/\Delta C_1$ は，個人のリスクに対する態度と関係がある．詳しい説明は次の節で行うが，図 14.2 のように限界代替率が逓減するのは，個人が**リスク回避的**（危険回避的）な場合である．図 14.3 と図 14.4 には限界代替率が逓減しないケースが描かれている．図 14.3 は**リスク中立的**（危険中立的），図 14.4 は**リスク愛好的**（危険愛好的）な個人の無差別曲線を表す．リスク回避的，中立的，愛好的の意味も含めて，これらの説明は 14.3 節で行う．

不確実性とは，事前に実現する「状態」がわからない（確率的にしかわから

ない) 場合だが, 財を C_1 や C_2 のように, 実現する状態に応じて異なる財としてとらえることで, 消費者行動の今までのフレームワークが使える.「状態」は, 正確には**自然の状態** (state of nature) とよび, C_1 や C_2 を**状態条件付財** (state contingent commodities) とよぶ.

さて, 問題を解析的に扱うためには, 無差別曲線ではなく, 効用関数で議論したほうがよい. C_1 と C_2 はもちろん効用関数の変数だが, 効用はそれぞれの状態が実現する確率にも依存するだろう (限界代替率 $\Delta C_2/\Delta C_1$ の大きさが状態 1 と状態 2 の実現確率に依存することは当然だろう). そこで, 状態 1 の実現する確率を p_1, 状態 2 の実現する確率を p_2 で表せば, 効用関数は

$$U(C_1, C_2; p_1, p_2)$$

と表されるはずである.

最初の問題に戻ろう. A_0 の資産を保有する個人が, 国債と株式をそれぞれどれだけ購入するかという問題に直面している. 株式への投資比率を w とすると, 個人の予算制約は (C_1, C_2) 平面の線分 SR で表される. また, 同じ平面上に無差別曲線を描くことが出来る. 最適な w は予算制約のもとで, 最も効用の高い点を見つける問題に帰着し, 図 14.5 の点 E で表される. 線分 SR の長さを 1 としたときの線分 SE の長さが最適な w を表す.

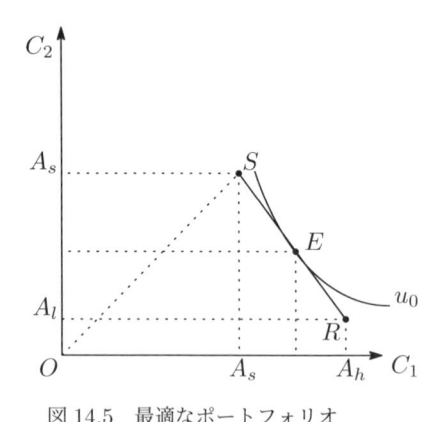

図 14.5 最適なポートフォリオ

状態が 2 通りでなく, n 通りある場合, n 個の状態に応じた条件付消費 C_i と

($i=1,2,..,n$)，それぞれの状態の実現する確率 p_i を考えればよい（ただし，$p_1+p_2+\cdots+p_n=1$）．効用関数は $U(C_1,C_2,..,C_n;p_1,p_2,..,p_n)$ で表される．このように，不確実性下の選択の問題は，状態条件付財を考えることで分析出来る．このようなモデルを**状態空間モデル** (sate space model) とよぶ．

14.2 期待効用理論

　前節では，不確実性下の選択も条件付財を考えることで，通常の消費者行動理論に即して考えることが出来ることを示した．前節では，条件付財と各状態の生じる確率から効用が決まるはずだという議論を行ったが，不確実性下の選択に関してもっともらしい前提のもとでは，効用関数はもう少し特殊な形をとることが知られている．それは，次のような形である．

$$U = p_1 u(x_1) + p_2 u(x_2) + \cdots + p_n u(x_n) \tag{14.1}$$

ここで，x_i は状態 $i(=1,2,..,n)$ が実現した場合の条件付財の消費，p_i は状態 i の実現する確率である．ただし，$p_1+p_2+\cdots+p_n=1$ で，全ての i について $0 \leq p_i \leq 1$ である．(14.1) 式は，効用 U が各状態の「効用」$u(x_i)$ の期待値で表されることを示している．(14.1) 式を**期待効用関数** (expected utility function) または**フォン・ノイマン-モルゲンシュテルン型効用関数** (von Neumann-Morgenstern utility function) とよぶ[*3]．

[*3] (14.1) 式の効用関数のもとでは，x_i と x_j の限界代替率は，

$$MRS_{i,j} = -\frac{dx_j}{dx_i} = \frac{p_i}{p_j}\frac{u'(x_i)}{u'(x_j)}$$

となり，他の状態の消費（および確率）に依存しないという性質を持っている．この性質は，不確実性下の意思決定に関する「独立性の公理」と関わっている．不確実性下の意思決定に関して，いくつかの前提と矛盾しない効用関数が (14.1) 式のような形になることについての証明は，例えば Varin,H. *Microeconomic Analysis*,Norton などの中級以上のミクロ経済学の教科書を参照せよ．

14.3　リスクに対する態度

期待効用関数の $u(x)$ の形状は，個人のリスクに対する態度と関係がある．$u(x)$ が図 14.6 に示されたような形状を示すとき，個人はリスク回避的である．

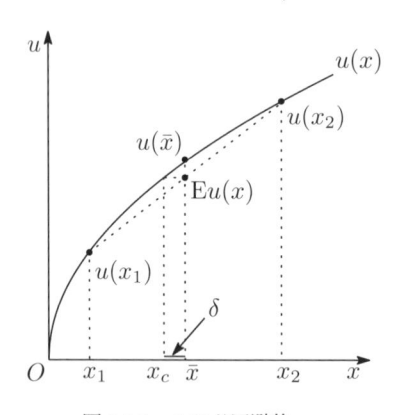

図 14.6　リスク回避的

このことを説明するために，取り得る状態が二つの場合を考えよう．例えば，資産を株式に投資すると，1 期後の資産は確率 p_1 で x_1，確率 $p_2(=1-p_1)$ で x_2 になるとする．この場合，期待効用は

$$\mathrm{E}u(x) = p_1 u(x_1) + p_2 u(x_2)$$

で与えられる．ここで E は期待値オペレータを表す．

図 14.6 には，$p_1 = p_2 = 0.5$ としてグラフが描かれている．$\bar{x}$ は x の期待値で，$p_1 x_1 + p_2 x_2$ に等しい（$p_1 = p_2 = 0.5$ なので，x_1 と x_2 の中点に位置する）．同様に，$\mathrm{E}u(x)$ は，$u(x_1)$ と $u(x_2)$ の中点に位置する．したがって，$u(x)$ が図 14.6 のように上に凸であれば，次の式が成立する．

$$\mathrm{E}u(x) < u(\bar{x}) \tag{14.2}$$

(14.2) 式が成り立つ場合，個人は**リスク回避者** (risk averter)，あるいはリスク回避的だと言う．つまり，確率 1 で $\bar{x}$ を約束する資産を，期待値は等しい

14.3 リスクに対する態度

が不確実性のある資産（ここでは株式）よりも好ましいと思うとき，その個人はリスク回避者であると定義する．

さて，次の式が成り立つ場合，個人は**リスク中立者** (risk neutral)，またはリスク中立的であると言う．

$$\mathrm{E}u(x) = u(\bar{x}) \tag{14.3}$$

この式が成立する場合，個人は x の期待値だけをもとに行動を決定する（$\mathrm{E}u(x)$ が $\bar{x}$ だけによって決まる）．つまり，個人は x の散らばり度合いを無視して行動することを意味する．また，この式が成り立つ場合，$u(x)$ は図 14.7 のように直線になる．

また，個人が**リスク愛好者** (risk lover)，またはリスク愛好的であるとは，

$$\mathrm{E}u(x) > u(\bar{x}) \tag{14.4}$$

が成り立つことを言う．この場合，$\bar{x}$ が確実に約束されるよりも，期待値は同じで不確実な状況におかれたほうが効用が高くなるのである．図 14.8 のように，$u(x)$ が下に凸の曲線の場合がリスク愛好的なケースである．

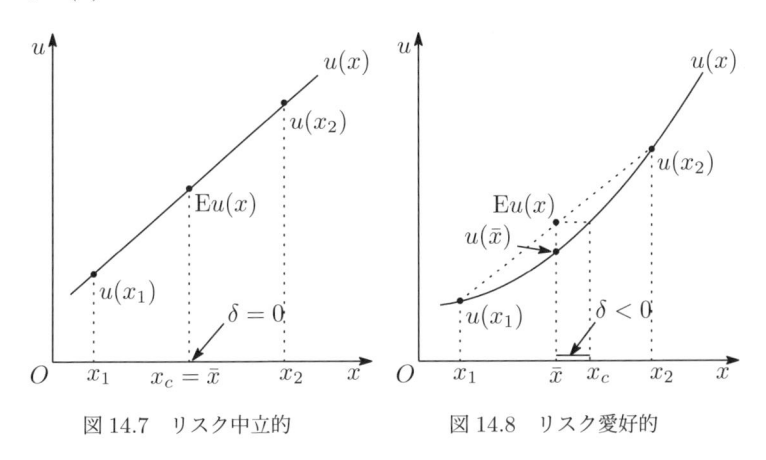

図 14.7　リスク中立的　　　　図 14.8　リスク愛好的

14.3.1 リスク・プレミアム

不確実な x をもたらす株式投資の期待効用は $\mathrm{E}u(x)$ で与えられるが，図 14.6 にはこの $\mathrm{E}u(x)$ と等しい期待効用をもたらすような（確率 1 で実現する）資産額 x_c が示されている．この x_c を（不確実な）x の**確実性等価** (certainty equivalent) とよぶ．x_c は次の式で定義される．

$$u(x_c) = \mathrm{E}u(x) \tag{14.5}$$

さて，図 14.6 はリスク回避的な個人の $u(x)$ を表しているが，この場合，$x_c < \bar{x}$ が成立する．つまり，個人がリスク回避的であれば，不確実な x を期待値 $\bar{x}$ よりも割り引いて評価するのである．なお，$\bar{x}$ と x_c のギャップを**リスク・プレミアム** (risk premium) とよぶ．リスク・プレミアムを δ で表せば，

$$\delta \equiv \bar{x} - x_c \tag{14.6}$$

と定義される．

$\mathrm{E}u(x) < u(\bar{x})$ が成り立てば，$\delta > 0$ が成り立ち，またその逆も成り立つ．つまり，$\delta > 0$ であることと個人がリスク回避的であることは同値である．同様にして，$\delta = 0$ ならリスク中立的，$\delta < 0$ ならリスク愛好的である．

14.3.2 序数的効用論との関係

第 5 章の消費者行動の理論で，序数的効用の議論を紹介した．つまり，選好の順序だけが問題であるので，限界効用は逓減しなくても構わない（ただし，限界代替率逓減は成立する必要がある）という議論である．例えば，$u(x,y) = \sqrt{xy}$ と $v(x,y) = x^2 y^2$ の無差別曲線は同じ形状になるので，同一の需要関数が得られる．F を単調増加関数とすると，$u(x,y)$ と $v(x,y) = F(u(x,y))$ は同一の消費者行動を記述するのである．

しかし，期待効用の理論では，限界効用 $u'(x)$ が逓減するか否かでリスクに対する態度が変わってしまう．例えば，$u(x) = \sqrt{x}$, $v(x) = x$, $w(x) = x^2$ という三つの関数は互いに単調変換の関係にあるが，$u(x)$ はリスク回避的，$v(x)$ はリスク中立的，$w(x)$ はリスク愛好的である．この意味において，期待効用

の理論において，$u(x)$ は序数的ではない．一般に，$u(x)$ が期待効用関数であるとき，$a(>0)$ と b を定数として，$v(x) = au(x) + b$ のような $v(x)$ であれば，$u(x)$ と同じ選択結果をもたらす．$u(x)$ と $v(x) = au(x) + b$ で，リスク回避的か中立的かそれとも愛好的かという態度が変わることもないし，リスク・プレミアムの大きさも変わらない[*4]．また，後述する**危険回避度**も影響を受けない．

14.3.3　無差別曲線との関係

最後に，図 14.6 から図 14.8 のような $u(x)$ の形状と，図 14.2 から図 14.4 の状態条件付財の空間に描かれた無差別曲線の形状の関係を求めておこう．状態が二つのケースを考え，x_1 を Δx_1 増加させた場合に，x_2 を Δx_2 減少させると期待効用が同一だとすると，

$$p_1 u'(x_1)\Delta x_1 - p_2 u'(x_2)\Delta x_2 = 0$$

という関係が得られる（ここで，$u'(x)$ は $u(x)$ の微分，すなわち限界効用を表す）．この式から，x_1 と x_2 の限界代替率を求めると，次の通りになる．

$$\frac{\Delta x_2}{\Delta x_1} = \frac{p_1}{p_2}\frac{u'(x_1)}{u'(x_2)} \tag{14.7}$$

図 14.6 のようなリスク回避的な効用関数の場合，x の増加とともに限界効用 $u'(x)$ は逓減する．この場合，無差別曲線に沿って x_1 を増やし，x_2 を減らしていくと，(14.7) 式から限界代替率は逓減することがわかる．これは，無差別曲線の形状が，図 14.2 のように原点に対して凸になることを意味する．

[*4] a と b を定数として（ただし，$a > 0$），$v(x) = au(x) + b$ を考える．リスク回避的か中立的か愛好的かは，効用関数の 2 階微分の符号によって決まる．$a > 0$ であれば，$u''(x)$ と $v''(x) = au''(x)$ の符号は一致するから，$u(x)$ と $v(x)$ で，リスク回避的か中立的か，それとも愛好的かが異なることは無い．

次に，効用関数が $u(x)$ の時の確実性等価額を x_c で表せば，$u(x_c) = \mathrm{E}u(x)$ である．効用関数が $v(x)$ の場合の確実性等価額を x'_c とすると，$v(x'_c) = \mathrm{E}v(x)$ が成り立つ．この式の左辺は $v(x'_c) = au(x'_c) + b$ であり，右辺は $\mathrm{E}v(x) = a\mathrm{E}u(x) + b$ である．これから，$u(x'_c) = \mathrm{E}u(x)$ が成り立つことがわかる．x_c の定義（$\mathrm{E}u(x) = u(x_c)$）より，$u(x'_c) = u(x_c)$ が成り立つことがわかる．したがって，$x'_c = x_c$ が成り立つ．これは，効用関数が $u(x)$ と $v(x) = au(x) + b$ の場合で，リスク・プレミアムの大きさに違いはないことを意味する．

リスク中立的な場合には $u(x)$ は図 14.7 のように直線になる．この場合，$u'(x)$ は定数になるから，(14.7) 式より，限界代替率は p_1/p_2 で一定になる．つまり，無差別曲線は図 14.3 のように直線になる．

最後に，リスク愛好的な場合には $u(x)$ は図 14.8 のような形状になり，限界効用 $u'(x)$ は逓増する．このとき，無差別曲線に沿って x_1 を増やしていくと（x_2 を減らす），限界代替率は逓増していくから，無差別曲線は原点に対して凹になる．つまり，無差別曲線は図 14.4 のような形状になる．

14.4 危険回避度

個人がリスク回避的だといっても，その程度は様々である．これまでの説明からわかるように，個人のリスクに対する態度は，$u(x)$ の曲がり具合—正確には，限界効用の逓減の度合い—に関係している[*5]．

x を Δx 増加させた場合の限界効用 $u'(x)$ の変化の大きさを $\Delta u'(x)$ で表そう．リスク回避的な場合には限界効用は逓減するので，$\Delta u'(x)/\Delta x < 0$ である[*6]．なお，リスク回避的な場合でも，その程度は $\Delta u'(x)/\Delta x$ の大きさと関係している．ただし，限界効用の変化の大きさ（$\Delta u'(x)$）自体よりも，変化率 $\Delta u'(x)/u'(x)$ を問題にしたほうが良い．これは，$u(x)$ と $v(x) = au(x) + b$ でリスク回避度が異ならないようにするためである．ただし，$a(>0)$ と b は定数である[*7]．そこで，

$$-\frac{\Delta u'(x)/u'(x)}{\Delta x}$$

をリスク回避度の一つの指標とすることが考えられる．この指標は，x を 1 単位増やしたときに，限界効用が何 % 減少するかを表す．これを**絶対的危険回避度** (measure of absolute risk aversion) とよび，R_A で表す．

[*5] リスク・プレミアムそのものには，個人のリスク回避度だけでなく，x のバラつきの大きさも反映されている．図 14.6 において，$\bar{x}$ を不変にして，x_1 と x_2 の大きさを変化させれば，このことはわかる．

[*6] ここで，Δx の符号がプラスなら x を増加させることを意味し，マイナスなら x の減少を意味する．なお，リスク中立的なら限界効用は一定で，$\Delta u'(x)/\Delta x = 0$ が成立する．また，リスク愛好的なら限界効用は逓増するので，$\Delta u'(x)/\Delta x > 0$ が成り立つ．

[*7] 既に説明したように，$u(x)$ と $v(x) = au(x) + b$ のもとで定義されるリスク・プレミアムの大きさは同じである．

14.4 危険回避度

x の 1% の変化が限界効用を何 % 減少させるかを問題にしたほうが良い場合もある．つまり，

$$-\frac{\Delta u'(x)/u'(x)}{\Delta x/x}$$

を考えるのである．こちらは，**相対的危険回避度** (measure of relative risk aversion) とよび，R_R で表す．

解析的な取り扱いを簡単にするためには，上式で Δx を限りなく 0 に近づけた場合の極限値を考えたほうが良い．$\lim_{\Delta x \to 0} \Delta u'(x)/\Delta x = u''(x)$ だから，絶対的危険回避度 R_A と相対的危険回避度 R_R は，次の式で与えられる．

$$R_A = -\frac{u''(x)}{u'(x)} \tag{14.8}$$

$$R_R = -\frac{xu''(x)}{u'(x)} \tag{14.9}$$

14.4.1 $u(x)$ の特定化

以下では，よく使われる $u(x)$ を紹介する．

相対的危険回避度一定の効用関数

相対的危険回避度一定 (CRRA: constant relative risk aversion) の効用関数 は次の式で与えられる（微分法の公式については数学付録を参照せよ）．

$$u(x) = \frac{1}{1-\sigma} x^{1-\sigma}$$

ただし，$\sigma \neq 1$ である．$u'(x) = x^{-\sigma}$, $u''(x) = -\sigma x^{-\sigma-1}$ より，$R_R = -xu''(x)/u'(x) = \sigma$ が導かれる．つまり，σ が相対的危険回避度を表す．また，

$$u(x) = \ln x$$

は相対的危険回避度が 1 の効用関数である．$u'(x) = 1/x$, $u''(x) = -1/x^2$ より，$R_R = -xu''(x)/u'(x) = 1$ から，このことは確かめられる．

絶対的危険回避度一定の効用関数

絶対的危険回避度一定 (CARA: constant absolute risk aversion) の効用関数 は次のような関数である．

$$u(x) = -\exp(-\sigma x)$$

微分法の公式から，$u'(x) = \sigma \exp(-\sigma x)$, $u''(x) = -\sigma^2 \exp(-\sigma x)$ となるから，$R_A = -u''(x)/u'(x) = \sigma$ となることがわかる．

2次関数

2次関数も応用研究ではよく使われる関数形である．

$$u(x) = ax - \frac{b}{2}x^2$$

ただし，$a > 0$, $b > 0$で，xは0からa/bの範囲（$u'(x) = a - bx > 0$となる範囲）で定義される．このとき$u'(x) = a - bx$, $u''(x) = -b$となるから，絶対的危険回避度は次の式で表される．

$$R_A = \frac{b}{a - bx}$$

つまり，$u(x)$が2次関数の場合，R_Aはxの増加関数になる．xが増加するほどリスク回避的になるのである．例えば，xを所得と考えて，ポートフォリオ選択の問題を考えると，2次関数の定式化では，高所得者ほどリスク回避的であることを想定していることになる．一般的には，高所得者であるほどリスク回避度が低下すると考えたほうがもっともらしい（だからこそ，高所得者ほど株式で資産を運用する）．これは，2次関数による定式化の問題点のひとつである．

14.4.2 危険回避度とリスク・プレミアム

危険回避度とリスク・プレミアムの関係を求めておこう．まず，確率変数xの確実性等価額x_cは

$$u(x_c) = \mathrm{E}u(x)$$

を成立させるような値であった．そして，x の期待値を $\bar{x}$ で表すと，リスク・プレミアム δ は $\delta = \bar{x} - x_c$ で定義された．

さて，上の式の左辺を $\bar{x}$ の回りでテイラー展開すると次の式が得られる．

$$u(x_c) = u(\bar{x} - \delta) = u(\bar{x}) - \delta u'(\bar{x}) + \cdots$$

一方，右辺を $\bar{x}$ の回りでテイラー展開すると，次の通りになる．

$$\mathrm{E}u(x) = u(\bar{x}) + u'(\bar{x})\mathrm{E}(x - \bar{x}) + \frac{1}{2}u''(\bar{x})\mathrm{E}(x - \bar{x})^2 + \cdots$$
$$= u(\bar{x}) + \frac{1}{2}\sigma_x^2 u''(x) + \cdots$$

が得られる．ただし，$\sigma_x^2 = \mathrm{E}(x - \bar{x})^2$ で，x の分散を表す．これらの関係を $u(x_c) = \mathrm{E}u(x)$ に代入して整理すると，リスク・プレミアム δ と（絶対的）危険回避度 R_A の関係についての次の式が導かれる．

$$\delta = \frac{1}{2}\sigma_x^2 \left(-\frac{u''(\bar{x})}{u'(\bar{x})} \right) = \frac{1}{2}\sigma_x^2 R_A$$

また，上の式の両辺を $\bar{x}$ で割れば

$$\frac{\delta}{\bar{x}} = \frac{1}{2}\left(\frac{\sigma_x}{\bar{x}}\right)^2 R_R$$

という関係が導かれる．$\delta/\bar{x}$ は相対的なリスク・プレミアムを表す．また，$\sigma_x/\bar{x}$ は変動係数（x の標準偏差を x の期待値で割った値）とよばれる指標である．

14.5 平均・分散アプローチ

期首に A_0 の資産を保有している個人がいる．n 種類の資産が存在し，j 番目の資産の収益率が r_j で表されるとしよう．r_j は確率変数である．j 番目の資産への投資比率を w_j で表すと，期末資産 A は次の式で与えられる．

$$A = \sum_{j=1}^{n} w_j(1 + r_j)A_0$$

r_j は確率変数であるので，A も確率変数になる．この時，期待効用 $\mathrm{E}u(A)$ を最大にするような $w_1, w_2, .., w_n$ が最適なポートフォリオを表す．

ポートフォリオ選択の問題は，状態空間モデルを用いて分析することも出来るが，生じ得る状態の数が多い場合，あまり便利な方法とは言えない．よく使われる手法は，**平均・分散アプローチ**とよばれる分析方法で，ポートフォリオ全体の収益率の平均（期待値）と分散（あるいはその平方根である標準偏差）に着目する方法である．

確率変数 r_j が正規分布に従うか[*8]，効用関数 $u(A)$ が 2 次関数で表される場合，期待効用は収益率の期待値と分散だけの関数になる．ポートフォリオ全体の収益率の期待値を μ_R，標準偏差を σ_R で表すと，ポートフォリオ選択の問題は次の関数 U を最大にする問題に帰着する．

$$U = U(\mu_R, \sigma_R)$$

ポートフォリオの収益率の期待値 μ_R と標準偏差 σ_R は，w_j の値によって変わってくる．w_j を変化させた場合，μ_R と σ_R がどのように変化するかを次に説明しよう．

14.5.1 安全資産と危険資産

安全資産と危険資産の二つの資産だけ存在する場合のポートフォリオ全体の収益率の期待値と分散を求めてみよう．安全資産は確率 1 で r_s の収益率を実現する．危険資産の収益率 r_x は確率変数で，期待値は μ_x，分散が σ_x^2 であるとしよう．危険資産への投資比率を w，安全資産への投資比率を $1-w$ とすると，ポートフォリオ全体の収益率 R は

$$R = (1-w)r_s + wr_x$$

となる（R はもちろん確率変数である）．これから，R の期待値 μ_R と分散 σ_R^2 を求めると，次の通りになる．

[*8] 正規分布は，期待値と分散の二つのパラメータで分布が決定される．

14.5 平均・分散アプローチ

$$\mu_R = \mathrm{E}[R] = (1-w)r_s + w\mu_x$$
$$\sigma_R^2 = \mathrm{E}\left[R-\mu_R\right]^2 = \mathrm{E}[w(r_x-\mu_x)]^2 = w^2\sigma_x^2$$

これらの式から w を消去すると

$$\mu_R = r_s + \frac{\mu_x - r_s}{\sigma_x}\sigma_R$$

という関係が得られる（r_s, $(\mu_x - r_s)/\sigma_x$ は定数であることに注意）．つまり，この式を満たすような (σ_R, μ_R) の集合は図 14.9 の線分 AB に等しい．線分 AB は，切片が r_s で，傾きが $(\mu_x - r_s)/\sigma_x$ の直線である．なお，点 A の座標は安全資産の収益率の標準偏差と期待値を表し，点 B の座標は危険資産の収益率の標準偏差と期待値を表す．この線分 AB が個人にとって選択可能な (σ_R, μ_R)，つまり，予算線を表す[*9]．

効用関数は $U(\mu_R, \sigma_R)$ で表された．μ_R の増加は効用を増加させるが，σ_R の増加は効用を減少させる（リスク回避的な場合）．したがって，無差別曲線は図 14.9 のような形状になる．この場合，北西方向にある無差別曲線ほど効用が高い．

最適なポートフォリオは予算線 AB と無差別曲線が接する点で与えられる．図の E 点が最適なポートフォリオでの μ_R と σ_R を表す．また，危険資産資産への投資比率の最適値 w^* は $w^* = AE/AB$ で与えられる．

14.5.2 危険資産が二つある場合

今度は，安全資産は存在せず，二つの危険資産がある場合を考える．危険資産 x の収益率を r_x，危険資産 y の収益率を r_y で表す．r_x と r_y は確率変数で

[*9] 本文中の σ_R^2 の式の両辺の平方根をとれば $\sigma_R = w\sigma_x$ を得る．この式と $\mu_R = (1-w)r_s + w\mu_x$ をベクトルに直して書き換えると

$$\begin{pmatrix}\sigma_R\\\mu_R\end{pmatrix} = (1-w)\begin{pmatrix}0\\r_s\end{pmatrix} + w\begin{pmatrix}\sigma_x\\\mu_x\end{pmatrix}$$

と書ける．この式は点 (σ_R, μ_R) が点 $A(0, r_s)$ と点 $B(\sigma_x, \mu_x)$ を結んだ線分を $w:(1-w)$ に内分する点であることを示している．

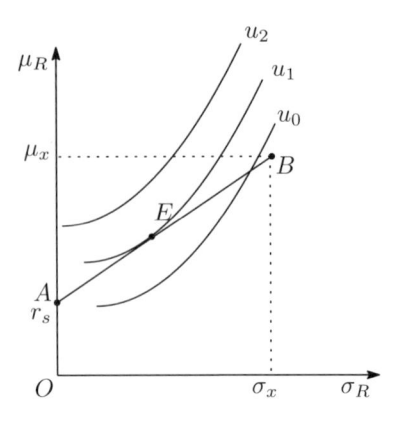

図 14.9 平均分散アプローチ

ある．危険資産 x への投資比率を w_1, y への投資比率を w_2 で表そう．ただし，$w_1 + w_2 = 1$ である．このとき，ポートフォリオ全体の収益率 R は次の式で与えられる．
$$R = w_1 r_x + w_2 r_y$$

さて，(r_x, r_y) の期待値と分散は次のようなものだとする．$\mathrm{E}(r_x) = \mu_x$, $\mathrm{var}(r_x) = \sigma_x^2$, $\mathrm{E}(r_y) = \mu_y$, $\mathrm{var}(r_y) = \sigma_y^2$ であり，$\mathrm{cov}(r_x, r_y) = \rho \sigma_x \sigma_y$ だとする．ここで，$\mathrm{E}(\ )$ は期待値，$\mathrm{var}(\ )$ は分散を表すオペレータであり，$\mathrm{cov}(r_x, r_y)$ は r_x と r_y の共分散，ρ は r_x と r_y の相関係数を表す．このとき，R の期待値 μ_R と分散 σ_R^2 は次の通りになる．

$$\mu_R = w_1 \mu_x + w_2 \mu_y$$
$$\sigma_R^2 = w_1^2 \sigma_x^2 + 2 w_1 w_2 \rho \sigma_x \sigma_y + w_2^2 \sigma_y^2$$

図 14.10 に w_1（および w_2）を連続的に変化させていった場合の点 (σ_R, μ_R) の軌跡が示されている．図の点 X は資産 x の収益率の期待値と標準偏差を表し，点 Y は資産 y の収益率の期待値と標準偏差を表す点である．相関係数 ρ は -1 から 1 までの値をとるが，$-1 < \rho < 1$ の場合は，(σ_R, μ_R) は点 X と

14.5 平均・分散アプローチ

点 Y を結んだ曲線で表される[*10]．曲線 XY の形状は，二つの資産を組み合わせることによってポートフォリオの収益率の標準偏差を σ_x と σ_y の加重平均よりも小さく出来ることを示している．つまり，分散投資により，リスクを減らすことが出来るのである．

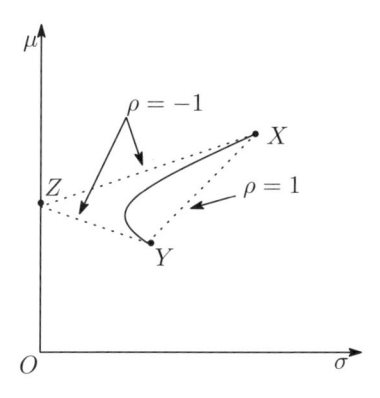

図 14.10 2 種類の危険資産

なお，$\rho = 1$ の場合，つまり，二つの資産の収益率が完全に相関するときには，
$$\sigma_R^2 = (w_1 \sigma_x + w_2 \sigma_y)^2$$
が成立するが，この式と μ_R の方程式から w_1 と w_2 を消去すると，
$$\mu_R = \mu_y + \frac{\mu_x - \mu_y}{\sigma_x - \sigma_y}(\sigma_R - \sigma_y)$$
が得られる．この式を満たす (σ_R, μ_R) は点 X と点 Y を結んだ線分である．この場合，ポートフォリオの収益率の期待値と標準偏差は，X と Y の投資比率に応じて比例的に変化するだけで，分散の利益は存在しない．

一方，$\rho = -1$ の場合には，σ_R^2 の式は
$$\sigma_R^2 = (w_1 \sigma_x - w_2 \sigma_y)^2$$

[*10] このグラフは表計算ソフトで簡単に描くことが出来る．μ_x, σ_x, μ_y, σ_y, ρ の値を適当に与え，w_1 のデータをいくつか与える（w_2 は $1 - w_1$ で計算させる）．そして，異なる w_1 に対応する μ_R と σ_R を計算する．最後に μ_R を縦軸に，σ_R を横軸にしたグラフを描けばよい．特に，ρ の変化に応じてグラフがどう変わるか試してみよ．

となり，この式と $\mu_R = w_1\mu_x + w_2\mu_y$ を満たす (σ_R, μ_R) は，図の折れ線 XZY になる．$w_1/w_2 = \sigma_y/\sigma_x$ とすれば，$\sigma_R^2 = 0$ とすることが出来ることに注意しよう．二つの危険資産から安全資産（収益率の分散=0，すなわち収益率の不確実性が無い）を作り出せるのである．これは，二つの資産の収益率が完全に逆相関するからである．

14.5.3　分離定理

2種類の危険資産 X, Y と安全資産 S が存在するケースを考える．図 14.11 の点 X, Y, S が，それぞれの資産の収益率の期待値と標準偏差を表す．前の節で示したように，X と Y からなるポートフォリオの期待値と標準偏差は曲線 XY 上の点で表される．そこで，曲線 XY 上の点として，例えば点 Q を考えてみよう．さらに，点 Q を実現するポートフォリオと安全資産を組み合わせてポートフォリオを構成すれば（1種類の危険資産と安全資産の組み合わせのところで示したように），線分 SQ が投資家の直面する予算線になる．

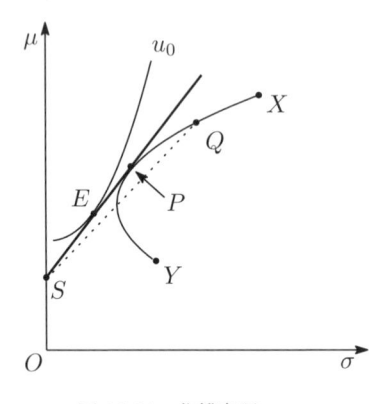

図 14.11　分離定理

さて，図の線分 SQ は効率的なポートフォリオではない．曲線 XY 上の点で，点 Q よりもわずかに左側の点（例えばそれを点 Q' とよぶ）で危険資産の組み合わせを選択し，これと安全資産を組み合わせれば，線分 SQ' 上の点は，線分 SQ 上の点よりも左側に位置する．これは同じ μ_R でより小さい σ_R を実

現出来ることを意味するから，投資家は線分 SQ' 上の点を好むはずである．

このように考えると，効率的なポートフォリオ（任意の μ_R について σ_R を最小にするようなポートフォリオ）は，点 S から曲線 XY に引いた接線上にあることがわかる．つまり，図の線分 SP が効率的なポートフォリオを表す．こうして，効用を最大にするようなポートフォリオは，線分 SP と無差別曲線の接点 E で決まる．

なお，危険資産 X と Y のポートフォリオ比率は効用関数 $U(\mu_R, \sigma_R)$ とは独立に決まる．これが**分離定理**である．ただし，危険資産からなるポートフォリオ P と安全資産 S の投資比率は効用関数の形状に依存する．

14.6 保険の利益

医療保険を例にして，保険の利益を説明する．今，個人は確率 p で病気になり，確率 $1-p$ で健康だとしよう．健康時の所得は w だが，病気になれば h 相当の所得が失われることに等しい効果があるとしよう（h には病気の治療にかかる医療費だけでなく，病気によって失われた健康の価値や，病気によって仕事を休んだ場合には失われた所得も含まれる）．そこで，W を個人の所得を表す変数（確率変数）とすれば，病気のリスクにさらされている個人の期待効用は

$$\mathrm{E}u(W) = pu(w-h) + (1-p)u(w)$$

で与えられる．なお，W の期待値 $\bar{W}$ は次の通りになる．

$$\bar{W} = p(w-h) + (1-p)w = w - ph$$

さて，この世界に医療保険が存在したらどうなるだろうか．医療保険が存在する場合，個人があらかじめ保険料 ρ を支払えば，病気になった場合には h の給付が受けられるとしよう．病気にならなければ，もちろん，医療給付は受けられない．この場合，個人の所得（保険料支払い後）は，健康であれば $w-\rho$ であり，病気になった場合には $w-\rho-h+h = w-\rho$ であり，どちらの状態が実現しても $w-\rho$ になる．

さらに，この保険は保険数理的に公平なものだとしよう．すなわち，保険料

支払いと給付の期待値は一致するとする．つまり，$\rho = ph$ が成り立つ．このとき，個人の所得は，健康状態に関わらず $w - \rho = w - ph = \bar{W}$ が実現する．したがって，保険数理的に公平な保険が存在する場合の期待効用は $u(\bar{W})$ である．

個人がリスク回避的であれば $u(\bar{W}) > \mathrm{E}u(W)$ が成り立ち，$u(\bar{W}) - \mathrm{E}u(W)$ を保険が存在することによる利益（期待効用の増加）とみなすことが出来る．また，この保険の利益を所得に換算して表せば，$\bar{W}$ と確実性等価額 W_c のギャップ，つまりリスク・プレミアムに等しいことがわかる．

各個人の病気になる確率が同一で，かつ各個人の病気になる確率が独立であるとしよう．そのようなグループの人数が n であれば，n が大きくなるにつれ，グループ全体で病気になる人の数は $p \cdot n$ に収束していき，グループ全体では不確実性がなくなる．これは確率論の大数の法則から導かれる（次の節を参照せよ）．

なお，各人の直面するリスクが同程度でも，各人のリスクが独立でなければ，このような保険の利益は生まれない．例えば，ある小さなコミュニティのメンバーだけをカバーする，伝染病に対する保険があったとしよう．メンバーの誰かが伝染病に感染すれば，近隣のメンバーにも感染する可能性が高く，コミュニティー全体での不確実性が無くなるわけではない．

14.7 確率

不確実性の問題を扱うためには，確率の基礎知識が必要になる．ここでは，最低限の基礎知識をまとめておこう．詳細は，確率・統計の教科書を参照してほしい．

14.7.1 確率変数

ある変数 X の値が事前にはどの値が実現するかわからない場合，X の実現値 x は，ある確率 P をもって実現するとみなすと便利である．変数 X を**確率変数**，実現した値 x を実現値とよぶ．確率変数 X は，取り得る値が離散的なものと，連続的なものに分類出来る．前者は離散型確率変数，後者は連続型確率変数とよばれる．例えば，サイコロの目を X とすれば，X の取り得る値は

$\{1,2,3,4,5,6\}$ なので，離散型である．それに対し，例えば，次の日の気温を X とすれば，X は連続型の確率変数である．

14.7.2 期待値・分散

　最初に，確率変数 X が離散型の場合を考える．X の取り得る値が $x_1, x_2, ..., x_n$ であるとする．確率変数 X が x_i の値を取る確率を $\Pr(X = x_i) = p_i$ で表す．このとき，X の**期待値** (expected value) は

$$E(X) = \sum_{i=1}^{n} p_i x_i$$

で与えられる．ここで $E(\ )$ は期待値オペレータを表す．

　分散 (variance) は X のバラつきの程度を表す指標である．分散を $\text{var}(X)$ で表すと，次の式で定義される．

$$\text{var}(X) = E(X - \mu)^2$$

ただし，$\mu = E(X)$ である．なお，分散を表すのに，σ^2 という記号がよく用いられる．また，分散の平方根を**標準偏差** (standard deviation) と言う．標準偏差 σ は

$$\sigma = \sqrt{\text{var}(X)}$$

で与えられる．

　分散や標準偏差は確率変数のバラつきを表すが，その確率変数の期待値が大きくなると，それにつれて分散や標準偏差も大きくなる．例えば，経済成長のため，平均所得が高くなると，所得の分散や標準偏差も大きくなる．したがって，20 年前と現在の所得のバラつきを単純に比較することは出来ない．比較するためには，平均値の大きさに依存しないようなバラつき度合いの指標を作らなければならない．このような観点から，標準偏差を期待値で割った値をよく用いる．これを**変動係数** (coefficient of variation) とよび，次の式で定義される[11]．

---

[11] 分散は X^2 のオーダーであるが，標準偏差は X のオーダーで，期待値と同じオーダーに

$$\mathrm{CV} = \frac{\sigma}{\mu}$$

二つの確率変数 X と Y があり，それぞれの期待値と分散が μ_x, μ_y, σ_x^2, σ_y^2 だとする．このとき，

$$\mathrm{cov}(X,Y) = \mathrm{E}(X - \mu_x)(Y - \mu_y)$$

を X と Y の**共分散** (covariance) とよぶ．共分散は X と Y の相関を表すが，$\mathrm{cov}(X,Y) > 0$ なら正の相関，$\mathrm{cov}(X,Y) < 0$ なら負の相関があることを表している．$\mathrm{cov}(X,Y) = \sigma_{xy}$ と表すとき

$$\rho = \frac{\sigma_{xy}}{\sigma_x \sigma_y}$$

を X と Y の**相関係数** (coefficient of correlation) とよぶ．ρ は -1 から 1 の範囲の値を取る．

さて，期待値の定義から，a と b を定数として，二つの確率変数 X と Y については

$$\mathrm{E}(aX + bY) = a\mathrm{E}(X) + b\mathrm{E}(Y)$$

が成り立つ．分散については，

$$\mathrm{var}(aX + bY) = \mathrm{E}(a(X - \mu_x) + b(Y - \mu_y))^2 = a^2\sigma_x^2 + 2ab\sigma_{xy} + b^2\sigma_y^2$$

が成り立つことも導かれる．

14.7.3 分布関数，密度関数

連続型の確率変数の場合の期待値と分散の計算を説明するためには，確率密度関数の概念を説明しなければならない．そして，そのためには分布関数（または累積分布関数）の説明が必要である．

確率変数 X が $X \leq x$ となる確率を $\mathrm{Pr}(X \leq x)$ で表す．ここで，x は確率変数 X のある実現値である．このとき，次の式で定義される $F(x)$ を**分布関数** (distribution function) とよぶ．

なる．

$$F(x) = \Pr(X \leq x)$$

$F(x)$ は x の単調増加関数で，$\lim_{x \to -\infty} F(x) = 0$，$\lim_{x \to \infty} F(x) = 1$ という性質を持っている．また，次のように定義される関数 $f(x)$ を**密度関数** (density function) とよぶ．

$$f(x) = \lim_{h \to +0} \frac{F(x+h) - F(x)}{h}$$

密度関数と分布関数の間には

$$F(x) = \int_{-\infty}^{x} f(u) du$$

という関係があり，

$$\Pr(a < X \leq b) = F(b) - F(a) = \int_{a}^{b} f(u) du$$

が成り立つ．また，特に，$F(x)$ が微分可能な場合には，次の式が成り立つ．

$$f(x) = \frac{dF(x)}{dx}$$

密度関数を用いると，X の期待値 $\mathrm{E}(X)$ と分散 $\mathrm{var}(X)$ は，

$$\mathrm{E}(X) = \int_{-\infty}^{\infty} x f(x) dx$$
$$\mathrm{var}(X) = \mathrm{E}(X - \mu)^2 = \int_{-\infty}^{\infty} (x - \mu)^2 f(x) dx$$

で計算される．

14.7.4 大数の法則

サイコロを n 回振ることを考えよう．i 番目に出る目の数を X_i で表せば，X_i はもちろん確率変数である．また，j 番目に出る目の数 X_j は i 番目の試行に影響を受けない（$j \neq i$）．このとき，i 番目の試行と j 番目の試行は独立であるという．

さて，サイコロを n 回振って出た目の平均値を S_n で表すと

$$S_n = \frac{1}{n}(X_1 + X_2 + \cdots + X_n)$$

であり，S_n も確率変数である．確率変数 S_n の期待値と分散を求めてみよう．
まず，$\mathrm{E}(X_i) = \mu$，$\mathrm{var}(X_i) = \sigma^2$ であるとする（$i = 1, 2, ..., n$）．このとき，

$$\mathrm{E}(S_n) = \frac{1}{n} \sum_{i=1}^{n} \mathrm{E}(X_i) = \mu$$

が成り立ち，また，X_i と X_j は独立なので

$$\mathrm{var}(S_n) = \frac{1}{n^2} \sum_{i=1}^{n} \sigma^2 = \frac{\sigma^2}{n}$$

が成り立つ．これから，n を限りなく大きくしていくとき，$\mathrm{var}(S_n)$ は 0 に収束していくことがわかる．

このように，サイコロを何回も振るとき，出た目の平均値（標本平均）の分布は，X_i の期待値に収束していく．すなわち，$n \to \infty$ のとき

$$S_n \to \mu$$

が成り立つ[*12]．これを**大数の法則** (law of large numbers) とよぶ．

Keywords

期待効用関数，フォン・ノイマン-モルゲンシュテルン型効用関数，リスク回避的，リスク中立的，リスク愛好的，リスク・プレミアム，確実性等価，危険回避度，絶対的危険回避度，相対的危険回避度，平均・分散アプローチ

復習問題

1. 不確実性下の選択は期待効用の最大化問題として考えられる．そして，期待効用の $u(x)$ の形状によって，リスク回避的かどうかが表される．リスク回避的な個人の $u(x)$ はどのような形状をしているか．

[*12] 確率収束の概念はいくつかある．これについては，確率論や統計学の教科書を参照せよ．

14.7 確率

2. リスク・プレミアムとは何かを説明せよ．
3. 絶対的危険回避度，相対的危険回避度とは何か説明せよ．
4. 平均・分散アプローチとは何か．
5. 保険の利益とは何か説明せよ．

第 15 章

市場の失敗

15.1 市場の失敗

市場は，多くの場合には，効率的な資源配分を実現するが，それに失敗することもある．これを**市場の失敗** (market failure) とよび，次のようなケースがある．

- 公共財
- 外部性
- 自然独占
- 情報上の失敗
- 所得分配

この章では，これらの市場の失敗を説明する．また，市場の失敗が存在する場合，政府はどのように対処すべきかを論じる．個々の市場の失敗については次節以降で扱うが，最初にその内容を概観しよう．

まず，財・サービスの中は，その財の持つ特性から，市場を通じて供給することが困難なものがある．国防サービスはそのような財・サービスの代表例である．これは，同時に複数の人がサービスを享受出来て，しかも，費用負担を行った人だけに限定してそのサービスを供給することが困難だという性質をも持っている．このような財・サービスを**公共財** (public goods) とよぶ．公共財の供給は政府の基本的な役割の一つである．

大気汚染や水質汚染・騒音などの公害も，市場の失敗の一例である．通常の市場取引では，財・サービスの提供に対しては報酬が支払われる．また，迷惑をかけるような活動については補償が支払われる．つまり，他の経済主体に影響を与える場合，それに対応した金銭的支払が存在する．しかし，公害の場合，被害者に（十分な）補償が支払われないのが普通である．その場合，企業は公害の費用に直面しないため，公害が過大に生じると考えられるのである．このように，他者に影響を与えるが，それに対応した金銭的支払が存在しない場合，**外部性** (externality) が存在すると言う．外部性が存在する場合，市場は効率的な資源配分に失敗する．

第三に，市場が競争的でない場合にも，市場は効率的な資源配分に失敗する．特に重要なのは**自然独占**である．固定費用が巨額な費用逓減産業では，自然独占が生じる可能性がある．この問題は第 13 章で説明したので，この章では繰り返さない．

市場の失敗の第四の例は，**情報上の失敗**である．売手と買手の間で，取引される財の内容に関して，**情報の非対称性**が存在すると，価格メカニズムは本来の機能を失い，市場は効率的な資源配分に失敗する．

最後に，市場で実現する所得分配は，分配の「公平性」あるいは「公正性」にかなうものではないかもしれない[*1]．市場における所得分配の問題については，第 16 章と第 17 章で議論するので，この章では扱わない．

15.2 公共財

15.2.1 公共財とは何か

この章の最初で，公共財は財の持つ特性から市場で供給することが困難な財だと述べた．公共財を特徴づける性質は，次の二つである．

- 非競合性 (non rivalness)
- 排除不能性 (non excludability)

[*1] 市場の失敗を，市場が問題をうまく解決しない場合があるという意味に解釈すれば，所得分配の問題も一つの市場の失敗である（広い意味での市場の失敗である）．しかし，市場が効率的な資源配分に失敗する場合という狭い意味で解釈すれば，所得分配の問題は市場の失敗に含まれない．

15.2 公共財

　これら二つの性質を備えた財・サービスを**公共財** (public goods) とよぶ．これに対し，これまでの章で分析した通常の財は，上の二つの性質をどちらも保有していない．このような通常の財を**私的財** (private goods) とよぶ．

　まず，ある人の消費が他の人の消費機会を奪うとき，その財の消費には**競合性** (rivalness) があると言う．ある人の消費が他の人の消費機会を減らさなければ，その財の消費には競合性が無い，または**非競合性**があると言う．

　例えば，アイスクリームの消費を考えてみよう．アイスクリームは，それを誰かが口に入れれば，そのアイスクリームを別の人は消費出来ない．つまり，ある人の消費は他の人の消費と競合するのである．ところが，国防サービスが提供され，それによってある人が安心感を享受したとする．しかし，そのことが別の人の安心感を奪うことにはならない．つまり，国防サービスの消費には競合性が無いのである．

　また，アイスクリームは，その対価を払った人だけに消費を許すことが容易である（レジを通らないと店を出られない）．しかし，国防サービスについては，費用負担しない人の消費を排除することが不可能である．費用負担しない人の消費を排除出来ないという性質を**排除不能性**とよぶ．

　国防サービスは非競合性と排除不能性の両方の性質を備えているという意味で通常の財（私的財）と異なっている．一般道路，堤防，伝染病の予防，市街地での消防活動なども同様の性質を持つ．例えば，一般道路については，誰かが道路を利用したからといって別の人が利用出来なくなるわけではないし，道路の利用時に料金を徴収することも出来ない．堤防は洪水被害の減少をもたらすが，ある住民がその利益を享受したからといって，別の人の利益が減るわけではない．また，堤防建設の費用を負担しなかった住民に安心感を提供しないなどということは出来ない．

15.2.2　財の分類

　非競合性と排除不能性は，もちろん別の性質である．当然，一方の性質は持っているが，他方の性質は持っていないという財・サービスが存在する．一般道路は典型的な公共財だが，高速道路はそうではない．高速道路については，料金を支払った者だけに利用させることが出来るからである．映画館やプールも同様の性質を持つ．これらの財・サービスは，非競合性を備えている

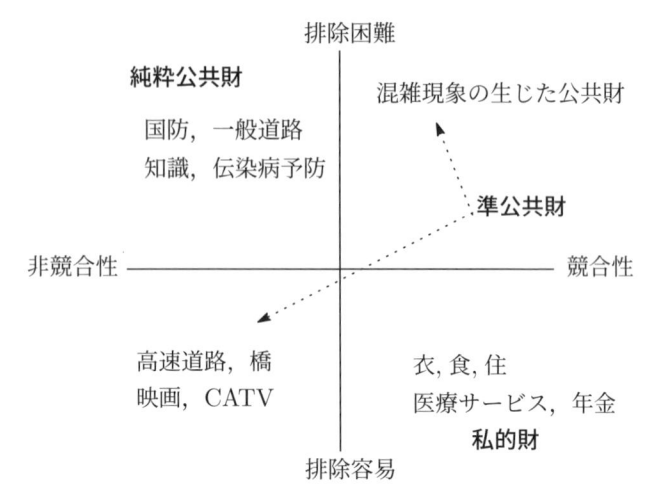

図 15.1　財の分類：公共財と私的財

（第一象限：排除困難・競合性）混雑現象の生じた公共財／準公共財
（第二象限：排除困難・非競合性）純粋公共財　国防，一般道路　知識，伝染病予防
（第三象限：排除容易・非競合性）高速道路，橋　映画，CATV
（第四象限：排除容易・競合性）衣，食，住　医療サービス，年金　私的財

が，排除は可能である．

　排除が可能か不能かは，もちろん程度の問題である．例えば，一般道路についても，純粋に技術的可能性だけを考えれば，排除可能である．一般道路のあらゆるところに監視装置を設置しておき，利用の履歴から料金を徴収するか，あるいはプリペイドカードが無ければ利用出来ないようにすればよい．もちろん，これを実行する費用を考えれば，無料で利用させたほうが望ましい[*2]．一方，通常の私的財でも，排除費用はゼロではない．レジの店員，万引き防止のための監視カメラ，警備員の費用は排除のための費用である．したがって，排除可能か不能かは，排除費用の大小で連続的に分類出来ることがわかる．

　競合性・非競合性という性質も同様である．先ほど，道路の利用には競合性が無いと述べた．しかし，道路が混雑してくると，ある人の道路利用は，他の人の道路の利用に影響を与える（渋滞は，他の人の道路サービスの消費にマイ

[*2] ロンドンでは，中心街の混雑を緩和することを目的に自動車の「混雑税」が 2003 年に導入された．街中に設置された監視カメラで自動車のナンバーを読み取り，その情報をもとに料金の徴収を行っている．ロンドンの例は，一般道路でも技術的には排除が可能であることを示している．ただし，排除のための費用は高い．一部の地域を除けば，排除費用は「禁止的」に高いだろう．

15.2 公共財

ナスの影響を与える）．つまり，競合性・非競合性も 0 か 1 ではなく，連続的に分類出来るのである．

図 15.1 は，排除が容易か困難か，競合性があるか無いかの二つの軸で財・サービスを分類したものである．排除が困難で非競合性を持つような財・サービスが公共財で，両方の性質を持たない財が私的財である．公共財の片方の性質を持つが，別の性質を持たない財は，**準公共財** (quasi public goods) とよばれる．準公共財と区別するため，公共財を**純粋公共財** (pure public goods) とよぶ場合がある．

この図に関連して，いくつか注意すべき点を述べておく．まず，排除費用は，その時点の技術に依存する．かつて排除不能だった財が排除可能になったり，その逆も存在する．例えば，TV・ラジオ放送はかつては排除が困難であったが，現在はそうではない（契約者のみに視聴を許す技術が存在する）．音楽は，レコードの時代には複製が困難なため排除が容易だったが，現在のようにデジタル情報で流通するようになると，排除が困難になってきた．第二に，医療や年金などの社会保障制度は政府の重要な役割だと考えられているが，医療サービスや年金は私的財である．これらの財・サービスの供給に国家が関与する根拠は，公共財だからではなく，別の理由がある．

15.2.3 フリーライダー問題

公共財を市場を通じて供給させようとすると何が起こるだろうか．例えば，街灯の建設を考えてみよう．ある人が街灯の建設費用を支払い，街灯が完成したとしよう．街灯の建設によって夜道が安心になれば，費用負担した人だけでなく，その通りを利用する全ての人が利益を受ける（非競合性）．しかも，費用負担をしない人の消費を排除することは困難である（排除するためには，誰が利用するかを監視する必要があるが，それは街灯建設よりも高くつくかもしれない）．この場合，各住民は他人の費用負担にただ乗りして，街灯の利益だけを享受することが最も合理的である．しかし，全ての人がそのような行動をすれば，街灯の建設費用を負担しようとする人はいなくなり，街灯は建設されないだろう．これが**フリーライダー問題**である．

つまり，公共財の供給を自由な市場に委ねようとすると，各人は他人の費用負担にただ乗りしようとするので，公共財は全く供給されないか，供給され

ても著しい過小供給に陥る*3．このため，公共財の供給に関して政府が責任をもって関与しなければならない．

15.2.4 パレート効率的な供給量

公共財のパレート効率的な供給量水準とはどのような水準だろうか．ここでは，堤防の建設を例にして，この問題を考えてみよう．

ある川の流域に堤防を建設することを考える．建設する堤防の高さを G で表す．簡単化のため，この G が公共財の供給量を表すと考える．堤防が高いほど，洪水のリスクは減り，流域の住民の安心感は増す．ただし，高い堤防を築こうとすれば，費用がかさむ．最適な高さ G は，住民の安心感と建設費用を比較して決めなければならない．

さて，この川の流域には n 人の住民が住んでいる．高さ G の堤防が建設された場合の i 番目の住民の安心感は，効用関数 $U^i(G)$ で表されるものとする（$i = 1, 2, .., n$）．効用関数 $U^i(G)$ は G の増加関数で，限界効用 $MU^i(G) = dU^i(G)/dG$ は G の増加とともに逓減するとしよう．つまり，堤防が高くなるにつれ安心感は増すが，限界的な利益（安心感の増加）は G の増加につれ減少すると仮定する*4．また，高さ G の堤防を建設するための費用は，費用関数 $C(G)$ で表される．$C(G)$ は G の増加関数であり，限界費用は逓増すると仮定する．

さて，高さ G の堤防を建設することによってこの社会に発生する利益は，$U^1(G) + U^2(G) + \cdots + U^n(G)$ に等しい．一方，費用は $C(G)$ で表される．したがって，堤防建設の純便益（社会的余剰）を NB で表すと，それは次の式で与えられる．

---

*3 他人が負担しなくても街灯からの便益の非常に大きな人，あるいは費用負担が苦にならない人は，自分で費用負担をする可能性がある．したがって，自由な市場で公共財供給が常にゼロになるわけではない．なお，自由な市場での過小供給の程度は公共財から便益を受ける人数に依存する．詳しい議論は麻生良文『公共経済学』（有斐閣，1998年）を参照せよ．

*4 効用関数に添え字 i を付けたのは，住民によって効用が異なることを考慮したためである．ある住民は川のすぐそばに住んでいるため，堤防の建設を切実に望んでいるかもしれない．別の住民は，高価な住宅に住んでいるため，洪水のリスクが減ることで大きな利益を受けるのかもしれない．

15.2 公共財

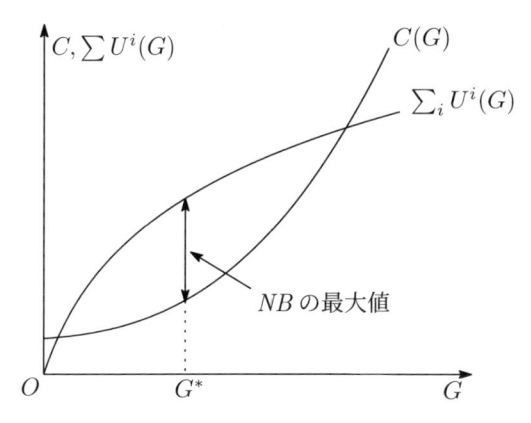

図 15.2 パレート効率的な公共財供給量 (1)

$$NB = \sum_{i=1}^{n} U^i(G) - C(G) \tag{15.1}$$

純便益 NB を最大にするような G の水準がパレート効率的な G の水準である．図 15.2 の G^* がそのような G の水準である．それは，効用の和を表す曲線 $\sum_i U^i(G)$ の傾きと，費用曲線 $C(G)$ の傾きが一致する点で実現する．つまり，G^* は次の式を満たさなければならない．

$$\sum_{i=1}^{n} MU^i(G) = MC(G) \tag{15.2}$$

つまり，**限界効用の和と限界費用が一致する**ことが公共財のパレート効率性の条件である．図 15.3 は，縦軸に限界効用，限界費用をとったグラフでこの様子を表したものである．なお，曲線 $\sum_i MU^i(G)$ は，各住民の限界効用 $MU^i(G)$ を垂直方向に足して求められることに注意しよう（全ての住民は等しい G を消費するが，限界効用は異なることに注意）．これに対し，私的財の市場需要曲線は各人の需要曲線を水平方向に足して求められる（全ての消費者は同じ価格に直面し，各消費者の需要量の合計が市場全体の需要量に等しい）．

G^* は各住民の限界効用の大きさ，住民数，堤防建設の限界費用によって変わってくる．例えば，限界費用の増加は G^* を小さくし，各住民の限界効用の

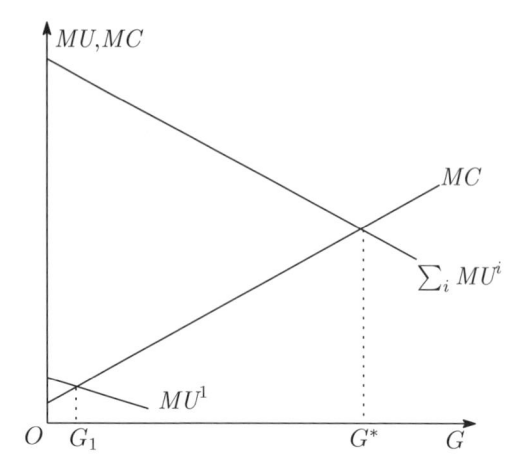

図 15.3　パレート効率的な公共財供給量 (2)

増加は G^* を大きくする．また，各住民の限界効用が一定でも，住民数が増加すれば，（限界効用の総和が増加するので）G^* は大きくなる．

図 15.3 には MU^1 と書かれた曲線と限界費用曲線が $G = G_1$ の水準で交わる様子が描かれている．これは，社会が 1 人からなる場合のパレート効率的な G の水準を表す．G_1 は通常の場合，非常に小さい[*5]．しかし，住民数 n が増加すれば，（任意の G の水準での）$\sum_i MU^i(G)$ が増加するため，曲線 $\sum_i MU^i(G)$ は上方にシフトし，その結果，G^* は右側に移動する．

15.3　外部性

15.3.1　外部性とは何か

最初に外部性の定義を与えよう．ある経済主体の活動が，市場取引を経由しないで（金銭的支払いを伴わないで），他の経済主体に影響を与える場合，**外部性** (externality) が存在すると言う．この定義では，他の経済主体に与える影響がいいものか悪いものかには触れていない．影響がいいものである場合

[*5] 多くの場合，MU^1 と MC は交わらないだろう．その場合には $G_1 = 0$ である．

を**正の外部性** (positive externality) または**外部経済** (external economy) とよぶ．影響が悪いものなら，**負の外部性** (negative externality) または**外部不経済** (external diseconomy) とよぶ．

　正の外部性の古典的な例は，養蜂業者と果樹園経営者の関係である．養蜂業者のミツバチは近くの果樹園に飛んでいって花の蜜を吸う．その過程で受粉が促進され，果樹園の生産量は増加する．しかし，果樹園が養蜂業者に対価を支払うわけではない．この場合，養蜂業者の活動は果樹園に正の外部性を与えているのである．

　負の外部性の典型的な事例は，大気や水質汚染，騒音などの公害である．汚染や騒音の排出者は近隣住民に被害を与えているが，それに対する補償支払いをしているわけではない．

15.3.2　外部性の何が問題か

　外部性が存在することがどうして問題になるのだろうか．図 15.4 をみてみよう．通常の市場取引では，goods（良い影響をもたらす財・サービス）を提供する経済主体はその対価を受け取る．bads（悪い影響をもたらす財・サービス）を提供すれば，それに対する補償を支払わなければならない．そうでなければ，そのような取引は成立しないだろう[*6]．

　外部性とは，他者に影響を与える際にそれに対応する金銭的支払いが存在しない場合を指す．つまり，相手に良い影響を与える活動をしても，それに見合う対価の受取は無いし，悪い影響を与える活動をしても，それを自分自身の費用としては認識しない．このため，正の外部性をもたらす活動は過小になり，負の外部性をもたらす活動は過大になるのである．

　今述べたことを，社会的余剰の概念を用いて説明しよう．最初は，負の外部性の場合である．図 15.5 の横軸はある財の生産量がとられている．この財の生産過程で有害な物質が大気中に排出されるとしよう．これは近隣の住民に被害を与える．しかし，企業は近隣の住民に補償を支払っていない．近隣住民への被害は企業にとって費用とカウントされていないので，企業は自らの直面す

[*6] bads の市場取引の例として，A が自分の目的のために B の時間を拘束して働かせる場合を考えてみよう．A の活動に対して B が同意するのは補償（賃金）が支払われるからである．

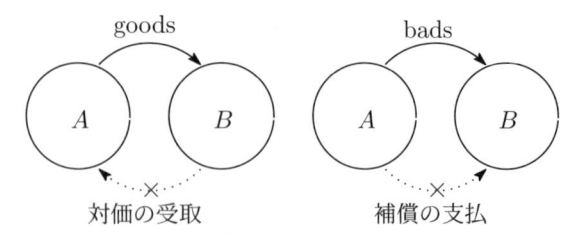

図 15.4 外部性の問題点

る限界費用のみに基づいて生産量の決定を行う．この企業の直面する限界費用を**私的限界費用** (private marginal cost) とよび，図では $p.m.c.$ がそれを表す．そして，これがこの財の供給曲線を表す．自由な市場では，この財に対する需要曲線と供給曲線（つまり，私的限界費用曲線）の交点で価格と数量が決まる．図の M 点がそれである．ところが，この点は社会的余剰を最大化する点ではない．

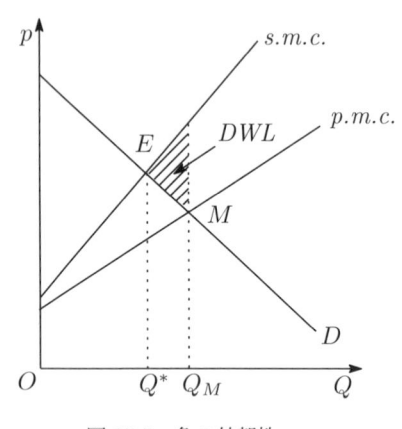

図 15.5 負の外部性

社会的余剰を最大化する点は，この財の限界便益（需要曲線の高さで表される）と真の限界費用が一致する点である．真の限界費用は，私的限界費用に限界的な住民被害を加えたもので，**社会的限界費用** (social marginal cost) とよばれる．図の $s.m.c.$ が社会的限界費用を表す．つまり，社会的余剰を最大に

15.3 外部性

する点は E 点である．このように，自由な市場では，負の外部性をもたらすような活動は過剰になる．図 15.5 の斜線部分は，その場合の死重損失を表す．

次に，正の外部性の例として，教育サービスを考えよう．教育サービスが需要されるのは，それを受けることで自分自身に利益がもたらされるからである．教育サービスの需要曲線の高さは**私的限界便益** (private marginal benefit) を表している[*7]．しかし，教育サービスがもたらす利益には，教育を受けた個人に帰属しない部分がある．例えば，初等教育であれば，全ての個人が教育を受けることが社会の安定性を高めることにつながったり，日常生活での摩擦の減少，民主主義的意思決定の費用の低下などがそれである．高等教育の場合でも，特定の職業に直結する分野の教育については外部性はそれほど大きくないかもしれないが，その教育が一般的に通用する力をつけさせるものであったり，その利益が多方面に及ぶものが少なからず存在する．そうであれば，教育サービスが社会にもたらす真の限界便益は私的限界便益よりも高いはずである．この真の限界便益を**社会的限界便益** (social marginal benefit) とよび，図 15.6 では $s.m.b.$ という曲線で表される[*8]．社会的余剰を最大にする点は，社会的限界便益と限界費用（供給曲線 S）の一致する点 E になる．ところが，自由な市場では M 点が実現する．つまり，自由な市場では，正の外部性をもたらす活動は過小になる．なお，図の斜線部分がその場合の死重損失を表す．

15.3.3 共有地の悲劇

共有地の悲劇または**共有資源問題**として知られる特殊な外部性の例がある．これは次のような話である．ある所に誰の所有でもない牧草地があった．そこに羊飼いがやってきて，羊を放牧して利益を上げた．それをみた他の人が，その牧草地で同じように放牧をする．その牧草地に羊が少ないときには問題が

[*7] 教育サービスの需要は，教育サービスを受けること自体から満足を感じるから（そういう面があってもここでの議論は影響を受けない）というより，教育サービスがその人の所得を増加させる効果があるため需要されるのである．

[*8] ここでは，正の外部性がある場合，私的限界便益と社会的限界便益が乖離するという説明を行った．もちろん，私的限界費用と社会的限界費用が乖離するという説明も出来る．教育サービスに正の外部性があれば，それは他の分野での生産活動の限界費用を低下させるととらえるのである．すると，教育サービスの真の限界費用は，私的限界費用から他部門での限界的な費用削減分を引いたものになる．その場合，社会的限界費用は私的限界費用を下回るのである．

図 15.6　正の外部性

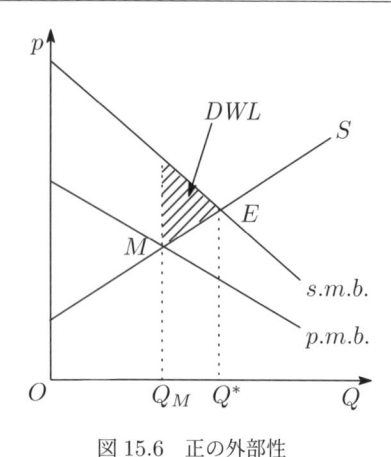

無かったが，羊飼いが増え，羊が増えてくると，やがて，羊の生育状態は悪くなっていく．さらに羊が増えると，羊の牧草を食べるスピードに牧草の生え変わるスピードが追いつかなくなり，牧草は食い尽くされ，羊飼いは共倒れしてしまうという話である．

上記の話では，牧草地が共有資源である．共有資源であっても，資源の利用には費用が伴う．しかし，牧草地は誰の所有でもなかったため，個々の羊飼いは牧草地利用の真の限界費用に直面せず，そのため問題が生じたのである．羊飼いの直面する私的限界費用が社会的限界費用よりも低すぎたことが，共有資源の濫用につながったと言ってもよい．野生動物や水産資源の乱獲も同じメカニズムで生じる．

この問題の一つの簡単な解決方法は，資源を誰か 1 人の所有にしてしまうことである．こうすれば，影響は同一経済主体の内部にとどまり，外部性の問題は消滅し，資源の濫用も起こらない．このとき，外部性は**内部化**されたという．

15.3.4　コースの定理

共有地の悲劇の例では，牧草地の所有権を誰か 1 人に割り当てることが出来れば，外部性の問題は消滅した．しかし，牧草地を誰か 1 人の所有にしなくても，所有権さえ明確であれば，当事者同士の交渉で外部性の問題は解決される

15.3 外部性

可能性がある．**コースの定理** (Coase theorem) は，外部性が存在しても，所有権さえ明確に規定されているなら，当事者同士の交渉で外部性の問題は解決されてしまうと主張する．以下では，この命題を説明する．

川上にある工場の排出物が川下の漁業に被害をもたらす例を考えよう．工場の生産量を x，漁師の生産量（漁獲量）を y で表す．x と y の価格は，それぞれ p と q で与えられているとする．工場は x の生産を行う際，$c(x)$ の私的費用がかかる．なお，x の生産の際，z の排出物が生み出される．これを $z = z(x)$ と表す．$z(x)$ は x の増加関数である．

排出物 z は漁業に被害を与える．この影響を，ここでは，漁師の費用の増加という形でとらえよう．つまり，漁師の費用関数は y だけでなく，z にも依存するとして，$e(y, z)$ と表されるとする．

費用関数 $c(x)$ および $e(y, z)$ は次の性質を持つと仮定する．まず，工場の費用関数 $c(x)$ は x の増加関数で，限界費用 $c'(x)$ は逓増すると仮定する．次に，漁業の費用関数 $e(y, z)$ について次のような仮定をおく．z を一定にして y を1単位増加させた場合の費用の増分（y の限界費用）を e_y で表そう．$e_y > 0$ で，y の増加は e_y を増加させる（つまり，限界費用は逓増する）と仮定する．次に，y を一定にして z を1単位増加させた場合の漁師の費用の増分を e_z で表す．e_z は汚染の限界的被害である．$e_z > 0$ であり，e_z は z の増加関数であるとする（汚染の限界被害は逓増する）．最後に，汚染が増加した場合，漁業の限界費用は増加すると考えるのがもっともらしいだろう．したがって，z が増加した場合，任意の y の水準での e_y は増加すると仮定する[*9]．

市場の解

以上のような設定で，最初に，自由な市場（外部性の問題が解決されない場合）での x, y, z の水準を求めよう．工場の利潤を π_A，漁師の利潤を π_B で表すと，次の通りになる．

[*9] x の限界費用 $c'(x)$ は費用関数 $c(x)$ の微分である．つまり，x を Δx 増加させた場合の費用の増分を Δc とすると，$c'(x) = \lim_{\Delta x \to 0} \Delta c / \Delta x$ である．また，e_y, e_z は費用関数 $e(y, z)$ の y および z に関する偏微分に等しい．

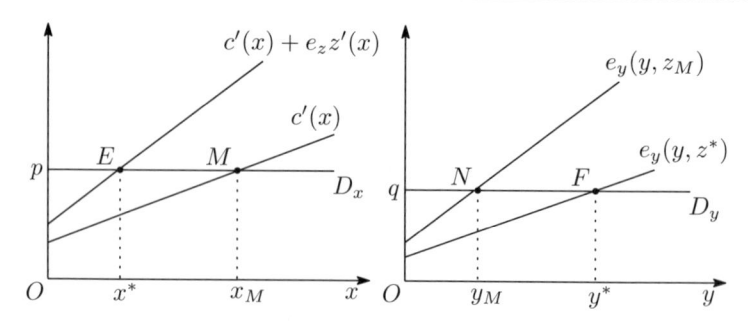

図 15.7 外部性:工場と漁師の例

$$\pi_A = px - c(x)$$
$$\pi_B = qy - e(y, z(x))$$

それぞれは各自の利潤を最大にするように行動にするので,

$$p = c'(x)$$
$$q = e_y$$

を満たすように行動する.最初の式は,価格 p と私的限界費用 $c'(x)$ が一致するように x が決まることを表している.2 番目の式も同様で,y は価格 q と限界費用 e_y が一致するように決まることを表している.なお,e_y は,y の水準だけでなく,z の水準にも依存するが,今の設定では,排出物 z の水準は工場が決め,漁師はその z の水準を所与として行動する.

上の式を満たすような x, y, z を x_M, y_M, z_M で表し,これを市場の解とよぶことにしよう.ただし,$z_M = z(x_M)$ である.市場の解は,図 15.7 の点 M と点 N で与えられる.

パレート効率的な資源配分

次にパレート効率的な資源配分を求めよう.工場と漁業を同一の経営者が経営していれば,外部性の問題は内部化されて,効率的な資源配分が実現するはずである.そのとき,その経営者は

15.3 外部性

$$\pi_A + \pi_B = px + qy - c(x) - e(y, z(x))$$

を最大にするように x, y, z を決める．そのための条件は次の式で与えられる[*10]．

$$p = c'(x) + e_z z'(x)$$
$$q = e_y$$

最初の式の右辺第 2 項は x の 1 単位の増加が漁業に与える限界的被害の大きさを表す．e_z が z の 1 単位の増加が何単位の漁業費用の増加をもたらすかを表し，$z'(x)$ は x の 1 単位の増加が何単位の z の増加をもたらすかを表すからである[*11]．x の私的限界費用 $c'(x)$ と漁業に与える限界的被害を合計したものが，x の社会的限界費用である．つまり，上記の最初の式は，効率性が実現するためには，生産物価格（これはこの財に対する消費者の限界便益に等しい）と社会的限界費用が一致しなければならないことを表しているのである．

この条件を満たすような，つまりパレート効率的な資源配分を x^*, y^*, z^* で表すことにしよう．図 15.7 では，点 E と点 F がパレート効率的な資源配分を表す．図からわかるように，$x^* < x_M$ が成立している．したがって，$z = z(x)$ の想定から，$z^* < z_M$ が成立する．これは，自由な市場では，負の外部性をもたらす活動が過剰になることを示している．なお，漁業の限界費用 e_y は z の増加関数だとしたので，$e_y(y, z_M)$ と $e_y(y, z^*)$ の関係は図 15.7 のような関係になる．

[*10] z は x の関数なので，$\pi_A + \pi_B$ は x と y の 2 変数関数である．一般に，関数 $f(x, y)$ の極値をみつけるためには，

$$\partial f(x^*, y^*)/\partial x = 0$$
$$\partial f(x^*, y^*)/\partial y = 0$$

を満たすような (x^*, y^*) をみつければよい．ここで $\partial f/\partial x$ および $\partial f/\partial y$ は f の x に関する偏微分，y に関する偏微分を表す．x に関する偏微分とは，x 以外の他の変数を定数とみなし，x だけを変化させた場合の $f(x, y)$ の変化の大きさ（$f(x, y)$ の y は定数とみなし，x で微分した値）を表す．詳しくは数学付録を参照せよ．

[*11] $z'(x)$ は $z(x)$ の x に関する微分を表す．つまり，x を Δx 増加させた場合，z が Δz 増加したとすると，x の 1 単位の増加当たり，z は $\Delta z/\Delta x$ 単位増加するが，Δx を限りなく 0 に近づけた場合の $\Delta z/\Delta x$ の極限値が $z'(x)$ である．

交渉

パレート効率的な資源配分 x^*, y^*, z^* は交渉によっても実現できる．ただし，二つの交渉が考えられる．一つは，工場が漁師に補償金を支払って排出を認めてもらう交渉で，これを交渉 I とよぶことにしよう．もう一つは，漁師が川の汚染を減らすように工場に要請する交渉である．川の汚染を減らすためには，ここでの議論の設定では，工場の産出量を減らさざるを得ない[*12]．生産量の縮小は工場の利潤を減少させるので，漁師は工場の利潤の減少を補うような補償を支払わなければならない．これを交渉 II とよぶことにしよう．そして，どちらの交渉も同じ資源配分をもたらすことを示そう．

交渉 I は通常の交渉だが，交渉 II は奇妙な（一般の正義感に反するような）交渉のように思えるかもしれない．しかし，これらの交渉の方向性の違いは，川の所有権が工場と漁師のどちらにあるかという所得分配の問題の違いでしかない．交渉 I は川が漁師の所有である場合の交渉で，交渉 II は川の所有権が工場にある場合の交渉である．

最初に，交渉 I を考えよう．川は漁師のものであり，川上の工場は新たに操業を始めることを考えている．工場が排出物を川に流すためには，漁師に補償金を支払わなければならない．排出物の限界的 1 単位の補償金を r としよう．どのような r の範囲であれば，工場と漁師の双方が納得するかを考えてみよう．

工場は，$x = 0$ から増産を考えている．Δz 単位の汚染の排出で Δx 単位の x の追加的生産が可能になったとしよう．つまり，排出物を 1 単位増加させると，$\Delta x / \Delta z$ 単位だけ x を増やすことが出来る．$\Delta x / \Delta z$ は $1/z'(x)$ で近似出来るので[*13]，1 単位の z の追加による工場の利潤の増加は $(p - c'(x))/z'(x)$ になる．一方，1 単位の z の排出で r の補償金支払いが発生するから，

[*12] ここでの設定では，排出物と工場の生産量は $z = z(x)$ という（一定の）関係でとらえられているからである．現実の世界では，z を減らすために x の生産を犠牲にすることは必ずしも必要ではない．例えば，汚染物質を除去するようなフィルターを設置することで対処が可能かもしれない．しかし，その場合も，新たな設備投資の費用のため，工場の利益が犠牲になることは同じである．

[*13] z を Δz 変化させるとき，Δx だけの x の変化が必要だとしよう．これは，z の変化 1 単位当たり $\Delta x / \Delta z$ 単位の x の変化をもたらす．ここで，Δz を限りなく 0 に近づけると，Δx は限りなく 0 に近づき，

15.3 外部性

$$(p-c'(x))\frac{1}{z'(x)} \geq r$$

が成り立つような r であれば，工場は z を増やそうとするだろう．

次に，漁師が z の排出を受け入れる条件を求めよう．漁師が z の排出を受け入れるためには，z の 1 単位の増加が漁業にもたらす被害 e_z より大きな補償が支払われなければならない．つまり，

$$r \geq e_z$$

が満たされなければならない．したがって，

$$e_z \leq r \leq (p-c'(x))\frac{1}{z'(x)} \tag{15.3}$$

が満たされれば，z の増加は工場と漁師の双方の利益を増加させる．

図 15.8 をみてみよう．横軸は排出量 z，縦軸は工場の限界的利益と漁業の限界被害を表す．右下がりの曲線 BM が工場の限界的利益 $(p-c'(x))/z'(x)$ を表し，右上がりの曲線 AN が z の与える限界的被害 e_z を表す．限界的被害 e_z は z の増加関数で，限界的利益 $(p-c'(x))/z'(x)$ は z の減少関数である．この図では，$z=0$ のとき，$(p-c'(x))/z'(x) > e_z$ が成り立っている．したがって，(15.3) 式を満たすような r が存在し，双方は z の 1 単位の増加に合意する．

さて，新しい z の水準のもとで再び z の増加に双方が合意するかどうかは，その水準の z のもとで (15.3) 式を満たす r が存在するかどうかに依存する．つまり，工場の限界的利潤 $(p-c'(x))/z'(x)$ が漁業に対する限界被害 e_z を上回るかどうかに依存する．結局，$e_z \leq (p-c'(x))/z'(x)$ が満たされる限り z の増加は続き，

$$e_z = r = (p-c'(x))\frac{1}{z'(x)} \tag{15.4}$$

$$\lim_{\Delta z \to 0} \frac{\Delta x}{\Delta z} = \lim_{\Delta x \to 0} \frac{1}{\Delta z/\Delta x} = \frac{1}{z'(x)}$$

が成り立つ．つまり，z の 1 単位の変化は（近似的に）x の $1/z'(x)$ 単位の変化をもたらす．

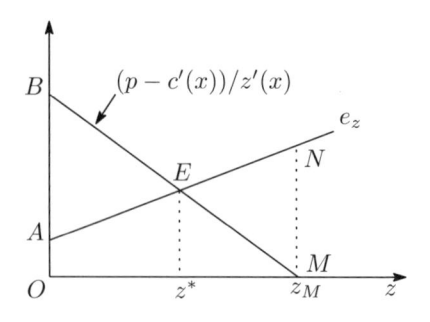

図 15.8　交渉による解決

が成立したところで交渉は完了する．図 15.8 の E 点がその点を表す[*14]．

次に，交渉 II を考えよう．川は工場の所有で，当初，工場は x_M と z_M の水準で操業していたとしよう．そこに漁師がやって来て，汚染を 1 単位減らしてくれれば r の補償金を支払うという交渉を持ちかけたとしよう．汚染が削減されると，漁業の費用が減少するため，漁師は利益を得る．それは，e_z に等しい（汚染の限界被害分だけ，費用が減少する）．一方で，補償金支払いの r だけ追加的費用が発生する．漁師の限界的な利潤が正であるためには

$$e_z \geq r$$

が満たされなくてはならない．

一方，工場が z を 1 単位減少させるためには $1/z'(x)$ 単位の x の減少が必要で，そのために $(p-c'(x))/z'(x)$ の利潤が限界的に失われる．工場が漁師からの提案を受け入れるためには，補償金収入がこの限界的な損失を上回るものでなければならない．つまり，

$$r \geq (p-c'(x))\frac{1}{z'(x)}$$

が成り立たなければならない．これらの関係から，r は次の式を満たすようなものでなければならないことがわかる．

[*14] (15.4) 式を変形すると，$p = c'(x) + e_z z'(x)$ が得られる．これは図 15.8 の E 点がパレート効率的な資源配分 x^*, y^*, z^* を実現する点であることを示している．

15.3 外部性

$$(p - c'(x)) \frac{1}{z'(x)} \leq r \leq e_z \tag{15.5}$$

交渉 II の出発点は $x = x_M$, $z = z_M$ の水準であった．これは $p - c'(x) = 0$ のときに実現する（市場の解）．図 15.8 では，M 点がその点に当たる．つまり，$z = z_M$ において，$(p - c'(x))/z'(x) < e_z$ が成り立っているから，(15.5) 式を満たすような r は存在する．交渉は $(p - c'(x))/z'(x) \leq e_z$ が成り立つ限り続き，最終的には，$(p - c'(x))/z'(x) = e_z$ が成立するまで z の削減が続く．つまり，最終的に到達する点は図 15.8 の E 点である．

以上から，外部性の当事者同士間で交渉が行われれば，どちらの方向の交渉でもパレート効率的な資源配分が実現することが示された．ただし，どちらの交渉が行われるかで，工場と漁師の利潤の分配は異なる．単純化のため，補償金 r が z の水準によらず一定だとすると，交渉 I の場合の両者の利潤は

$$\pi_A = px^* - c(x^*) - rz(x^*)$$
$$\pi_B = qy^* - e(y^*, z(x^*)) + rz(x^*)$$

となるが，交渉 II の場合の利潤は

$$\pi_A = px^* - c(x^*) + r(z_M - z(x^*))$$
$$\pi_B = qy^* - e(y^*, z(x^*)) - r(z_M - z(x^*))$$

となり，定数 $r \cdot z_M$ だけ異なる．例えば，漁師の利潤は，交渉 I の場合のほうが交渉 II よりも $r \cdot z_M$ 多い．この理由は，漁師は，交渉 I では川の所有権を持っているのに対し，交渉 II ではそれを持っていないからである．

以上の議論をまとめよう．外部性が存在しても，（外部性の源泉となる資源の）所有権さえ明確に規定されていれば，当事者間の交渉によってパレート効率的な資源配分が実現する．そして，このことは外部性の源泉となる資源が誰に分配されているかには依存しない．この命題を**コースの定理**という．

15.3.5 取引費用

所有権さえ明確に規定しておけば，交渉によってパレート効率的な資源配分が実現するという命題は，交渉のための費用（これを**取引費用**とよぶ）が無視出来る大きさだという前提に依存している．もちろん，取引費用が無視出来なければ，コースの定理は成り立たない．逆に言えば，現実の世界でコースの定理が成立しないのは，取引費用が無視出来ないからである．取引費用を大きくする要因として次のようなものがある．

- 所有権の不明確さ
- 因果関係の不確かさ
- 被害の金銭的評価の困難さ
- 交渉の成果が公共財的性格を持つ場合がある

工場と漁師の例で示したように，所有権が明確に定まってさえいれば，交渉の方向性が決まる．しかし，現実の世界では，所有権が不明確なため，所有権の帰属をめぐって争いが長期化することがよくある．所有権が誰に帰属するかで利益の分配は異なるから，当事者にとってはそれは重大な関心事である．

取引費用を大きくする別の要因は，現実の世界では外部性の因果関係そのものがよくわからないことや，因果関係自体が明らかな場合でも被害の程度の金銭換算価値に意見の一致を見出すのが困難だからという事情もある．多くの公害問題では，これらの事情が交渉による解決を困難にしてきた．

交渉の成果が公共財的側面を持つ場合があることも交渉を困難にする．工場と漁師の例で，漁師が多数いる場合を考えよう．交渉の結果，川がきれいになったとすると，それは漁師にとっての公共財である．この場合，個々の漁師は交渉を他の漁師に任せて成果だけを享受することが合理的になる．しかし，全ての漁師が他人にフリーライドしようとすれば，当然，交渉は行われなくなってしまう．多くの公害問題も同じような問題を抱える．被害者が多数になるほど，被害が広範囲に及ぶほど，被害者の団結は困難になり，交渉による自発的解決は難しくなる．

15.3 外部性

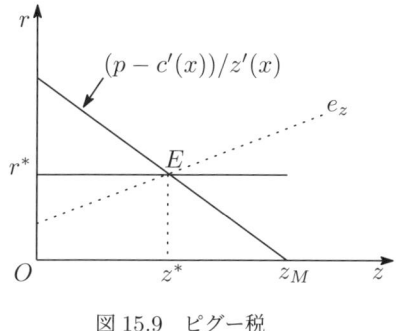

図 15.9 ピグー税

15.3.6 ピグー税

コースの定理が成立しない場合，政府の関与が必要になる．工場と漁師の例では，工場が排出物の真の費用に直面しないことが非効率性の原因であった．一つの解決方法は，排出物のもたらす限界被害に等しい罰金を工場に課すことである．これを**ピグー税** (Pigouvian tax) とよぶ．ピグー税を工場に課すことで，工場は真の限界費用に直面することになり，効率的な資源配分が実現する．

図 15.9 にピグー税の効果が示されている．政府が排出物 1 単位当たり r^* の罰金（ピグー税）を課したとしよう．ここで r^* は効率的な資源配分の水準での排出物の限界被害 e_z に等しく設定されている．この場合，工場は

$$(p - c'(x))\frac{1}{z'(x)} = r^*$$

を満たすように z の水準を決定する[*15]．r^* が $z = z^*$ の水準での e_z に等しく設定されていれば，E 点が実現し，効率的な資源配分が実現する．

一般に，負の外部性の場合には，社会的限界費用と私的限界費用のギャップにちょうど等しい罰金を課せばよい．正の外部性の場合には補助金を出せばよ

[*15] ピグー税が存在する場合の工場の利潤は $\pi_A = px - c(x) - rz(x)$ で表される．利潤を最大にするような z は $d\pi_A/dz = 0$ から求められる．なお，本文の式の左辺は，$p - c(x)$ を z で微分したもので（$dx/dz = 1/z'(x)$ という関係を用いている），z の限界生産物（限界収入）を表すと言ってもよい．

い．この場合，私的限界費用が社会的限界費用より高いため（あるいは，私的限界便益が社会的限界便益より低いため）過少供給という問題が生じるのであった．それを是正するためには，補助金を出して，生産・消費を増加させてやればよい．

15.3.7 排出権取引

自由な市場で排出物が過剰に排出されるのは，排出物の市場が無かったためでもある．排出権を市場で取引させることで，効率的な排出量の実現を目指すのが，**排出権取引**という手法である．政府は一定量の排出権を流通させ，企業が排出を行う場合には，この排出権の購入を義務付ける（もちろん，政府の監視が無ければ，この方法は機能しない）．政府が排出物の価格を決めたのがピグー税だが，排出権取引は排出物の価格を市場に決めさせるという違いがある．市場で決定された排出権価格を個々の企業がコントロール出来ず，排出物1単位の価格が r^* に決まっていれば（効率的な水準での e_z に等しく決まっていれば），ピグー税と同様に，効率的な資源配分が実現する．

排出権取引では，政府が量（排出量）を決めて，排出物の価格の決定が市場に任せられる．一方，ピグー税では，政府が価格を決めて，量（企業の排出量の需要）は市場の決定に任せられる．どちらも同等な方法である[*16]．

なお，最初に排出権を供給する場合，これまでの企業の排出実績に応じて各企業に排出権を割当て，その後に排出権取引を行うという方法がある．これをグランド・ファザリング方式とよぶ．一方，企業に割り当てず，排出権を最初から競売方式で売りに出すという方法もある（これをオークション方式とよぶ）．どちらも，効率的な資源配分を実現するが，利潤の分配は異なることに注意が必要である．グランド・ファザリング方式は，（過去の実績に応じて）企

[*16] 排出権取引では，排出権を過剰に供給しても，被害者側が排出権を買い上げることで，排出量を効率的な水準まで減少させることが可能であると主張される場合がある．もし，この主張が正しければ，政府の知る必要のある情報は，ピグー税に比べ，排出権取引のほうが少なくて済む．工場と漁師の例では，政府が排出権を過大に供給し，排出権価格が漁業への限界被害 e_z よりも低かったとしよう．この場合，漁師は排出権を購入する（工場の排出量を減らす）ことに利益を見出すので，排出量は自動的に効率的な水準まで減少するというのである．しかし，漁師が多数いる場合には，排出物の減少による利益は公共財なので，フリーライダー問題が発生して，このようなストーリーで問題が解決するとは期待出来ない．

業に所有権が割り当てられているのに対し,オークション方式はそうではないからである.

15.3.8 通常の規制の問題点

現実の世界では,排出物の総量をコントロールするという規制方法が採用されることが多い.こうした数量規制は,基準以下の排出物については罰金を課さず,基準を超える排出物に対して禁止的に高い罰金を課すようなものだと考えることが出来る.基準以下の排出量には罰金がかからないので,基準値以下に排出物を抑制しようとするインセンティヴは無いことになる.もちろん,基準が効率的な排出物の水準 z^* に等しく設定されていれば,数量規制でも問題は無いかもしれない.

しかし,一般的には数量規制によって効率的な排出量を実現することは困難だと考えられている.例えば,工場と漁師の例で,川上に複数の工場が存在し,工場ごとに排出物を 1 単位削減することのコストが異なる状況を考えてみよう.効率的な排出量は,各工場の汚染の限界生産物と漁業に与える限界被害が一致するときに実現する.これを実現するためには,政府は,工場ごとに異なる数量規制を実施しなければならない.一方,ピグー税や排出権取引では,全ての工場の直面する排出物の価格は等しいから,自動的に全ての工場の汚染の限界生産物は一致するのである[17].

---

[17] 川上に n 個の工場があり,i 番目の工場の生産物の価格を p_i,産出量を x_i,費用関数を $c_i(x_i)$,排出量を $z_i = z_i(x_i)$ としよう.ただし,p_i は与えられている.また,排出量の合計を Z で表す.$Z = \sum_i z_i(x_i)$ である.そして漁師の費用関数を $e(y, Z)$ で表そう.
異なる工場では,異なる生産物を生産しているかもしれないが,全ての工場は同一の排出物を排出し,排出物の総量が漁業被害に関係するという想定である.さて,y の価格を q とすると,効率性のためには

$$\pi = \sum_{i=1}^{n}(p_i x_i - c_i(x_i)) + qy - e(y, Z)$$

を最大にしなければならない.このためには任意の i について

$$(p_i - c_i'(x_i))\frac{1}{z_i'(x_i)} = e_Z$$

が成り立たなければならない.ここで,$e_Z = \partial e/\partial Z$ で,排出物の漁業に対する限界被害を表す.この条件からわかるのは,全ての企業の $(p_i - c'(x_i))/z_i'(x_i)$ が一致することが,

15.4 情報上の失敗

売り手と買い手の間に財の品質に関する**情報の非対称性**が存在するときも市場はうまく機能しない．情報の非対称性が存在すると，**逆選択** (adverse selection) や**モラル・ハザード** (moral hazard) という問題が発生する．

「悪貨は良貨を駆逐する」という有名な命題（グレシャムの法則）がある．金の含有量は表面的にはわからない．取引相手がその金貨が良貨であるか，それとも悪貨（金の含有量が少ない）であるかを区別出来ないと，市場に流通する金貨は悪貨ばかりになってしまうというのが，グレシャムの法則の主張である．同じことは，もっと一般的に生じる可能性がある．アカロフ (G.Akerof) は「レモン（不良品）の市場」と題した有名な論文で，中古車市場を例にあげ，売り手と買い手の間に中古車の品質に関する情報の非対称性が存在すると，不良品（レモン）が良品を駆逐してしまう可能性を指摘した．これが逆選択である．

情報の非対称性に伴うもう一つの問題は，モラル・ハザードの発生である．保険が存在すると，保険加入者は，保険が存在しなかった場合に比べ，事故に注意を払わなくなるかもしれない．これがモラル・ハザードとよばれる現象である．

15.4.1 逆選択

この節では，逆選択のメカニズムを単純なモデルを用いて説明する．まず，高品質の財（良品）と低品質の財（不良品）の2種類の財が存在する世界を考える．良品の供給量は Q_H，不良品のそれは Q_L で，それぞれの製品は多数の生産者によって生産されている．ただし，Q_H, Q_L は定数だとする．不良品の生産は低いコストで行えるが，良品を生産するためには高いコストがかかる

効率的な z_i^* を実現するために必要だということである．ピグー税や排出権取引では，排出物の価格を e_Z に決めることさえ出来れば，全ての企業は同一の排出物価格に直面するから，自動的に効率性の条件は満たされ，個々の企業の p_i や $c'(x_i)$, $z_i'(x_i)$ の情報は不要である．しかし，同じことを数量規制で行おうとすれば，個々の企業の p_i や $c'(x_i)$, $z_i'(x_i)$ の情報をもとに，企業ごとに異なる水準の数量規制を行わなければならない．こうした規制は，実際には不可能であろう．

15.4 情報上の失敗

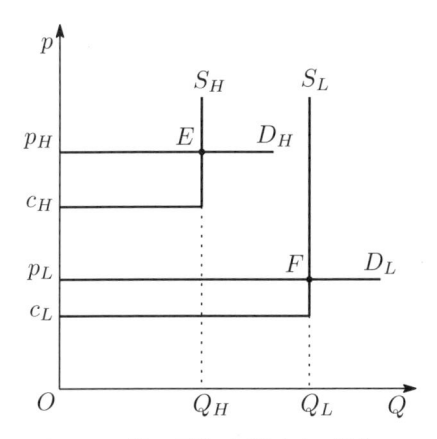

図 15.10 財の品質が区別出来る場合

としよう．そして，全ての生産者は同一の技術で生産を行うとする．良品を生産する場合の限界費用を c_H，不良品の場合の限界費用を c_L とする．議論を単純にするため，c_H, c_L は定数で，$c_H > c_L$ であるとする．なお，良品および不良品の総供給量は Q_H, Q_L だと想定しているので，それ以上の生産は出来ないとする（あるいは禁止的に高い限界費用が発生すると仮定する）．

消費者は，良品の消費から p_H の限界便益を，不良品の消費からは p_L の限界便益を得るとする．ここでも，議論を単純化するために p_H と p_L は一定だとする．

情報の非対称性が無い場合

消費者が良品と不良品を区別出来るなら（消費者と生産者の間に情報の非対称性が存在しないなら），何の問題も生じない．図 15.10 にそれが示されている．良品の市場では，需要曲線 D_H と供給曲線 S_H の交点 E で価格と数量が決まり，不良品の市場でも同様に点 F で価格と数量が決まる．そして，これらの市場均衡点で社会的余剰は最大になる（需要曲線が水平であるため，消費者余剰はゼロであるが）．

情報の非対称性のある場合

　生産者と消費者の間に情報の非対称性があると，何が起こるだろうか．上記の例で，消費者は自分の購入する製品が良品か不良品なのかを区別出来ないとだけ仮定を変えてみよう．

　まず，生産者の行動を考える．生産者は限界費用 c_L で不良品を生産出来る．したがって，市場価格が c_L になれば不良品を供給しようとする．しかし，良品の生産者はこの価格では供給しようとせず，市場価格が c_H になって初めて製品を供給する．したがって，財の供給曲線は図 15.11 の S で表される階段状のグラフになる．

　さて，消費者が製品に対して最大限支払っていいと思っている価格は，良品なら p_H，不良品なら p_L である．しかし，消費者は自分の購入する財が良品なのか不良品なのかは区別出来ない．ただし，市場で供給されている財の平均的な品質は知っているとしよう．すると，市場に供給されている良品の割合が θ であるなら（不良品の割合は $1-\theta$ で $0 \leq \theta \leq 1$ である），消費者がこの財に対し最大限支払ってよいと思う価格は

$$p^d = \theta p_H + (1-\theta)p_L$$

である．つまり，p^d は良品の価格と不良品の価格の加重平均で決まる[*18]．

　さて，市場価格が c_H よりも高く，したがって，生産者は良品も生産して，市場全体の供給量が $Q_H + Q_L$ 単位であったとしよう．このとき，$\theta = Q_H/(Q_H + Q_L)$ であるから，消費者はこの θ の値に対応した価格を支払ってもよいと思っている．それが図 15.11 の D_0 という需要曲線である．この場合，D_0 と供給曲線は点 E で交わる．しかし，この点は市場均衡点ではない．E 点では不良品しか供給されておらず，消費者の期待した θ の値とは異なるからである．そこで，消費者は θ の値を 0 に修正すると（市場には不良品しか供給されていないことに気づくと），需要曲線は D_L に移動する．D_L と供給曲線の交点は F 点で，この点は消費者の期待した θ の値と実現する θ の値が一

[*18] これは，消費者はリスク中立的であると仮定したことに等しい．消費者がリスク回避的なら，消費者が支払ってもよいと思う価格は，p_H と p_L の加重平均よりもリスクプレミアム分だけ小さくなる．その場合でも，以下の議論はほとんど影響を受けない．

15.4 情報上の失敗

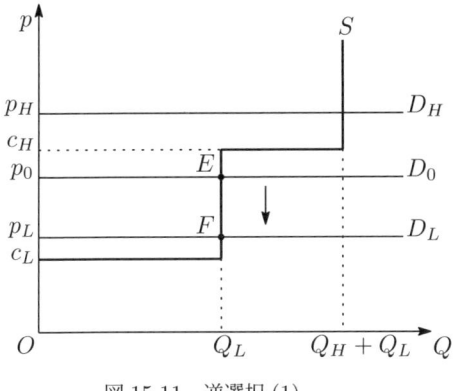

図 15.11 逆選択 (1)

致する．したがって，F 点が市場均衡点になる．この点では，良品を評価する消費者が存在するにも関わらず，良品は供給されず，不良品の取引しか成立していない．悪貨が良貨を駆逐してしまったのである[*19]．

逆選択：財の品質が多数の場合

財の品質が 2 種類ではなく，もっと多数だったら前の節の分析結果はどう変わるだろうか．ここでは，財の品質を $0 \leq q \leq q_0$ を満たすような連続変数 q で表そう．q_0 は定数で，品質の上限を表す．品質 q の財は限界費用 q で 1 単位生産出来るとしよう．図 15.12 は，財の品質と生産量の関係をグラフにしたものである．

次に，この財の供給曲線を求めよう．財の価格が p であれば，この価格以下の限界費用で生産出来る品質の財が供給される．つまり，$q \leq p$ を満たすような品質 q の財が生産される（$p \leq q_0$ の場合）．図 15.12 からわかるように，品質が $p (\leq p_0)$ 以下の財の総量は p に等しい．ただし，$p > q_0$ の場合には供給される財の総量は q_0 になる．したがって，財の供給関数 $S(p)$ は次の通りにな

[*19] D_0 が供給曲線 S ともう少し上の点で交われば，つまり，$Q = Q_H + Q_L$ となるような水準で交われば，E 点は市場均衡点である．つまり，常に逆選択が生じるわけではなく，逆選択が生じるかどうかはこのモデルのパラメータに依存する．

図 15.12 品質の分布

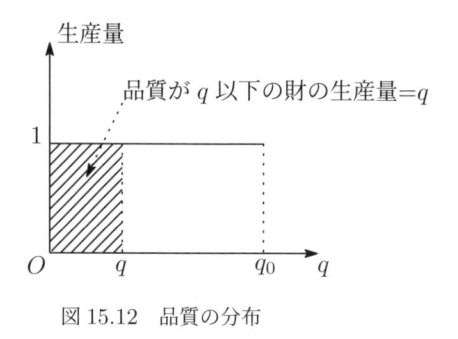

る[20].

$$S(p) = \begin{cases} p & p \leq q_0 \text{ のとき} \\ q_0 & p > q_0 \text{ のとき} \end{cases}$$

次に,消費者の行動を考える.消費者が品質 q の財の消費から受ける限界便益はちょうど q に等しいとする.さらに,消費者はリスク中立的だとし,財の品質が不確実な場合には,財の平均品質に等しい価格をこの財に対して支払ってもよいと考えているとしよう.

さて,財の価格が p のとき,供給されるのは p 以下の品質の財のみであった.品質は一様に分布しているという仮定から,この時の平均品質を $\bar{q}(p)$ で表せば,

$$\bar{q}(p) = \begin{cases} p/2 & p \leq q_0 \text{ のとき} \\ q_0/2 & p > q_0 \text{ のとき} \end{cases}$$

が成立する.消費者は,自分の購入する財の品質 q については知らないが,市場に供給されている財の平均品質が $\bar{q}$ は知っているとしよう.すると,消費者

---

[20] ここでの議論では,財の品質 q が $q = 0$ から $q = q_0$ の範囲で一様分布することを仮定している.これは,供給関数の導出を単純にするための仮定に過ぎない. q の分布が確率分布関数 $F(q)$ で表される一般的な場合には,供給関数は $S(p) = F(p)Q_0$ になる.ここで, Q_0 は全ての品質の財が供給された場合の総供給量を表し, $F(q)$ は財の品質が q 以下である確率を表す.

15.4 情報上の失敗

図 15.13 逆選択 (2)

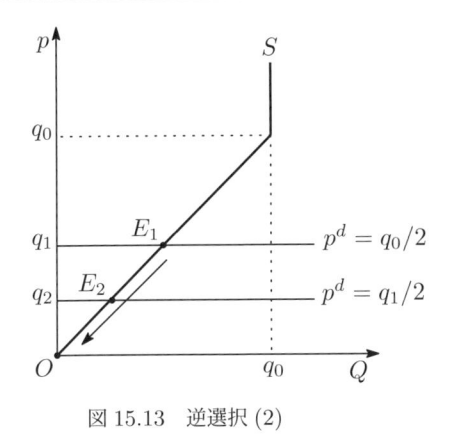

が支払っても良いと思う価格（これを p^d で表し，需要者価格とよぶ）は平均品質 $\bar{q}$ になる．つまり，$p^d = \bar{q}$ が成立する．

以上の設定から，財の供給曲線は図 15.13 において S のような形状になる．今，市場価格が q_0 以上で，したがって，財の生産が q_0 行われたとしてみよう．この場合の財の平均品質は $q_0/2$ になるから，需要者価格は $q_0/2$ になる．つまり，図の $p^d = q_0/2$ と記された水平線がこの場合の需要曲線になり，点 E_1 で需要曲線と供給曲線が交わる．

しかし，この点は市場均衡点ではない．E_1 点では $q_1 = q_0/2$ の価格が成立するから，市場に供給された財の平均品質は $q_1/2 = q_0/4$ である．つまり，需要曲線 $p^d = q_0/2$ の平均品質に関する予想とは整合的でなかったのである．消費者が，平均品質を $q_1/2$ に修正すれば，新しい需要曲線は下方にシフトする．$p^d = q_1/2$ と書かれた需要曲線がそれである．この需要曲線と供給曲線は E_2 で交わるが，このときの財の平均品質は $q_2/2$ になる．やはり，ここでも平均品質の予想は正しくない．そこで，消費者が予想を修正し，需要曲線はさらに下方にシフトする．このようなプロセスの結果，需要曲線と供給曲線の交点は原点 O に近づいていく．この場合の均衡は原点 O で与えられる．この例では，全ての品質の財の取引が行われなくなってしまうのである[*21]．

[*21] もちろん，常にこのようなことが起こるわけではない．消費者行動の前提を少し変えて，需要者価格は $p^d = \bar{q} + \delta$ だとしよう．ここで $\bar{q}$ は財の平均品質，δ は正の定数である．市

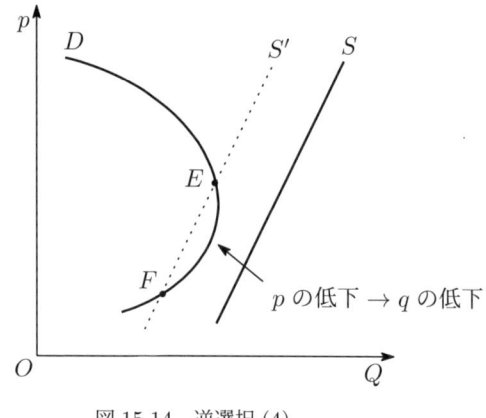

図 15.14 逆選択 (4)

さて,ここで用いた例で逆選択が生じたのは,価格の低下が品質の低下を招き,それが需要者価格を低下させ,さらにそれが品質の低下をもたらすという悪循環が生じたからである.

水平な需要曲線 $p^d = \bar{q}$ ではなく,もう少し一般的な需要曲線でも同様のことが生じる.需要関数が $D(p, \bar{q})$ という場合を考える.ここで,財の需要量は価格 p と平均品質 $\bar{q}$ の関数である.平均品質 $\bar{q}$ が一定ならば,p の低下は需要量を増加させるとしよう(通常の右下がりの需要曲線である).しかし,p が一定のもとで平均品質 $\bar{q}$ の低下は需要量の減少をもたらすとする[*22].

生産者の行動は先の例と同じにしよう.供給曲線は右上がりの曲線で表される.ただし,市場で供給される財の平均品質 $\bar{q}$ は市場価格 p の関数で,p が高ければ $\bar{q}$ は高くなるが,p が低下すれば $\bar{q}$ も低下する.この関係を $\bar{q}(p)$ で表し,需要関数に代入すれば,需要関数は $D(p, \bar{q}(p))$ と表される.

さて,この需要関数において,p の変化が $\bar{q}$ に与える効果も考えて,価格と

場均衡における価格を p^* とすれば,生産者の行動から $\bar{q} = p^*/2$ が成立する.この式を p^d に代入し,$p^d = p^*$ とおけば,$p^* = p^*/2 + \delta$ が成立しなければならない.これから,$p^* = 2\delta$ が求められる.つまり,この場合には,品質が 0 から 2δ までの財は取引される.

[*22] 水平な需要曲線 $p^d = \bar{q}$ の場合には,平均品質 $\bar{q}$ の低下は,需要曲線の下方へのシフトをもたらした.これと同様に,$\bar{q}$ の低下は需要曲線(p と $D(p, \bar{q})$ の関係)を下方にシフトさせるとすると,一定の価格のもとでの需要量は減少する.

需要量の関係を求めてみよう．価格の低下は需要量を増加させる効果があるが，一方で平均品質の低下をもたらし需要量を減少させる．つまり，後者の効果が上回る領域では，需要曲線は右上がりになる．図 15.14 にはこのような需要曲線が描かれている．このとき，供給曲線の位置がもし S のような位置にあれば，この市場では全く取引が行われないことになる．しかし，供給曲線が S' であれば，E 点と F 点の複数の均衡が存在する．均衡によって取引される財の平均品質は異なる．この図では，財の平均品質は F 点の方が低い．また，市場で超過需要が生じる場合は価格が上昇し，超過供給が生じる場合には価格が下落するという調整メカニズムを想定すると，E 点は安定均衡だが，F 点は不安定均衡である．

シグナリング

　消費者が製品の質を判断する基準が財の価格しかない世界では，不良品の存在が良品の取引を阻害するというのがこれまでのストーリーであった．しかし，良品の供給者にも手段はある．例えば，製品に対する保証をつけることである．不良品の供給者が保証をつけることが出来ないなら，保証付きの製品は良品の証しである．

　製品に対する保証のように，品質に関する**シグナル**を送ることで，良品の供給者は逆選択から逃れることが出来るかもしれない．例えば，店舗に十分な費用をかけることはシグナルとして機能する．店舗にかけた費用はサンクコスト（回収出来ない費用）としての側面がある．コストのかかっていない店舗であれば，店をたたんで逃げてしまう際のコストは低いが，豪華な店舗はそのコストが高く，それが消費者に信頼感を与えるのである．

　労働市場では，労働者本人の能力に関して，本人と雇用する企業との間に情報の非対称性の問題が生じ得る．このとき，労働者の学歴はシグナルとなる．高い学歴が，その労働者がもともと持っていた高い能力を示すシグナルとして機能すれば，企業は学歴をみることで優秀な労働者とそうでない労働者を区別しようとする．なお，高い学歴自体が本人の人的資本の蓄積に全く貢献していなくても，シグナルとなることに注意しよう．高い能力を持つ人は，学校の（退屈な）授業を苦にしない能力を備えている．しかし，能力的に劣る人には学校の授業は苦痛であり，その結果，能力的に劣る人が高学歴となるのは稀に

なる.この場合,学校教育自体は労働者本人の能力の向上に全く寄与しないが,労働者本人にとっては,自分が優秀な労働者であることを企業にわからせるために必要な投資である.もし,そうなら教育は社会的にみれば資源の浪費である可能性さえある[*23].

逆選択の問題を避けるために,生産者は**評判** (reputation) に頼る場合もある.常に良い製品を供給し続けること(あるいは納期を遵守するなど)で,その生産者は市場で評判を獲得する.その評判によって,その生産者は良品を供給出来るのである.評判はたった一度の過ちで傷ついてしまう可能性があるので,生産者にはそれを守るインセンティヴが存在する.それが消費者の信頼につながるのである.

15.4.2　逆選択の例

逆選択は,金融市場や保険市場でも起こる可能性が高い.例えば,医療保険市場である.保険会社と保険の加入者の間で,加入者自身の健康状態(疾病確率)に関する情報の非対称性が存在すると,医療保険市場で逆選択が起こり,民間の医療保険はうまく供給されなくなってしまう.この市場での情報の非対称性とは,保険加入者の健康状態である.加入者自身は自分の健康状態をよく知っているが,保険会社は加入者全員の平均的な健康状態しか知らないとする.保険会社が加入者全員の疾病確率に基づいて保険料と給付を設計すれば,加入者の中で最も健康な人は,保険に入ることにメリットを見出せず,保険から脱退するかもしれない.最も健康な人が保険から脱退すれば,保険会社は保険料の引き上げを図るだろう.しかし,そうすると次に健康な人たちが保険から脱退してしまうかもしれない.このような悪循環が発生すると,保険が存在することが望ましいにも関わらず,最悪の場合,市場では保険は全く供給されないということも起こりかねない.この場合,医療保険に対する強制加入が事態を改善する.同様のことは,失業保険,年金保険でも発生する可能性があ

[*23] 教育投資が単なるシグナリングの効果しか持たないのか,それとも人的資本の形成に貢献しているのかは議論が分かれる.なお,人的資本投資の理論については第 16 章を参照せよ.

る*24.

　金融市場でも同様のことが生じる可能性がある．資金の借手と貸手がいて，借手の一部に不良な借手が混ざっているが，貸手はこれを区別出来ないとしよう．不良な借手とは，資金を借りた後，真面目に返済をしようとはしない借手のことである．一方，優良な借手は，投資の収益率と借金の利子率を比較して，返済出来ないような事業については借金を申し込まない借手である．この市場に情報の非対称性が存在すると，利子率が効率的な事業とそうでない事業を選別する機能を失ってしまう．情報の非対称性の無い世界では（あるいは不良な借手の存在しない社会では），利子率が高くなると，その利子率で採算の合う事業だけに資金が回るような調整が行われる．しかし，情報の非対称性のある世界では，利子率が高くなると優良な借手を締め出し，返済するつもりの無い借手をより多く市場に残すことになる．貸手にとっては，債権を回収出来ないリスクが高まるが，そのリスクを貸出金利に反映させれば，さらに優良な借手を締め出すという悪循環が発生するかもしれない．

　このような悪循環は，中小企業に対する貸出市場，住宅ローン市場，教育ローン市場などで発生する可能性がある．もし，そうなら，これらの市場に対して政府が一定の介入をすることの根拠になり得る*25.

15.4.3　モラル・ハザード

　保険の存在が保険加入者の行動を変化させてしまう場合がある．例えば，火災保険の存在で，加入者が以前よりも火の取り扱いに注意しなくなり，その結果，実際の火災の件数が増えたなどの例である．この問題は，保険会社が保険加入者の行動を完全にはモニタリング出来ないことから生じると考えられる．

---

*24 人々は，あらかじめ何歳まで生きるか不確実であるため，思いがけず長生きし過ぎて窮乏するリスクや，逆に，思いがけず早死にして資産を使い残すリスクに直面している．年金保険は，このような寿命の不確実性に伴うリスクに対する保険である（一定の保険料を支払うと，生存している限り一定の給付を受け取れる）．年金保険加入者の寿命に関して，加入者本人が保険会社よりも良く知っているという情報の非対称性が存在すると，早死にしそうな人から保険を抜けていくという逆選択が生じる可能性がある．

*25 政府が介入したからといって，不良な借手が減るわけではないが，問題は，不良な借手への貸付による損失と，優良な借手へ融資が行われることの利益の大小関係である．政府の介入の仕方は，公的な金融機関による融資という方法もあるが，民間の金融機関の融資に対し，そのリスクを十分に分担するという方法でも良い．

つまり，加入者がどの程度注意を払うかを完全に把握出来，その程度に応じて保険料と給付を設計出来れば，この問題は生じない．

　保険会社が加入者の行動を完全に把握出来ない場合，保険会社のとり得る一つの対処方法は，完全な保険を提供しないことである．例えば，火災保険では，火災による経済的損失の全てを補償するようなことをしないことである．医療保険であれば，保険加入者のモラル・ハザードを軽減するため，診療時に一定の自己負担を組み合わせるなどの方法がある．

15.5　政府の役割

　経済理論的には，市場の失敗が存在する場合に政府の介入が要請される．どのような政府の介入が必要かは，市場の失敗に応じて異なる．政府の対処方法を考える上では，まず，どこに市場に失敗があるかを特定し，それに応じた対処方法を考える必要がある．例えば，公的医療保険が必要なのは，経済理論的には保険市場の逆選択が根拠であるが，現実の政策は，「弱者」に対する所得再分配政策の色彩が非常に強い．現実の公的年金保険は，年金保険の提供というよりは年金制度を通じた所得再分配（若年者から高齢者への）の仕組みになっている．所得再分配機能と逆選択や外部性に対応する仕組みは分けて考えなければならない．

Keywords
　市場の失敗，公共財，非競合性，排除不能性，私的財，準公共財，フリーライダー問題，外部性，正の外部性（外部経済），負の外部性（外部不経済），私的限界費用，社会的限界費用，私的限界便益，社会的限界便益，共有地の悲劇，コースの定理，取引費用，ピグー税，排出権取引情報上の失敗，情報の非対称性，逆選択，モラル・ハザード，シグナリング，評判

復習問題
1. 市場の失敗とは何か．
2. 公共財を特徴づける二つの性質とは何か．公共財の具体例をあげて，私的財とどう異なるのか説明せよ．

3. 公共財を市場を通じて供給しようとしてもうまくいかないのはなぜか．
4. 公共財の効率的な供給量は，どのような水準か．一般道路は公共財だが，一般道路の水準をどのように決めれば，効率性が達成されるのだろうか（どんな地域でも一定の水準を確保することは効率的だろうか）．
5. 外部性とは何か．外部性が存在すると，どのような意味で市場は失敗するのだろうか．
6. 共有地の悲劇とは何か．共有地の悲劇の具体例をあげよ．
7. コースの定理とは何か．現実の世界でコースの定理が成立しないのはどのような理由からか．
8. 大気汚染や水質汚染の抑制策，あるいは CO_2 の排出制限の方法としてピグー税や排出権取引が有効である．ピグー税や排出権取引はどのように機能するのか．
9. 情報の非対称性とは何か．情報の非対称性が存在すると，どのような問題が生じるか．
10. 医療保険の供給を自由な市場に任せると逆選択が生じるかもしれない．その理由を説明せよ．逆選択の問題が深刻な場合には，どのような政策的対処が求められるだろうか．

第16章

所得分配

　市場経済のもとでは，労働や資本に対する報酬も市場で決定される．市場で決定される生産要素価格は，個々人の所得分配を決めるとともに，生産要素の需要に関する決定と供給に関する決定を調整する役割を果たしている．市場の失敗が存在しなければ，市場では効率的な資源配分が実現するという命題は，生産要素市場でも成立する．一方で，市場で実現する所得分配は不平等だという批判も古くからある．この章では，こうした問題を検討する．

16.1 生産要素価格の決定

16.1.1 限界生産力説

　生産要素価格は生産要素に対する需要と供給から決まる[*1]．最初に，資本と労働の2種類の生産要素が存在するケースを考えよう．資本や労働の需要や供給がどう決まるかについては，消費者行動の理論と生産者行動の理論の章で，既に説明している．繰り返しになるが，簡単にその理論を復習しよう．

　生産要素として資本 K と労働 L があり，それらを用いて1種類の生産物を生産するケースを考える．資本および労働の投入量 K, L と産出量 Q の関係

[*1] この章では，部分均衡分析の枠組みで考えるが，ある生産要素の需要や供給はその生産要素価格だけに依存しないという点は重要である．例えば，企業の労働に対する需要は，代替的な生産要素（例えば，資本）の価格や生産の技術的な制約（他の生産要素との代替の程度）に依存する．

は，生産関数 $Q = F(K, L)$ によって規定されている．生産物価格を p，労働と資本 1 単位の価格を w, r で表すと，企業の利潤 π は次の式で表せる．

$$\pi = pF(K, L) - wL - rK$$

生産物市場と生産要素市場は完全競争市場だとする．完全競争の仮定から，p, w, r は個々の企業にとっては外生的である．所与の p, w, r のもとで，個々の企業は利潤を最大にするように生産要素の投入量を決める．これから，個々の企業の生産要素の需要関数が求められる．個々の企業の生産用の需要を合計すると，市場全体の需要が求められる．なお，以下では，単純化のため，全ての資本や労働，そして生産物は同質的だとする．

最初に労働の需要曲線を求めよう．K の投入量は一定だとすると，個々の企業は，与えられた p, r, w のもとで，利潤を最大にするように L の投入量を決める．利潤最大化の条件は，

$$p\,MPL = w$$

で与えられる．ここで，MPL は労働の限界生産物を表す．また，$p\,MPL$ は労働投入量の追加的な 1 単位がもたらす限界的な収入を表し，これを労働の**限界生産物価値** (value of marginal products) とよぶ．あるいは，両辺を p で割ると，

$$MPL = w/p$$

が得られる．つまり，企業は，労働の限界生産物と実質賃金が一致するような水準に労働投入量を決める．

図 16.1 に労働需要曲線がどのように導出されるかが示されている．図の横軸は労働投入量で，MPL は労働の限界生産物を表す（右下がりなのは，労働の限界生産物が逓減するからである）．w/p が与えられると企業の利潤を最大にするような L^* が決まる．そして，異なる w/p には異なる L^* が対応する．こうして個々の企業の労働需要曲線が求められる．つまり，労働の需要曲線は MPL 曲線そのものである[*2]．なお，個々の企業の労働需要を合計すれば，市

[*2] 生産物に対する需要は，財それ自体が望ましい（効用が生じる）から需要されるのに対し，

16.1 生産要素価格の決定

場全体の労働需要が求められる．市場全体の労働需要曲線の高さは，もちろん，労働の限界生産物に等しい．

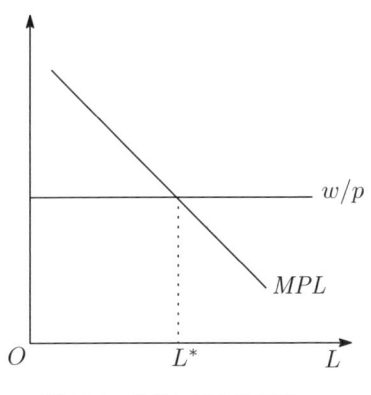

図 16.1 労働に対する需要

労働供給の決定は，第 7 章で説明したように，消費財とレジャーの選択の問題として考えることが出来た．労働者の効用関数が $U(C, l)$ で，消費財 C の価格は p，レジャー l の価格（すなわち賃金）が w であるとすると，労働者は

$$U_l/U_C = w/p$$

を満たすように労働時間を決定する．ここで，U_l はレジャーの限界効用（あるいは労働の限界不効用），U_C は消費財の限界効用を表す．U_l/U_C はレジャーと消費財の限界代替率に等しいが，（消費財の限界効用で測った）労働の限界不効用と言っても良い．つまり，上の式は，労働者は労働の限界不効用と実質賃金が一致するような水準まで労働を行うことを表している．こうして，労働供給と実質賃金 w/p の関係が導かれる．図 16.2 には，労働市場でどのように

生産要素の需要は，それ自体が望まれるからではなく，利潤を上げる手段として需要される．これを**派生需要** (derived demand) と言う．
　労働に対する需要曲線の傾きは，労働と他の生産要素の代替の程度に依存する．代替の程度が大きければ（等量曲線の曲がり具合が小さければ），労働需要の賃金弾力性は大きい．また，需要曲線の位置は，他の生産要素の投入量に依存する．他の生産要素の投入量が多ければ，MPL は大きく，したがって，需要曲線の位置はより右側に位置する．

w が決まるか示されている*3.

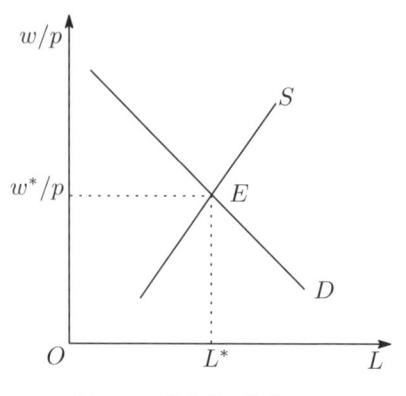

図 16.2 賃金率の決定

資本の価格 r も資本の需要曲線と供給曲線の交点で決定される.資本の需要は

$$MPK = r/p$$

を満たすように決まる.なお,この資本の価格 r は(企業にとっては)資本を一定期間使用することのコストを表す.r は資本のレンタル価格とよばれ,利子率と関係がある.資本財価格を p_K,利子率を i,資本減耗率を δ とすると,$r = p_K(i+\delta)$ という関係が成り立つ*4.なお,$p_K = p$ の場合(生産物と資本財が同質である場合),上の方程式は $MPK - \delta = i$ と変形出来る.$MPK - \delta$

---

*3 ここでは,賃金率上昇の代替効果が所得効果を上回るとして,右上がりの労働供給曲線を描いている.もちろん,十分に高い賃金のもとでは,労働供給曲線は後方屈曲的になるかもしれない.

*4 資本財の賃貸市場と中古市場があるとしよう.資本を 1 期間だけ賃貸するコストは r である.一方,中古市場で 1 単位の資本財を購入して(価格は p_K 円),1 期間使用した後に資本財を中古市場で売却したとする.資本は 1 期間使用した後なので,資本減耗率 δ だけ価値が低下し,$p_K(1-\delta)$ 円で売却出来る.1 期間使用したことのコストは最初の購入費用の現在価値 $p_K(1+i)$ 円から売却益 $p_K(1-\delta)$ 円を引いたものである(購入時と売却時が異なることに注意).つまり,$p_K(1+i) - p_K(1-\delta) = p_K(i+\delta)$ 円に等しい.中古市場での購入,売却の費用が無視出来れば,$p_k(i+\delta)$ と r は一致しなければならない.したがって,$r = p_K(i+\delta)$ が成り立つ.

16.1 生産要素価格の決定

はネットの資本の限界生産物を表す．これは，利子率がネットの資本の限界生産物に等しくなるように決まることを表している．

次は，資本の供給である．新規の資本の供給の源泉は，家計の貯蓄に求められる．家計の貯蓄行動は，異時点間の消費の配分の問題として説明した．2期間モデルを用いた分析（第8章）では

$$MRS_{1,2} = 1 + i$$

を満たすように消費と貯蓄が決定されることを説明した．ここで，$MRS_{1,2}$ は第1期と第2期の消費の限界代替率を表す．これは C_2 で測った C_1 の限界効用に等しい（C_i は第 i 期の消費を表す）．また，$1+i$ は第2期の消費財の価格で測った第1期の消費財の価格という意味を持つ．こうして決まる貯蓄は，一般的には，利子率の増加関数になる[*5]．こうして，資本の供給曲線が求められ，資本に対する需要と供給が一致するように利子率 i が決定される．

最後に，生産要素が n 種類ある場合を考える．n 種類の生産要素を $x_1, x_2, ..., x_n$ で表し，産出量 y が

$$y = f(x_1, x_2, ..., x_n)$$

という生産関数で決まるとする．このとき，各生産要素に対する需要も，これまでの議論と全く同様に導出される．まず，企業の利潤は

$$\pi = pf(x_1, x_2, ..., x_n) - (w_1 x_1 + w_2 x_2 + \cdots + w_n x_n)$$

と表される．ここで，p は生産物価格，$w_i (i=1,2,..,n)$ は生産要素 x_i の価格である．生産物市場と生産要素市場が完全競争的であれば，x_i に対する需要は

$$pMP_i = w_i$$

[*5] 利子率の増加が貯蓄を増やすかどうかは利子率増加の所得効果と代替効果から決まる．家計の生涯所得が利子率と独立なモデル（例えば，第2期の労働所得が0という想定）では，代替効果と所得効果が相殺するため，利子率の増加が貯蓄を増やすかどうかはわからないとされる．しかし，労働所得が第2期に集中している人の場合には，利子率の増加は，第2期の労働所得の割引価値を低下させるという効果を通じて（マイナスの所得効果），貯蓄を増加させる効果がある．この場合には，利子率の増加は，代替効果，所得効果とも貯蓄を増加させる効果を持つ．

を満たすように決まる．MP_i は i 番目の生産要素の限界生産物を表す．生産要素価格は，それぞれの生産要素の限界生産物（限界生産力）によって決まるとする理論が**限界生産力説**である．もちろん，需要曲線と供給曲線の交点で価格が決定されるのであり，生産要素価格は生産要素の供給を決める要因にも依存して決定される[*6]．

16.1.2 公平性と効率性

生産要素市場に市場の失敗が存在しない場合，このようにして決まる生産要素価格は，（ある意味での）公平性を実現し，同時に効率性も実現している．

まず，効率性だが，労働市場では，$MPL = U_l/U_C$ が実現することを前節で確かめた．前者は労働投入の限界便益，後者は限界費用と考えることが出来る．最適な労働投入量は，限界便益 MPL と限界費用 U_l/U_C が一致する点で決まるから，市場均衡では最適な労働投入が実現する[*7]．

資本市場も同様である．資本の需要と供給が一致する点では，資本投入の限界便益と限界費用が一致する．資本投入の限界便益とは，$1 + MPK - \delta$ であり，限界費用は C_1 を限界的に犠牲にすることの効用の損失であり，$MRS_{1,2}$ に等しい[*8]．

さて，市場で決定される生産要素価格は，その生産要素の限界生産物を反映するものであった．これは，市場が（限界的な）**貢献に応じた分配**を実現することを意味する．市場における分配は，このような意味において公平である．もちろん，何が公平な分配かについて，万人が納得するような客観的な基準は

[*6] それぞれの生産要素の需要曲線・供給曲線は他の生産要素価格にも依存する．また，複数の生産物が存在する世界では，生産物の価格にも依存する．ある生産物が消費者から強く支持されていて，そのためその生産物の価格が高いとすれば，その生産物を生産する上で重要な生産要素の需要が多くなり，その生産要素価格は高くなるだろう．

[*7] 図 16.2 の E 点では社会的余剰が最大化される．ただし，生産者余剰は w^*/p と点 E を結んだ直線と労働需要曲線で囲まれる三角形の面積で，消費者余剰（労働者の余剰）は，w^*/p と点 E を結んだ直線と労働供給曲線で囲まれる三角形の面積で表される．

[*8] $1 + MPK - \delta$ の 1 は資本の増分そのものを表し，$MPK - \delta$ は（資本の増加に伴う）産出量の増加を表す．なお，第 12 章でパレート効率性の条件を求めた．ここでの議論は，「生産者の限界変形率（レジャーと消費，第 1 期の消費と第 2 期の消費財）と消費者の限界代替率の均等化がパレート効率性の条件であり，その条件は自由な市場では満たされる」という命題を別の形で述べたものである．

16.1 生産要素価格の決定

存在しない．例えば，「必要に応じた分配」が公平だという考え方も古くから存在する．しかし，自らの所有する生産要素（多くの人にとっては，労働）の貢献に基づいて所得が分配されることは，多くの人が暗黙のうちに受け入れている価値基準と衝突するものではないことも事実である．

16.1.3 地代

　生産要素価格が生産要素の需要（限界生産物を反映）と供給によって決まることは既に説明した．供給曲線の高さは，その生産要素供給の限界費用に等しい．したがって，生産要素価格は，生産要素供給の（限界的な）費用を反映するように決まると言っても間違いではない．しかし，生産要素の中には，供給費用とは無関係に価格が決まるものがある．土地がそのような生産要素の代表である．

　地代（レント）とは，土地を一定期間使用するときの賃貸料である．土地は再生産が不可能な生産要素で，減らすことも，費用をかけて増やすことも出来ない．土地の供給曲線は垂直だから，地代は生産要素供給の限界費用とは無関係な水準に決まる．この点で，労働等の他の生産要素価格と異なる性質を持っていると考えられ，特別な考察の対象になってきた．

　ある地域の土地の市場を考えよう．土地を使用して生産活動を行おうとする者は，土地の限界生産物と地代（実質）が一致するように土地の投入量を決める．ここから土地の需要曲線が得られる．生産要素の需要に関するこれまでの議論と同様に，土地需要曲線の高さは，土地の限界生産物に等しい．一方，土地の量は固定していて不変だから，供給曲線は垂直になる．図16.3は，地代がどのような水準に決定されるかを示したものである[9]．

　もちろん，この議論は極端に単純化された議論である．例えば，農業生産に土地を使用する場合，その地域の土地の物理的な量は一定かもしれない．しかし，農地として利用するためには，土地を耕し，区画を整理し，灌漑用の設備

---

[9] ある地域の土地は，近隣の土地と密接な代替財である．例えば，住宅地を考えよう．A市とB市は，都心のビジネス街までの通勤距離が異なる以外は全く等しいとしよう（自然環境や気候，道路や下水道等の社会資本の整備状況に至るまで）．この場合，A市とB市の地代は，通勤時間の差の金銭換算価値分だけ異なるように決まるだろう．この場合，それぞれの都市の土地の需要の価格弾力性は非常に高いことになり，需要曲線はそれぞれの地代の水準で水平に近くなる．

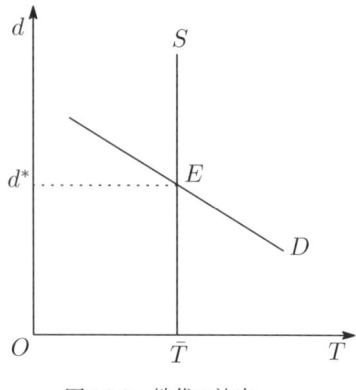

図 16.3　地代の決定

を設けなければならない．農地として利用出来る土地の量は，このような投資活動に依存して決定される．その場合，土地の供給曲線は垂直だと考えるよりも傾きを持つ（資本と同様な性質を持つ）として議論したほうが良い．

16.1.4　準レント

再生産が可能な生産要素であっても，短期的に供給が固定されている生産要素の価格は，地代と同じように決まる．こうして決まる生産要素価格を**準レント**または**準地代**とよぶ．

特定の用途に用いられる資本設備（既に設置済みで，他の用途に転用出来ず，新規の供給もすぐには出来ない）に対する報酬は準レント的な性格を持つ．同様に，ある種の労働に対する報酬も準レント的な性格を持つ場合がある．例えば，ある特殊な労働の市場で，何らかの理由でこの市場への労働者の参入が制限されていると，参入済みの労働者の報酬は準レントとしての性格を持つ．新規参入が難しいのは，その労働に必要な技能は習得に時間がかかるからかもしれないし，あるいは人為的な参入障壁のせいかもしれない．

図 16.4 にこのような市場での賃金の決定が示されている（単純化のため，個々の労働者の労働時間は一定だと仮定する）．図中の直線 S は参入制限があるもとでの労働供給曲線を表す．一方，w_0 は他の労働市場で獲得出来る賃金

16.2 生産要素市場における独占

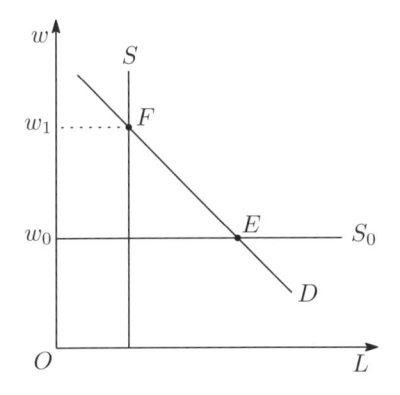

図 16.4 労働者の参入障壁

を表し，直線 S_0 が，この市場に自由な参入が許される場合の労働供給曲線である[*10]．参入制限のある労働市場の賃金は w_1 の水準に決まり，他の労働市場で獲得出来る賃金 w_0 よりも高くなる．国家資格や免許制度で参入が制限されている職業の報酬はこうした性格を持つ[*11]．

16.2 生産要素市場における独占

16.2.1 生産要素の独占

生産要素の供給者が独占者である場合も，生産要素価格は限界費用から乖離して決まる．独占者は限界収入と限界費用が一致する水準に生産要素の供給量

[*10] この労働に必要な技能は，習得に時間がかかるものであって，短期的には供給が増やせないなら，S が短期供給曲線，S_0 は長期供給曲線ということになる．

[*11] もちろん，ある種の職業では，政府の介入によって，財・サービスの生産者の最低限の品質を確保することが必要であるかもしれない．生産者は自分の生産する財・サービスの品質を知っているが，消費者にその見分けがつかない場合，劣悪な生産者が優良な生産者を市場から締め出してしまう可能性があるからだ（情報の非対称性に伴う逆選択の問題）．国家資格や免許制度は，国の定めた最低限の品質をクリアしない生産者の参入を認めない制度である（ただし，多くの場合，審査は 1 回だけである）．しかし，こうした制度によらなくても，個々の生産者の供給する財・サービスの品質を客観的に証明するような仕組みを作ることも出来る．また，政府が介入しなくても，個々の生産者のシグナリングや，評判が問題を解決する場合もある．

を決め、生産要素価格 w は

$$w = \frac{1}{1-1/\epsilon} MC$$

となるように決まる（第13章の独占企業の行動を参照）．ここで，ϵ は生産要素需要の価格弾力性，MC は生産要素供給の限界費用を表す．生産要素が労働の場合，MC は，労働の限界不効用（レジャーと消費財の限界代替率 U_l/U_C）に等しい．

労働組合の存在は，労働市場で，このような独占力が生じる原因になる．特に，労働者が企業に雇用されるとき組合加入が義務付けられていたり（クローズド・ショップ制），強力な産業別組合があったりする場合にはそうである．組合の独占力のおかげで，雇用者は高い賃金を得られるが，一方で雇用は過小であり，資源配分は非効率的になる．

なお，$1/(1-1/\epsilon)$ はマークアップ率を表し，独占の非効率性の程度を表す一つの尺度でもある．マークアップ率は，ϵ が低いほど大きくなる．例えば，$\epsilon = 3.0$ なら，マークアップ率は 1.5 だが，$\epsilon = 2.0$ ならマークアップ率は 2.0 に，$\epsilon = 1.5$ ならマークアップ率は 3.0 にもなる．ϵ が低くなるのは，その生産要素が他の生産要素との代替性が小さい場合で，その場合には，生産要素の独占に伴う非効率性も大きなものになる．

16.2.2 生産要素市場における買手独占

生産要素市場で買手独占がある場合には，生産要素価格は抑制される．この問題は第13章の買手独占の節でも説明したが，再度，説明する．

雇用主側（企業）が1人で，多数の労働者がいる状況を考える．企業は，労働と他の生産要素を用いて生産を行うが，他の生産要素の投入量は一定だとしよう．なお，生産物市場は競争的であり，生産物価格 p は企業にとっては外生的であるとする．また，賃金を w とし，労働供給曲線が $w = w(L)$ で与えられているとする．労働者の賃金は全て同一である（労働市場で完全価格差別は行えない）とする．企業は，労働供給曲線上の点 (L, w) の中から利潤を最大にするような組み合わせを選択する．

労働投入を1単位増加させた場合の収入の増分は $p\,MPL$ である．ここで，

16.2 生産要素市場における独占

MPL は労働の限界生産物で,$pMPL$ を労働の限界生産物価値とよんだ.一方,費用 $w(L)L$ の増分は $w+(\Delta w/\Delta L)L$ に等しくなる.これが,買手独占企業の直面する限界費用であった.労働供給の賃金弾力性 $\epsilon^S = (\Delta L/L)/(\Delta w/w)$ を用いて限界費用を書き直すと,利潤最大化の条件は

$$pMPL = w\left(1 + 1/\epsilon^S\right)$$

で与えられる.つまり,買手独占企業は,労働投入の限界収入(労働の限界生産物価値)と労働投入の限界費用が一致する水準に L および w を決める*12.

図 16.5 をみてみよう.この図の MC 曲線は,企業の直面する限界費用 $w(1+1/\epsilon^S)$ を表す.$\epsilon^S \geq 0$ より,限界費用曲線 MC は労働供給曲線 S より上方に位置する*13.$pMPL$ と $MC = w(1+1/\epsilon^S)$ は M 点で一致するので,この点における労働投入量 L_M が買手独占市場での雇用量になる.また,この時の賃金水準は,労働供給曲線上の L_M に対応する w_M である(つまり,買手独占者は労働供給曲線上の N 点を選択したのである).このように,買手独占市場で決まる賃金水準は,この市場が競争的であれば実現したであろう水準 w^* よりも低くなり,労働者は限界的貢献($pMPL$)以下の賃金しか獲得出来ないことがわかる.労働者は,言わば,「搾取」されているのである.

なお,現実の世界でこのモデルが当てはまる状況は考えにくい.ある地域で雇用先が 1 社しかなくても,労働者は別の地域に移動出来るから,雇用主の独占力は限定されたものでしかない*14.

買手独占モデルが重要なのは,そのモデルの持つ政策的インプリケーション

---

*12 労働供給曲線は後方屈曲的になる場合がある.後方屈曲的な労働供給曲線の場合,労働供給量のある水準 L に対応する 2 通りの賃金 w が存在することになる.買手独占者は当然,同一の労働供給量なら低い賃金を選択するから,労働供給曲線の後方屈曲的な部分は選択されない.つまり,独占者は労働供給曲線上の右上がりの部分しか選択しないから,$\epsilon^S \geq 0$ でなければならない.

*13 この図では,労働供給曲線が直線の場合が示されている.c と d を正の定数として,労働供給曲線が $w(L) = c + dL$ と表されるとすると,企業の賃金支払い総額は $w(L)L = cL + dL^2$ となる.これを L で微分すると企業の直面する限界費用 $MC = c + 2dL$ が得られる.つまり,この場合,限界費用曲線は,労働供給曲線と切片が同じで,傾きが 2 倍の直線になる.

*14 この状況は,その地域の労働供給の賃金弾力性が非常に高い場合と考えても良い.ϵ^S が高いほど,w_M と w^* の乖離は小さくなる.特に,他地域への移動コストがゼロであれば,ϵ^S は無限大になり,$pMPL = w$ が成立する.

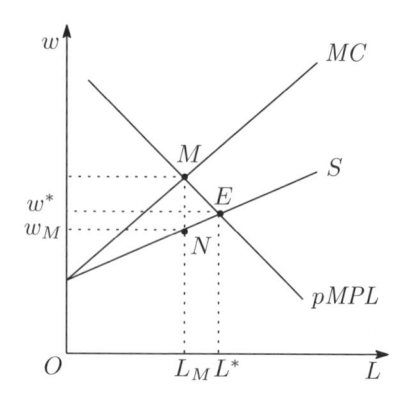

図 16.5 労働市場における買手独占

にある．このモデルが妥当する場合，最低賃金制度が雇用を増やし，賃金を引き上げる効果を持つのである．買手独占市場での最低賃金制度の効果については，第 17 章で説明する．

16.3 人的資本投資

労働者の能力に格差があると，賃金にも格差が生じる．生まれつきの能力もあるが，教育や職業訓練によっても能力は向上する．投資によって資本が増加するのと同じことが労働者の能力についても成り立つ．

労働を資本とのアナロジーで考えると，分析上，都合が良い．労働者は，自らの労働から一定期間にわたって賃金を獲得するが，これを**人的資本** (human capital) からの収益と考えるのである．教育や職業訓練は，人的資本を蓄積する行為で，**人的資本投資** (human capital investment) とよばれる．

物的資本の最適な水準は，資本の限界生産物と資本の価格（1 期間資本を賃貸する際のレンタル価格）が一致する水準で決まった（ある一定期間のフローの収益と費用で考えている）．同じことが，人的資本にも当てはまる．個々人は，人的資本投資の限界便益と限界費用が一致するような水準まで投資を行うはずである．

今，時点 0 で人的資本投資を 1 単位追加的に増加させたとしよう．そして，

16.3 人的資本投資

人的資本投資の追加的 1 単位の費用（限界費用）が Δc 円であったとする．なお，実際の教育や職業訓練には時間がかかるが，ここでは単純化のため投資は瞬時に完結するとしよう[*15]．人的資本投資により，時点 $t(\geq 1)$ の賃金が Δy_t 円増加したとする．利子率を i とすると，時点 t における賃金増加の割引価値は $\Delta y_t/(1+i)^t$ になる．したがって，各時点における $\Delta y_t/(1+i)^t$ の合計が，時点 0 に行われた人的資本投資による限界便益を表す．なお，以下の議論を単純化するために，Δy_t は時間を通じて一定の Δy であり，しかも永久にこの所得増が実現するものとしよう．また，人的資本投資の増加に伴い Δy は逓減し，Δc は逓増すると仮定する．

さて，時点 0 の人的資本投資の 1 単位の増加によって，労働者の生涯所得は，

$$\frac{\Delta y}{1+i} + \frac{\Delta y}{(1+i)^2} + \cdots + \frac{\Delta y}{(1+i)^t} + \cdots$$

だけ増加する．この値は，無限等比級数の和の公式から $\Delta y/i$ に等しい[*16]．これが労働者にとっての限界便益である．最適な人的資本投資は，投資の限界便益と限界費用が一致する水準である．つまり，次の方程式を満たすような人的資本投資の水準が最適な投資水準を表す．

$$\frac{\Delta y}{i} = \Delta c$$

別の側面から，最適な人的資本投資の水準を考察することも出来る．一定の資金を保有している個人を考えよう．個人は，その資金を金融資産に投資する

[*15] 人的資本投資に時間がかかることを考えると，人的資本投資の限界費用 Δc には，直接的な教育・訓練費用だけでなく，教育・職業訓練の期間中に犠牲にした賃金も含まれる．Δc は，そのような（限界的な）費用の割引価値の合計である．

[*16] 初項が a，公比が r の等比数列 $a_k = ar^{k-1}$ を考える（$k=1,2,...$）．この数列の第 n 項までの和は，

$$S_n = \frac{a(1-r^n)}{1-r}$$

で与えられる．この式で $n \to \infty$ とすると，$|r| < 1$ のとき，S_n はある一定の値に収束する．つまり，

$$\lim_{n \to \infty} S_n = \frac{a}{1-r}$$

が成立する．後は，$a = \Delta y/(1+i)$，$r = 1/(1+i)$ としてこの公式を適用すれば，人的資本投資による生涯所得所得の増加が $\Delta y/i$ になることが導かれる．

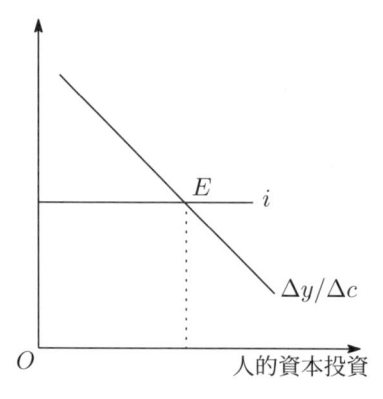

図 16.6　人的資本投資

ことも出来るし，不動産に投資することも出来る．そして，もちろん，人的資本に投資することも出来る．人的資本以外の資産（非人的資本）に投資した場合，その資産は i の収益率（利子率）を稼ぐ．人的資本に投資すれば，代替的な資産から収益を得ることをあきらめることになるので，i は人的資本投資を行うことの（限界的な）費用でもある[*17]．一方，人的資本投資の限界的収益率は $\Delta y/\Delta c$ である．このとき，人的資本投資の水準がどのように決まるかを表したのが図 16.6 である．人的資本投資の増加につれて，$\Delta y/\Delta c$ は逓減する．そのため，$\Delta y/\Delta c$ が右下がりの曲線で表されている．最適な人的資本投資の水準は，

$$\frac{\Delta y}{\Delta c} = i$$

が成り立つ水準である[*18]．これは，先ほど求めた $\Delta y/i = \Delta c$ と同値である．

[*17] 投資の資金は借入れによって調達してもよい．ただし，借入れ利子率は i だとする．

[*18] 所与の人的資本投資量に対する Δy の大きさは，個々人の生まれつきの能力とおそらく正の相関があるだろう．そうであれば，高い能力を持つ個人は，教育や職業訓練の限界的収益が高く，結果として，より高い賃金を得ることにつながる可能性が大きい．

16.3.1 人的資本投資の特殊性

以上では，労働者の「能力」はあたかも1種類しかないような前提で議論を行ってきた．現実の労働者の能力は多様である．ホワイトカラーに求められる能力と職人に求められる能力は異なる．医者として必要な能力と弁護士に求められる能力は異なるし，スポーツ選手に求められる能力はもっと異なる．そして，通常の場合，職業選択と直結した人的資本投資は若いうちに集中して行われるという特徴を持つ．別の職業への人的資本投資をやり直すことは出来るが，それには，もちろん多くのコストがかかる．

人的資本投資のやり直しが困難なことに加え，人的資本投資の成果は，多くの場合，不確実である．人的資本投資を行った後で，自分はその職業に不向きだと気づくかもしれない．あるいは，その職業で実際に獲得出来る報酬は，新規参入や産業構造の変化によって，投資開始前に見込んでいた報酬よりも少なくなってしまうかもしれない（もちろん，魅力のなかった職業が急に脚光を浴びるということもある）．

物的な資本投資についても収益の不確実性は存在する．しかし，企業の行う投資は多数の（リスクを負担してもいいと思う）株主の資金で調達することが出来る．しかも，個々の株主は，1社の株だけを保有するのではなく，分散投資を行うことが出来る．一方，個々の労働者にとって人的資本投資の投資先は自分自身の労働に限定され，分散投資は不可能である．このため，人的資本投資については，リスクのある分野への投資が過小になる可能性が物的資本投資にくらべ大きい．

人的資本投資の資金調達に関して，情報の非対称性の問題も重要である．例えば，教育資金の借手に優良な借手と不良な借手が存在するが，貸手は両者を区別出来ないとしよう．ここで，優良な借手とは，ローンを返済する気持ちのある借手だが，不良な借手とは返済する気がそもそも無い借手である．このような場合，逆選択が生じ，優良な借手も資金を借りられなくなってしまう可能性がある．その場合，親の所得が子供の進学機会を決めてしまう．それは，公平でないだけでなく，非効率的な資源配分を生じさせることでもある．

16.3.2 シグナルとしての教育

人的資本投資の理論は，教育が労働者の能力を向上させることを強調するが，これとは異なる見解も存在する．教育は個々人の能力を向上させるのではなく，もともと能力のある人を選抜する機能だけを持っているというものである．このストーリーは，個々人の能力について本人と企業の間に情報の非対称性が存在することから始まる．もともと能力の高い個人が，何らかの形で，その事実を企業に知らせることが出来れば，その個人は高い賃金を獲得出来る．それが出来なければ，人々の能力の平均に基づいた賃金を受け取ることになる．そして，能力が高いことを証明するシグナルとなるのが教育だというのである．能力の高い個人は，学校での難解で退屈な講義に耐えることが出来るが，能力の劣る個人にとってそれが苦痛であれば，教育は良いシグナルとなるのである．

この見解に立つと，教育は個々人にとっては投資の一種だが，場合によっては，社会的に無駄な活動になる可能性もある．例えば，社会全体の生産力は，その社会に存在する労働者の平均的な能力のみに依存し，労働者と企業の組み合わせによって生産性が変化することは無いとしよう．教育が単に個人の能力を明らかにする機能しかない場合，社会全体の生産力は労働者が教育を受けていようがいまいが変わらない．したがって，教育投資に費やした活動だけ，ネットの社会的利益は減少する．

16.4　調整過程

複数の産業への労働力の配分も労働市場の機能である．ここでは，二つの産業からなる社会を考える．財 x を生産する部門を部門 x，財 y を生産する部門を部門 y とよぶ．単純化のため，個々の労働者の労働時間は一定だとし，労働者の総数は与えられているとする．部門 x，部門 y で雇用される労働者数をそれぞれ L_x, L_y で表す．総労働人口は一定だとしたから，(失業が無いとすれば) $L_x + L_y$ は一定の値を取る．さらに，生産物市場が競争的で，それぞれの部門の生産物価格が p_x, p_y であるとしよう．労働市場が競争的であれば，各部門の提示する賃金は，限界生産物価値 $p_x\,MPL_x$, $p_y\,MPL_y$ に等しいはず

である．ここで，MPL_i は部門 $i(=x,y)$ の労働の限界生産物を表す．さらに，労働者はどちらの部門で雇用されるかを選択出来る．部門間の労働の移動費用がゼロであれば，両部門の提示する賃金 w は等しくなければならない．したがって，

$$p_x\,MPL_x = w = p_y\,MPL_y$$

が成立する．

図 16.7 に，二つの部門の雇用量がどのような水準になるかが示されている．L_x は点 O_x からの距離，L_y は点 O_y からの距離で表されており，横軸の長さは $L_x + L_y$（一定値）を表す．$p_x\,MPL_x > p_y\,MPL_y$ が成り立つような雇用水準では，部門 y の労働者は部門 x に流出する．逆の不等号が成り立つ場合には，部門 x から部門 y への労働者の移動が生じる．したがって，$p_x\,MPL_x = p_y\,MPL_y$ が成り立つ点，E 点が均衡を表す．

E 点はこの経済での生産物の価値の総額（GDP に相当する）$p_x X + p_y Y$ を最大にするような点でもある．ここで，X と Y は，それぞれの部門の産出量を表す．

例えば，$p_x\,MPL_x > p_y\,MPL_y$ が成り立つ点では，部門 y の労働者を 1 人減らして部門 x に振り向けると，$p_y\,MPL_y$ だけ $p_y Y$ が減るが，$p_x\,MPL_x$ だけ $p_x X$ が増えるので，$p_x X + p_y Y$ は増加する．同様に，$p_x\,MPL_x < p_y\,MPL_y$ が成り立っている場合には，部門 x から部門 y へ労働者を移動させることで $p_x X + p_y Y$ は増加する．つまり，$p_x X + p_y Y$ を増加させる余地の無い状況では，$p_x\,MPL_x$ と $p_y\,MPL_y$ が一致していなければならない．

生産物価格が変化したり，生産技術にショックが生じた場合，二つの部門の賃金は一時的に乖離する．図 16.7 には，$p_x\,MPL_x$ 曲線が上方にシフトした場合の効果が示されている．$p_x\,MPL_x$ 曲線がシフトしたのは，消費者の選好が変化して，p_x が上昇したためかもしれないし，X 部門だけに労働の限界生産物を引き上げるような技術ショックが生じたためかもしれない．

二つの部門間で労働が瞬時に移動出来るなら，均衡は E 点から G 点に瞬時に移動する．しかし，大抵の場合，調整はゆっくりと進む．その場合，まず，部門 X の賃金が点 F の高さまで上昇し，部門 Y の賃金が相対的に低下する．やがて，部門 Y から労働者が流出し，十分な時間の経過後に点 G で労働の部

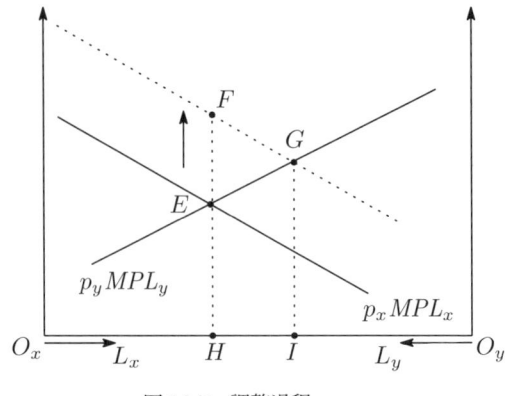

図 16.7　調整過程

門間移動は終了する．

　労働者の部門間の移動にコストがかかるのは，地理的な移動を伴うからかもしれないし，新たな職業訓練が必要だからかもしれない．あるいは，部門 Y の労働者は雇用契約によって縛られていて，瞬時に契約を解除出来ないからかもしれない．なお，部門 X への移動に新たな職業訓練が必要な場合，部門間の賃金格差がインセンティヴになって，労働者が訓練に取り組むことに注意しよう．産業構造の変化の過程で表れる賃金格差は，効率的な資源配分の実現に貢献するのである．

16.5　補償格差

　これまでの議論で，賃金の格差が生じる要因についていくつかの要因について述べてきた．それらには，市場の競争条件（参入制限や独占），能力，努力（人的資本投資），労働市場での調整過程で一時的に生じるもの，などがあった．

　しかし，賃金格差のなかには，労働者にとって「実質的」な賃金を同一にするため必要な格差という部分も存在する．例えば，高層ビルの窓の清掃作業員，地中深くで作業をする鉱山労働者の仕事は，通常のオフィスでの事務作業に比べ，危険で不快なものである．このような職業の賃金は他の職業の賃金に比べて，危険性や不快な職場環境を補うだけ十分高くなければ，そもそも人々

はそうした職業を選択しないだろう．同様に，プロスポーツや芸能界で成功する確率は非常に小さいが，ひとたび成功すれば非常に高い報酬を手にすることが出来る．こうした職業の所得の平均値は，安定的な職業の所得の平均値を上回っているかもしれないが，それは，そうした職業の所得のリスク・プレミアムを反映したものである[*19]．このような金銭上の賃金格差は，職業のリスク，職場の不快さ等を補償して「実質的」に同等の賃金を提供するもので，**補償格差**とか**均等化格差**とよばれる．

16.6 限界生産力説と労働価値説

ある財の価格は，その財の生産に費やされた労働の価値によって決まるという学説は**労働価値説**とよばれる．現代の経済学においては古臭い命題であるが，マルクス経済学を信奉する学派では未だに影響力のある学説である．

既に説明してきたように，労働が需要されるのは，それから生産される財に価値があるからである（労働需要は派生需要という性格を持つ）．例えば，地中深いところの地下資源の採掘を行うのは，その資源に価値があるからである．結果的に，その資源の価値（価格）に見合った費用をかけて採掘が行われるが，費用がかかったから，その資源の価格が高くなるわけではない．さらに言えば，その資源の代替財が発見され，それが安価なものなら，その資源の採掘は行われなくなるだろう．

こうした間違いに加えて，

1. 限界生産物と平均生産物の混同
2. 過去の労働と現在の労働の混同
3. 実証的問題と規範的問題の混同

を指摘することが出来る．まず，標準的な理論によれば，生産要素に対する報酬は，その生産要素の限界生産物によって決まるが，労働価値説では，限界生産物と平均生産物の区別が曖昧である．第二に，生産が資本と労働を用いて行われるという状況を想定しても，究極的には，資本は過去の労働の産物である

[*19] 所得の不確実性の程度の異なる複数の職業があるとき，それらの職業が労働者にとって無差別になるためには，確実性等価所得が一致している必要がある．第 14 章を参照せよ．

と考えれば，労働価値説は必ずしも間違いではない．しかし，過去の労働と現在の労働の区別はなされていない[*20]．第三に，事実として所得分配がどのように決定されるという問題（実証的問題）が，いつの間にか，所得分配がどうあるべきかという問題（規範的問題）にすり替わっている．そして，上記の第二，第三の誤解は，生産物の価値と労働に対する報酬の差額は「搾取」であるという議論に結びつく．

16.7 資産価格

16.7.1 ファンダメンタル価格とバブル

一定期間土地を使用することの利用料（地代）がどのように決定されるかは既に説明済みである．それでは，土地の価格はどのように決まるのだろうか．土地価格と地代の関係はどのような関係なのだろうか．結論から言えば，土地価格は，現在から将来にかけての地代を反映するように決まる．この節では，土地価格の決定理論を紹介する．なお，以下の議論は，土地価格だけでなく，資産価格全般に当てはまる．

今，時点 t の地代を d_t，時点 t の土地価格を p_t で表そう．ただし，p_t は時点 t の期首の土地価格で，d_t の地代収入が発生する前の価格である（p_t は d_{t-1} の地代収入が生じた後の時点 $t-1$ の期末価格であると言ってもいい）．また，金融資産の収益率を i とし，単純化のため，i は一定であるとする．個人は資産を土地で運用するか，金融資産で運用するかの選択肢を持っている．単純化のため，土地を売買する際のコストはゼロだとしよう．また，現実の世界では資産の収益率は不確実だが，ここでは簡単化のため，不確実性は存在しないものとしよう．

例えば，1億円の資産を保有している個人がいるとする．この個人が金融資産に投資すれば，1期後には $1+i$ 億円の資産を手に入れられる．一方，土地で運用した場合にはどうなるだろうか．時点 t における1単位の土地価格は p_t（億円）だとしよう．1億円で $1/p_t$ 単位の土地を手に入れることが出来る．1単位の土地は時点 t に d_t（億円）の地代収入を発生させ，期末には p_{t+1}（億

[*20] 資本のそもそもの源泉は，過去の家計が消費を延期したことに求められるが，消費を延期したことの報酬は利子という形で家計に支払われていることにも注意せよ．

16.7 資産価格

円）になっているとする．すると，1億円を土地で運用すれば，期末には

$$\frac{d_t + p_{t+1}}{p_t}$$

の金額を手に入れることになる．

さて，金融資産で運用した場合に入手出来る $1+i$ とこの金額は等しくなければならない．もし，$1+i > (d_t + p_{t+1})/p_t$ が成立していれば，誰もが土地を手放して，金融資産で運用しようとするだろう．このようなことが生じれば，p_t は下落するだろう．逆に，$1+i < (d_t + p_{t+1})/p_t$ が成立していた場合には，誰もが土地を買おうとするので，p_t は値上がりする．したがって，均衡においては，

$$1 + i = \frac{d_t + p_{t+1}}{p_t}$$

が成立していなければならない．これが**裁定** (arbitrage) の成り立つための条件である[21]．

この裁定条件を表す式を変形すると，

$$p_t = \frac{d_t}{1+i} + \frac{p_{t+1}}{1+i} \tag{16.1}$$

が得られる．この式によれば，時点 t の土地価格 p_t は，地代収入 d_t の割引価値と次の時点の土地価格 p_{t+1} の割引価値の合計に等しくなるように決まる．これが p_t を決定する方程式（差分方程式）である．

さて，(16.1) 式は，時点 $t+1$ についても同様に成立するから

$$p_{t+1} = \frac{d_{t+1}}{1+i} + \frac{p_{t+2}}{1+i}$$

が成り立つ．この式を (16.1) に代入すると次の式が得られる．

$$p_t = \frac{d_t}{1+i} + \frac{d_{t+1}}{(1+i)^2} + \frac{p_{t+2}}{(1+i)^2}$$

---

[21] 資産の収益率に不確実性が存在し，資産を運用する個人がリスク回避的な場合には，収益率の期待値ではなく，確実性等価な収益率で比較すればよい．

以後，同様の関係を次々に代入すると

$$p_t = \sum_{s=0}^{T-1} \frac{d_{t+s}}{(1+i)^{s+1}} + \frac{p_{t+T}}{(1+i)^T} \tag{16.2}$$

が成立することがわかる．ここで，もし，

$$\lim_{T \to \infty} \frac{p_{t+T}}{(1+i)^T} = 0 \tag{16.3}$$

が成り立ち（つまり，地価が利子率より早く上昇せず），かつ，(16.2) の右辺第 1 項が収束すれば，p_t は

$$p_t = \sum_{s=0}^{\infty} \frac{d_{t+s}}{(1+i)^{s+1}} \tag{16.4}$$

を満たすように決まる．この式は，時点 t の地価は，現在から将来の地代の割引価値の合計に等しいことを表している．(16.4) 式を満たす地価を**ファンダメンタル価格**とよぶ．

なお，もし，d_t が常に一定の値 d を取り続けるなら，(16.4) 式は，$p_t = d/i$ となる．また，d_t が一定の成長率 g で増加し続け，つまり，$d_{t+s} = (1+g)^s d_t$ が成り立ち，かつ $g < i$ なら，$p_t = d_t/(i-g)$ が成立する[*22]．

ファンダメンタル価格を p_t^* で表そう．(16.1) 式の解は，p_t^* だけではない．このことをみるために，(16.1) 式の解が $p_t = p_t^* + b_t$ と表せたとしよう．これを (16.1) 式に代入すると，$p_t = p_t^* + b_t$ が解であるためには，$b_t = b_{t+1}/(1+i)$，あるいは

$$b_{t+1} = (1+i)b_t$$

が成り立てばよいことがわかる．この式からわかるように，b_t は利子率と同じスピードで増加していく．時間の経過とともに，$p_t = p_t^* + b_t$ はファンダメンタル価格 p_t^* の部分が小さくなり，b_t の部分が大きくなる．b_t は土地の限界生

[*22] どちらも無限等比級数の和の公式から導かれる．公式については数学付録を参照せよ．

産物に基づかない**バブル**なのである[*23]．(16.1) 式に戻れば，p_t は地代の割引価値と次の期の地価の割引価値の合計に等しくなるように決まるが，地価の大半が b_t で決まるとき，次期の地価が高いと予想されるから（次期の地価はファンダメンタルに基づかないにも関わらず），今期の地価が高くなるのである．

16.7.2 資本化

ある所の土地の価格がファンダメンタル価格に決まっているとしよう．各期の地代は d で一定である．そうすると，この土地の価格は，

$$p_t = \frac{d}{i}$$

の水準に決まる．さて，その土地の開発計画が急に決まった．開発は T 年後に実施され，$T+1$ 年後からはその土地の利便性が増すので，地代は Δd だけ増加することが予想されるとしよう．将来の地代が上昇したので，それに応じて土地の価格も現在すぐに増加する．(16.2) 式より，現時点での新しい土地価格は

$$p'_t = \sum_{s=0}^{T} \frac{d}{(1+i)^{s+1}} + \sum_{s=T+1}^{\infty} \frac{d+\Delta d}{(1+i)^{s+1}} = p_t + \frac{1}{(1+i)^{T+1}} \frac{\Delta d}{i}$$

となる．このように，地代の上昇が将来のことであって，現在はまだ生じていないにも関わらず，土地価格は現時点で上昇する．このことを将来の地代の値上がりが現在の地価に**資本化**されたと言う．

資本化のメカニズムは土地と金融資産の裁定を表す (16.1) 式からも説明出来る．まず，開発終了後の地価を考えよう．開発終了後，地代は $d+\Delta d$ の一定の値を取るから，$p_{t+T+1} = (d+\Delta d)/i$ になる．すると，時点 $t+T$ の期首において

$$p_{t+T} = \frac{d}{1+i} + \frac{p_{t+T+1}}{1+i} = \frac{d}{i} + \frac{1}{1+i} \frac{\Delta d}{i}$$

[*23] $b_{t+1} = (1+i)b_t$ から $b_{t+T} = (1+i)^T b_t$ が得られる．この場合，$p_{t+T} = p^*_{t+T} + (1+i)^T b_t$，あるいは $p_{t+T}/(1+i)^T = p^*_{t+T}/(1+i)^T + b_t$ となり，(16.3) 式の条件は満たされない．

となる．$T+1$ 年後に生じる地代の上昇は，T 年後の地価に波及する．すると，その1期前の期首においても同様の関係が成り立ち，結局，将来の地代の値上がりはその前の期に波及していくのである．同様のことは株式などの他の資産でも起こる．

Keywords
　限界生産力説，貢献に応じた分配，地代（レント），準レント，人的資本投資，補償格差，ファンダメンタル価格，バブル，資本化

復習問題
1. 生産要素市場が競争的であれば，生産要素市場は効率的な資源配分を実現すると同時に，貢献に応じた分配（という意味で公平な分配）を実現する．このことを説明せよ．
2. 地代はどのように決まるか．また，地代と地価の関係を説明せよ．
3. 労働市場が買手独占市場であると，労働者は「搾取」される．この意味を説明せよ．
4. 人的資本投資の特殊性（物的資本投資と比べて）はどのような点か．人的資本投資の特殊性の問題と関連して，教育ローン市場がうまく機能しない場合があるという指摘が本文ではなされている．これを説明せよ．
5. 教育の機能については，人的資本投資としてみる視点とシグナリングの機能しかないという対立する見方が存在する．それぞれの理論のインプリケーションを説明せよ．

第 17 章

再分配政策

17.1 再分配についての政治哲学

　第 16 章では，市場において所得がどのように決まるかを議論した．そして，市場では，貢献（限界生産力）に応じた分配が実現するという意味で公平な分配が実現していることを説明した．

　もちろん，どのような分配が公平かについては，様々な考え方があり得る．例えば，「機会の平等」を重視すべきか，「結果の平等」を重視すべきかという論争が昔からある．J. ベンサムの「最大多数の最大幸福」という言葉に象徴されるような，個々人の効用の総和を最大にすべきだという**功利主義**（utilitarianism）の考え方がある．これに対し，帰結ではなく，分配を実現するプロセスが重要だとする考え方もある．「必要」に応じて分配すべきだという考え方もある一方で，個人の自由を何より尊重し，再分配は個人の所有権の侵害だと考えるリバタリアン的な考え方も存在する．

　ここではこうした議論に深入りしないが，この問題を考える際の留意点をいくつかあげておく．第一に，貢献原則だけでは分配の問題を割り切ることは出来ないという点がある．障害や病気・ケガ等の理由で，貢献がそもそも出来ない人がいるからだ．こうした人を何らかの形で救済しなければならない．この点については，ほとんど全ての人が同意するだろう．

　第二に，再分配政策は，資源配分の効率性に与える影響を考慮して設計されなければならない．特に重要なのが，労働供給や人的資本投資に与える影響で

ある.極端に平等主義的な再分配政策が実施されると,人々は労働供給を減らしたり,自分の能力を高めるような教育・訓練を減らしてしまうかもしれない.多くの場合,再分配政策と資源配分の効率性の間にはこのようなトレードオフが存在する.したがって,再分配政策がどのような政治哲学に立つものであっても,それは,費用(資源配分に与える悪影響)との兼ね合いで行われなければならない.

　第三に,現実に観察される所得格差の一部は,リスクを伴う選択の帰結という側面がある.例えば,芸能界やプロスポーツの世界に飛び込もうとする人を考えてみればよい.このような世界での成功者はほんの一部の人たちでしかない.その結果,このような世界を目指した人の所得は,事後的には,不平等度が非常に高いものになる.しかし,人々は成功の見込みが不確実であることを覚悟の上で,そのような職業を選択したのである.実現した所得に基づいて再分配を行うことは,クジの結果が出た後に賞金の分配方法を変えるようなものである.

　第四に,所得の格差は,それぞれの職業の持つ危険性や所得の不安定性を補償するものである場合がある.これは**補償格差**とよばれ,金銭的な格差があるからこそ,実質的な平等が確保されるのである.この点は次の節で説明する.

　第五に,真の困窮者が誰であるかや,その人の真の生活水準を把握するのは意外に難しいことに注意を払うべきである.企業の中には,労働者に安い家賃で社宅を提供したり,福利厚生施設を通常よりも安い料金で提供しているところがある.これらのフリンジ・ベネフィットは給与の変形であって,所得に含めなくてはならない[1].また,ある個人の現在の所得が高いのは,余暇時間を犠牲にしたせいかもしれないし[2],過去における人的資本投資のせいかもしれない.人的資本投資には費用(直接的な費用だけでなく,投資に費やされた時間や犠牲になった賃金を含む)がかかるが,この費用を考慮すれば,ネットの所得は高くないという人がいるかもしれない.

---

[1] 社宅の場合,同程度の賃貸住宅の家賃と社宅の家賃の差は,企業から現物で支給されている給与と考えて,これを所得に含めるべきである.

[2] 余暇(レジャー)の消費が多い人は,金銭的な所得は低くても効用の水準は高いかもしれない.この場合,実現した金銭的所得ではなく,効用もしくは潜在的所得(利用可能時間に賃金率を掛けた値)のほうが,その個人の生活水準を把握する上では適切である.もっとも,効用は外部から観察出来ないし,潜在的所得も同様かもしれない.

さらに，一般に，個々人の所得は変動を伴う．各時点で実現する所得（一時的な所得の変動が含まれている）をもとに再分配を行うと，真の困窮者に移転が行われなかったり，困窮していない人に移転をしてしまうかもしれない[*3]．

17.2 格差の原因

再分配政策を実施するに当たっては，所得格差が何に由来するものかを明らかにすることが重要である．対応策は，格差の原因によって異なるからである．第16章で議論したように，労働者間の賃金格差は様々な原因に由来する．生来の能力の差を反映した格差もあるし，人的資本投資の大小に由来する格差もある．産業構造の変化に伴って生じる一時的な格差もある．また，労働市場が競争的でなかったり，人為的な参入障壁によって生じる格差も存在する．さらに，その職業の持つリスク，所得の不安定性，職場環境の劣悪さを補償するために必要な格差（補償格差）が存在する．

■**産業構造の変化** 産業構造が変化し，古い産業から新しい産業へと労働者が移動するとき，一時的に賃金格差が発生する．しかし，このような格差の存在は，むしろ，労働者を新しい産業部門へ移動させるインセンティヴをもたらす．新しい産業部門で求められる労働者の能力が従来のものと異なるなら，格差の存在が人的資本投資のインセンティヴにもなる．これに対し，古い産業の雇用を守ろうとする政策（例えば，古い産業に従事していた人の賃金を補助するような政策）は，労働者の移動を阻害し，長期的には非効率性をもたらすだけである．

■**参入障壁** 所得の格差が生じるのは，人為的な参入障壁の存在のせいかもしれない．ある種の職業では，国家資格や免許を保有していない人の就業を禁止している．この制限が厳しすぎれば，この制度自体が参入障壁になる．弁護士や医師の所得が高いことの一つの理由は，司法試験や医学部の入試が参入障壁

[*3] なお，各時点で実現する所得ではなく，消費のほうが個々人の真の生活水準を把握するのに適した指標であるという考え方がある．消費決定の有力な理論に恒常所得仮説があるが，この理論によれば，人々は，各時点で実現する所得ではなく，恒常所得（長期的な所得の平均値）に基づいて消費を決定すると考える．この理論が正しければ，一時的な変動部分の含まれている所得よりも，消費こそが真の生活水準を把握する上で適切な指標である．

として機能していることにある．この場合，再分配政策に頼るよりも，参入障壁そのものを取り除くことが格差是正には有効である[*4]．

■補償格差　実現する所得は，その職業の持つ危険性，所得の不安定性，職場環境の劣悪さを補うようなものであるかもしれない．警察官や自衛官，消防士，炭鉱労働者など，通常の職業に比べて危険性の高い職業に従事する人の賃金は，そうでない人の賃金に比べて高くなければ，そもそもそのような職業に従事しようとする人がいなくなってしまう．定年まで安定的な所得が見込まれる職業と，成功するか失敗するかで実現する所得が大いに異なる職業では，後者のほうが所得の平均値が高くなければならない（第14章の確実性等価の議論を参照せよ）．このように，賃金の格差には，仕事の危険性，所得の不安定性，職場環境の劣悪さの差を埋め合わせるようなものがある．これを**補償格差**とよぶ（補償賃金格差，または均等化格差とよぶ場合もある）．この場合，賃金の金銭的格差は実質的な平等を実現するために必要な格差なのである．

■人的資本投資　所得格差が生来の能力格差に基づくものではなく，教育・訓練などの人的資本投資の違いによるものであれば，再分配政策は，人的資本投資の費用，すなわち訓練のための直接的な費用に加えて，教育・訓練に費やした時間の機会費用（＝犠牲になった賃金）を控除したネットの所得をもとに再分配を行うべきだろう．また，人的資本投資に与える影響を考慮する必要がある．

なお，第15章で情報上の失敗を説明した際，教育ローン市場で逆選択の発生する可能性を指摘した．ローンの借手と貸手の間に情報の非対称性が存在すると，一部の不良な借手の存在のため，優良な借手が資金市場から締め出されてしまうというストーリーである．教育ローンに限らず，一般に人的資本投資の資金を調達することが難しい個人が存在する．この場合，再分配政策よりも，資金市場の失敗を緩和するような政策がより重要である．教育・訓練資金

[*4] 国家資格や免許制度の根拠は，消費者と生産者の間の情報の非対称性に求められる．不良な生産者が一部存在し，消費者が優良な生産者と不良な生産者を見分けられないと，逆選択が発生する可能性があるからだ．国家資格や免許制度は，生産者の最低限の品質を保証することで，逆選択の生じる可能性を減少させる．なお，情報の非対称性の問題を緩和するためには，一度限りの資格試験ではなく，生産者の品質（能力）を継続的に審査し，その結果を開示することのほうが適切であろう．

17.3 再分配政策

の融資を公的に行うか,民間金融機関の直面するリスク(貸し倒れリスク)の一部を政府が引き受けることで,資金を必要とする人に融資が行われるようにすることが重要である.

■**差別** 性別や人種等の差別によっても,格差は生じるかもしれない.ただし,競争的な市場において,差別をすることは競争上不利になる.したがって,競争自体は差別を無くすように作用するはずである.

しかし,差別が固定化する場合が無いわけではない.例えば,女性が男性に比べて,出産・育児で仕事を中断することが頻繁だとする.雇用主が,女性労働者に仕事を継続する意思があるかないかをうまく判別出来ないと,雇用主は女性労働者に重要な仕事を任せなくなるかもしれない.そして,それが,女性労働者の意欲をくじくことになるかもしれない.このような悪循環が賃金の男女間格差を固定化する可能性もある.同様に,人種などの特定のグループの「統計的」格差が,格差の固定化につながる可能性が存在する[5].もちろん,差別される側には,自分が「優良」な労働者であることを雇用主側に伝えるインセンティヴがある.それは,本人の学歴や技能かもしれないし,本人の実績であるかもしれない.

17.3 再分配政策

17.3.1 特定支出に対する補助金

再分配政策を行う場合,特定の財に対する定率補助金よりも,財の相対価格を歪めない**一括移転** (lumpsum transfer) のほうが一般的には望ましい.一括移転とは,財の相対価格を変えずに所得効果のみを持つ所得移転を指す.

図 17.1 は,定率の補助金と一括移転の比較をしたグラフである.所得移転前の予算制約は予算線 AB で表される.一括移転後の予算線は当初の予算線を平行にシフトさせた $A'B'$ になる.一方,財 x への定率補助金は x の価格を相対的に低下させ,予算線の傾きを緩やかにする.一括移転と等しい効用を実

---

[5] こうした問題の対応策は難しい.企業に少数派を一定割合雇用することを義務付けても,通常は,そのような義務を全ての企業に課すことは出来ない.その場合,義務を課されていない企業では,「統計的」により優秀なグループの雇用を増やそうとするだろう.

現するような定率補助金を考えると，その場合の予算線は BC で与えられる．この場合，消費者は F 点を選択するが，F 点と当初の予算線の垂直距離が（y 財で測った）補助金の金額を表す．一方，一括移転のもとでは E 点が選択されるが，E 点と当初の予算線の垂直距離（BB' に等しい）が，（y 財で測った）所得移転の金額を表す．図からわかるように，同一の効用をもたらすための移転金額の大きさは定率補助金のほうが大きい．つまり，一定の再分配を実現するためには一括移転のほうが望ましい．これは，定率補助金が所得効果に加えて代替効果も持つからである[*6]．

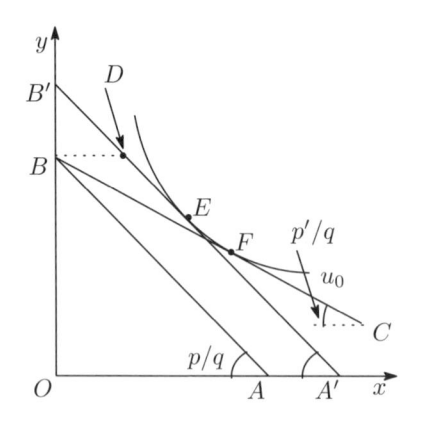

図 17.1 補助金と一括移転

財 x の購入に対する定額の補助も考えられる．この場合，予算線は折れ線 BDA' になる．線分 BD の長さが定額の補助を表す（財 y の量で測れば線分 BB' に等しい）．定率の補助金と異なり，定額の補助金は財の相対価格を変化させないので，一括移転と同様の効果を持つ．一括移転と異なるのは，最低限，線分 BD の補助金分を財 x に支出しなければならないことである．つまり，財 x への補助金を財 y に流用出来ないので，予算線の $B'D$ の部分は選択

[*6] 一括移転は，所得効果のみを持ち，消費者がどの消費財を購入するかの決定に関して中立的である．その意味で，消費者の選好を尊重した所得移転であると言える．一方，定率の補助金は，政府が特定の財の消費を促進させたい場合には有効な政策である．例えば，ある財の消費に正の外部性がある場合には，定率の補助金を用いてその財の消費を促進させることが望ましい．

17.3 再分配政策

出来ないという違いがある.

17.3.2 累進課税

所得格差の縮小のためには，低所得層に対する所得移転と，**累進税**を組み合わせることが望ましい[*7]. しかし，累進度を高めようとすれば，資源配分はより非効率になる. 再分配政策の実施の際には，所得格差の縮小と資源配分の非効率性のトレードオフを考慮する必要がある.

累進税の効果を分析するためには，それが労働者の予算制約をどう変えるのかに注目する必要がある. 図 17.2 は，所得の増加につれ，**限界税率** (marginal tax rate) が増加するような累進税（超過累進税とよぶ）の効果を示したものである. 限界税率とは，所得が 1 単位増えたときに税負担が何単位増えるかを表す概念である[*8]. 労働供給の決定で重要になるのは，労働者が余分に 1 単位労働したときにいくら得られるかであるから，重要なのは限界的な税引き後賃金率であり，したがって，限界税率が重要になる.

図 17.2 の横軸はレジャー l，縦軸は消費財の購入量 c を表す. 単純化のため，非労働所得は存在しないとすると，所得税の存在しない場合の予算線は図の線分 AB で表される. ここに累進税が導入されると，予算線は折れ線 $ADEF$ に変化する（課税前の賃金率は一定だとする）. この図では，点 D までの労働には（所得が課税最低限に達しないため）課税されず，点 D を超えた労働を選択するとその所得に一定の限界税率で課税される. そのため，予算線の傾きは緩やかになる. そして，点 E を超える労働に対する限界税率はさらに高いものになるので，予算線の傾きは点 E 以降，さらに緩やかになる.

図からわかるように，課税後に，労働者がもし線分 DE の間の点を選択するのであれば，労働者の直面する予算線は実質的に折れ線 AGE に等しい. 労働者が線分 EF の間の点を選択するのであれば，労働者は折れ線 AHF の予算

[*7] 再分配の実施においては，フローの所得だけに注目せず，ストックである保有資産の違いにも注目する必要がある（恒常所得に注目すべきと言っても良い）. この点を考慮すると，累進税は，これから資産を蓄積しようとする人に不利に働き，既に資産を蓄積してしまった人を有利に扱うという側面もある.

[*8] 一般に，y を所得，τ を税負担とすると，τ は y の関数である. y が Δy 増加した場合，τ が $\Delta \tau$ 増加したとすれば，$\Delta \tau / \Delta y$ が限界税率を表す. なお，τ / y，すなわち所得に占める税負担の割合を**平均税率**と言う.

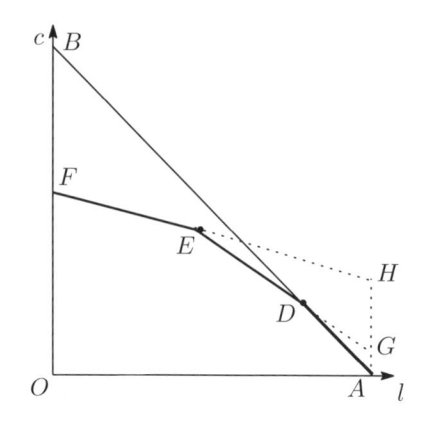

図 17.2 累進課税

線に直面していることと等しい．つまり，累進課税は，一定の定額移転（線分 AG や線分 AH で表される）に比例的な賃金税を組み合わせたものに等しいと考えることが出来る[*9]．

図 17.3 は，累進課税と比例税の効果を比較した図である．課税前の予算線は点線 AB で表されている．ここに累進税が導入されると，累進税は定額移転と比例税の組み合わせと同等だから，予算線は折れ線 AGH に変化し，労働者は F 点を選択する．その結果，u_0 の効用が実現する．

比較のため，累進税と同じ効用を実現する比例税を考える．そのような比例税の予算線は，点 A から無差別曲線 u_0 に引いた接線に等しい．直線 AD がそれを表し，労働者は点 E を選択する．

さて，ここで考えている比例税と累進税は，労働者に等しい効用をもたらすが，それぞれの税収は異なる．比例税の場合，労働者は E 点で表される労働時間を選択するが，もし税金を政府に納めなければ点 E から課税前の予算線 AB までの垂直方向の距離分だけ余分に消費財が購入出来ていたはずである．つまり，点 E と予算線 AB の垂直距離が（消費財 c で測った）税収になる．同様に考えて，点 F と線分 AB の垂直距離が累進税の場合の税収を表す．した

[*9] 比例的な賃金税とは，賃金の総額に比例的に課される税を指す．比例的な賃金税では，限界税率は一定で，限界税率と平均税率は等しくなる．

17.3 再分配政策

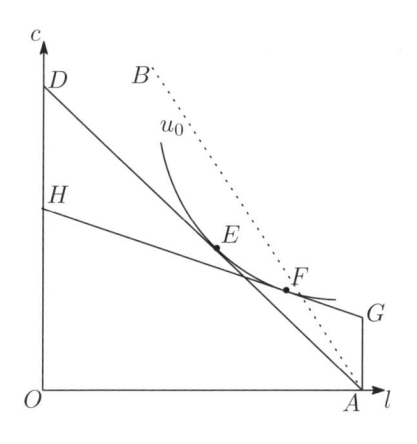

図 17.3 累進課税 (2)

がって，税収は比例税のほうが勝っている．つまり，同等の効用の低下をもたらす比例税と累進税を比較すると，比例税のほうが税収が多い．このことは，同等の税収を上げるためには，累進税のもとでの効用の低下は比例税のそれより大きくなることを意味する．これは，比例税に比べ，累進税のほうがより大きな資源配分上の損失をもたらすことを表す．

なお，全体としての累進度をどのように設計すべきかは，ここで考慮した資源配分上の損失と再分配の効果，さらには税収への効果を同時に考えなければならない．こうした方向の研究は，最適課税論とよばれ，財政学のトピックスの一つである．

17.3.3 最低賃金制度

低賃金労働者の生活を守るために，最低賃金制度の確立が必要だと主張されることがある．しかし，最低賃金制度は，一般的には，低賃金労働者の雇用を奪い，望ましくない効果しか持たない．図 17.4 に最低賃金制度の効果が示されている（全般的な労働市場の様子ではなく，未熟練の低賃金労働の市場を表したものである）．

自由な労働市場での均衡賃金は w^* である．w^* よりも高い $\underline{w}$ の最低賃金が

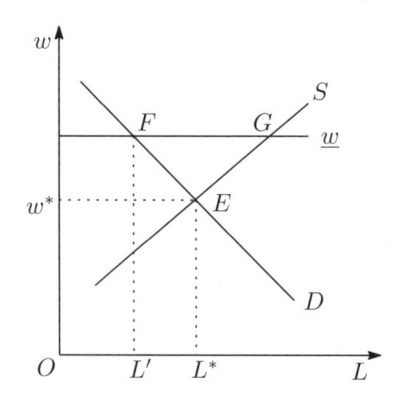

図 17.4 最低賃金制度の効果

導入されると，FG の失業が発生する．最低賃金制度のもとで，運よく職にありつけた人はもちろん幸運だが，失業した人は，w^* の賃金のときよりも状況が悪化する．

理論的に興味深いのは労働市場が買手独占市場の場合である（図 17.5）．買手独占者である企業は，利潤を最大にするような（労働供給曲線 S 上の）賃金と労働供給量の組み合わせを選択する．最低賃金制度が無い場合，企業の直面する限界費用曲線は労働供給曲線の上側に位置する（線分 AI）．労働の限界生産物価値（限界収入）を表す曲線 $pMPL$ と企業の直面する限界費用曲線（線分 AI）は点 M で交わるので，点 M に対応する雇用量 L_N が選択され，賃金は w_N に決まる．これが，買手独占企業の選択する雇用量と賃金率である．

しかし，最低賃金制度の存在は，買手独占企業の直面する限界費用曲線の形状を変える．最低賃金が $\underline{w}$ であると，買手独占企業の直面する限界費用曲線は，水平線 $\underline{w}$ が労働供給曲線 S にぶつかる点まで水平な直線になり（線分 FG），そこから点 H にジャンプし，後は労働供給曲線よりも高い位置にある直線になる[*10]（線分 HI）．したがって，図のような場合，企業は賃金と雇用量

[*10] 労働供給曲線 S が $w(L) = c + dL$ という直線の場合を考えよう．ただし，c と d は $c > 0$ と $d > 0$ を満たすある定数である．最低賃金制度が無い場合，買手独占企業の賃金支払い総額は $w(L)L = cL + dL^2$ であり，この企業の直面する限界費用は $MC = c + 2dL$ になる．最低賃金の存在は，労働供給曲線を $L \leq L_1$ の場合は $w(L) = w_1$，$L > L_1$ の場合，$w(L) = c + dL$ へ変化させる（ただし，L_1 は $w(L) = w_1$ を満たすような労働供給

17.3 再分配政策

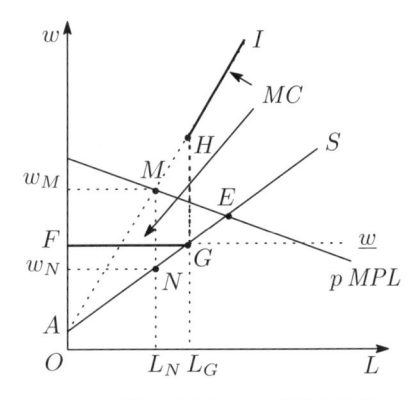

図 17.5 買手独占市場での最低賃金制度

を点 G の水準に決める[*11]．なお，最低賃金 $\underline{w}$ が $w_N < \underline{w} < w_M$ を満たすようなものであれば，最低賃金制度は雇用量と賃金水準を（買手独占市場で実現する L_N と w_N に比べて）ともに増加させるという効果を持つ．ここで，w_M は雇用量が L_N の場合の労働の限界生産物価値（図の M 点の高さ）を表す．

このように，労働市場が買手独占市場であれば，最低賃金制度が望ましい効果を持つが，現実の労働市場がこのような市場であるというのは考えにくい．ある地域で，雇用先が 1 社に限られていても，労働者は移動出来るので，企業の独占力は制限されるからである．

量 L である）．したがって，賃金支払い総額は $L \leq L_1$ の場合は $w_1 L$，$L > L_1$ の場合は $cL + dL^2$ になる．これから，買手独占企業の直面する限界費用は

$$MC = \begin{cases} w_1 & (L \leq L_1 \text{ のとき}) \\ c + 2dL & (L > L_1 \text{ のとき}) \end{cases}$$

となる．より一般的には（労働供給曲線が直線ではない場合），MC は $L \leq L_1$ の場合は $MC = w_1$，$L > L_1$ の場合，$MC = w(L)(1+1/\epsilon^S)$ となり，図の G 点でジャンプする．

[*11] 点 G の雇用量 L_G において，$pMPL > \underline{w}$ が成り立っているが，雇用量が L_G を少しでも超えると $pMPL < MC$ が成り立つので，L_G が買手独占企業の利潤を最大化させる雇用量であることがわかる．

17.3.4 生活保護

再分配政策の中には，低賃金労働者の労働供給を大いに阻害するような政策もある．図 17.6 には典型的な生活保護制度の効果が表されている．この図で示される生活保護制度は，まず，最低限の生活を送る上で必要な所得を決め，労働者の現実の所得と最低限の所得のギャップを支給するような制度である．

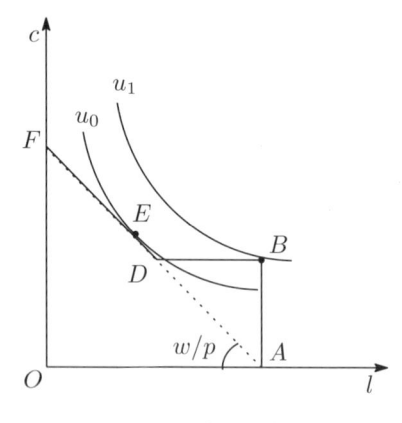

図 17.6 生活保護

生活保護制度の無い場合，労働者の予算線は線分 AF で表され，労働者は点 E を選択する（労働者の直面する賃金 w/p は非常に低いため，この点における労働者の生活水準は非常に低い）．ここに，線分 AB に等しい最低所得を保障する生活保護制度が導入されると，労働者の直面する予算線は折れ線 $ABDF$ に変化する．労働者の労働時間が点 D よりも右側にある場合，実現する労働所得は最低保障所得に足りないので，そのギャップが生活保護給付として支給される．しかし，その区間で労働時間を増やし労働所得が増えると，その分生活保護給付が減らされる．結果として，線分 BD の区間では予算線は水平になる．

このような生活保護制度は，AB の所得移転と点 A から点 D の区間までの労働所得に対する高率の課税（100% の限界税率）を組み合わせた政策とみなすことが出来る．線分 BD の区間では，労働者の直面する（限界的な）実質賃

17.3 再分配政策

金率は 0 である．その結果，この図では，生活保護制度の導入によって，労働者は全く働かないことを選択するようになる．

低賃金労働者が低賃金の職にしかありつけないのは，一般的には，その労働者の能力が低いからである．しかし，そのような労働者であっても，就業し，その仕事を継続することで，次第に技能を身につけていく．そうであれば，低賃金労働者の状況を長期的に改善するために重要なのは労働者を実際に働かせることである．図 17.6 のような政策は，このような意味で問題があると言える．

17.3.5 負の所得税

再分配の目的を果たしながら，労働供給阻害効果をなるべく小さくするためには，生活保護給付の削減を緩やかに行えばよい．フリードマンは，**負の所得税** (negative income tax) とよばれる制度に，再分配政策を一本化することを提案した．図 17.7 の点線 AB は当初の予算線，折れ線 AHI が負の所得税導入後の予算線を表す．図の線分 AH が負の所得税のもとでの最低保障所得を表す．負の所得税のもとでは，労働所得が増加しても，給付の削減はその一部しか行われない．そのため，負の所得税のもとでも予算線は正の傾きを持つ．この図では，線分 HI と線分 AB の垂直距離がそれぞれの労働時間での給付を表す．点 G で給付はゼロになり，点 G を超えて労働を行う場合には，通常の所得税が課される．

フリードマンの提案は，公営住宅，食料補助等の様々な現物給付プログラムを負の所得税に一本化すると同時に[*12]，再分配政策が与える労働供給阻害効果をなるべく小さくすることに目的があった．一方で，負の所得税を実行するためには巨額の財源が必要ではないかという批判もある．なお，労働が困難かどうかは外部からの観察でわかるので（高齢者や病気・ケガのある人，あるいは幼い子供を抱えているシングル・マザーなどは労働が困難だが，そのような特別な事情の無い人は労働が可能だろう），労働が可能な低賃金労働者については，労働を条件に給付を支給した方がよいという考え方がある．この考え方

[*12] 負の所得税に一本化出来れば，ある特定の財の消費を優遇することから生じる効率性の損失を小さく出来る．

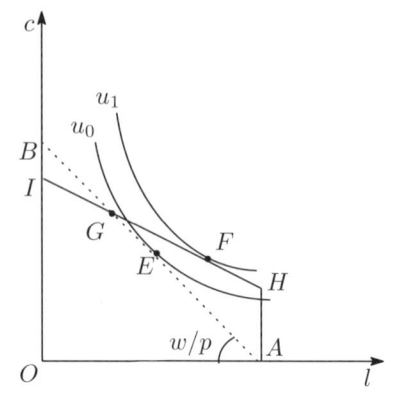

図 17.7　負の所得税

が近年では強くなってきた．

17.3.6　世代間再分配

　所得移転政策の中には，1 時点で移転が完結しないような政策がある．賦課方式の公的年金制度はそのような所得移転政策である．**賦課方式**（pay as you go system）とは，若年者から集めた保険料収入をその時点の高齢者への給付に全て使ってしまい，積立金を持たないような制度である．これに対し，**積立方式**（funded system）の公的年金制度は，若年者の保険料は積み立てられ，彼らの給付は彼ら自身の積立金から支払われるような制度である[*13]．

[*13] そもそも，年金保険は，寿命の不確実性によるリスクに対処するための保険である．年金保険が存在しない世界では，人々は，予想外の長生きに備えて資産を保有し続ける（そのために，一般的には，生存の確率が低いような高齢期においては消費水準をかなり低下させなければならない）．年金保険は，あらかじめ保険料を支払っておけば，生存しているという条件のもとで一定額の給付を受けとれる保険である．保険数理的にフェアな年金保険であれば，保険料の拠出額と給付の期待値は（割引価値でみて）一致する．高齢期の生活費の全てを年金資産で賄うことが出来れば，寿命の不確実性によるリスクは無くなり，高齢期の消費は平準化される．
　公的年金保険が純粋な保険制度であれば，（事後的に）短命だった人から長寿だった人への移転が発生するが，それは世代内部での（事後的な）移転であり，世代間所得移転は引き起こさないことに注意が必要である．

17.3 再分配政策

賦課方式の公的年金制度の引き起こす所得移転の性質を理解するためには，図 17.8 に示されたようなモデルを考えると便利である．ここでは，各世代の生涯が若年期と老齢期の 2 期間からなる単純なモデルを考える．図からわかるように，各時点において，若年者と高齢者が共存している．

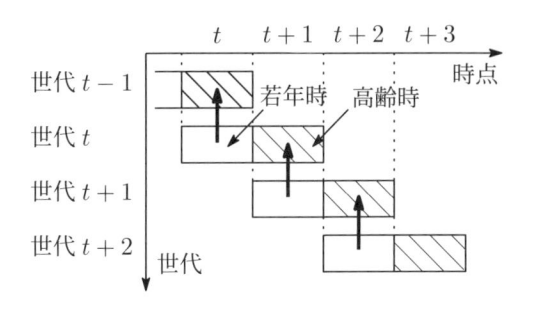

図 17.8　世代間所得移転

さて，時点 t に生まれた世代を世代 t とよぶことにしよう．そして，時点 t に賦課方式の年金制度が導入されたとしよう．世代 t は一定の保険料負担をするが，それはその時点の高齢者（世代 $t-1$）の給付に回される．次の時点においても，その時点の若年者から高齢者へ資金が移転され，このような移転が年金制度が続く限り，継続する．

賦課方式の年金制度の引き起こす所得移転は，各時点でみれば，若年者から高齢者への移転である．しかし，各世代の生涯に着目すると，若年時に負担をするが，それは高齢期に給付として返ってくるという性質を持っている（すぐ後で明らかになるが，全額が返ってくるわけではない）．

賦課方式の年金制度が世代 t 以降の世代の生涯所得にどのような影響をもたらすかをみるために，さらに追加的な仮定を置こう．まず，世代 t の人口を L_t で表し，人口成長率は一定の n であるとする．つまり，$L_{t+1} = (1+n)L_t$ が全ての t について成立すると仮定する．また，労働者 1 人当たりの賃金も一定の成長率 g で増加し，利子率も r で一定だとする．

世代 t の 1 人当たり保険料負担を τ_t，同じ時点の高齢者 1 人当たりの給付を b_t とする．賦課方式の年金制度は，若年者の支払った保険料の総額が，そのまま同じ時点の高齢者の年金給付に回るから，$\tau_t L_t = b_t L_{t-1}$ が成り立つ．つま

り，$b_t = (1+n)\tau_t$ が成立する．同様の関係が時点 $t+1$ についても成り立つから，$b_{t+1} = (1+n)\tau_{t+1} = (1+n)(1+g)\tau_t$ が成り立つ（τ_t は賃金成長率と同じスピードで増加すると仮定する）．これは，賦課方式の年金収益率が経済成長率 $(1+n)(1+g)$ に等しいことを意味する．

したがって，世代 t の 1 人当たりの生涯の純移転 ΔW_t は次の通りになる．ただし，ΔW_t は時点 t における割引価値で表される．

$$\Delta W_t = \frac{b_{t+1}}{1+r} - \tau_t = \left(\frac{(1+n)(1+g)}{1+r} - 1\right)\tau_t$$

通常の経済では，$(1+n)(1+g) < 1+r$ が成立する[*14]．したがって，$\Delta W_t < 0$ が成立し，世代 t は，生涯では負担超過になる．同じことは，それ以降の世代でも成り立つ．そして，これらの世代が負担超過になったのは，年金制度導入時の高齢者（世代 $t-1$）が負担無しに給付を受け取ったことに原因がある．それは，世代 $t-1$ への純移転の合計が，その後の全ての世代の負担の合計に等しいことを示すことが出来るからである[*15]．

このように，賦課方式の年金制度の引き起こす所得移転は，世代間でゼロサム的な性質を持っている．ただし，有限の世代の負担の合計だけでは，最初の世代への移転は完了しない．このことは，賦課方式の年金制度のもとで政府は常に純債務を抱えていることと関係する．一般に，ある時点で国債を発行し，純債務を増やした場合，それを放置しておけば純債務は利子率のスピードで増加し，財政は破綻してしまう．賦課方式の年金制度が財政の破綻を招かないのは，世代 t 以降の世代が暗黙のうちに，政府の純債務に対し，一定の税負担を行っているからである．それが $\Delta W_t < 0$ の意味なのである．

[*14] この条件は，経済全体で資本が過剰に蓄積されていない場合（動学的効率性が成立する場合）に成り立つ．詳しい議論は麻生良文『マクロ経済学入門』（ミネルヴァ書房）を参照せよ．

[*15] $\Delta W_{t-1} = b_t/(1+r) = \tau_t(1+n)/(1+r)$ と，$\Delta W_{t+i} = ((1+n)(1+g)/(1+r)-1)\tau_{t+i}$ を用いると（$i = 0, 1, 2, ...$），

$$\Delta W_{t-1} L_{t-1}(1+r) + \sum_{i=0}^{\infty} \frac{\Delta W_{t+i} L_{t+i}}{(1+r)^i} = 0$$

が成り立つことを示すことが出来る．この式は，世代 $t-1$ への移転はその後の世代（無限の将来世代まで）の負担超過で賄われることを表す．

このような世代間移転の効果は、二つある．第一に、マクロ的貯蓄への影響である．賦課方式の年金制度では、政府が明示的な国債の発行をしないが、理論的には、年金制度発足時に国債を発行して高齢者への移転を行う政策と同等である．これは、経済全体の貯蓄を減らし、閉鎖経済のもとでは国内投資の減少、将来の資本ストックの減少を通じて将来の産出量にマイナスの影響を及ぼす[*16]．第二に、賦課方式の年金保険料の一部は、将来返ってこない．この部分は、賃金に対する租税として機能し、雇用に悪影響を及ぼす．年金保険料のどの部分が租税として機能するかは、給付要件や給付の設計にも依存する．給付の全額が、個々人の過去の保険料負担と無関係に設計されていれば、保険料の全額は租税と同等になる．

17.4 所得格差の指標

所得格差を把握する最も簡単な方法は、所得分布のグラフを描くことである．しかし、多数の国の格差を比較したり、格差の時系列的な変化を調べる場合には、格差を一つの指標に集約させて表現すると都合が良い．この節では、格差の指標について説明する．

17.4.1 変動係数

ある変数の散らばり具合を把握するためによく用いられる統計量は**分散**(variance)である．n 人からなる社会を考え、i 番目の個人の所得を y_i、平均所得を μ とするとき、分散 σ^2 は次の式で定義される．

$$\sigma^2 = \frac{1}{n} \sum_{i=1}^{n} (y_i - \mu)^2$$

分散で所得格差を把握するときに問題となるのは、この指標が y_i の大きさにつれて増加することである．例えば、経済成長のため全般的な所得水準が上昇すると、所得の「散らばり具合」に変化が無くても、分散は増加してしまう．そこで、分散そのものではなく、分散を所得の平均値と比較した指標を用いる

[*16] 詳しい議論は、麻生良文『マクロ経済学入門』（ミネルヴァ書房）を参照せよ．

ことが考えられる．

ただし，分散は y_i^2 のオーダーであるのに対し，平均は y_i のオーダーである．そこで，分散 σ^2 を平均 μ の平方で割った値，σ^2/μ^2 を用いるか，その平方根 σ/μ を用いることが考えられる．分散 σ^2 の平方根を**標準偏差** (standard deviation) とよび，σ で表す．標準偏差 σ を平均 μ で割った値は**変動係数** (coefficient of variation) とよばれる．すなわち，次の式で定義される．

$$CV = \sigma/\mu$$

分散や標準偏差は統計分析の際によく使われる指標だが，所得格差を把握するのに，なぜ平均からの偏差の平方で評価しなければならないのかに合理的な理由があるわけではない．

17.4.2 ジニ係数

所得格差の指標としてよく使われるのは**ジニ係数** (Gini coefficient) である．ジニ係数は，次の式で定義される．

$$G = \frac{1}{2n^2\mu} \sum_i \sum_j |y_i - y_j| \tag{17.1}$$

ここで，$|y_i - y_j|$ は y_i と y_j の差の絶対値を表す．つまり，G は任意の 2 人の個人の所得差を全て合計し，それを n^2（i と j の組み合わせは合計で n^2 通りある）で割るという操作をして導出される．定義からわかるように，所得格差が拡大すれば，それが誰と誰の間の格差であっても，必ず G に反映される．なお，分母に μ があることから，G は所得の平均値に依存しない指標であることもわかる[17]．

上の定義から，もしすべての個人の所得が等しければ $G = 0$ になることがわかる．また，1 人の個人が全ての所得を握っているとき（ある個人だけの所得が $n\mu$ で，他の人の所得は 0 の場合），$G = (n-1)/n$ になる[18]．これが G の上限になる（n が大きくなるにつれ，G の上限は 1 に近づく）．

---

[17] 実は，$2n^2\mu = \sum_i \sum_j (y_i + y_j)$ が成り立つ．
[18] 1 番目の個人が全所得を独り占めしていて，他の人の所得は 0 だとする．つまり，$y_1 = n\mu$ とし，$i = 2, 3, .., n$ について $y_i = 0$ だとしよう．$\sum_i \sum_j |y_i - y_j|$ を求めるためには，

17.4.3 ジニ係数とローレンツ曲線

ジニ係数は**ローレンツ曲線** (Lorenz curve) からも求められる．ローレンツ曲線は，所得の低い順に個人を並べ，横軸に人数の累積シェア，縦軸に所得の累積シェアを取って出来る曲線であり，所得格差の分析によく用いられる．

まず，n 人からなる社会を考える．この社会において所得の低い順番から個人を並べ，i 番目の人の所得を y_i で表す（$y_1 \leq y_2 \leq \cdots \leq y_n$ が成り立つ）．i 番目までの個人の所得の累積額を S_i とすると，$S_i = \sum_{k=1}^{i} y_k$ で与えられる．また，社会全体での所得の合計は $S_n = \sum_{k=1}^{n} y_k = n\mu$ である（ここで，μ は所得の平均値を表す）．したがって，i 番目の個人までの所得の累積額のシェアは $S_i/S_n = S_i/(n\mu)$ となる．一方，i 番目の個人までの人数の累積シェアは i/n に等しい．

さて，図 17.9 の曲線 OP_n は，横軸に人数の累積シェア，縦軸に所得の累積シェアをとり，$P_i(i/n, S_i/S_n)$ を $i=0$ から n まで平面上にプロットし，それらの点を結んだものである．これが，**ローレンツ曲線** (Lorenz curve) である．定義から，点 P_0 は $(0,0)$，また，点 P_n は $(1,1)$ になる．

もし，この社会のメンバーの所得が全て等しいなら，ローレンツ曲線は原点と P_n を結ぶ線分になる．これを**完全平等線**とよぶ．所得格差が存在する場合には，図 17.9 に示されているように，ローレンツ曲線は完全平等線の下側に位置する．そして，格差が大きいほど，ローレンツ曲線の位置は下方になる．特に，1 人の個人が所得を独り占めしている状況では，ローレンツ曲線は点 P_n の直前まで x 軸に張り付き，そこから点 P_n までジャンプする．

完全平等線とローレンツ曲線で囲まれた部分の面積を A（つまり，図の斜線部分の面積），ローレンツ曲線の下部分の領域の面積を B と表すと，ジニ係数 G は

$$G = A/(A+B) = 2A \tag{17.2}$$

に等しくなる（$A+B$ は原点 O，点 P_n と $(1,0)$ を結んで出来る三角形の面積

(i,j) 成分が $|y_i - y_j|$ に等しい $n \times n$ 行列を考え，その行列の全ての成分の和を求めればよい．この行列の第 1 行と第 1 列の成分は $(1,1)$ 成分を除いて y_1 になり，他の全ての成分は 0 になる．したがって，全ての成分の和は $2(n-1)y_1 = 2n(n-1)\mu$ となる．この結果から，$G = (n-1)/n$ となることがわかる．

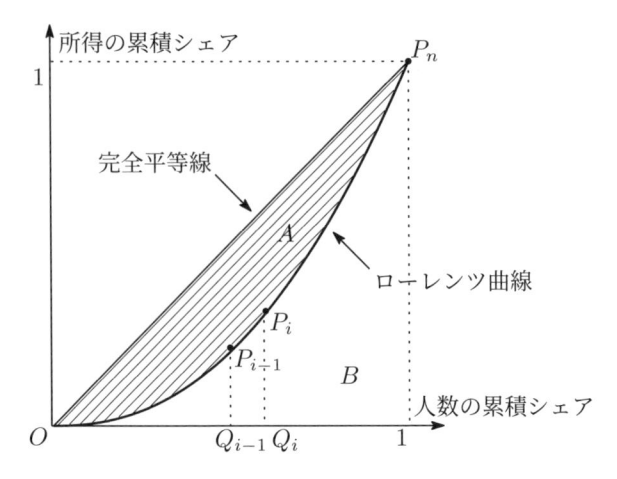

図 17.9 ローレンツ曲線とジニ係数

に等しいから，1/2 に等しい）．

二つの定義の同値性

(17.1) 式と (17.2) 式は同値である[19]．このことを確かめるために，まず，(17.2) 式で定義された G を具体的に求めてみよう．図 17.9 において，P_{i-1}，P_i から垂線を下ろし，横軸とぶつかった点を Q_{i-1}，Q_i とする．台形 $Q_{i-1}P_{i-1}P_iQ_i$ の面積を B_i で表すと，$B = \sum_{i=1}^{n} B_i$ である．$A = A + B - B = 1/2 - \sum_i B_i$ より，ジニ係数は次の計算をすることで求められることがわかる[20]．

$$G = 2A = 2\left(\frac{1}{2} - \sum_{i=1}^{n} B_i\right) = 1 - 2\sum_{i=1}^{n} B_i$$

線分 $Q_{i-1}Q_i$ の長さは $1/n$，Q_iP_i の長さは S_i/S_n であるから，B_i は台形の

---

[19] 以下の議論は技術的なので，読み飛ばして構わない．

[20] 集計データしか利用可能でない場合にジニ係数を求めるには，この式を用いる．例えば，所得の 5 分位階級別のデータが利用出来れば，階級値（各階級の所得の平均値）を用いて，所得の累積シェア S_i を計算し，これから B_i を計算することで G を求める．あるいは，(17.3) から G を計算してもよい．Excel などの表計算ソフトを用いれば，計算は簡単である．

17.4 所得格差の指標

面積の公式から

$$B_i = \frac{1}{2n}\left(\frac{S_{i-1}}{S_n} + \frac{S_i}{S_n}\right) = \frac{1}{2n^2\mu}(S_{i-1} + S_i)$$

に等しくなる（$S_n = n\mu$ であることを用いている）．したがって，

$$2\sum_{i=1}^{n} B_i = \frac{1}{n^2\mu}\sum_{i=1}^{n}(S_{i-1} + S_i) = \frac{1}{n^2\mu}\left(2\sum_{i=1}^{n} S_i - S_n\right)$$

$$= \frac{2}{n^2\mu}\sum_{i=1}^{n} S_i - \frac{1}{n}$$

が成り立つ．これから，

$$G = 1 - \left(\frac{2}{n^2\mu}\sum_{i=1}^{n} S_i - \frac{1}{n}\right) = 1 + \frac{1}{n} - \frac{2}{n^2\mu}\sum_{i=1}^{n} S_i \qquad (17.3)$$

が導かれる．

次に，(17.1) 式を変形すると，(17.3) 式が導かれることを証明しよう．まず，

$$|y_i - y_j| = y_i + y_j - 2\min(y_i, y_j)$$

が成り立つ．ここで，

$$\sum_i\sum_j(y_i + y_j) = \sum_i\sum_j y_i + \sum_i\sum_j y_j = \sum_i ny_i + \sum_i n\mu = 2n^2\mu$$

を用いると，(17.1) 式は次のように変形出来る．

$$G = 1 - \frac{1}{n^2\mu}\sum_i\sum_j \min(y_i, y_j)$$

さて，上の式の右辺第 2 項の $\sum_i\sum_j \min(y_i, y_j)$ を求めるために，次の行列を考えてみよう．

$$\begin{pmatrix} 1 & 1 & 1 & \cdots & 1 & \cdots & 1 \\ 1 & 2 & 2 & \cdots & 2 & \cdots & 2 \\ 1 & 2 & 3 & \cdots & 3 & \cdots & 3 \\ \vdots & \vdots & \vdots & \ddots & \vdots & & \vdots \\ 1 & 2 & 3 & \cdots & i & \cdots & i \\ \vdots & \vdots & \vdots & & \vdots & \ddots & \vdots \\ 1 & 2 & 3 & \cdots & i & \cdots & n \end{pmatrix}$$

この $n \times n$ 行列の (i,j) 成分は $\min(i,j)$ に等しい。$\sum_i \sum_j \min(i,j)$ はこの行列の全ての要素の和である．これを求めるためには，行列の対角要素を含む右上の三角形の要素に，まず注目する．この部分を縦に足すと

$$1 + (1+2) + \cdots + (1+2+\cdots+i) + \cdots + (1+2+\cdots+n)$$

となる．同様にして左下の三角形の要素の和（対角成分を含む）は，横に足していけば，上の式と同じになることがわかる．右上三角形と左下三角形の成分の和を求め，最後に二重に足した対角成分を引けば，$\sum_i \sum_j \min(i,j)$ を求めることが出来る．これと全く同様に考えると，$\sum_i \sum_j \min(y_i, y_j)$ は次のようにして求められる．

$$\sum_i \sum_j \min(y_i, y_j) = 2(S_1 + S_2 + \cdots + S_n) - S_n = 2\sum_i S_i - n\mu$$

この結果を用いると，

$$G = 1 - \frac{1}{n^2 \mu}\left(2\sum_i S_i - n\mu\right) = 1 + \frac{1}{n} - \frac{2}{n^2 \mu}\sum_i S_i$$

となり，(17.1) 式の定義とローレンツ曲線を用いた定義 (17.3) 式が同値であることがわかる．

17.4.4 貧困率

貧困率（正確には，相対的貧困率）は**貧困線**以下の人数の比率を表す概念である．所得の低い順から個人を並べ，ちょうど 50% の位置にいる個人の所得を中位所得と言う[21]．貧困線は，中位所得の 50% 水準の所得水準と定義される．

貧困率（相対的貧困率）は，その名称から，その社会の貧困者の比率を表すと誤解されることが多いが，貧困線は生存を維持するための最低限の生活水準を表すような所得水準とは異なる．その社会が豊かな社会で，中位所得が高け

---

[21] 中位は統計学の用語で，分布の 50% に位置する標本を指し，メディアン（median）とも言う．一般に，所得の分布は左方（所得の低い方）に歪んだ分布を示すので，中位所得は平均所得よりも低いのが普通である．

れば，それに伴って貧困線も上昇する．また，格差の指標としての貧困率も，所得分布の特定の階層のみにしか着目しないという欠点を持つ．

17.4.5 アトキンソン尺度

分散や変動係数は，平均値からの偏差を問題にした．ジニ係数は，全てのペアの所得格差を問題にした指標である．これに対し，**アトキンソン尺度**はやや異なる方法で格差をとらえようとする．まず，次のような「社会厚生」関数を考える．

$$W = \sum_{i=1}^{n} u(y_i)$$

ここで，$u(y)$ は y の所得を持つ個人の「効用」で，「社会厚生」関数は各個人の「効用」の和で表される．各個人の「効用」は次の式で定義されるとしよう[*22]．

$$u(y) = \begin{cases} \frac{1}{1-\sigma} y^{1-\sigma} & (\sigma > 0, \sigma \neq 1) \\ \ln y & (\sigma = 1) \end{cases}$$

次に，**均等分配等価所得**を y_e で表そう．y_e は次の式で定義される所得である．

$$\sum_{i=1}^{n} u(y_e) = \sum_{i=1}^{n} u(y_i)$$

つまり，与えられた所得分布に対応して社会厚生 W が決まるが，もし全ての個人の所得が均等であれば，どのような所得水準でその W が実現出来るかを表すのが y_e である．このとき，アトキンソン尺度 A は次の式で定義される．

$$A = \frac{\mu - y_e}{\mu} = 1 - \frac{y_e}{\mu}$$

[*22] $u(y)$ が個々人の効用で，その和の W が社会厚生を表すという立場は功利主義に基づく考え方である．「効用」とか「社会厚生」と書いたのは，格差としてのアトキンソンの指標を定義する際に，功利主義に立つ必要は無いからである．$u(y)$ は所得 y の何らかの関数で（ただし，$u'(y) > 0$, $u''(y) < 0$ を満たす），所得格差の尺度が y の関数 $u(y)$ と y の分布に依存して決まるという点が重要である．変動係数やジニ係数も，（y の平均からの偏差の平方や，y_i と y_j の偏差の絶対値から求められる）y についての関数と，y の分布から，所得格差の尺度が決まる．

第14章で期待効用仮説を紹介し，その際，危険回避度やリスク・プレミアムの概念を説明した．アトキンソンのアプローチは，不平等回避的な「社会厚生」関数を考えることから，不平等の大きさを測定しようとするものである．「効用関数」$u(y)$ のパラメータ σ が大きいほど，社会は不平等回避的であり，A は「不平等」プレミアムを表す（正確には平均所得と比較した相対的なプレミアムの大きさを表す）．

17.4.6 所得か消費か

所得ではなく，消費の格差を問題にすべきだという議論がある．消費にはその人の**恒常所得**が反映される．経済格差を把握するためには，長期における所得の平均値である恒常所得のほうが適切で，消費はその代理変数だという議論である．

消費は恒常所得を反映するように決まるという理論は，**恒常所得仮説** (permanent income hypothesis) とよばれ，現代のマクロ経済学において最も有力な消費関数の理論である．一般に，各時点で実現する所得は，恒常所得と変動所得に分解出来る．変動所得は，実現した所得から恒常所得を引いたもので，所得の一時的な変動を表す部分である．所得が変動しても，それが一時的な変動であれば，人々は自分の生活水準に変化はないと考え，消費を変化させることはない．消費水準に影響を与えるのは，所得のうち恒常所得の部分だけだというのがこの理論である．

恒常所得自体は観察可能ではないが，恒常所得を反映した消費を用いることで，格差の真の状態に接近出来るはずである．なお，相続資産や保有資産の格差が大きいため，資産所得の格差が非常に大きい場合があるかもしれない．この場合，労働所得の格差だけでなく，資産所得を含めた総合的な所得の格差を問題にすべきだろうが，資産所得を把握するのは労働所得を把握するよりも困難なのが普通である．しかし，資産所得の違いも消費に反映されるはずだから[23]，この面からも消費の格差を問題にしたほうがよいかもしれない．

---

[23] 持ち家から発生する居住サービスは，経済理論の観点からは，持ち家という資本ストックから各時点でサービスが生産され，直ちに消費されているととらえるべきだろう．居住サービスだけでなく，家事労働や農家の自家消費など，通常の消費（市場での金銭的な支払いを通じた消費）から抜け落ちてしまう消費が多いことにも注意すべきであろう．ただし，居住

17.4.7 高齢化

経済全体の格差を把握するとき，人口の高齢化や世帯構造の変化の影響を考える必要がある．典型的な人の賃金は，労働開始後，経験年数とともに上昇し，ある年齢でピークを迎え，その後，緩やかに下落していく．また，労働開始から間もない時点の賃金のバラつきは小さいが，中高年になると大きくなるという傾向がある．高齢になると，継続して就業しているかどうか，公的年金給付の水準，事業所得の有無等によって所得のバラつきはさらに大きくなる．この場合，こうした年齢の違いによる所得のバラつきを考慮せず，ある一時点での経済全体の格差をみると，人口構成が高齢化しただけで格差が拡大したようにみえてしまうのである．問題にすべき格差は個々人の恒常所得の格差であるなら，人口構成の変化は，個々人の恒常所得の格差とは無関係である．この場合，年齢別に格差を把握するか，消費（恒常所得が反映される）の格差を問題にすべきであろう．また，一般に人口高齢化は，世帯の人数のバラつきも大きくする．この場合，世帯人員の違いをうまく考慮しないと，この点でもみせかけの格差をとらえてしまう[*24]．

Keywords

格差の原因，補償格差（均等化格差），累進課税，限界税率，最低賃金制度，負の所得税，世代間再分配，賦課方式，積立方式，所得格差の指標，ジニ係数，ローレンツ曲線，貧困率，アトキンソン尺度，恒常所得仮説，高齢化

復習問題

1. ある職業は他の職業に比べ労働環境が劣っていたり，所得が不安定だったりする．この場合，その職業に労働者をひきつけるためには，その職業の所得は他の職業の所得よりも高くなければならないだろう．このような事情で平均所得が高くなっている職業にはどのような職業があるだ

サービスの市場価値は住宅の購入価格に反映されている．同様に，自動車や耐久消費財からの消費サービスの割引価値はそのような耐久財価格に反映されている．

[*24] 近年の日本のジニ係数の上昇のかなりの部分が高齢化で説明出来ることは，例えば，大竹文雄『日本の不平等』（日本経済新聞社，2005 年）を参照せよ．

ろうか．

2. 一般的に言えば，容認出来る（すべき）所得格差と容認出来ない所得格差があるかもしれない．どのような格差は容認すべきで，どのような格差は是正すべきだろうか（この問題は，どのような政治哲学に立脚するかに応じて異なる答えを持つだろう）．
3. 所得税（賃金税）は一定の再分配効果を持つが，同時に資源配分上の損失をもたらす．所得税（賃金税）のもたらす資源配分上の損失を，無差別曲線と予算線を用いて説明せよ（労働供給の決定モデルを用いること）．
4. 一般的には，最低賃金制度は好ましくない効果しか持たない．ところが，労働市場が買手独占市場であれば，最低賃金制度が雇用と賃金を増加させる場合がある．このことを示せ．
5. 一般的な生活保護制度（最低保障所得と現実の所得のギャップ分の給付を支給する）は低賃金労働者の労働供給を著しく阻害する．このことを説明せよ．
6. 負の所得税は，上の生活保護給付の問題点を解決するための一つの方法として提案された．これはどのような仕組みか．
7. 格差を把握するためには，所得の格差ではなく，消費の格差をとらえたほうが良いという議論がある．その理由を説明せよ．

付録 A

数学付録

　この章は，経済学で使われる数学についての簡単な解説である．なお，紙面の制約から，微分法の解説を主に行い，線型代数の解説は省略した．経済理論で使用される数学を本格的に勉強するためには，経済数学の教科書や，解析，線型代数の数学の教科書に当たってほしい．

A.1　微分法

A.1.1　平均変化率と微分係数

　連続関数 $y = f(x)$ を考える．x が a から $a+h$ に変化したとき，関数 $f(x)$ の**平均変化率**は次の式で定義される．

$$\frac{f(a+h) - f(a)}{h} \tag{A.1}$$

この式において，$h \to 0$ としたときの極限値が存在すれば，「関数 $y = f(x)$ は $x = a$ において**微分可能である**」と言う．そして，その極限値を関数 $y = f(x)$ の $x = a$ における**微分係数**と言い，$f'(a)$ で表す．すなわち，$f'(a)$ の定義は次の式で与えられる．

$$f'(a) = \lim_{h \to 0} \frac{f(a+h) - f(a)}{h} \tag{A.2}$$

$\lim_{h \to 0}$ という記号は，h を 0 に限りなく近づけていったときの極限値を表

す記号である．この極限値が存在しない場合，関数 $y = f(x)$ は $x = a$ で微分可能ではない．例えば，微分可能でない連続関数として，$f(x) = |x|$ がある（$|x|$ は x の絶対値を表す）．この関数は $x = 0$ の所で屈折していて，x を 0 に近づけるときの極限が，

$$\lim_{h \to +0} \frac{f(0+h) - f(0)}{h} = 1$$
$$\lim_{h \to -0} \frac{f(0+h) - f(0)}{h} = -1$$

であり，$\lim_{h \to 0}[f(0+h) - f(0)]/h$ が存在しない[*1]．つまり，関数 $f(x) = |x|$ は $x = 0$ において微分可能ではないのである．ただし，$x = 0$ 以外の点では微分可能である[*2]．

図 A.1 には，平均変化率と微分係数の図形的な意味が示されている．平均変化率は線分 AB の傾きに等しいが，h の大きさを変化させると平均変化率は変化する．そして，h を限りなく 0 に近づけていくと，平均変化率は点 A における曲線 $y = f(x)$ の接線（図では直線 AC で表されている）の傾きに収束していく．

なお，図からわかるように，$f'(a) > 0$ なら，$x = a$ の近傍で $y = f(x)$ は x の増加関数である．また，$f'(a) < 0$ なら，$x = a$ の近傍で $y = f(x)$ は x の減少関数になる．

$y = f(x)$ が $x = a$ において微分可能なとき，$f(a+h)$ の値は h の 1 次式 $f(a) + f'(a)h$ で近似出来る．$f(a+h)$ と $f(a) + f'(a)h$ の乖離の大きさを $\epsilon(h)$ で表すことにしよう[*3]．$\epsilon(h)$ は次の式で定義され，図の線分 BC の長さに等しい．

$$f(a+h) = f(a) + f'(a)h + \epsilon(h)$$

[*1] ここで，$h \to +0$ とは $h > 0$ の方向から h を 0 に限りなく近づけることを表しており（右極限），$h \to -0$ とは $h < 0$ の方向から h を 0 に限りなく近づけることを表す（左極限）．

[*2] 不正確な表現になるが，関数 $f(x)$ が $x = a$ において微分可能であるためには，$x = a$ において $y = f(x)$ が「滑らか」な曲線でなければならない．$y = f(x) = |x|$ は $x = 0$ において屈折しているが，それ以外の点では「滑らか」である．

[*3] $\epsilon(h)$ としたのは，乖離の大きさは一般的には h の関数になるからである．

A.1 微分法

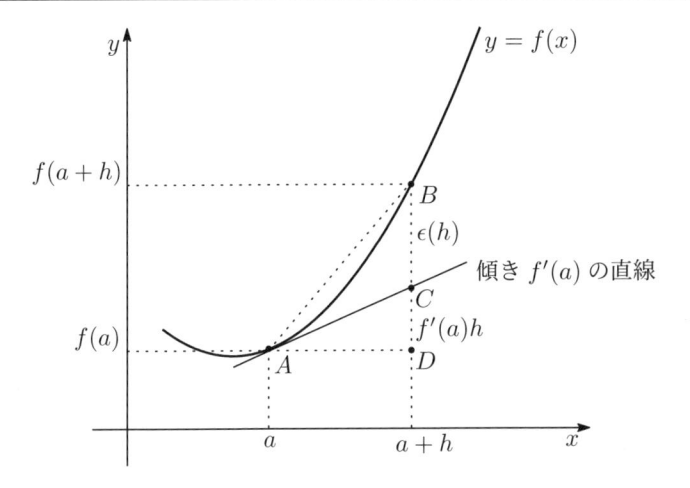

図 A.1　平均変化率と微分係数

$h \to 0$ のとき $\epsilon(h) \to 0$ であるが（図 A.1 において点 B を点 A に限りなく近づけていくと線分 BC の長さは限りなく 0 に近づく），$\epsilon(h)$ は h より早く 0 に近づく．これは，次のことからわかる．まず，$\epsilon(h)/h$ を求めてみると

$$\frac{\epsilon(h)}{h} = \frac{f(a+h) - f(a)}{h} - f'(a)$$

となり，$h \to 0$ とすれば，微分係数の定義 (A.2) 式から，この式は 0 に収束する．つまり，

$$\lim_{h \to 0} \frac{\epsilon(h)}{h} = 0$$

が成立する．これは $\epsilon(h)$ が h よりも早いスピードで 0 に近づくことを意味する．このような場合，$\epsilon(h)$ は h より**高位の無限小**であると言い，$o(h)$ と表す[*4]．したがって，

[*4] 変数 x と関数 $f(x)$ について，

$$\lim_{x \to 0} \frac{f(x)}{x} = 0$$

$$f(a+h) = f(a) + f'(a)h + o(h) \tag{A.3}$$

と表せる．$o(h)$ の項は h より早く 0 に収束するので，微小な h については，$f(a+h)$ の値は，h の 1 次式 $f(a) + f'(a)h$ で近似出来るというのがこの式の意味である．

A.1.2 導関数

x_0 と x_1 を $x_0 < x_1$ を満たすような定数だとしよう．今，$x_0 < x < x_1$ を満たす全ての点 x において関数 $y = f(x)$ が微分可能であるとする．この時，x とその点での微分係数 $f'(x)$ の対応関係は関数とみなせる．この対応関係

$$x \mapsto f'(x)$$

を $y = f(x)$ の**導関数**と言い，$f'(x)$ で表す．あるいは次の記号で表す．

$$f', \quad y', \quad \frac{dy}{dx}, \quad \frac{df}{dx}, \quad \frac{d}{dx}f(x)$$

同様にして，同じ実数の区間で $f'(x)$ が微分可能ならば，$y = f(x)$ はその区間で **2 回微分可能**であると言う．そして，$f'(x)$ の導関数を $f''(x)$ のように表す．なお，$y = f''(x)$ を **2 次導関数**とよぶ．

一般に，$y = f(x)$ がある実数の区間で n 回微分可能な場合，n **次導関数**を定義出来，それを $y = f^{(n)}(x)$ で表す[*5]．あるいは次の記号を用いる．

$$y^{(n)}, \quad \frac{d^n y}{dx^n}, \quad \frac{d^n f}{dx^n}, \quad \frac{d^n f(x)}{dx^n}, \quad \frac{d^n}{dx^n}f(x)$$

が成り立つなら，$f(x)$ は x より高位の無限小であると言い，$f(x) = o(x)$ と表す．例えば，x^2 や x^3 は $o(x)$ である．これに対し，$\sqrt{x}$ は，x より高位の無限小ではない（ただし，$x \geq 0$ とする）．$\sqrt{x}/x = 1/\sqrt{x}$ より，$x \to 0$ とすると，この式は無限大に発散するからである．

[*5] n 次導関数を n 階導関数とよぶ場合もある（2 次導関数も同様）．

A.1 微分法

導関数の求め方

$y = f(x)$ の導関数は

$$\lim_{h \to 0} \frac{f(x+h) - f(x)}{h}$$

を計算することで求められる．定義にしたがって，簡単な関数の導関数を求めてみよう．

定数関数 $f(x) = c$（c は定数）

$$f'(x) = \lim_{h \to 0} \frac{f(x+h) - f(x)}{h} = \lim_{h \to 0} \frac{c - c}{h} = \lim_{h \to 0} \frac{0}{h} = 0$$

1 次関数 $f(x) = x$

$$f'(x) = \lim_{h \to 0} \frac{f(x+h) - f(x)}{h} = \lim_{h \to 0} \frac{(x+h) - x}{h} = \lim_{h \to 0} 1 = 1$$

2 次関数 $f(x) = x^2$

$$f'(x) = \lim_{h \to 0} \frac{(x+h)^2 - x^2}{h} = \lim_{h \to 0} \frac{2xh + h^2}{h} = \lim_{h \to 0} (2x + h) = 2x$$

分数関数 $f(x) = 1/x$

$$f'(x) = \lim_{h \to 0} \frac{1}{h} \left(\frac{1}{x+h} - \frac{1}{x} \right)$$
$$= \lim_{h \to 0} \frac{1}{h} \left(\frac{x - (x+h)}{x(x+h)} \right) = \lim_{h \to 0} \frac{-1}{x(x+h)} = -\frac{1}{x^2}$$

A.1.3 微分法の公式

線型性

α，β を定数，$f(x), g(x)$ を微分可能な関数として，次の性質が成り立つ．

$$(\alpha f(x) + \beta g(x))' = \alpha f'(x) + \beta g'(x) \tag{A.4}$$

この性質を線型性と言う．この性質は，微分係数の定義から明らかであろう．

なお，この性質と先ほど求めた $(x^2)' = 2x$, $x' = 1$ 等の結果から，$f(x) = ax^2 + bx + c$（a, b, c は定数）の導関数は $f'(x) = 2ax + b$ となることがわかる．

積の微分法・商の微分法

$f(x), g(x)$ を微分可能な関数として，それらの関数の積や商の微分については，次の性質が成り立つ．

$$(f(x)g(x))' = f'(x)g(x) + f(x)g'(x) \quad \text{(積の微分法)} \tag{A.5}$$

$$\left(\frac{f(x)}{g(x)}\right)' = \frac{f'(x)g(x) - f(x)g'(x)}{g(x)^2} \quad \text{(商の微分法)} \tag{A.6}$$

証明

まず，次の式が成り立つ．

$$\frac{f(x+h)g(x+h) - f(x)g(x)}{h}$$
$$= \frac{(f(x+h) - f(x))g(x+h)}{h} + \frac{f(x)(g(x+h) - g(x))}{h}$$

この式で $h \to 0$ とすれば，右辺は $f'(x)g(x) + f(x)g'(x)$ に近づくことがわかる．したがって，(A.5) 式が成り立つ．商の微分法については

$$\frac{1}{h}\left(\frac{f(x+h)}{g(x+h)} - \frac{f(x)}{g(x)}\right) = \frac{1}{h}\left(\frac{f(x+h)g(x) - f(x)g(x+h)}{g(x+h)g(x)}\right)$$
$$= \frac{1}{h}\left(\frac{(f(x+h) - f(x))g(x) - f(x)(g(x+h) - g(x))}{g(x+h)g(x)}\right)$$
$$= \frac{1}{g(x+h)g(x)}\left(\frac{f(x+h) - f(x)}{h}g(x) - f(x)\frac{g(x+h) - g(x)}{h}\right)$$

が成り立ち，この式で $h \to 0$ とすれば，(A.6) 式が導かれる． □

合成関数の微分法

微分可能な関数 $u = g(x)$, $y = f(u)$ の合成関数 $y = f(g(x)) = f \circ g(x)$ を考える．この合成関数の微分は次の通りになる．

A.1 微分法

$$\frac{d}{dx} f \circ g(x) = \frac{df(u)}{du}\frac{dg(x)}{dx} = f'(g(x))g'(x) \tag{A.7}$$

あるいは

$$\frac{dy}{dx} = \frac{dy}{du}\frac{du}{dx}$$

と表した方がわかりやすいかもしれない.

例えば, $y = f(u) = u^2$, $u = g(x) = ax + b$ であれば,

$$y = f \circ g(x) = (ax + b)^2$$

である. $dy/du = 2u$, $du/dx = a$ であるので, 合成関数の微分法の公式を適用すると, dy/dx は

$$\frac{d}{dx}(ax + b)^2 = \frac{dy}{du}\frac{du}{dx} = 2ua = 2a(ax + b)$$

となる.

証明

まず, $g(x) = u$, $g(x + h) = u + k$ としよう. このとき, 次の式が成り立つ.

$$\frac{f(g(x+h)) - f(g(x))}{h} = \frac{f(u+k) - f(u)}{h}$$
$$= \frac{f(u+k) - f(u)}{k}\frac{k}{h} = \frac{f(u+k) - f(u)}{k}\frac{g(x+h) - g(x)}{h}$$

ここで, 最後の等式の導出は $k = g(x + h) - g(x)$ を用いた. この式で, $h \to 0$ とすれば, 一番右側の式の 2 番目の項は $g'(x)$ に近づく. また, $k \to 0$ が成立するので (関数 $g(x)$ の連続性の性質より), 一番右側の等式の第 1 項は $f'(u) = f'(g(x))$ に近づく. こうして合成関数の微分法の公式が導かれた. □

逆関数の微分法

$y = f(x)$ の逆関数を $x = f^{-1}(y)$ で表すと, 次の式が成り立つ.

$$\frac{dx}{dy} = \frac{d}{dy}f^{-1}(y) = \frac{1}{dy/dx} = \frac{1}{f'(x)} = \frac{1}{f'(f^{-1}(y))} \tag{A.8}$$

証明

まず，$f(x) = y$, $f(x+h) = y+k$ としよう．このとき，$x = f^{-1}(y)$，$x+h = f^{-1}(y+k)$ が成り立つ．これから，$h = f^{-1}(y+k) - f^{-1}(y)$ が成り立つことがわかるが，この関係から

$$\frac{f^{-1}(y+k) - f^{-1}(y)}{k} = \frac{h}{k} = \frac{1}{(f(x+h) - f(x))/h}$$

が導かれる（最後の等式は $k = f(x+h) - f(x)$ を用いた）．ここで，$k \to 0$ のとき，$h \to 0$ となる（関数 $y = f(x)$ の連続性より）．したがって，上の一番右側の式の分母は $f'(x)$ に収束する．こうして，逆関数の微分法の公式が導かれた．□

逆関数の微分法を用いて，$y = \sqrt{x}$ の導関数を求めてみよう．まず，$y = f(x) = x^2$ を考える．この関数の逆関数を求めると $x = f^{-1}(y) = \sqrt{y}$ である（ただし，$x \geq 0$ とする）．$f'(x) = 2x$ であることを用いると

$$\frac{dx}{dy} = \frac{d}{dy}\sqrt{y} = \frac{1}{dy/dx} = \frac{1}{2x} = \frac{1}{2\sqrt{y}}$$

となる．つまり，

$$\frac{d}{dx}\sqrt{x} = \frac{1}{2\sqrt{x}}$$

が成り立つことがわかる．

A.1.4　多変数関数の微分

偏微分

2変数関数 $z = f(x,y)$ を考える．関数 $z = f(x,y)$ が点 (a,b) の近傍で定義されているとしよう．この場合も1変数関数と同じように微分を考えることが出来る．まず，点 (a,b) の近傍で (x,y) の微小な変化が z をどう変化させるかを考える．x 成分，y 成分の微小な変化の大きさをそれぞれ h, k とすれば，z の変化の大きさ Δz は次の式で与えられる．

$$\begin{aligned}\Delta z &= f(a+h, b+k) - f(a,b) \\ &= [f(a+h, b+k) - f(a, b+k)] + [f(a, b+k) - f(a,b)]\end{aligned} \quad (A.9)$$

A.1 微分法

この式は, Δz が x のみを変化させた場合の効果 $(f(a+h,b+k)-f(a,b+k))$ と, y のみを変化させた場合の効果 $(f(a,b+k)-f(a,b))$ に分解出来ることを表している. このとき,

$$\lim_{h\to 0}\frac{f(a+h,b)-f(a)}{h}$$

が存在するなら, 関数 $z=f(x,y)$ は点 (a,b) において x に関して**偏微分可能**であると言う. そして, この極限値を関数 $z=f(x,y)$ の点 (a,b) における x に関する**偏微分係数**とよび,

$$f_x(a,b),\quad \frac{\partial}{\partial x}f(a,b),\quad \frac{\partial f}{\partial x},\quad \frac{\partial z}{\partial x}$$

のように表す. つまり, $z=f(x,y)$ の点 (a,b) における x に関する偏微分係数は次の式で定義される.

$$f_x(a,b)=\lim_{h\to 0}\frac{f(a+h,b)-f(a,b)}{h} \tag{A.10}$$

点 (a,b) における y に関する偏微分係数も同様に定義出来,

$$f_y(a,b)=\lim_{k\to 0}\frac{f(a,b+k)-f(a,b)}{k} \tag{A.11}$$

で与えられる.

また, 1 変数関数の場合と同様に, $(x,y)\mapsto f_x(x,y)$ の対応関係を関数 $z=f(x,y)$ の x **に関する偏導関数**と言う. 同様に $(x,y)\mapsto f_y(x,y)$ の対応関係を関数 $z=f(x,y)$ の y **に関する偏導関数**と言う.

もっと一般に, n 変数関数の偏微分を考えることが出来る. n 変数関数 $y=f(x_1,..,x_i,..,x_n)$ の点 $(a_1,..,a_i,..,a_n)$ の x_i に関する偏微分係数は

$$\frac{\partial}{\partial x_i}f(a_1,..,a_i,..,a_n)=\lim_{h_i\to 0}\frac{f(a_1,..,a_i+h_i,..,a_n)-f(a_1,..,a_i,..,a_n)}{h_i}$$

で与えられる ($i=1,2,..,n$).

例: $z=f(x,y)=x^2y$ の場合

$z = f(x,y)$ の x に関する偏微分（偏導関数）は y を定数と見なして $z = f(x,y)$ を x の 1 変数関数であるかのようにして微分をすれば良い．$(x^2)' = 2x$ であるから，
$$f_x(x,y) = 2xy$$
となる．また，y に関する偏微分は x を定数と見なし，$f(x,y)$ が y のみの関数であるかのような計算をすればよい．つまり，
$$f_y(x,y) = x^2$$
となる．

A.1.5 高次偏導関数

2 変数関数 $z = f(x,y)$ が (x,y) のある領域で偏微分可能で，1 次の偏導関数 $f_x(x,y)$ と $f_y(x,y)$ が存在するとしよう．$f_x(x,y)$ と $f_y(x,y)$ は (x,y) の関数なので，この関数についての偏微分を考えることが出来る．そこで，f_x の x に関する偏導関数を f_{xx}，f_x の y に関する偏導関数 f_{xy} で表すと，

$$f_{xx}(x,y) = \lim_{h \to 0} \frac{f_x(x+h,y) - f_x(x,y)}{h}$$
$$f_{xy}(x,y) = \lim_{k \to 0} \frac{f_x(x,y+k) - f_x(x,y)}{k}$$

である．同様にして，$f_y(x,y)$ の x に関する導関数 f_{yx} と y に関する導関数 f_{yy} が定義出来る．これら四つが，関数 $z = f(x,y)$ の 2 次偏導関数である．なお，f_{xy} と f_{yx} は一般には等しくないが，f_{xy} と f_{yx} が連続関数である場合には一致することが知られている．3 次の導関数は，これら四つの導関数についての x に関する偏導関数と y に関する偏導関数の合計八つが定義される．

全微分

関数 $z = f(x,y)$ において，(x,y) が (a,b) から $(a+h, b+k)$ へ変化するときの z の変化の大きさは次の式で与えられた．

$$\Delta z = [f(a+h, b+k) - f(a, b+k)] + [f(a, b+k) - f(a,b)]$$

A.1 微分法　　　　　　　　　　　　　　　　　　　　　　　　　　　　　　**369**

この式で，h や k を限りなく 0 に近づければ，（偏微分係数の定義から）右辺第 1 項は $f_x(a,b)h$ に，第 2 項は $f_y(a,b)k$ に限りなく近づく．さて，関数 $z = f(x,y)$ が点 (a,b) で**全微分可能**であるとは，

$$\Delta z = f(a+h, b+k) - f(a,b) = f_x(a,b)h + f_y(a,b)k + o(\sqrt{h^2+k^2})$$

が成り立つことである．ここで $o(\sqrt{h^2+k^2})$ は $\sqrt{h^2+k^2}$ より高位の無限小の項を表す[*6]．そして，これを次のように表す．

$$dz = f_x dx + f_y dy$$

A.1.6　極大・極小

関数 $y = f(x)$ が $[x_0, x_1]$ の区間で定義されていて，図 A.2 のような曲線であるとする[*7]．図では，$y = f(x)$ は $x = a$ で極大値をとり，$x = b$ で極小値をとる．

図からわかるように，$y = f(x)$ が極大値・極小値をとるための必要条件は $f'(x) = 0$ となることである．ただし，$f'(x) = 0$ は十分条件ではない．例えば，$f(x) = x^3$ は，$f'(0) = 0$ となるが，$x = 0$ で極値を持つわけではなく，単調増加関数である．

関数 $f(x)$ が 2 回微分可能な場合，$f(x)$ が極大値をとる点（A 点）の近傍で，$f'(x)$ は x の減少関数である．$f''(x) < 0$ であれば，$f'(x)$ は x の減少関数になるので，関数 $f(x)$ が $x = a$ で極大となるための十分条件は，$f'(a) = 0$ かつ $f''(a) < 0$ が成立することである．同様に，関数 $f(x)$ が $x = a$ で極小値をとるための十分条件は，$f'(a) = 0$ かつ $f''(a) > 0$ が成立することである[*8]．

なお，図 A.2 において，$f(x)$ の $[x_0, x_1]$ における最大値は端点である $x = x_1$ で実現している．このとき，$f'(x_1) \neq 0$ であることに注意しよう．

[*6]　$\sqrt{h^2+k^2}$ は点 (h,k) と点 $(0,0)$ の距離を表している．
[*7]　区間 $[x_0, x_1]$ は x_0 から x_1 の間の両端（$x = x_0$ と $x = x_1$）を含む区間を表す．
[*8]　$f(x) = x^4$ は $x = 0$ で極小値を持つが，$f''(0) = 0$ である．つまり，$f''(x) > 0$ は必要条件ではない．

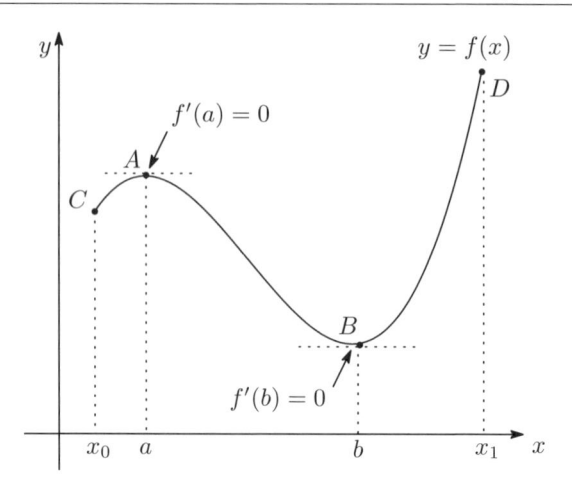

図 A.2　極大・極小

A.1.7　多変数関数の極大・極小

ここでは結果だけを述べておこう. 2 変数関数 $z = f(x, y)$ を考える. この関数がある領域において 2 回偏微分可能な場合, 関数 $z = f(x, y)$ が点 (x^*, y^*) において極値をとるための必要条件は,

$$\frac{\partial}{\partial x} f(x^*, y^*) = 0$$
$$\frac{\partial}{\partial y} f(x^*, y^*) = 0$$

である.

A.2 初等関数の微分

A.2.1 多項式の微分

n を自然数として，$y = f(x) = x^n$ の導関数を導関数の定義にしたがって求めてみよう．まず，$(x+h)^n = x^n + {}_nC_1 x^{n-1} h + {}_nC_2 x^{n-2} h^2 + \cdots$ が成り立つから[*9]，次の式が成り立つ．

$$\frac{(x+h)^n - x^n}{h} = {}_nC_1 x^{n-1} + {}_nC_2 x^{n-2} h + \cdots$$

${}_nC_1 = n$ であり，$h \to 0$ のとき，上の式の右辺の第 2 項目以降は 0 に収束するので，次の公式が導かれる．

$$\frac{d}{dx} x^n = n x^{n-1} \tag{A.12}$$

この公式は，n が自然数の場合だけでなく，実数全般について成立する．以下では，上の公式が n が整数の場合についても当てはまることを示そう．

$n = 0$ のとき，x^n は定数なので（$x^0 = 1$ である），その微分は 0 になり，(A.12) 式が n=0 の場合についても成り立つことがわかる．さらに，n がマイナスの整数の場合にも成り立つことを示そう．そのために，m を自然数として（$m > 0$），$n = -m$ とおいてみる．つまり，$x^n = x^{-m} = 1/x^m$ の微分を求めてみる．既に説明した商の微分法の公式を利用すると，

$$\frac{d}{dx} x^n = \frac{d}{dx}\left(\frac{1}{x^m}\right) = \frac{-(x^m)'}{(x^m)^2} = \frac{-m x^{m-1}}{x^{2m}} = -m x^{-m-1} = n x^{n-1}$$

が成り立つ．つまり，(A.12) 式は整数一般について成り立つことがわかる．(A.12) 式は，n が実数の場合でも成立するが，証明には対数の微分法を説明しなければならない．また，n が整数以外の実数の場合の x^n の意味は次の指数関数の節で説明する．

[*9] ${}_nC_k$ は n 個の中から k 個を取り出すときの組み合わせの数を表し，${}_nC_k = n!/[(n-k)!k!]$ が成り立つ．

A.2.2 指数関数の性質

a を正の実数,x を実数としたとき,$f(x) = a^x$ を指数関数と言う.x が自然数の場合,a^x は a を x 回掛けたものに等しい.x が負の整数なら,例えば $x = -2$ なら,$a^{-2} = 1/a^2$ である.さらに,$x = 0$ なら,$a^0 = 1$ である.

x が有理数の場合,a^x は次のように定義される.まず,m を自然数とすると,$a^{1/m}$ とは $\left(a^{1/m}\right)^m = a$ を満たすような数である(つまり,a の m 乗根である).さらに,n を整数とすれば,$a^{n/m}$ は $\left(a^{1/m}\right)^n$ で定義される.これで,$f(x) = a^x$ は x が有理数の場合について定義された.

x が無理数の場合には,x に収束する有理数の点列を考え,その極限値で a^x を定義する.こうすると,指数関数 $f(x) = a^x$ は全ての実数 x で定義され,連続関数になる.また,後述する指数法則が実数上で成立する.

$y = f(x) = a^x$ をグラフに表したのが図 A.3 である.$a > 1$ の場合には x の単調増加関数,$a = 1$ の場合には定数関数(1 に等しい),$0 < a < 1$ の場合には単調減少関数になる.

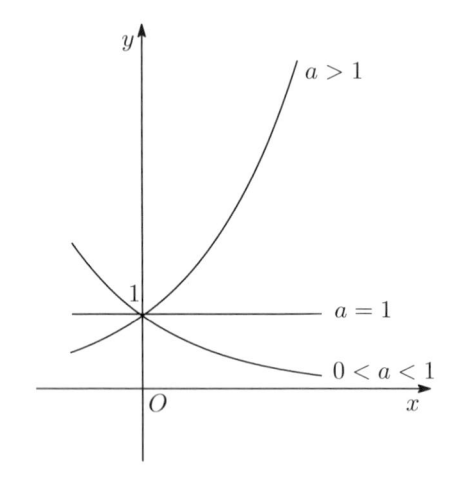

図 A.3 指数関数 $y = a^x$ のグラフ

a と b を正の実数,x, y を実数とすると次の性質が成り立つ.

A.2 初等関数の微分

$$a^{x+y} = a^x a^y \tag{A.13}$$
$$a^{xy} = (a^x)^y \tag{A.14}$$
$$(ab)^x = a^x b^x \tag{A.15}$$

これを**指数法則**とよぶ．x, y が整数の場合には指数の定義から明らかだろう．証明は省略するが，x と y が有理数の場合にも，証明は容易である．さらに，x と y が無理数の場合には，x および y に収束する有理数の点列を考えれば良い．

A.2.3 対数関数の性質

a を正の実数 (ただし，$a \neq 1$) とするとき，$x = a^y$ を満たすような y を

$$y = \log_a x$$

で表し，y を a を**底**（てい）とする x の**対数**とよぶ．また，特に，底を 10 とする対数を**常用対数**，e を底とする対数を**自然対数**と言う．e は**自然対数の底**または Napier 数とよばれ，次の式で定義される．

$$e = \lim_{n \to \infty} \left(1 + \frac{1}{n}\right)^n$$

e は無理数でその近似値は 2.71828... である．自然対数は $\log_e x$ とか，$\ln x$ のように表す．また，e^x を $\exp(x)$ と表す場合もある．

$y = \exp(x)$ は x の増加関数である．したがって，その逆関数である $y = \ln x$ も x の増加関数になる．$y = \ln x$ のグラフが図 A.4 に示されている．$e^0 = 1$, $e^1 = e$ だから，$\ln 1 = 0$, $\ln e = 1$ が成り立つ．したがって，$y = \ln x$ は点 $(1, 0)$, $(e, 1)$ を通る．

対数関数については次の性質が成立する (ただし，$a, b > 0$; $a, b \neq 1$; $x, y > 0$ とする)．

図 A.4　$y = \ln x$

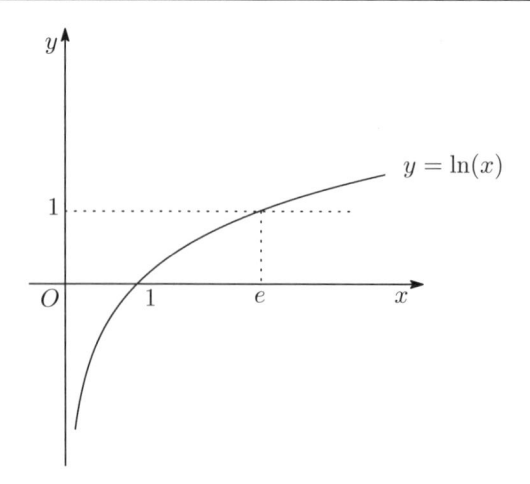

$$\log_a xy = \log_a x + \log_a y \tag{A.16}$$

$$\log_a \left(\frac{x}{y}\right) = \log_a x - \log_a y \tag{A.17}$$

$$\log_a y^x = x \log_a y \tag{A.18}$$

$$\log_b x = \frac{\log_a x}{\log_a b} \tag{A.19}$$

証明

まず，$x = a^m$, $y = a^n$ であるとしよう．つまり，$m = \log_a x$, $n = \log_a y$ とする．このとき，$xy = a^m a^n = a^{m+n}$ であるから，

$$\log_a xy = \log_a a^{m+n} = m + n = \log_a x + \log_a y$$

が成り立つ．これで最初の式が成立することが証明された．

2番目の等式は，$x/y = a^{m-n}$ から導かれる．また，3番目の等式は，$y^x = (a^n)^x = a^{nx}$ より，

$$\log_a y^x = \log_a a^{nx} = nx = x \log_a y$$

A.2 初等関数の微分

から導かれる.

最後の式は**底の変換公式**である.今,$b = a^k$ が成り立つとする(つまり,$\log_a b = k$ とする).これから,$a = b^{1/k}$ が成り立つので,$x = a^m = (b^{1/k})^m = b^{m/k}$ が成り立つ.したがって

$$\log_b x = \log_b b^{m/k} = \frac{m}{k} = \frac{\log_a x}{\log_a b}$$

が成り立つ.□

A.2.4 指数関数・対数関数の微分法

最初に,次の性質が成り立つことを示す.

$$\lim_{h \to 0} \frac{\ln(1+h)}{h} = 1 \tag{A.20}$$

$$\lim_{h \to 0} \frac{\exp(h) - 1}{h} = 1 \tag{A.21}$$

証明

$$\frac{\ln(1+h)}{h} = \ln(1+h)^{1/h}$$

であるので,$h \to 0$ のとき,$(1+h)^{1/h} \to e$ が示せれば,(A.20) 式が成り立つことがわかる.

まず,

$$(1+h)^{1/h} = \left(1 + \frac{1}{1/h}\right)^{1/h}$$

が成り立つ.$h \to +0$ とすれば,$1/h \to \infty$ であり,e の定義から,次の式が導かれる.

$$\lim_{h \to +0} \left(1 + \frac{1}{1/h}\right)^{1/h} = \lim_{1/h \to \infty} \left(1 + \frac{1}{1/h}\right)^{1/h} = e$$

次に $h \to -0$ の場合を考える．$1/(1+h) = 1+y$ とおくと，$h \to -0$ のとき，$y \to +0$ である．さらに，$1/(1+h) = 1+y$ から $1/h = -(1+1/y)$ が導かれることを用いると

$$(1+h)^{1/h} = \left(\frac{1}{1+y}\right)^{-(1+1/y)} = (1+y)^{1+1/y}$$

が得られる．この式で $h \to -0$ とすると $y \to +0$ で

$$\lim_{h \to -0}(1+h)^{1/h} = \lim_{y \to +0}(1+y)(1+y)^{1/y} = e$$

が成り立つ（$\lim_{h \to +0}(1+h)^{1/h} = e$ を利用した）．以上から，h を右側から 0 に近づける時も，左側から近づける時でも $(1+h)^{1/h}$ の極限は一致する（e に等しい）ことが示された．つまり，$h \to 0$ のとき，$(1+h)^{1/h} \to e$ であることが示された．

(A.21) 式については，$h = \ln(1+k)$ とおく．$\exp(h) = 1+k$ が成り立つので，

$$\frac{\exp(h)-1}{h} = \frac{k}{\ln(1+k)} = \frac{1}{(1/k)\ln(1+k)}$$

が成り立つ．$h \to 0$ のとき $k \to 0$ が成り立つので，

$$\lim_{h \to 0}\frac{\exp(h)-1}{h} = \lim_{k \to 0}\frac{1}{(1/k)\ln(1+k)} = 1$$

が成り立つことがわかる（最後の等式は (A.20) 式より）．□

さて，(A.20) 式と (A.21) 式を用いると，対数関数と指数関数の微分法の公式が導かれる．

$$\frac{d}{dx}\exp(x) = \exp(x) \tag{A.22}$$

$$\frac{d}{dx}\ln(x) = \frac{1}{x} \tag{A.23}$$

$$\frac{d}{dx}a^x = a^x \ln a \tag{A.24}$$

$$\frac{d}{dx}\log_a x = \frac{1}{x \ln a} \tag{A.25}$$

A.2 初等関数の微分

ただし，$a > 0, a \neq 1$ である．

証明

まず，(A.21) 式を用いると，

$$\lim_{h \to 0} \frac{\exp(x+h) - \exp(x)}{h} = \lim_{h \to 0} \frac{\exp(x)\left(\exp(h) - 1\right)}{h} = \exp(x)$$

が成り立つことがわかる．つまり，(A.22) 式が成立する．

次に，対数の性質から

$$\frac{\ln(x+h) - \ln x}{h} = \frac{\ln(1 + h/x)}{h} = \frac{1}{x} \frac{\ln(1 + h/x)}{h/x}$$

が成り立つ．この式で，$h \to 0$ とすると，$h/x \to 0$ であるから，

$$\lim_{h \to 0} \frac{\ln(x+h) - \ln x}{h} = \lim_{h/x \to 0} \frac{1}{x} \frac{\ln(1 + h/x)}{h/x} = \frac{1}{x}$$

が成り立つ．これで，(A.22) 式の成立することが証明された．なお，$\ln x$ は $\exp(x)$ の逆関数なので，逆関数の微分法を用いて (A.22) 式の成立を導くことも出来る．

指数関数 a^x の微分を求めるためには，まず，$y = a^x$ の対数をとる．$\ln y = x \ln a$ の両辺を x で微分すると

$$\frac{1}{y} \frac{dy}{dx} = \ln a$$

を得る（左辺は合成関数の微分法を利用）．さらに，両辺に $y = a^x$ を掛けると $dy/dx = a^x \ln a$ が導かれる．

$y = \log_a x$ の微分については，底の変換公式より

$$y = \log_a x = \frac{\ln x}{\ln a}$$

が成り立ち，これを x で微分すれば (A.25) 式が求められる．□

A.3　指数関数・対数関数の応用

A.3.1　連続利子率

A_0 の資産を銀行に預けるとしよう．利子率（年利）が r だとすると，1 年後には資産額は $A_1 = (1+r)A_0$ になる．この預金をそのまま t 年間預けておけば，t 年後には資産は $A_t = (1+r)^t A_0$ になっている．これが通常の複利計算である．

次に，1 年間に n 回利子が発生し，各期の利子は r/n であるとしよう．1 単位の資産を預けておけば，1 年後の元利合計は $(1+r/n)^n$ となる．ここで，n を限りなく大きくしていくと次の式が成り立つ（e の定義より）．

$$\lim_{n\to\infty}\left(1+\frac{r}{n}\right)^n = \lim_{n/r\to\infty}\left[\left(1+\frac{r}{n}\right)^{n/r}\right]^r = \exp(r)$$

つまり，連続的に利子が発生する場合，1 年後の元利合計は $\exp(r)$ になる（1 年毎に利子が発生する場合の $(1+r)$ に相当する）．そして，t 年後の元利合計は

$$\lim_{n\to\infty}\left(1+\frac{r}{n}\right)^{nt} = \lim_{n/r\to\infty}\left[\left(1+\frac{r}{n}\right)^{n/r}\right]^{rt} = \exp(rt)$$

となる．この式は t が整数でなくても成り立つことに注意しよう．つまり，これが連続時間モデルでの複利計算になる．以上から，時点 0 に $A(0)$ の資産を預けると，時点 t の資産は次の式で与えられることがわかる．

$$A(t) = A(0)\exp(rt)$$

このとき，$dA(t)/dt = rA(t)$ が成り立つ．$dA(t)/dt$ は $A(t)$ の t に関する微分で，微小な時間 dt における $A(t)$ の増分を表す．これを $\dot{A}(t)$ で表そう．そうすると，上の式から，$\dot{A}(t)/A(t) = r$ が導かれる．$\dot{A}(t)/A(t)$ は $A(t)$ の（瞬間的）成長率を表す（A.3.3 節を参照のこと）．数学的な操作の容易さもあり，経済学ではしばしばこのような連続時間モデルが用いられる場合がある．

A.3.2 成長率

対数関数 $f(x) = \ln x$ で，$x = 1$ から $1 + h$ への微小な変化を考える．微分係数の定義のところで説明したように，$f(1 + h) = f(1) + hf'(1) + o(h)$ が成り立つ．ここで，$f(1) = 0$，$f'(x) = 1/x$ より $f'(1) = 1$ を用いると

$$\ln(1 + h) = h + o(h)$$

が成り立つ．この式は，h が微小な場合，$\ln(1 + h)$ がほぼ h に等しいこと示している．

さて，x の対数値の引き算で x の成長率が求められることを示そう．今，時点 t における x の値 $x(t)$ について

$$x(t + 1) = x(t)(1 + g)$$

という関係があったとする．ここで，g は定数で $x(t)$ の成長率を表す．対数の性質から，$\ln x(t + 1) = \ln x(t) + \ln(1 + g)$ が導かれるが，g が十分に小さいとき $\ln(1 + g) \approx g$ であるから，

$$\ln x(t + 1) - \ln x(t) \approx g$$

が成り立つ．

A.3.3 連続時間モデル

時点 t における x の値を $x(t)$ で表す．ただし，$x(t)$ は連続的な時間で定義されているものとする．このとき，時点 t から $t + h$ にかけての x の成長率は次の式で与えられる．（　）の中は単位時間当たりの x の増分を表している．

$$\frac{1}{x(t)} \left(\frac{x(t + h) - x(t)}{h} \right)$$

この式で $h \to 0$ とすれば，その極限値は次の式に等しい．

$$\frac{dx(t)/dt}{x(t)} = \frac{\dot{x}(t)}{x(t)}$$

これが，連続時間モデルでの成長率（瞬間的成長率）になる．なお，$dx(t)/dt$ は，$\dot{x}$ または $\dot{x}(t)$ と表すのが慣例である．

さて，$x(t)$ の成長率が一定の値 g をとる場合，連続利子率の節で説明したように，$x(t)$ は次の式で表せる．

$$x(t) = x_0 \exp(gt)$$

ただし，x_0 は時点 0 における x の値を表す．この式を t で微分すると

$$\dot{x}(t) = x_0 \frac{d}{dt}(\exp(gt)) = gx_0\exp(gt) = gx(t)$$

が成り立ち（$\exp(gt)$ の t に関する微分は合成関数の微分法を用いる），$\dot{x}/x = g$ が成り立つことがわかる．

また，$x(t)$ の対数をとると

$$\ln x(t) = \ln x_0 + gt$$

となり，成長率が一定の x を対数変換した $\ln x$ は，t の 1 次関数になることがわかる．

A.3.4 対数微分法

二つの関数 $f(x)$, $g(x)$ の積を考える．ただし，$f(x) > 0$, $g(x) > 0$ とする．この二つの関数の積を $h(x)$ で表そう．つまり，$h(x) = f(x)g(x)$ とおくと，$h'(x)$ は積の微分法を適用して

$$h'(x) = f'(x)g(x) + f(x)g'(x)$$

で求められた．この式の両辺を $h(x) = f(x)g(x)$ で割ると，次の式を得る．

$$\frac{h'(x)}{h(x)} = \frac{f'(x)}{f(x)} + \frac{g'(x)}{g(x)} \tag{A.26}$$

例えば，x を時点を表す変数，$f(x)$ を時点 x における価格，$g(x)$ を時点 x における購入量とすると，$h(x) = f(x)g(x)$ は時点 x における支出金額になる．(A.26) 式は，支出金額の変化率（成長率）が，価格の変化率と購入量の変化率の和に等しくなることを示している．

A.3 指数関数・対数関数の応用

なお，$h(x) = f(x)g(x)$ の両辺の対数をとると

$$\ln h(x) = \ln f(x) + \ln g(x)$$

となるが，この式の両辺を x で微分すれば (A.26) 式が求められる．これを対数微分法という．

■例 名目 GDP は実質 GDP と物価水準の積に等しい[*10]．名目 (nominal) GDP を Y_n，実質 (real) GDP を Y_r，物価水準を P で表すと，$Y_n = Y_r \cdot P$ が成り立つ．対数微分法を用いれば，

$$\frac{\dot{Y}_n}{Y_n} = \frac{\dot{Y}_r}{Y_r} + \frac{\dot{P}}{P}$$

という関係が導かれる．つまり，名目 GDP 成長率は実質 GDP 成長率とインフレ率の和に等しい．

A.3.5 弾力性

需要の価格弾力性は財の価格が 1% 上昇したときに財の需要が何 % 減少するかを表す．今，財 x の需要がその財の価格 p の関数であるとしよう．この場合，需要関数は $x(p)$ と表せる．価格が Δp 上昇したとき，財の需要が Δx だけ変化したとする．ただし，通常は $\Delta x < 0$ である．

需要の価格弾力性を ϵ で表せば，

$$\epsilon = -\frac{\Delta x / x}{\Delta p / p} = -\frac{p}{x}\frac{\Delta x}{\Delta p}$$

と表せる．特に $\Delta p \to 0$ とすれば，需要の価格弾力性は

$$\epsilon = -\frac{p}{x}\frac{dx}{dp}$$

に等しくなる．

[*10] 正確に言えば，物価水準（GDP デフレータ）は名目 GDP を実質 GDP で割ることで求められる．

実は，ϵ は x の対数値 $(\ln x)$ を $\ln p$ で微分したものに等しい．実際，$\ln x = X$，$\ln p = P$ とおいて，合成関数の微分法を用いて計算してみると

$$-\frac{dX}{dP} = -\frac{dX}{dx}\frac{dx}{dp}\frac{dp}{dP} = -\frac{1}{x}\frac{dx}{dp}p = -\frac{p}{x}\frac{dx}{dp}$$

になることから[*11]，このことは確かめられる．$\ln x$ を $\ln p$ で微分すると，p の 1% の変化が x の何 % の変化をもたらすかが計算されるが，これは，$\ln p$ や $\ln x$ の 1 単位の増加は，p や x の 1% の変化に対応しているからである．

弾力性を用いることで，x や p の測定単位や x の測定期間に依存しない形で，経済主体の行動を記述出来る．例えば，p の単位（円かドルか，あるいはインフレによって 1 単位の通貨の価値が変動することを考えると，いつの時点の 1 円か）や x の単位（キログラムかポンドか）の変更によって dx/dp の値は変化するが，弾力性ではこのようなことは生じない．同様に，x を 1 月当たりで測定するのか，1 年間当たりで測定するのかによっても，dx/dp の値は変化するが，弾力性ではこのようなことは生じない．

代替の弾力性 (elasticity of substituion) は，無差別曲線の「曲がり具合」を表す指標である．これは，限界代替率が 1% 変化した場合に，財の消費の組み合わせの比率が何 % 変化するかを表す．効用関数が $U(x, y)$ で与えられているとき，x と y の限界代替率 MRS は $MRS = MU_x/MU_y$ であった．価格弾力性と同様に，代替の弾力性は，$\ln MRS$ が 1 単位（微小な単位）変化した場合の $\ln(x/y)$ の変化の大きさに等しいから，代替の弾力性 σ は，

$$\sigma = -\frac{\partial \ln(x/y)}{\partial \ln MRS}$$

で与えられる．

[*11] 2 番目の等式は $dp/dP = p$ を用いて導出される．これは次のようにして求められる．$P = \ln p$ であるから，$p = \exp(P)$ が成り立つ．したがって，

$$\frac{dp}{dP} = \exp(P) = p$$

が成立する．

A.3.6 回帰分析

x が y に与える影響を分析するために，実証分析では x と y の関係をモデル化し，観察されるデータからモデルのパラメータを推定し，x の変化が y に与える数量的大きさを把握しようとする（詳しくは計量経済学のテキストを参照せよ）．最も簡単な定式化は

$$y = \alpha + \beta_1 x_1 + \cdots \beta_k x_k + u$$

という線型モデルを想定することである．ここで，$x_1, \ldots, x_k$ は説明変数，$\alpha, \beta_1, \ldots, \beta_k$ が未知のパラメータ，u は誤差項である（観察不可能な要因や，理論モデルで想定していないような要因は，全てこの誤差項に集約されると考える）．上のようなモデルでは，

$$\beta_i = \frac{\partial y}{\partial x_i}$$

が一定の大きさであることを仮定している．例えば，y が財の購入量で，x_i が財の価格（当該財だけでなく，代替財や補完財の価格の場合もある）だとすると，この定式化は，ある財の価格の 1 単位の変化が y に与える影響を一定と想定していることに等しい．

実際の実証研究では，次のような定式化がしばしば用いられる．

$$\ln y = \alpha + \beta_1 \ln x_1 + \cdots \beta_k \ln x_k + u$$

これは，

$$\beta_i = \frac{\partial \ln y}{\partial \ln x_i} = \frac{x_i}{y} \frac{\partial y}{\partial x_i}$$

が一定，つまり，弾力性が一定であるという定式化である．一般的には，このような定式化の方が望ましい．

A.4 微分法の経済理論への応用

以下では，微分法の経済理論への適用を紹介する．

A.4.1 完全競争企業の利潤最大化行動

完全競争市場における企業の行動を考える．企業の産出量を x，費用関数を $c(x)$ で表す[*12]．この企業が生産する財の価格は市場で決定され，この企業にとっては所与である．生産物の価格を p で表すと，企業の利潤 π は次の式で表される．

$$\pi = px - c(x)$$

企業は，p を所与として，π を最大化するように x を決定する．π は x の 1 変数関数で，π の最大化の必要条件は

$$p = c'(x)$$

で与えられる．つまり，価格と限界費用が一致するように企業は産出量 x を決める．ここから，完全競争企業の供給関数が導かれる[*13]．

A.4.2 独占企業の行動

ある生産物市場が 1 企業によって独占されているケースを考える．独占企業の生産量を x，費用関数を $c(x)$ で表す．この生産物市場の需要曲線は $p = p(x)$ という関数で表されるとする．需要曲線は右下がりなので，$p'(x) < 0$ が成立している．さて，独占企業を利潤を最大にするように p と x を決める．利潤は

$$\pi = p(x)x - c(x)$$

と表される．したがって，独占企業の行動は，x の 1 変数関数の最大化の問題に帰着出来る．

π を x で微分して 0 になることが，利潤最大化の必要条件である．それは，

$$p'(x)x + p(x) = c'(x)$$

[*12] 費用関数（短期費用関数）は次の性質を持つ．限界費用は正で（$c'(x) > 0$），かつある一定の x 以上の範囲で逓増する（$c''(x) > 0$）．

[*13] この条件に加えて，この企業が市場に参入済みで固定費用が回収不可能な場合には $p \geq AVC$，まだ参入していないか参入していても固定費用が回収可能な場合には $p \geq AC$ が正の生産を行うためには必要である．ここで，AVC と AC は平均可変費用，平均費用を表す．

で与えられる．ここで，左辺の $p'(x)x + p(x)$ は限界収入（収入 $p(x)x$ を x で微分したもの）を表し，右辺は限界費用を表す．つまり，限界収入 MR と限界費用の一致が利潤最大化の必要条件である．

なお，$p'(x) < 0$ より，$p'(x)x + p(x) < p(x)$ が成立するが，これは限界収入曲線が需要曲線よりも下方に位置することを表す．また，限界収入は，需要の価格弾力性 ϵ を用いて，

$$MR = p'(x)x + p(x) = p(x)\left(1 + \frac{x}{p}\frac{dp}{dx}\right) = p(x)\left(1 - 1/\epsilon\right)$$

と書き直せる（ϵ の値は，需要曲線のどの位置で評価するかで一般的には異なる値をとることに注意せよ）．

■**例 1** 需要曲線が 1 次関数 $p(x) = a - bx$ の場合，$MR = a - 2bx$ となる．

■**例 2** 需要曲線が $p(x) = Ax^{-1/\epsilon}$ で与えられる場合（ただし，$\epsilon > 1$），$MR = p(x)(1 - 1/\epsilon)$ となる．

A.4.3 効用関数

効用関数 $U(x, y)$ の x に関する偏微分は x の限界効用 MU_x，y に関する偏微分は y の限界効用 MU_y に等しい．ここでは，経済学でよく使われる効用関数について，限界効用を求めておこう．

■**コブ・ダグラス型効用関数** $U(x, y) = x^a y^b$，ただし，$a > 0$, $b > 0$ である．限界効用は次の式で与えられる．

$$MU_x = \partial U/\partial x = ax^{a-1}y^b$$
$$MU_y = \partial U/\partial y = bx^a y^{b-1}$$

■**CES 型効用関数** $U(x,y) = \left[a_0 + a_1 x^{1-1/\sigma} + a_2 y^{1-1/\sigma}\right]^{1/(1-1/\sigma)}$．ただし，$a_1, a_2$ は正の定数である[*14]．限界効用は次の式で与えられる（合成関数の微分法を用いる）．

[*14] CES とは constant elasticity of substituion，すなわち代替の弾力性 (elasticity of substituion) が一定という意味である．

$$MU_x = a_1 x^{-1/\sigma} \left[a_0 + a_1 x^{1-1/\sigma} + a_2 y^{1-1/\sigma} \right]^{1/(\sigma-1)}$$
$$MU_y = a_2 y^{-1/\sigma} \left[a_0 + a_1 x^{1-1/\sigma} + a_2 y^{1-1/\sigma} \right]^{1/(\sigma-1)}$$

限界代替率

効用関数 $U(x, y)$ を全微分すると,
$$dU = U_x dx + U_y dy$$
を得る.無差別曲線に沿った動きを考え,上の式で $dU = 0$ とし,$-dy/dx$ について解く(限界代替率を求める)と
$$-\frac{dy}{dx} = \frac{U_x}{U_y}$$
を得る.つまり,限界代替率は限界効用の比に等しい.先ほどのコブ・ダグラス型効用関数の場合には
$$MRS = \frac{a}{b} \left(\frac{x}{y} \right)^{-1}$$
となり,CES 型効用関数の場合には
$$MRS = \frac{a_1}{a_2} \left(\frac{x}{y} \right)^{-1/\sigma}$$
となる.

生産関数についても同様である.Q を生産量,K と L を二つの生産要素の投入量とすると,生産関数 $Q = F(K, L)$ の限界生産物は K および L に関する偏微分に等しい.また,技術的限界代替率は,K および L の限界生産物の比に等しい.

代替の弾力性

先述の,コブ・ダグラス型効用関数の場合,限界代替率は $MRS = (a/b)(y/x)$ に等しかった.これから
$$\ln MRS = \ln(a/b) - \ln(x/y)$$

が得られる．代替の弾力性は，限界代替率 MRS が 1% 変化した場合に，需要量の比率 x/y が何 % 変化するかを表す概念である（効用最大化点では $MRS = p/q$ が成り立つので，財の相対価格 p/q が 1% 増加した場合に x/y が何 % 減少するかに等しい）．代替の弾力性は，

$$-\frac{\partial \ln(x/y)}{\partial \ln MRS}$$

で求められる．簡単な計算から，コブ・ダグラス型効用関数の代替の弾力性は 1 であり，CES 型効用関数の場合には σ になることがわかる．

A.5　制約条件付き最適化問題

　消費者の行動は，予算の制約のもとで効用を最大化するように消費財の購入量を決定する問題であった．x と y の 2 財からなる世界を考え，効用関数を $U(x, y)$，予算制約式が $px + qy = I$ のとき，効用最大化問題は

$$\begin{aligned} &\max \quad U(x, y) \\ &\text{subject to} \quad I = px + qy \end{aligned} \tag{A.27}$$

のように表せた．ただし，p と q はそれぞれ財 x および y の価格，I は所得で，これらは与えられているとする．なお，生産者行動の理論で，費用最小化問題も同様の構造を持つ．生産関数の制約のもとで，費用を最小化するような生産要素の投入量を求めるというのが費用最小化問題であった．

　経済理論では，制約条件付きの最大化問題・最小化問題が頻繁に登場する．このような問題は，ラグランジュ乗数法とよばれる手法で解くことが出来る．以下では，効用最大化問題を例に，ラグランジュ乗数法を説明しよう．

A.5.1　ラグランジュ乗数法

　最初に，ラグランジュ乗数法を用いずに，効用最大化問題を解いてみる．まず，予算制約式 $px + qy = I$ を x について解くと，$x = I/p - (q/p)y$ を得る．これを効用関数に代入すると，効用関数は

$$U\left(\frac{I}{p} - \frac{q}{p}y, y\right)$$

となり，y の 1 変数関数になる．つまり，制約条件付き最大化問題は，制約無しの 1 変数関数の最大化問題に帰着したのである．したがって，効用最大化ための必要条件は，上記の関数を y に関して微分し，0 になることである．つまり，

$$U_x\left(-\frac{q}{p}\right) + U_y = 0$$

がその条件である（合成関数の微分法を用いる）．ここで，$U_x = \partial U/\partial x$，$U_y = \partial U/\partial y$ である．この式を変形すれば，

$$\frac{U_x}{U_y} = \frac{p}{q}$$

という関係が得られる．これは，限界代替率と相対価格が一致するというおなじみの条件である．また，この式は，

$$\frac{U_x}{p} = \frac{U_y}{q}$$

とも同値である．これは，（最後の）1 円当たりの限界効用が均等化していなければならないという条件である．

需要関数を具体的に求めるためには，限界代替率と相対価格の一致（あるいは，1 円当たりの限界効用の均等）に加えて，消費者が予算を使い切っているという条件が必要である．したがって，効用最大化問題の解は，$U_x/p = U_y/q$ と $px + qy = I$ の連立方程式の解である．ここで，$U_x/p = U_y/q = \lambda$ とおけば，効用最大化問題の解は，次の連立方程式の解である．

$$U_x/p = \lambda, \quad U_y/q = \lambda, \quad px + qy = I \tag{A.28}$$

効用最大化問題の解は，制約条件の無い関数の最大化問題を解くことでも得られることを説明しよう．次のような関数 $\mathcal{L}$ を考える．

$$\mathcal{L}(x, y, \lambda) = U(x, y) + \lambda(I - px - qy) \tag{A.29}$$

A.5 制約条件付き最適化問題

$\mathcal{L}$ の最大化のための必要条件は次の式で与えられる.

$$\begin{aligned}
\partial \mathcal{L}/\partial x &= U_x - \lambda p = 0 \\
\partial \mathcal{L}/\partial y &= U_y - \lambda q = 0 \\
\partial \mathcal{L}/\partial \lambda &= I - px - qy = 0
\end{aligned} \quad (A.30)$$

(A.30) 式と (A.28) 式は等しいから,予算制約のもとでの効用最大化問題 ((A.27) 式) の解を求めるためには,制約条件無しの関数 $\mathcal{L}(x, y, \lambda)$ の最大化問題 ((A.29) 式) を解けば良いことがわかる.関数 $\mathcal{L}$ をラグランジュ関数,定数 λ をラグランジュ乗数とよぶ.

λ は制約条件が1単位緩んだ場合の目的関数の増分という意味がある.効用最大化問題の場合には,I の1単位の増加による効用の増分,すなわち所得の限界効用という意味である.このことを次に説明しよう.

(A.30) 式の解を x^*, y^*, λ^* とすると,これらは外生変数 p, q, I の関数になる.今,p と q は一定とし,I だけを変化させることを考える.そこで,x^*, y^*, λ^* は I の関数だとしよう.I の増加による $\mathcal{L}$ の増加は

$$\begin{aligned}
\frac{\partial \mathcal{L}}{\partial I} &= U_x \frac{\partial x^*}{\partial I} + U_y \frac{\partial y^*}{\partial I} + \frac{\partial \lambda^*}{\partial I}(I - px^* - qy^*) + \lambda^* \left(1 - p\frac{\partial x^*}{\partial I} - q\frac{\partial y^*}{\partial I}\right) \\
&= (U_x - \lambda^* p) \frac{\partial x^*}{\partial I} + (U_y - \lambda^* q) \frac{\partial y^*}{\partial I} + \frac{\partial \lambda^*}{\partial I}(I - px^* - qy^*) + \lambda^* \\
&= \lambda^*
\end{aligned}$$

となる.ここで,最初の等号の λ^* にかかる括弧の中は予算制約式を I に関して偏微分することで導出される.また,最後の等号が成り立つのは,(A.30) 式が成り立つからである.さて,効用最大化点での効用は $U(x^*, y^*)$ と表せるが,これを I で微分すると

$$\frac{\partial U}{\partial I} = U_x \frac{\partial x^*}{\partial I} + U_y \frac{\partial y^*}{\partial I} = \lambda^* \left(p\frac{\partial x^*}{\partial I} + q\frac{\partial y^*}{\partial I}\right) = \lambda^*$$

が成り立つ.2番目の等号は (A.30) 式より,3番目の等号は予算制約式を I で微分することから導かれる.

以上から，$\partial \mathcal{L}/\partial I = \partial U/\partial I = \lambda^*$ が成り立つことがわかった．つまり，λ^*（効用最大化点での λ の値）は，所得 I が 1 単位増加したときの効用 U の増分に等しい．したがって，λ は所得の限界効用を表す（一般的には，制約条件が 1 単位緩んだときの目的関数の増分を表す）．

A.5.2　ラグランジュ乗数法：一般化

次の制約条件付き最大化問題（または最小化問題）を考える．

$$\begin{aligned}&\max\quad f(x,y)\\&\text{subject to}\quad g(x,y)=c\end{aligned}$$

ここで，c はある定数．関数 $f(x,y)$ と関数 $g(x,y)$ は，どちらもこの問題の解の近傍で偏微分可能な関数であるとする．この問題の解は，次の関数 $\mathcal{L}$ の最大化問題を解くことで求められる．

$$\mathcal{L}(x,y,\lambda) = f(x,y) + \lambda\left(c - g(x,y)\right)$$

そのための必要条件は次の式で与えられる．

$$\begin{aligned}\partial \mathcal{L}/\partial x &= f_x - \lambda g_x = 0\\ \partial \mathcal{L}/\partial y &= f_y - \lambda g_y = 0\\ \partial \mathcal{L}/\partial \lambda &= c - g = 0\end{aligned}$$

一般的な場合にもラグランジュ乗数法が使えるためには，制約条件 $g(x,y) = c$ が，（解の近傍で局所的に）x について解ける必要がある．そこで，$x = h(y,c)$ と表せたとしよう．これを目的関数に代入すると $f(h(y,c),y)$ となり，制約無しの 1 変数関数の最大化（または最小化）問題に帰着する．したがって，求める条件（必要条件）は $f_x(\partial x/\partial y) + f_y = 0$ である．ここで，$\partial x/\partial y$ は制約条件 $g(x,y) = c$ から導くことが出来る．制約条件を y について微分すると $g_x(\partial x/\partial y) + g_y = 0$ となり，これから $\partial x/\partial y = -g_y/g_x$ が得られる．したがって，

$$f_x\left(-\frac{g_y}{g_x}\right) + f_y = 0$$

A.5 制約条件付き最適化問題

が得られる．これから，λ をある定数として

$$\frac{f_x}{g_x} = \frac{f_y}{g_y} = \lambda$$

が導かれる．これはラグランジュ乗数法の解と一致する．

■**例：費用最小化問題** 2種類の生産要素 x_1 と x_2 があり，生産要素価格はそれぞれ w_1, w_2 で与えられている．所与の産出量 y を実現する際の費用関数は，次の問題を解くことで求められる．

$$c(w_1, w_2, y) = \min w_1 x_1 + w_2 x_2$$
$$\text{subject to} \quad f(x_1, x_2) = y$$

ここで，生産の制約は，生産関数 $y = f(x_1, x_2)$ で与えられている．$c(w_1, w_2, y)$ は費用関数を表す．ラグランジュ関数は

$$\mathcal{L}(x_1, x_2, \lambda) = w_1 x_1 + w_2 x_2 + \lambda(y - f(x_1, x_2))$$

である．したがって，費用最小化の条件は

$$\partial \mathcal{L}/\partial x_1 = w_1 - \lambda f_1 = 0$$
$$\partial \mathcal{L}/\partial x_2 = w_2 - \lambda f_2 = 0$$
$$\partial \mathcal{L}/\partial \lambda = y - f(x_1, x_2) = 0$$

である．最初の二つの式から λ を消去すると $f_1/f_2 = w_1/w_2$ という条件が得られる．f_1 は第1生産要素の限界生産物，f_2 は第2生産要素の限界生産物で，f_1/f_2 は技術的限界代替率に等しい．したがって，費用最小化の条件は，技術的限界代替率と生産要素の相対価格が一致することである．

- コブ・ダグラス型生産関数 $f(x_1, x_2) = A x_1^a x_2^b$ のときの費用関数を求めよ．
- 上の問題で，$a + b = 1$, $a + b > 1$, $a + b < 1$ のとき，y と c の関係はどうなるか．

A.5.3 n 変数関数の場合

n 種類の財が存在する場合の効用最大化問題は次の通りであった.

$$\max \quad U(x_1, x_2, \ldots, x_n)$$
$$\text{subject to} \quad \sum_{i=1}^{n} p_i x_i = I$$

ただし，第 i 財の価格 p_i と 所得 I は与えられているものとする．この問題の解を求めるためには

$$\mathcal{L}(x_1, x_2, \ldots, x_n, \lambda) = U(x_1, x_2, \ldots, x_n) + \lambda \left(I - \sum_{i=1}^{n} p_i x_i \right)$$

を最大にするような x_i, λ を求めれば良い．$\mathcal{L}$ の最大化のための条件は次の通りである.

$$U_i - \lambda p_i = 0 \quad (i = 1, 2, \ldots, n)$$
$$I - \sum_{i=1}^{n} p_i x_i = 0$$

ただし，$U_i = \partial U / \partial x_i$ である.

■問題　効用関数が次の式で与えられている場合，需要関数 $x_i(p_1, p_2, \ldots, p_n, I)$ を求めよ．ただし，予算制約式は $\sum_{i=1}^{n} p_i x_i = I$ で与えられている．ただし，以下の a_i, b_i は定数である.

- $U = \sum_{i=1}^{n} a_i \ln x_i$ （コブ・ダグラス型効用関数）
- $U = \left(\sum_{i=1}^{n} a_i x_i^{\rho} \right)^{1/\rho}$ （CES 型効用関数：代替の弾力性は $1/(1-\rho)$）
- $U = \sum_{i=1}^{n} a_i \ln (x_i - b_i)$ （線型支出体系：linear expenditure system）

A.5 制約条件付き最適化問題

■ライフサイクルモデル 消費者の効用関数が次の式で与えられている．

$$U = \sum_{t=1}^{T} \frac{u(c_t)}{(1+\rho)^t}$$

ここで，t は年齢を表し，c_t は t 歳時の消費を表す．消費者の生涯効用は，各時点の効用 $u(c_t)$ を主観的割引率 ρ で割り引いて合計したものに等しい．また，消費者の生涯の予算制約式は

$$\sum_{t=1}^{T} \frac{c_t}{(1+r)^t} = w_0$$

で与えられる．r は利子率，w_0 は生涯所得を表す．r と w_0 は与えられているとする．予算制約のもとでの効用最大化問題は，

$$\mathcal{L} = \sum_{t=1}^{T} \frac{u(c_t)}{(1+\rho)^t} + \lambda \left(w_0 - \sum_{t=1}^{T} \frac{c_t}{(1+r)^t} \right)$$

を最大にするような $c_1, \ldots, c_T, \lambda$ を見つけることである．そのための必要条件は次の通りである．

$$\frac{u'(c_t)}{(1+\rho)^t} = \lambda \frac{1}{(1+r)^t} \quad (t = 1, \ldots, T)$$

$$w_0 - \sum_{t=1}^{T} \frac{c_t}{(1+r)^t} = 0$$

なお，上の1番目の方程式で c_t と c_{t+1} に関する方程式から λ を消去すると，

$$u'(c_t) = \frac{1+r}{1+\rho} u'(c_{t+1})$$

が得られる．この式の左辺は c_t の消費を限界的に1単位あきらめることの費用を表す．c_t を1単位あきらめれば，t 期の貯蓄が1単位増え，その結果，c_{t+1} を $1+r$ 単位増加させることが出来る．そのことによる効用の増分が $(1+\rho)^{-1} u'(c_{t+1})(1+r)$ である．つまり，最適な消費経路においては，c_t を

1単位変化させることの限界費用と限界便益が一致しなければならないことを上記の条件は表している．

上記の方程式を変形すると，

$$\frac{u'(c_t)}{u'(c_{t+1})/(1+\rho)} = 1+r$$

が得られる．こちらは，c_t と c_{t+1} の限界代替率が異時点間の消費の相対価格に等しいという条件である．

A.5.4 複数の制約条件

制約条件が複数ある場合もラグランジュ乗数法を用いることが出来る．n 変数関数 $f(x_1,\ldots,x_n)$ を m 個の制約条件 $g_1(x_1,\ldots,x_n) = c_1$, …, $g_m(x_1,\ldots,x_n) = c_m$ のもとで最大化する問題

$$\begin{aligned} \max \quad & f(x_1,\ldots,x_n) \\ \text{subject to} \quad & g_1(x_1,\ldots,x_n) = c_1 \\ & \cdots \\ & g_m(x_1,\ldots,x_n) = c_m \end{aligned}$$

は次のラグランジュ関数の最大化問題に帰着する．

$$\mathcal{L}(x_1,\ldots,x_n;\lambda_1,\ldots,\lambda_m) = f(x_1,\ldots,x_n) + \sum_{i=1}^{m} \lambda_i \left(c_i - g_i(x_1,\ldots,x_n)\right)$$

証明は省略するが，x_1 から x_n のうちの m 個の x_k が残りの $(n-m)$ 個の x_i と制約条件のパラメータ $c_j (j=1,\ldots,m)$ の関数として表せれば，制約無しの最大化問題に帰着することを利用する．考え方は，効用関数が x と y の2変数関数の場合と全く同様である．

A.6 不等式制約

制約条件が不等式で表される場合の関数 $f(x,y)$ の最大化問題はやや複雑になる．ここでは，結果だけを示しておこう．次のような問題を考える．

A.6 不等式制約

$$\begin{aligned}\max \quad & f(x,y)\\ \text{subject to} \quad & g_1(x,y) \leq c_1\\ & g_2(x,y) \leq c_2\end{aligned}$$

ここで，c_1 と c_2 は定数である．この問題に対応するラグランジュ関数は次の式で与えられる．

$$\mathcal{L}(x,y,\lambda,\mu) = f(x,y) + \lambda\left(c_1 - g_1(x,y)\right) + \mu\left(c_2 - g_2(x,y)\right)$$

λ と μ はそれぞれの制約条件にかかるラグランジュ乗数である．この制約条件付き最大化問題の解を $(x^*, y^*, \lambda^*, \mu^*)$ とすれば，$(x^*, y^*, \lambda^*, \mu^*)$ は次の条件を満たさなければならないことが知られている（クーン・タッカー条件とよばれる）．

$$\begin{aligned}\frac{\partial \mathcal{L}}{\partial x} &= f_x - \lambda\frac{\partial g_1}{\partial x} - \mu\frac{\partial g_2}{\partial x} = 0\\ \frac{\partial \mathcal{L}}{\partial y} &= f_y - \lambda\frac{\partial g_1}{\partial y} - \mu\frac{\partial g_2}{\partial y} = 0\\ \frac{\partial \mathcal{L}}{\partial \lambda} &= c_1 - g_1(x,y) \geq 0, \quad \lambda \geq 0\\ \lambda\frac{\partial \mathcal{L}}{\partial \lambda} &= \lambda\left(c_1 - g_1(x,y)\right) = 0\\ \frac{\partial \mathcal{L}}{\partial \mu} &= c_2 - g_2(x,y) \geq 0, \quad \mu \geq 0\\ \mu\frac{\partial \mathcal{L}}{\partial \mu} &= \mu\left(c_2 - g_2(x,y)\right) = 0\end{aligned}$$

3番目と4番目の条件から，もし，$c_1 > g_1(x,y)$ なら，$\lambda = 0$ でなければならない．また，5番目と6番目の条件から，$c_2 > g_2(x,y)$ なら $\mu = 0$ でなければならないことがわかる．$\lambda = 0$ または $\mu = 0$ になるのは，制約条件が効いていない（等号で成立しない）場合である．

■**例：労働供給の決定**　c, l, T をそれぞれ消費財購入量，レジャー時間，与えられた時間とする．また，p を消費財価格，w を賃金率，I' を非労働所得と

する．T, p, w, I' は与えられている．予算制約 $pc+wl = wT+I'$ のもとで，効用 $u(c,l)$ を最大にするように c と l を決定する問題を考える．労働時間を h とすると，$h = T-l$ となるが，マイナスの労働時間は選択出来ないので，$h = T-l \geq 0$ という制約を追加する（これは $l-T \leq 0$ と書き直せる）．$wT+I'$ を I とおくと，効用最大化問題は次の通りになる（ただし，I は与えられている）．

$$\begin{aligned} \max \quad & u(c,l) \\ \text{subject to} \quad & pc+wl \leq I \\ & l-T \leq 0 \end{aligned}$$

ラグランジュ関数は

$$\mathcal{L}(c,l,\lambda,\mu) = u(c,l) + \lambda\left(I-pc-wl\right) + \mu\left(T-l\right)$$

となり，効用最大化のための必要条件は次の通りになる．

$$\begin{aligned} \frac{\partial \mathcal{L}}{\partial c} &= u_c - \lambda p = 0 \\ \frac{\partial \mathcal{L}}{\partial l} &= u_l - \lambda w - \mu = 0 \\ \frac{\partial \mathcal{L}}{\partial \lambda} &= I - pc - wl \geq 0, \quad \lambda \geq 0 \\ \lambda \frac{\partial \mathcal{L}}{\partial \lambda} &= \lambda\left(I-pc-wl\right) = 0 \\ \frac{\partial \mathcal{L}}{\partial \mu} &= T - l \geq 0, \quad \mu \geq 0 \\ \mu \frac{\partial \mathcal{L}}{\partial \mu} &= \mu\left(T-l\right) = 0 \end{aligned}$$

効用最大化問題の解において，$pc+wl \leq I$ の制約は等号で成立していて，$\lambda > 0$ だとしよう（$pc+wl = I$ が成立している場合には，$\lambda \geq 0$ でなければならない）．この問題の解が $l < T$ である場合（つまり $h > 0$ となる内点解の場合），上記の最後の条件から，$\mu = 0$ でなければならない．この場合，上記の最初の二つの条件から，$u_c = \lambda p$, $u_l = \lambda w$ が得られる．これから λ を消去

すると，$u_l/u_c = w/p$，すなわち，レジャーと消費財の限界代替率が実質賃金率に等しいという条件が得られる．

問題の解が $l = T$，すなわち $h = T - l = 0$ で働かないという場合には，$\mu \geq 0$ が成立していなければならない．特に，$\mu > 0$ （コーナー解）だとすると，上記の最初の二つの条件は，$u_c = \lambda p$, $u_l = \lambda w + \mu$ であるから，$u_c/p = \lambda$，$u_l/w = \lambda + \mu/w$ が成立するので，$u_l/w > \lambda = u_c/p$ が成立する．あるいは

$$u_l/u_c > w/p$$

が成立する．これは，$l = T$ （あるいは $h = 0$）の点で，レジャーと消費財の限界代替率が実質賃金率より高いことを意味する．同じことだが，$l = T$ となる点で，消費財の限界効用で表したレジャーの限界効用が実質賃金率（レジャーのコスト）より高いことを意味する．l はこれ以上増やせないので，$l = T$ が解になるのである．

A.7　テイラー展開

関数 $f(x)$ が $x = a$ の近傍で n 回微分可能で $f^{(n)}$ が連続関数ならば，

$$f(x) = f(a) + \frac{f'(a)}{1!}(x-a) + \frac{f''(a)}{2!}(x-a)^2 \\ + \cdots + \frac{f^{(n-1)}(a)}{(n-1)!}(x-a)^{n-1} + \frac{f^{(n)}(c)}{n!}(x-a)^n \quad \text{(A.31)}$$

が成り立つことが知られている．ここで，c は x と a の間のある定数である（つまり，θ を $0 < \theta < 1$ を満たす定数だとして，$c = a + \theta(x-a)$ である）．これを**テイラーの定理**とよぶ（証明は省略）．

特に，関数 $f(x)$ が何回でも微分可能な場合，

$$f(x) = f(a) + \frac{f'(a)}{1!}(x-a) + \cdots + \frac{f^{(k)}(a)}{k!}(x-a)^k + \cdots \\ = \sum_{k=0}^{\infty} \frac{f^{(k)}(a)}{k!}(x-a)^k \quad \text{(A.32)}$$

が成り立つ．これを**テイラー展開**とよぶ．

関数 $f(x)$ が n 回微分可能で，$f^{(n)}$ が連続関数である場合，テイラーの定理によれば，$f(x)$ は x の n 次式で近似出来る．つまり，

$$f(x) \approx f(a) + \frac{f'(a)}{1!}(x-a) + + \cdots + \frac{f^{(n)}(a)}{(n)!}(x-a)^n$$

が成り立つ．(A.31) 式が成り立つので，上の式の右辺と $f(x)$ の差を $g(x)$ とおけば，

$$g(x) = \frac{f^{(n)}(a) - f^{(n)}(c)}{n!}(x-a)^n$$

である．したがって，

$$\frac{g(x)}{(x-a)^n} = \frac{f^{(n)}(a) - f^{(n)}(c)}{n!}$$

が成り立つ．ここで，$x \to a$ とすれば，$c \to a$ なので ($c = a + \theta(x-a)$ であった)，

$$\lim_{x \to a} \frac{g(x)}{(x-a)^n} = 0$$

が成り立つ．つまり，$f(x)$ と x の n 次式による近似の差は，$(x-a)^n$ より高位の無限小である．

多変数関数についても同様の近似式を考えることが出来る．2 変数関数 $z = f(x,y)$ の点 (a,b) の近傍での 2 次の項までの近似式は次の通りになる．

$$\begin{aligned}f(x,y) \approx\ & f(a,b) + f_x(a,b)h + f_y(a,b)k \\ & + \frac{1}{2}f_{xx}(a,b)h^2 + f_{xy}(a,b)hk + \frac{1}{2}f_{yy}(a,b)k^2\end{aligned}$$

ただし，$h = x - a$, $k = y - b$ である．また，$f_{xy} = f_{yx}$ が成り立つ場合を考えている (f_{xy} と f_{yx} が連続関数の場合)．

トランスログ費用関数

n 種類の生産要素で 1 種類の産出物を生産している状況を考える．生産要素価格と産出量が与えられたとき，企業は費用を最小化するように生産要素の投

A.7 テイラー展開

入量を決めるが，その最小費用を生産要素価格と産出量の関数で表したものを費用関数と言う．費用関数を $C(w,y)$ で表す．ここで，w は生産要素 x の価格ベクトル（企業にとっては外生的），y は産出量を表す．なお，生産関数が規模に関して収穫一定なら，$C(w,y) = c(w)y$ と書き直すことが出来る．$c(w)$ は単位費用関数 (unit cost function) とよばれる．トランスログ費用関数は，任意の費用関数（単位費用関数）の 2 次近似である（ただし，w ではなく，$\ln w$ の関数とみなして展開）．単位費用関数の対数値の 2 次近似は

$$\ln c \approx \beta_0 + \sum_{i=1}^{n}\left(\frac{\partial \ln c}{\partial \ln w_i}\right)\ln w_i + \frac{1}{2}\sum_{i=1}^{n}\sum_{j=1}^{n}\left(\frac{\partial^2 \ln c}{\partial \ln w_i \partial \ln w_j}\right)\ln w_i \ln w_j$$

で与えられる（微分係数は w のある値で評価した値）．ここで，費用関数の性質より $\partial c/\partial w_i = x_i$ が成立するので（シェパードの補題），

$$\frac{\partial \ln c}{\partial \ln w_i} = \frac{w_i}{c}\frac{\partial c}{\partial w_i} = \frac{w_i}{c}x_i = \frac{w_i x_i}{c} \equiv s_i$$

が成立する．s_i は第 i 生産要素への支出シェアを表す．

さて，費用関数の右辺について，$\ln w_i$ の 2 次の項までの係数を定数とみなし，近似の誤差を無視すると，費用関数は次の式で表される．

$$\ln c = \beta_0 + \sum_{i=1}^{n}\beta_i \ln w_i + \frac{1}{2}\sum_{i}\sum_{j}\gamma_{ij}\ln w_i \ln w_j$$

この式にシェパードの補題を用いると，次の式が導かれる．

$$s_1 = \frac{\partial \ln c}{\partial \ln w_1} = \beta_1 + \sum_{i=1}^{n}\gamma_{1i}\ln w_i$$

$$s_2 = \frac{\partial \ln c}{\partial \ln w_2} = \beta_2 + \sum_{i=1}^{n}\gamma_{2i}\ln w_i$$

$$\cdots$$

$$s_n = \frac{\partial \ln c}{\partial \ln w_n} = \beta_n + \sum_{i=1}^{n}\gamma_{ni}\ln w_i$$

つまり，各生産要素の支出シェアは，生産要素価格の対数値 ($\ln w_i$) の 1 次式で表される．このようなシェア方程式を推計することで，費用関数のパラメータを推計することが出来る．

A.8 無限等比級数の和

まず，初項が a，公比が r の等比数列 $a_i = ar^{i-1}$ を考える（$i = 1, 2, ...$）．ただし，$r \neq 1$ とする（$r = 1$ の場合は，等差数列になる）．この数列の第 n 項までの和を S_n で表すと，S_n は次の式で与えられる．

$$S_n = a + ar + ar^2 + \cdots + ar^{n-1}$$

この式の両辺に r を掛けると

$$rS_n = ar + ar^2 + \cdots + ar^{n-1} + ar^n$$

である．二つの式の辺々を引き算すると，$(1-r)S_n = a(1-r^n)$ を得る．したがって，

$$S_n = \frac{a(1-r^n)}{1-r}$$

が得られる．この式で $n \to \infty$ とすると，$|r| < 1$ のとき，S_n はある一定の値に収束することがわかる．つまり，

$$\lim_{n \to \infty} S_n = \frac{a}{1-r}$$

が得られる．

この公式は，地価の決定を議論した際に用いられた．時点 t の地価のファンダメンタル価格 p_t は

$$p_t = \sum_{s=0}^{\infty} \frac{d_{t+s}}{(1+i)^{s+1}}$$

で与えられる．ここで，d_t は時点 t の地代，i は利子率を表す．また，p_t は時点 t の期首の地価で，d_t は期末に発生すると仮定する．

特に，$d_{t+s} = d$ が成り立つ場合（地代が一定の場合），

$$p_t = \frac{d}{i}$$

が成立する．また，$d_{t+s} = d_t(1+g)^s$ で（地代の成長率が g で一定），かつ $g < i$ の場合（地代成長率が利子率よりも低い場合），

$$p_t = \frac{d_t}{i-g}$$

が成立する．

A.9 ギリシャ文字

文字		発音	文字		発音	文字		発音
A	α	アルファ	I	ι	イオタ	P	ρ	ロー
B	β	ベータ	K	κ	カッパ	Σ	σ	シグマ
Γ	γ	ガンマ	Λ	λ	ラムダ	T	τ	タウ
Δ	δ	デルタ	M	μ	ミュー	Υ	υ	ウプシロン
E	ϵ	イプシロン	N	ν	ニュー	Φ	ϕ	ファイ
Z	ζ	ジータ	Ξ	ξ	グザイ	X	χ	カイ
H	η	イータ	O	o	オミクロン	Ψ	ψ	プサイ
Θ	θ	シータ	Π	π	パイ	Ω	ω	オメガ

付録 B
学習ガイド

ミクロ経済学

　経済学全般の入門書としては，クルーグマン・ウェルス [1]，スティグリッツ・ウォルシュ [2]，マンキュー [3] の教科書が有名である．クルーグマン・ウェルスはバランスよくまとまった入門書である．スティグリッツ・ウォルシュはやや癖があるが，鋭い記述にあふれ，扱うトピックスも幅広い．マンキューの教科書もわかりやすい好著である．ただし，マンキューのミクロ編は，日本の大学の経済学入門コースとしては，扱われているトピックスが易しすぎるかもしれない．例えば，消費者行動の理論では，無差別曲線を用いた分析が最後のほうに出てくるだけである（大抵の問題が消費者余剰や生産者余剰を用いた分析で十分なら，そのようなスタイルも一つの見識である）．これらの教科書の記述はかなり深いので，入門コースを終え，中級や上級の教科書に学習を移した段階でも，何度か読み返してみると良いだろう．

　クルーグマン・ウェルスやスティグリッツ・ウォルシュ等のミクロ経済学の入門的教科書の特徴は，経済理論を平易な言葉で（数式を使わないで）説明するという点にある．それは利点ではあるが，そのために教科書は分厚くなって，読み進めるのに骨が折れる．また，理論全体の体系がわかりにくくなるという欠点がある．

　経済学の直観に訴える議論に慣れてきたら，少し抽象度の高い教科書に当たると効率的である．ヴァリアン [6] は，そうしたタイプの教科書の入門書である（数学はほとんど使われていないが）．奥野 [4] [5] もそのようなタイプの教

科書である．

ユニークな教科書としては，現実の政策の問題をミクロ経済学を適用してどう考えるかに集中した八田 [8] がある．八田の教科書は，ほとんどの分析が，需要曲線と供給曲線を用いた余剰分析の応用である．様々な公共政策に対する経済学的アプローチがどんなものかということを教えてくれる．また，梶井・松井 [9] は，ゲーム理論を中心に据えた入門的教科書である．レベル的にはこれらの教科書より難しいが，矢野 [10] は「市場の質」の問題を論じた教科書である．林 [11] は理論志向の内容で，上級への橋渡しとなる教科書である．山崎 [12] も同様の教科書である．

学部上級から大学院の初級向けには，Varian [13]，Kreps [15]，奥野・鈴村 [14]，Mas-Colell, Whinston, Green [16] がある．コンパクトにまとまっているのは Varian である．

なお，ゲームの理論についてはギボンズ [17]，渡辺 [18] を入門用にあげておく．岡田 [19] は上級の教科書である．

数学

経済学を本格的に学ぶためには数学の修得が不可欠である．大学院レベルの教科書や，専門的な論文は，最低限の数学を修得していなければ読むことさえ困難である．ただし，専門家になるのでないなら，高校程度の数学（微分・積分）と線形代数（ベクトルと行列）でほとんどは用が足りる．

経済数学というタイトルのついた教科書には，中井 [26]，[27] や武隈・石村 [28]，戸瀬 [30]，岡田 [29]，チャン・ウエインライト [31] がある．このうち，武隈・石村は経済理論への適用を意識して書かれた本である．また，チャン・ウエインライトも古くから定評のある経済数学の本である．数学の修得には，高校時代の教科書を復習するか，最初は易しいもので全体像をつかんでからのほうが効率的かもしれない．また，難しい教科書にいきなり手を出すより，簡単な教科書から徐々にステップアップするほうがいいだろう．

確率論・統計学

第 14 章では，不確実性の問題を論じた．本書の議論を理解するためには特別に高度な知識はいらないが，参考のため，統計学の基本書をあげておく．ま

ず，この分野で定評のあるのはホーエル [32] である．また，東京大学教養学部統計学教室（編）[33] や森棟他 [34] も良い．

その他

フリードマン [21] は，小さな政府の立場から，政府の役割がどこにあるかを論じた古典的な名著である．本書の市場の失敗の議論を踏まえながら読むと，経済理論の理解が深まるだろう．なお，本書の第 16 章の所得分配の理論は，Friedman [20]，フリードマン [21] を参考にした．

ゴミ問題，地球温暖化など身近な社会問題を取り上げることで，市場の失敗や公共政策のあり方を論じた本として，ミラー・ベンジャミン・ノース [22] がある．この本を読むことで，経済理論の理解が一層深まるだろう．

近年の日本の経済格差の問題については大竹 [24] が良い．また，格差の指標については本書でも説明した通り，ジニ係数やアトキンソン尺度などがあるが，どのような指標が望ましいかについての議論はセン [23] が行っている．

なお，第 14 章ではポートフォリオ選択の理論を紹介したが，これについてはルーエンバーガー [25] が良い．

経済学の世界では，実験による理論の検証が難しいので，複数の対立する仮説が併存することがよくある．対立する仮説から，どの仮説が適切かを判断するために，計量経済学とよばれる統計的分析手法が発達してきた．また，経済理論は定性的な予測をしてくれるけれども，政策を作る上では定量的な予測が必要になる場合が多くある．例えば，労働供給の賃金弾力性の具体的な値が，税制や再分配政策の設計の際に重要な情報になる．この場合にも，そうした数値を得るために，当然，計量経済学的な分析が必要になる．計量経済学の入門書としては，Wooldridge [35]，Stock, Watson [36]，マダラ [37] をあげておく．

参考文献

[1] クルーグマン・ウェルス『クルーグマン　ミクロ経済学』,『クルーグマン　マクロ経済学』東洋経済新報社, 2007 年, 2009 年.
[2] スティグリッツ・ウォルシュ『スティグリッツ　入門経済学』,『スティグリッツ　ミクロ経済学』,『スティグリッツ　マクロ経済学』(第 3 版) 東洋経済新報社, 2005 年, 2006 年, 2007 年.
[3] マンキュー『マンキュー経済学 (1) ミクロ編』,『マンキュー経済学 (2) マクロ編』(第 2 版) 東洋経済新報社, 2005 年.
[4] 奥野正寛『ミクロ経済学入門』(日経文庫), 日本経済新聞社, 1982 年.
[5] 奥野正寛『ミクロ経済学』東京大学出版会社, 2008 年.
[6] H.R. Varian. *Intermediate Microeconomics: A Modern Approach*, 7th ed., W.W. Norton and Company, 2005.（邦訳：H.R. ヴァリアン『入門ミクロ経済学』佐藤隆三監訳, 勁草書房, 2007 年）
[7] 芦谷政浩『ミクロ経済学』有斐閣, 2009 年.
[8] 八田達夫『ミクロ経済学 I』『ミクロ経済学 II』東洋経済新報社, 2008 年, 2009 年.
[9] 梶井厚志・松井彰彦『ミクロ経済学　戦略的アプローチ』日本評論社, 2000 年.
[10] 矢野誠『ミクロ経済学の基礎』,『ミクロ経済学の応用』岩波書店, 2001 年.
[11] 林貴志『ミクロ経済学』ミネルヴァ書房, 2007 年.
[12] 山崎昭『ミクロ経済学』知泉書館, 2006 年.
[13] H.R. Varian.*Microeconomic Analysis*. 3rd ed., W.W. and Norton and Company. 1992 .（邦訳: H.R. ヴァリアン『ミクロ経済分析』佐藤隆三, 三野和男訳, 勁草書房, 1986 年）

- [14] 奥野正寛・鈴村興太郎『ミクロ経済学 I・II』岩波書店, 1985 年, 1988 年.
- [15] Kreps,D.M., *A Course in Microeconomic Theory*, Princeton Univ. Press, 1990.
- [16] A.Mas-Colell, M.D.Whinston and J.R.Green, *Micoroeconomic Theory*, Oxford Univ. Press, 1995.
- [17] ロバート・ギボンズ『経済学のためのゲーム理論入門』創文社, 1995 年.
- [18] 渡辺隆裕『ゼミナール ゲーム理論入門』日本経済新聞社, 2008 年.
- [19] 岡田章『ゲーム理論』有斐閣, 1997 年.
- [20] M.Friedman, *Price Theory* (reprinted edition) , www. therichestmaninbabylon. org. , 2008.
- [21] ミルトン・フリードマン『資本主義と自由』日経 BP 社, 2008 年.
- [22] ロジャー・ミラー, ダニエル・ベンジャミン, ダグラス・ノース『経済学で現代社会を読む』(改定新版), 日本経済新聞社, 2010 年.
- [23] アマルティア・セン『不平等の経済学』東洋経済新報社, 2000 年.
- [24] 大竹文雄『日本の不平等』日本経済新聞社, 2005 年.
- [25] D.G. ルーエンバーガー『金融工学入門』日本経済新聞社,2002 年.
- [26] 中井達『経済数学 (微分積分編)』ミネルヴァ書房, 2008 年.
- [27] 中井達『経済数学 (線形代数編)』ミネルヴァ書房, 2008 年.
- [28] 武隈慎一・石村直之『基礎コース 経済数学』新世社, 2003 年.
- [29] 岡田章『経済学・経営学のための数学』東洋経済新報社, 2001 年.
- [30] 戸瀬信之『コア・テキスト 経済数学』新世社, 2005 年.
- [31] A.C. チャン, K. ウエインライト『現代経済学の数学基礎』(上・下), シーエーピー出版, 2010 年.
- [32] P.G. ホーエル『入門数理統計学』培風館, 1978 年.
- [33] 東京大学教養学部統計学教室(編)『統計学入門』東京大学出版会, 1991 年.
- [34] 森棟公夫, 照井伸彦, 中川満, 西埜晴久, 黒住英司『統計学』有斐閣, 2008 年.
- [35] Jeffrey M. Wooldridge, *Introductory Econometrics*, Thomson, 2006.
- [36] James H. Stock and Mark W. Watson, *Introduction to Econometircs*, Peason Education Inc. 2007.
- [37] G.S. マダラ『計量経済分析の方法』シーエーピー出版, 1996 年.

索引

●ア
アトキンソン尺度　355
一括移転　337
一般均衡分析　7
エッジワースの箱　203

●カ
買手独占　229, 318, 342
外部経済　281
外部性　15, 29, 274, 280
　　　正の—　281
　　　負の—　281
外部不経済　281
価格差別　226
　　第2種—　227
　　完全—　227
　　第1種—　226, 227
　　第3種—　227, 228
価格消費曲線　91
価格弾力性
　　供給の—　38
　　需要の—　37
価格の下限規制　48
価格の機能　11
価格の上限規制　45
下級財　33, 90, 104
確実性等価　254
寡占　216, 236
価値尺度財　97
可変的生産要素　158
可変費用　24, 159
完全競争　167, 215
危険回避度　256
　　絶対的—　256, 258
　　相対的—　257
技術的限界代替率　153
基数的効用　67
期待効用関数　251
期待値　267
ギッフェン財　94
規模に関する収穫

　　—一定　146, 182
　　—逓減　146, 183
　　—逓増　147, 182
規模の経済　147, 218
逆選択　16, 296
供給曲線　7
競合性　275
共謀　242
共有資源問題　283
共有地の悲劇　283
均衡　7
均等化格差　327
クールノー・ナッシュ均衡　236
goods　10
計画経済　12
経済循環図　4
契約曲線　205
限界効用　66, 71
　　—の逓減　67
限界収入　23, 168, 220
限界生産物　149
　　資本の—　150
　　労働の—　149
限界生産物価値　230, 310
限界生産力説　309, 314
限界税率　339
限界代替率　74
　　技術的—　153
　　—逓減　75, 77
限界費用　23, 160, 161
限界費用価格規制　234
限界便益　18
限界変形率　208
公共財　14, 273, 274
　　—のパレート効率的供給量　278
恒常所得　356
厚生経済学の基本定理　199
合成財　97
購入可能領域　80
後方屈曲的労働供給曲線　138
効用　65

効用関数　65
コースの定理　285, 291
コーナー解　97
固定的生産要素　158
固定費用　24, 159
コブ・ダグラス型効用関数　119
コブ・ダグラス型生産関数　151
コンテスタブル市場　235

●サ
最小効率規模　233
裁定　47, 329
最低賃金　48
サンクコスト　172, 218
産出物　145
参入障壁　217
CES 型効用関数　119
CES 型生産関数　157
シェパードの補題　108
シグナリング　303
資産価格　328
死重損失　28, 52
支出関数　108
市場均衡　7
市場の失敗　11, 14, 273
自然独占　15, 218, 233, 274
自然の状態　250
実質賃金率　136
私的限界費用　282
私的限界便益　283
資本化　331
社会的限界費用　29, 282
社会的限界便益　283
社会的余剰　18
シュタッケルベルグ均衡　239
需要曲線　7
準公共財　277
純粋公共財　277
準地代　316
準レント　316
生涯の予算制約　126
上級財　33, 90, 104
状態空間モデル　251
状態条件付財　250
消費者余剰　17, 19
情報上の失敗　15, 274, 296
情報の非対称性　15, 274
序数的効用　67
所得効果　83, 91
所得の限界効用　97
人的資本　320
スルツキー方程式　110

生産可能性フロンティア　207
生産関数　145, 146
生産者余剰　17, 22, 175
生産要素　4, 145
　　可変的——　158
　　固定的——　158
正常財　33, 90
絶対的危険回避度一定の効用関数　258
0 次同次　104
潜在的所得　135
操業中止点　173
相対価格　81
相対的危険回避度一定の効用関数　257
粗代替財　106, 111
粗補完財　106, 111
損益分岐点　170

●タ
代替効果　83, 91
代替財　31, 33, 105
　　粗——　106
代替の弾力性　114, 119, 156, 382
地代　315
超過供給　8
貯蓄　125
等価変分　121
投入物　145
等費用線　180
等利潤線　241
等量曲線　152
独占　216, 217
　　買手——　216
独占的競争　216, 243
取引費用　292

●ナ
内点解　97
内部化　284
ニュメレール　97
ネットワーク外部性　218

●ハ
Hayek, F.A.　13
排出権取引　294
排除不能性　274
派生需要　311
bads　10
バブル　331
パレート改善　200
パレート効率性　199, 200
パレート効率性の条件
　　消費における——　205

消費と生産の組み合わせに関する—　211
　　　生産における—　207
比較静学　9
非競合性　274
ピグー税　293
ヒックスの需要関数　106, 107
非補償需要関数　106
費用
　　　可変—　159
　　　固定—　159
費用関数　158, 159, 179
費用最小化　179
費用逓減産業　218, 233
ファンダメンタル価格　330
フォン・ノイマン-モルゲンシュテルン型効用関数　251
不確実性　247
不完全競争　216
複占　216, 236
負の所得税　345
部分均衡分析　7
プライス・テーカー　215
フリーライダー　277
分散　267
分離定理　265
平均可変費用　159
平均固定費用　159
平均生産物　149
　　　資本の—　149
　　　労働の—　149
平均税率　339
平均費用　159
平均費用価格規制　234
平均・分散アプローチ　260
変動係数　267
補完財　34, 105
　　　粗—　106
保険　265
補償格差　327, 336
補償需要関数　106
補償変分　121
補助金
　　　特定支出に対する—　337

●マ
マークアップ率　225
マーシャルの需要関数　106
埋没費用　172
無差別曲線　72
名目賃金率　136
Modigliani, F.　126

モラル・ハザード　305

●ヤ
余暇　134
予算制約式　80
予算線　80

●ラ
ライフサイクル消費関数　126
利潤最大化　169
リスク愛好者　253
リスク回避者　252
リスク中立者　253
リスク・プレミアム　254, 258
留保賃金　140
累進税　339
レオンチェフ型生産関数　155
レジャー　134
劣等財　33, 90
レント　315
レント・シーキング　236
労働価値説　327
労働供給　134
労働供給の賃金弾力性　231
労働の限界不効用　137

●ワ
割引現在価値　128

《著者紹介》

麻生良文（あそう・よしぶみ）
- 1984年　慶應義塾大学法学部政治学科卒業.
- 1989年　一橋大学大学院経済学研究科博士課程単位取得退学.
　　　　新潟大学経済学部，日本大学経済学部，一橋大学経済研究所，
　　　　財務省財務総合政策研究所などを経て，
- 現　在　慶應義塾大学法学部教授.
- 主　著　『公共経済学』（有斐閣，1998年）
　　　　『マクロ経済学入門』（ミネルヴァ書房，2009年）

ミクロ経済学入門

2012年2月15日　初版第1刷発行	検印廃止
2025年2月15日　初版第6刷発行	
	定価はカバーに表示しています

著　者　麻　生　良　文
発行者　杉　田　啓　三
印刷者　坂　本　喜　杏

発行所　株式会社　ミネルヴァ書房
607-8494 京都市山科区日ノ岡堤谷町1
電話代表　(075)581-5191番
振替口座　01020-0-8076番

©麻生良文，2012　　冨山房インターナショナル・新生製本

ISBN 978-4-623-06200-3
Printed in Japan

マクロ経済学入門

麻生良文 著　A5判　348頁　本体3500円

基本を学び，論理を理解しよう。近年大きく変化するマクロ経済学の分析方法を，体系立ててわかりやすく解説する。

世帯内分配と世代間移転の経済分析

チャールズ・ユウジ・ホリオカ／財団法人家計経済研究所 編　A5判　192頁　本体3500円

綿密な調査のもと，新しい経済学の枠組を用いて，複雑化する家族内の経済関係を明らかにする。

経済学の理論と発展

根岸 隆 著　四六判　304頁　本体3500円

理論経済学の大家にして，経済学史にも造詣深い著者が，さまざまな経済理論や論争を読み解く。

競争の倫理——フランク・ナイト論文選

フランク・ナイト 著／高哲男・黒木亮 訳　四六判　292頁　本体3500円

人間の自由と尊厳をベースに資本主義を考察したシカゴ学派総帥の真髄を示す論文集。市場のモラルを論じるアメリカ経済学界の「大いなる暗闇」。

資源経済学への招待

寶多康弘・馬奈木俊介 編著　A5判　280頁　本体5000円

経済学的観点から，水産資源管理制度の方向性を提示する。水産資源管理における計量的な評価分析から具体的な政策提言まで。

———— ミネルヴァ書房 ————

http://www.minervashobo.co.jp/